AF254353

ମହର୍ଷି ବେଦବ୍ୟାସକୃତ

ସ୍କନ୍ଦ ପୁରାଣ

ପୁରୁଷୋତ୍ତମ ମାହାତ୍ମ୍ୟ

(ସଂକ୍ଷିପ୍ତ ସାର)

ରଚନା

ରାଷ୍ଟ୍ରପତି ସମ୍ମାନପ୍ରାପ୍ତ 'ବ୍ରହ୍ମର୍ଷି'

ପ୍ରଫେସର ହରେକୃଷ୍ଣ ଶତପଥୀ

ପ୍ରାକ୍ତନ-କୁଳପତି

ରାଷ୍ଟ୍ରୀୟ ସଂସ୍କୃତ ବିଶ୍ୱବିଦ୍ୟାଳୟ, ତିରୁପତି

ଶ୍ରୀଜଗନ୍ନାଥ ସଂସ୍କୃତ ବିଶ୍ୱବିଦ୍ୟାଳୟ, ପୁରୀ

କିସ୍ ବିଶ୍ୱବିଦ୍ୟାଳୟ, ଭୁବନେଶ୍ୱର

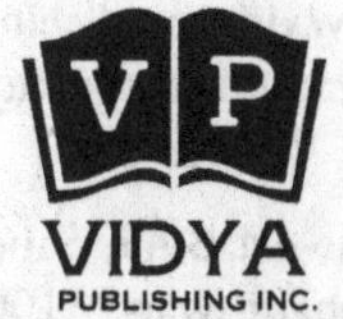

ବିଦ୍ୟା ପବ୍ଲିଶିଙ୍

ଟରୋଣ୍ଟୋ, କାନାଡ଼ା ।। ଭୁବନେଶ୍ୱର, ଓଡ଼ିଶା

ସ୍କନ୍ଦ ପୁରାଣ

ପୁରୁଷୋତ୍ତମ ମାହାତ୍ମ୍ୟ (ସଂକ୍ଷିପ୍ତ ସାର)

ଗଦ୍ୟରୂପ	: ପ୍ରଫେସର ହରେକୃଷ୍ଣ ଶତପଥୀ
ପ୍ରକାଶକ	: ଡ. ତନ୍ମୟ ପଣ୍ଡା, ଡ. ସୁନନ୍ଦା ମିଶ୍ର ପଣ୍ଡା
	ବିଦ୍ୟା ପବ୍ଲିଶିଙ୍ଗ୍ ଇଙ୍କ, ଟରୋଣ୍ଟୋ, କାନାଡ଼ା
ପ୍ରଥମ ସଂସ୍କରଣ	: ରଥଯାତ୍ରା, ୧ ଜୁଲାଇ ୨୦୨୨

....

SKANDA PURANA

Purusottama Mahatmya
by Prof. Harekrushna Satapathy

ISBN : 978-1-990494-38-3

Copyright © 2022 by Prof. Harekrushna Satapathy

All rights reserved. No part of this book may be reproduced in any form by any electronic, mechanical, photocopying, recording means or otherwise, including information storage and retrieval systems, without permission in writing from the publisher, except in the case of brief quotations embodied in critical articles and reviews.

First Edition	: Rathayatra, July 01, 2022
Published by	: Dr. Tanmay Panda & Dr. Sunanda Mishra Panda
	Vidya Publishing Inc., Toronto, Canada
Website	: www.vidyapublishing.com
Email	: vidyapublishinginc@gmail.com
Cell	: +91 7008268460
Odisha Contact	: Print-Ad, B-49, Saheed Nagar,
	Bhubaneswar-751007
Cell	: +91 7008666787
Cover Design	: Sri Bijaya Pradhan

ମହର୍ଷି ବେଦବ୍ୟାସକୃତ

ସ୍କନ୍ଦ ପୁରାଣ

ପୁରୁଷୋତ୍ତମ ମାହାତ୍ମ୍ୟ
(ସଂକ୍ଷିପ୍ତ ସାର)

ସମର୍ପଣ

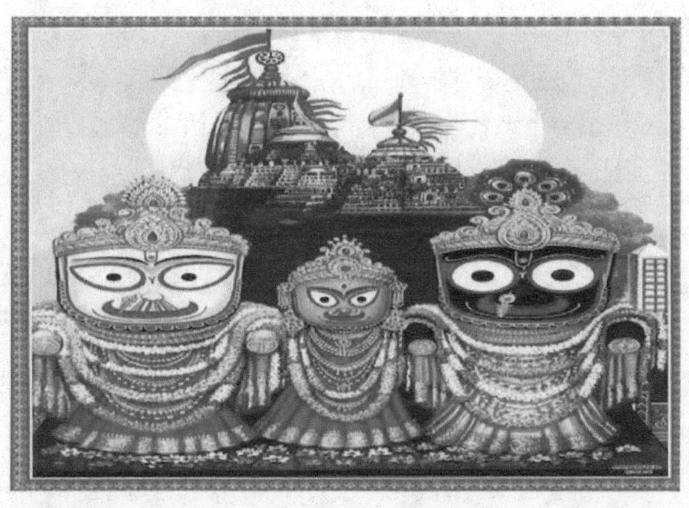

ହେ ପ୍ରଭୁ ! ଚତୁର୍ଦ୍ଧା ମୂରତି ।	ସର୍ବତ୍ର ତୁମ୍ଭର ବସତି	॥୧॥
ତୁମ୍ଭେ ହିଁ ଦିଅ ଭକ୍ତି, ମୁକ୍ତି ।	ତୁମ୍ଭର ପାଦରେ ପ୍ରଣତି	॥୨॥
ତୁମ୍ଭେ ହିଁ କରୁଣା ସାଗର ।	କୃପାକର ହେ ଚକ୍ରଧର	॥୩॥
ସ୍କନ୍ଦ ପୁରାଣ ଏହି ଗ୍ରନ୍ଥ ।	ପୁରୁଷୋତ୍ତମ ତତ୍ତ୍ୱ ଯୁକ୍ତ	॥୪॥
ମହର୍ଷି ବ୍ୟାସଙ୍କ ପ୍ରଣୀତ ।	ଅଟେ ତୁମ୍ଭର ଅଙ୍ଗଭୂତ	॥୫॥
ଏହାର ସାରମର୍ମ ରୂପ ।	ହେ ପ୍ରଭୋ ! ତୁମ୍ଭର ସ୍ୱରୂପ	॥୬॥
ତାହାକୁ ତୁମ୍ଭ ଚରଣରେ ।	ଅର୍ପଣ କରୁଛୁ ଭକ୍ତିରେ	॥୭॥
ଏ ସାରକଥା ମାଧ୍ୟମରେ ।	ଭକ୍ତଜନଙ୍କ ହୃଦୟରେ	॥୮॥
ହେ ଦାମୋଦର ଚକ୍ରଧର ! ।	ପ୍ରକଟ ହୁଅ ନିରନ୍ତର	॥୯॥
ତୁମ୍ଭ କୃପାରେ କୃପାମୟ ।	ଏ ବିଶ୍ୱ ହେଉ ମଧୁମୟ	॥୧୦॥
ଏତିକି କରୁଛୁ ମିନତି ।	ଦିଅହେ ଜଗନ୍ନାଥ ! ମୁକ୍ତି	॥୧୧॥
ତୁମ୍ଭ ଶ୍ରୀଚରଣେ ପ୍ରଣତି ।	ରକ୍ଷ ହେ ଚତୁର୍ଦ୍ଧା ମୂରତି	॥୧୨॥

ଚରଣାଶ୍ରିତ ସେବକ

ହରେକୃଷ୍ଣ ଶତପଥୀ

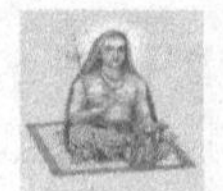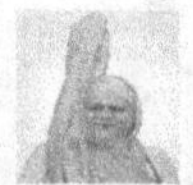

पूर्वाम्नाय श्रीगोवर्धनमठ – पुरीपीठाधीश्वर

श्रीमज्जगद्गुरु शङ्कराचार्य स्वामी निश्चलानन्दसरस्वती

श्रीगोबर्द्धनमठ-पुरीपीठ-श्रीमज्जगद्गुरु-महासंस्थानम्-पुरी ७५२००१, ओडिशा

सम्पर्क-०६७५२-२३१७१६, फैक्स-०६७५२-२३१०९४, मो.-९४३७०३१७१६

निज सचिव-स्वामी श्रीनिर्विकल्पानन्दसरस्वती

e mail: contact@govardhanpeeth.org, website: www.govardhanpeeth.org

दिनाङ्क – २७.११.२०२०

शुभाशंसा

वेदान्तवेद्य परमात्मतत्त्व स्वरूपत: निर्गुण-निराकार साच्चिदानन्दस्वरूप ब्रह्म सिद्ध है । वह स्वरूपभूता अनिर्वचनीया सन्धिनी, सम्वित् तथा ह्लादिनी शक्ति के योगसे जहाँ जगत् का अभिन्ननिमित्तोपादानकारण सगुण-निराकार सर्वेश्वर सिद्ध है; वहाँ उत्पत्ति, स्थिति, संहृति, निग्रह और अनुग्रह-संज्ञक पञ्चकृत्यका निर्वाहक होता हुआ पञ्चदेवोंके रूपमें अवतीर्ण सगुण-साकार भी सिद्ध है । औपनिषद प्रस्थानके अनुसार निर्गुण-निराकार, सगुण-निराकार और सगुण-साकार साच्चिदानन्द सर्वेश्वरकी पुरुषोत्तम संज्ञा है । सगुण-साकार सच्चिदानन्दस्वरूप सर्वेश्वरका अर्चाविग्रह ज्ञानचक्षु-समन्वित दिव्यचक्षुभावित स्वचक्षुका विषय सिद्ध है । उक्त पुरुषोत्तमतत्त्वके स्वरूप, स्वभाव और प्रभाव एवं नाम, रूप, लीला, धामके अधिगमसे कृतार्थता सुनिश्चित है ।

महर्षिवेदव्यासविरचित स्कन्दपुराणान्तर्गत पुरुषोत्तम-माहात्म्यका पण्डितप्रवर श्रीहरेकृष्ण शतपथी महाभागने ओडिया भाषामें ललितपद्यानुवाद कर हमें प्रमुदित किया है ।इसके वाद इस् स्कन्दपूराणान्तर्गत पुरुषोत्म्यका संक्षिप्तसार प्रकाशित हो रहा है। भगवत्कृपासे यह कृति भक्ति, विरक्ति तथा भगवत्प्रबोधकी उद्भावनामें प्रयुक्त तथा विनियुक्त हो, ऐसी भावना ।

निश्चलानन्दसरस्वती
श्रीमज्जगद्गुरु-शङ्कराचार्य
पुरीपीठ

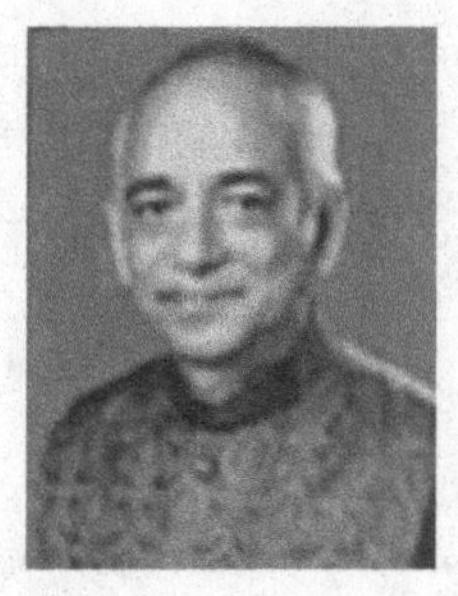

ଗଜପତି ମହାରାଜ ଦିବ୍ୟସିଂହ ଦେବ
ଫାଲ୍ଗୁନ କୃଷ୍ଣ ତ୍ରୟୋଦଶୀ
ପବିତ୍ର ମହାଶିବରାତ୍ରି
ଗୁରୁବାର, ମାର୍ଚ ୧୧, ୨୦୨୧

ଓଁ ନମୋ ଭଗବତେ ଜଗନ୍ନାଥାୟ
ଓଁ ଶ୍ରୀ ଗୁରବେ ନମଃ

ବାର୍ତ୍ତା

ରକ୍ ବେଦ, ଅଥର୍ବ ବେଦ ତଥା ବହୁ ପ୍ରାଚୀନ ପୁରାଣଶାସ୍ତ୍ରମାନଙ୍କରେ ଶ୍ରୀଶ୍ରୀଜଗନ୍ନାଥ ମହାପ୍ରଭୁଙ୍କର ଗୌରବମୟ ଗାଥା ବର୍ଣ୍ଣିତ ହୋଇଥିଲେ ମଧ୍ୟ ଶ୍ରୀଜଗନ୍ନାଥ ମହାପ୍ରଭୁ ଓ ଶ୍ରୀକ୍ଷେତ୍ର ଧାମ ସମ୍ବନ୍ଧେ ସ୍କନ୍ଦ ପୁରାଣ ବୈଷ୍ଣବଖଣ୍ଡ ଅନ୍ତର୍ଗତ ଶ୍ରୀପୁରୁଷୋଉମ କ୍ଷେତ୍ର ମାହାମ୍ୟ (ଉତ୍କଳ ଖଣ୍ଡ)ରେ ବିସ୍ତାର ଭାବରେ ବର୍ଣ୍ଣିତ ହୋଇଅଛି । ମହର୍ଷି ବେଦବ୍ୟାସଙ୍କ ରଚିତ ଅଷ୍ଟାଦଶ ପୁରାଣ ସମୂହ ମଧ୍ୟରେ ସ୍କନ୍ଦ ପୁରାଣ ହେଉଛି ସବୁଠାରୁ ବିଶାଳକାୟ ପୁରାଣ; ଯେଉଁଥିରେ କି ଭାରତବର୍ଷର ପବିତ୍ର ଓ ପ୍ରାଚୀନ ତୀର୍ଥସ୍ଥଳମାନଙ୍କର ମହିମା ବର୍ଣ୍ଣନା କରାଯାଇଅଛି । ଏହି ଗ୍ରନ୍ଥରେ ଶ୍ରୀପୁରୁଷୋଉମକ୍ଷେତ୍ର ପୁରୀଠାରେ ବିରାଜିତ ଚତୁର୍ଦ୍ଧା ଦାରୁବିଗ୍ରହଙ୍କ ସମ୍ବନ୍ଧେ ୬୦ଗୋଟି ଅଧ୍ୟାୟ ଓ ୩୭୬୩ ଶ୍ଲୋକ ମାଧ୍ୟମରେ ବିଶଦ ଭାବରେ ବର୍ଣ୍ଣିତ ହୋଇଅଛି ।

ସ୍କନ୍ଦ ପୁରାଣରେ ବର୍ଣ୍ଣିତ ହୋଇଥିବା ପ୍ରଭୁ ଶ୍ରୀଜଗନ୍ନାଥଙ୍କ ପବିତ୍ର ମହିମାକୁ ସଂକ୍ଷେପରେ ଓଡ଼ିଆ ଗଦ୍ୟରେ ରଚନା କରି ପ୍ରଫେସର ଡକ୍ଟର ହରେକୃଷ୍ଣ ଶତପଥୀ ଶ୍ରୀଜଗନ୍ନାଥ ଭକ୍ତବୃନ୍ଦଙ୍କୁ ନିଜର ଅମୂଲ୍ୟ ସେବା ପ୍ରଦାନ କରିଛନ୍ତି । ଏହି ପୁସ୍ତକଟି ରଚୟିତାଙ୍କ ଗଭୀର ଅଧ୍ୟୟନ ଓ ଜ୍ଞାନର ପରିଚୟ ଦେବା ସହିତ ମହାପ୍ରଭୁଙ୍କ ଗୌରବମୟ ମହିମାତତ୍ତ୍ୱ ଜନମାନସରେ ଲୋକପ୍ରିୟ ହୋଇ ଅଧିକ ପ୍ରସାର ଲାଭ କରିବ ବୋଲି ମୋର ଆଶା ।

ମୁଁ ଶ୍ରୀ ଶତପଥୀଙ୍କ ଏତାଦୃଶ ସାହିତ୍ୟ ସାଧନା ପ୍ରତି ସାଧୁବାଦ ଜଣାଇବା ସଙ୍ଗେ ସଙ୍ଗେ ତାଙ୍କର ଲେଖନୀ ଚାଳନାର ଉତ୍ତରୋତ୍ତର ଉନ୍ନତିକଳ୍ପେ ଶ୍ରୀଶ୍ରୀଜଗନ୍ନାଥ ମହାପ୍ରଭୁଙ୍କ ଶ୍ରୀଚରଣାରବିନ୍ଦରେ ବିନମ୍ର ନିବେଦନ ଜଣାଉଛି ।

ଶ୍ରୀଶ୍ରୀଜଗନ୍ନାଥ ମହାପ୍ରଭୁଙ୍କ ସେବାନୁରତ

ଦିବ୍ୟସିଂହ ଦେବ
ଦିବ୍ୟସିଂହ ଦେବ

କୃତଜ୍ଞତା

ଶ୍ରୀଜଗନ୍ନାଥଙ୍କର ସଂସ୍କୃତି, ଐତିହ୍ୟ, ପରମ୍ପରା ତଥା ଶ୍ରୀଜଗନ୍ନାଥଧାମର ମାହାତ୍ମ୍ୟ ପ୍ରସଙ୍ଗରେ ଅନେକ ଗ୍ରନ୍ଥ ଅନେକ ସମୟରେ ରଚନା କରାଯାଇଛି । ସେ ମଧ୍ୟରେ ମହର୍ଷି ବ୍ୟାସଙ୍କ ଦ୍ୱାରା ରଚିତ ସ୍କନ୍ଦ ପୁରାଣ ଅନ୍ୟତମ । ଏହି ମହାପୁରାଣ ଅତ୍ୟନ୍ତ ପ୍ରାଚୀନ ଏବଂ ପ୍ରାମାଣିକ । ଏହା ଆଜକୁ ପ୍ରାୟ ଅଢ଼େଇ ହଜାର ବର୍ଷ ପୂର୍ବରୁ ରଚିତ ହୋଇଥିବା ଜଣାଯାଏ । ଏହାର ପୁରୁଷୋତ୍ତମ ମାହାତ୍ମ୍ୟ ବା ବୈଷ୍ଣବଖଣ୍ଡ ବା ଉତ୍କଳଖଣ୍ଡରେ ଶ୍ରୀଜଗନ୍ନାଥଙ୍କର ସଂସ୍କୃତି, ପରମ୍ପରା, ତଥ୍ୟ, ତତ୍ତ୍ୱ, ନୀତିକାନ୍ତି ଓ ଶ୍ରୀଜଗନ୍ନାଥ ଧାମର ମହିମା ଆଦି ଯେଭଳି ବିସ୍ତୃତ ଭାବରେ ବର୍ଣ୍ଣିତ ହୋଇଛି, ସେହିଭଳି ପୁଣ୍ୟପ୍ରଦେଶ ଉତ୍କଳର ଐତିହାସିକ, ଭୌଗୋଳିକ, ସାଂସ୍କୃତିକ ଓ ସାମାଜିକ ଗୌରବଗାଥା ବିଷୟରେ ବିଷୟରେ ବିଶଦ ଭାବରେ ପ୍ରତିପାଦନ କରାଯାଇଛି । ପୁରୁଷୋତ୍ତମ କ୍ଷେତ୍ର ଏବଂ ଶ୍ରୀଜଗନ୍ନାଥ ସଂସ୍କୃତି ମଧ୍ୟ ଅତ୍ୟନ୍ତ ପ୍ରାଚୀନ । ପୁରୁଷୋତ୍ତମ କହିଲେ ଉଭୟ ଶ୍ରୀଜଗନ୍ନାଥ ଏବଂ ଜଗନ୍ନାଥ ଧାମକୁ ବୁଝାଯାଇଥାଏ, ଯଥା –

ସର୍ବେଷାମପି କ୍ଷେତ୍ରାଣାଂ ରାଜା ଶ୍ରୀପୁରୁଷୋତ୍ତମଃ ।
ସର୍ବେଷାମପି ଦେବାନାଂ ରାଜା ଶ୍ରୀପୁରୁଷୋତ୍ତମଃ ॥

ମହର୍ଷି ବ୍ୟାସଙ୍କର ସ୍କନ୍ଦ ପୁରାଣର ଏହି ବୈଷ୍ଣବଖଣ୍ଡ ଅନ୍ତର୍ଗତ ପୁରୁଷୋତ୍ତମ ମାହାତ୍ମ୍ୟ ସଂସ୍କୃତରେ ରଚିତ ହୋଇଛି ଏବଂ ଏହାର ସହଜବୋଧ ନିମନ୍ତେ ଓଡ଼ିଆ ଓ ହିନ୍ଦୀରେ ଏହାର ଗଦ୍ୟ ଅନୁବାଦ କରାଯାଇଛି । ପାଞ୍ଚରାତ୍ର ମାଧ୍ୟମରେ ଏହାର ପାରାୟଣ ଦ୍ୱାରା ଶ୍ରୀଜଗନ୍ନାଥଚରିତ, ସଂସ୍କୃତି, ଦର୍ଶନ ଓ ପରମ୍ପରାକୁ ସର୍ବତ୍ର ପ୍ରଚାର ପ୍ରସାର କରିବା ନିମନ୍ତେ ଆମର ପରମବନ୍ଦନୀୟ ଶ୍ରୀଜଗନ୍ନାଥଙ୍କର ପ୍ରଥମ ସେବକ ଶ୍ରୀଶ୍ରୀଆଦିବ୍ୟସିଂହଦେବ ମହାରାଜ ଏବଂ ଶ୍ରୀମନ୍ଦିର ପ୍ରଶାସନ ମଧ୍ୟ ଅନେକ ଉଦ୍ୟମ କରୁଛନ୍ତି । କିନ୍ତୁ ମୂଳ ସଂସ୍କୃତଶ୍ଲୋକଗୁଡ଼ିକର ପାରାୟଣ ପାଞ୍ଚରାତ୍ର ମାଧ୍ୟମରେ

ବିଭିନ୍ନ ସ୍ଥାନରେ କରାଯାଉଥିବା ସମୟରେ ଅନେକ ପାରାୟଣକାରୀ ବିଦ୍ୱାନଙ୍କ ପାଇଁ ଏହି ସଂସ୍କୃତ ଶ୍ଲୋକଗୁଡ଼ିକ ଦୁର୍ବୋଧ ହୋଇଯାଉଛି। ପୁନଶ୍ଚ ଓଡ଼ିଆ ଗଦ୍ୟ ଅନୁବାଦର ପାରାୟଣ ମଧ ସମ୍ଭବ ନୁହେଁ। ତେଣୁ ଏଇ ଦୁଇଟି ଅସୁବିଧାକୁ ଦୃଷ୍ଟିରେ ରଖି ଆମେ ମୁଖ୍ୟତଃ ଅତିବଡ଼ୀ ଜଗନ୍ନାଥ ଦାସଙ୍କର ଓଡ଼ିଆ ଭାଗବତର ନବାକ୍ଷରୀ ବୃତ୍ତ ତଥା ଅନ୍ୟାନ୍ୟ ବୃତ୍ତରେ ମଧ ସମ୍ପୂର୍ଣ୍ଣ ସ୍କନ୍ଦ ପୁରାଣର ଉତ୍କଳଖଣ୍ଡ ଅନ୍ତର୍ଗତ ପୁରୁଷୋତ୍ତମମାହାତ୍ମ୍ୟର ଗଦ୍ୟାନୁବାଦ କରିଛୁ।

ଏହି ବୃହତ୍କାୟ ପଦ୍ୟ ରୂପାନ୍ତର ଗ୍ରନ୍ଥଟିକୁ ବିଶିଷ୍ଟ ପ୍ରକାଶକ ଆଧ୍ୟାତ୍ମିକ ପୁରୁଷ ଦିବଂଗତ ପୀତାମ୍ବର ମିଶ୍ରଙ୍କ ଦ୍ୱାରା ପ୍ରତିଷ୍ଠିତ କଟକର 'ବିଦ୍ୟାପୁରୀ' ତରଫରୁ ତାଙ୍କର ସୁଯୋଗ୍ୟ ପୁତ୍ର ଶ୍ରୀ ଜୀବାନନ୍ଦ ମିଶ୍ର ପ୍ରକାଶ କରିଛନ୍ତି। ଏହା ପାଠକ ମହଲରେ ସର୍ବତ୍ର ଆଦୃତ ହେବା ପରେ ଏହାର 'ସଂକ୍ଷିପ୍ତ ସାର'କୁ ଗଦ୍ୟ ରୂପରେ ପ୍ରକାଶ କରିବା ପାଇଁ ଜଗନ୍ନାଥପ୍ରେମୀଙ୍କ ତରଫରୁ ଦାବି ହୋଇ ଆସୁଥିଲା। ଏହାକୁ ଦୃଷ୍ଟିରେ ରଖି ଉକ୍ତ ସ୍କନ୍ଦ ପୁରାଣ – ପୁରୁଷୋତ୍ତମ ମାହାତ୍ମ୍ୟ – ସଂକ୍ଷିପ୍ତସାର ପୁସ୍ତକଟିର ରଚନା ଓ ପ୍ରକାଶକ କରାଯାଇଛି। ଏହି ପ୍ରକାଶନର ଦାୟିତ୍ୱ ମଧ ବିଦ୍ୟାପୁରୀ ପ୍ରତିଷ୍ଠାତା ସ୍ୱର୍ଗତ ପୀତାମ୍ବର ମିଶ୍ରଙ୍କର ପ୍ରେରଣା ଓ ଆଶୀର୍ବାଦରେ ବିଦେଶ ମାଟିରେ ଓଡ଼ିଆ ଭାଷା, ସଂସ୍କୃତି ଓ ଜଗନ୍ନାଥ ଚେତନାକୁ ପ୍ରଚାର କରିବା ପାଇଁ ତାଙ୍କର ସୁଯୋଗ୍ୟ କନ୍ୟା କଲ୍ୟାଣୀୟା ଡକ୍ଟର ସୁନନ୍ଦା ମିଶ୍ର ଏବଂ ବରେଣ୍ୟ ଜାମାତା ପ୍ରଫେସର ତନ୍ମୟ ପଣ୍ଡାଙ୍କର ଉଦ୍ୟମରେ ସୁଦୂର କାନାଡ଼ାର ଟରୋଣ୍ଟୋରେ ପ୍ରତିଷ୍ଠିତ ହୋଇଥିବା "ବିଦ୍ୟା ପବ୍ଲିଶିଙ୍ଗ" ନେଇଛନ୍ତି। ତେଣୁ ମୁଁ ବିଦ୍ୟା ପବ୍ଲିଶିଙ୍ଗ, ଟରୋଣ୍ଟୋର ପ୍ରତିଷ୍ଠାତା ପ୍ରଫେସର ସୁନନ୍ଦା ଏବଂ ପ୍ରଫେସର ତନ୍ମୟଙ୍କୁ କୃତଜ୍ଞତା ଅର୍ପଣ କରୁଛି ଏବଂ ଏହିଭଳି ଅନେକ ଗ୍ରନ୍ଥ ପ୍ରକାଶ କରି ବିଦେଶ ମାଟିରେ ଓଡ଼ିଆ ଭାଷା, ସଂସ୍କୃତି, ସାହିତ୍ୟ ଓ ଶ୍ରୀଜଗନ୍ନାଥ ଦର୍ଶନର ପ୍ରଖର ପ୍ରସାର କରନ୍ତୁ – ଏହି ନିବେଦନ ମଧ ରଖୁଛି।

ଶ୍ରୀଜଗନ୍ନାଥଙ୍କୁ କେନ୍ଦ୍ରକରି ଲିଖିତ ବିଭିନ୍ନ ଗ୍ରନ୍ଥଗୁଡ଼ିକର ଭାଷାନ୍ତର କରିବା ପାଇଁ ଏକ ବୃହତ୍ ପ୍ରକଳ୍ପର ଆମେ ଶୁଭାରମ୍ଭ ଏବଂ ସଫଳ କାର୍ଯ୍ୟାନ୍ୱୟନ ପାଇଁ ଯାହାଙ୍କର ଆଶୀର୍ବାଦ ଆମର ପାଥେୟ ହୋଇଛି; ସେ ହେଉଛନ୍ତି ସନାତନ ବୈଦିକ ଧର୍ମଧାରାର ଶିବାବତାର ପୁରୁଷ ପୁରୀ ଗୋବର୍ଦ୍ଧନପୀଠାଧୀଶ ଜଗଦ୍‌ଗୁରୁ ଶଙ୍କରାଚାର୍ଯ୍ୟ ଶ୍ରୀଶ୍ରୀନିଶ୍ଚଳାନନ୍ଦ ସରସ୍ୱତୀ ମହାରାଜ। ମୁଁ ତାଙ୍କ ଶ୍ରୀଚରଣରେ ମୋର ବିନମ୍ର ପ୍ରଣାମାଞ୍ଜଳି ନିବେଦନ କରୁଛି।

ବିଶ୍ୱସ୍ତରରେ ଶ୍ରୀଜଗନ୍ନାଥ ସଂସ୍କୃତି, ପରମ୍ପରା, ଦର୍ଶନ, ଚେତନା ଓ ମହିମାକୁ ପ୍ରଚାର-ପ୍ରସାର କରିବା ପାଇଁ ନିରନ୍ତର ପ୍ରୟାସ କରିଆସୁଛନ୍ତି ଆମ ସମସ୍ତଙ୍କର ପୂଜ୍ୟ ଠାକୁରରାଜା ମହାମାନ୍ୟ ଶ୍ରୀଶ୍ରୀଦିବ୍ୟସିଂହଦେବ ମହାରାଜ । ତାଙ୍କର ଇଚ୍ଛା– ଶ୍ରୀଜଗନ୍ନାଥଚରିତ, ତଥ୍ୟ ଓ ତଥ୍ୟ ବିଷୟରେ ସବୁଠାରୁ ପ୍ରମାଣିକ ଗ୍ରନ୍ଥ ସ୍କନ୍ଦ ପୁରାଣର ବୈଷ୍ଣବଖଣ୍ଡ ଅନ୍ତର୍ଗତ ପୁରୁଷୋତ୍ତମ ମାହାତ୍ମ୍ୟର ସର୍ବତ୍ର ଅଧ୍ୟୟନ, ଅଧ୍ୟାପନା, ପାରାୟଣ, ପ୍ରବଚନ ଓ ପରିଶୀଳନ ହେଉ । ଫଳରେ ଶ୍ରୀଜଗନ୍ନାଥ ସଂସ୍କୃତିର ବାସ୍ତବ ତଥ୍ୟ ଓ ତଥ୍ୟ ଲୋକଲୋଚନାକୁ ଆସିପାରିବ । ତେଣୁ ସ୍କନ୍ଦ ପୁରାଣର ବୈଷ୍ଣବଖଣ୍ଡ ଅନ୍ତର୍ଗତ ପୁରୁଷୋତ୍ତମ ମାହାତ୍ମ୍ୟର ଗଦ୍ୟରୂପ କାର୍ଯ୍ୟକ୍ରମର ଆରମ୍ଭରୁ ହିଁ ତାଙ୍କର କଳିଙ୍ଗ ଟେଲିଭିଜନ୍ ପାଇଁ ଶୁଭେଚ୍ଛା ଏବଂ ଆମ ପାଇଁ ଥିବା ଆଶୀର୍ବାଦ ଓ ପ୍ରୋତ୍ସାହନ ଅବିସ୍ମରଣୀୟ । ମୁଁ ତାଙ୍କ ନିକଟରେ ଚିରକୃତଜ୍ଞ ।

ଉକ୍ତ ସଂକ୍ଷିପ୍ତସାର ପୁସ୍ତକଟି ପ୍ରତ୍ୟେକ ଓଡ଼ିଆ ଜଗନ୍ନାଥପ୍ରେମୀ ଭକ୍ତମାନଙ୍କୁ ଶ୍ରୀଜଗନ୍ନାଥଙ୍କର ତଥ୍ୟ, ତଥ୍ୟ, ସଂସ୍କୃତି ଓ ଦର୍ଶନ ବିଷୟରେ ସମ୍ୟକ୍ ସୂଚନା ପ୍ରଦାନ କରିବ – ଏହି ଆଶା ଆମ୍ଭର ରହିଛି । ମହାପ୍ରଭୁ ଶ୍ରୀଜଗନ୍ନାଥ ତାଙ୍କର ସମସ୍ତ ଭକ୍ତ ଏବଂ ପ୍ରକାଶନ ମାଧ୍ୟମରେ ତାଙ୍କର ସେବା କରୁଥିବା "ବିଦ୍ୟା ପବ୍ଲିଶିଙ୍ଗ୍" ପ୍ରକାଶନ ସଂସ୍ଥାକୁ ଆଶୀର୍ବାଦ କରନ୍ତୁ – ଏହା ହିଁ ଆମର ମହାପ୍ରଭୁଙ୍କ ନିକଟରେ ପ୍ରାର୍ଥନା ।

ଶ୍ରୀଶ୍ରୀ ଜଗନ୍ନାଥ ଚରଣାଶ୍ରିତ

ହରେକୃଷ୍ଣ ଶତପଥୀ

ମୁଖବନ୍ଧ

୧.୧. ଉପକ୍ରମଣିକା

ସମଗ୍ର ଜଗତର ନାଥ ହେଉଛନ୍ତି ଶ୍ରୀଜଗନ୍ନାଥ। ତଥାପି ସେ ହେଉଛନ୍ତି ଓଡ଼ିଶାର ରାଷ୍ଟ୍ରଦେବତା, ଓଡ଼ିଆର ଗୌରବ ଗାଥା ଓ ଅସ୍ମିତାର ପରିଚୟ। ଜାତି, ଧର୍ମ, ବର୍ଷ ନିର୍ବିଶେଷରେ ଅଗଣିତ ଶ୍ରଦ୍ଧାଳୁ ଭକ୍ତଙ୍କର ହୃଦୟର ସେ ହେଉଛନ୍ତି ଅତି ଆପଣାର ଦେବତା। ଆଧ୍ୟାତ୍ମିକ, ଆଧ୍ୟଭୌତିକ ଓ ଆଧ୍ୟଦୈବିକ — ଏହି ତ୍ରିବିଧ ଦୁଃଖକୁ ନାଶ କରି ଚିରନ୍ତନ ସୁଖ ଓ ଶାନ୍ତି ପ୍ରଦାନ କରୁଥିବା ଶ୍ରୀଜଗନ୍ନାଥ ହେଉଛନ୍ତି ବିଶ୍ୱବାସୀଙ୍କର ଆରାଧ୍ୟ ଦାରୁଦେବତା।

କେଉଁ ଆବହମାନ କାଳରୁ ଓଡ଼ିଶାର ମୂଳବାସିନ୍ଦା ଆଦିବାସୀ ରାଜା ପରମଭକ୍ତ ବିଶ୍ୱାବସୁ ଏବଂ ତାଙ୍କ ପଲ୍ଲୀର ସମସ୍ତ ଅଧିବାସୀମାନଙ୍କ ଦ୍ୱାରା ପୂଜିତ ହୋଇଆସୁଥିବା ଏହି ରହସ୍ୟମୟ ଦାରୁଦେବତାଙ୍କର ଇତିହାସ, ସଂସ୍କୃତି, ଦର୍ଶନ ଓ ପରମ୍ପରାକୁ ସଠିକ୍ ଭାବରେ ଅନୁଧ୍ୟାନ କରିବା ଐତିହାସିକମାନଙ୍କ ନିମନ୍ତେ ଆଜି ବି ଅତ୍ୟନ୍ତ ଦୁରୂହ। ତେଣୁ କୁହାଯାଇଛି —

“ସର୍ବଂରହସ୍ୟଂ ପୁରୁଷୋତ୍ତମସ୍ୟ
ଦେବା ନ ଜାନନ୍ତି କୁତୋ ମନୁଷ୍ୟାଃ।।”

ଭଗବାନ୍ ପୁରୁଷୋତ୍ତମଙ୍କର ସମସ୍ତ ରହସ୍ୟକୁ ଦେବତାମାନେ ମଧ୍ୟ ଜାଣିପାରନ୍ତି ନାହିଁ, ମନୁଷ୍ୟମାନଙ୍କ କଥା ବା କ'ଣ?

ଶ୍ରୀଜଗନ୍ନାଥ ହେଉଛନ୍ତି ସର୍ବଧର୍ମସମଭାବର ଦେବତା। ସେ ବୈଷ୍ଣବମାନଙ୍କର ବିଷ୍ଣୁ, ଶୈବମାନଙ୍କର ଶିବ, ଶାକ୍ତମାନଙ୍କର ଶକ୍ତି, ସୌରମାନଙ୍କର ସୂର୍ଯ୍ୟ, ଗାଣପତ୍ୟମାନଙ୍କର ଗଣପତି, ବୌଦ୍ଧମାନଙ୍କର ବୁଦ୍ଧ, ଜୈନମାନଙ୍କର ଜିନ, ଖ୍ରୀଷ୍ଟିୟାନମାନଙ୍କର ଖ୍ରୀଷ୍ଟ, ଇସ୍ଲାମମାନଙ୍କର ଆଲ୍ଲା ତଥା ଅନ୍ୟାନ୍ୟ ସମସ୍ତ ସମ୍ପ୍ରଦାୟର ନିଜ ନିଜର ଆରାଧ୍ୟ ଇଷ୍ଟଦେବତା ବୋଲି ବହୁଧା ପ୍ରମାଣିତ। ଯେଭଳି ଗୀତାରେ କୁହାଯାଇଛି —

ଯେ ଯଥା ମାଂ ପ୍ରପଦ୍ୟନ୍ତେ
ତାଂସ୍ତଥୈବ ଭଜାମ୍ୟହମ୍।।

ଅର୍ଥାତ୍ ଯେ ମୋତେ ଯେଉଁଭଳି ଭାବି ଆରାଧନା କରିବାକୁ ଚାହିଁବେ, ମୁଁ ତାଙ୍କ ନିକଟରେ ସେହିଭଳି ଭାବରେ ଆବିର୍ଭୂତ ହେବି। ସେ ପୁରୁଷୋତ୍ତମ। ତେଣୁ ଏହି ଗୀତାର ପଞ୍ଚଦଶ ଅଧ୍ୟାୟରେ ପୁରୁଷୋତ୍ତମଯୋଗରେ ଶ୍ରୀଜଗନ୍ନାଥ ପୁରୁଷୋତ୍ତମଙ୍କ ତତ୍ତ୍ୱ ବିଷୟରେ ବିଶଦ ଭାବରେ ବର୍ଣ୍ଣନା କରାଯାଇଛି। ଶ୍ରୀଜଗନ୍ନାଥଙ୍କର ତତ୍ତ୍ୱ ଓ ଦର୍ଶନ, ପୂଜା, ସେବା ଓ ପରମ୍ପରା ପ୍ରାଗ୍‍ବୈଦିକ ଯୁଗରୁ ଆରମ୍ଭ କରି ଆଜି ପର୍ଯ୍ୟନ୍ତ ହଜାର ହଜାର ବର୍ଷଧରି ପ୍ରଚଳିତ ହୋଇଆସୁଛି। ଏପ୍ରସଙ୍ଗରେ ଶ୍ରୀଜଗନ୍ନାଥଙ୍କର ତତ୍ତ୍ୱକୁ ଆଧାର କରି ଲେଖାଯାଇଥିବା ବିଭିନ୍ନ ମୌଳିକ ଶାସ୍ତ୍ର ହିଁ ଆମର ପ୍ରମାଣ। ଯେଉଁମାନେ ଶାସ୍ତ୍ରବିଧିକୁ ସ୍ୱୀକାର ନ କରି ସ୍ୱେଚ୍ଛାଚାରୀ ଭାବରେ କାର୍ଯ୍ୟ କରନ୍ତି, ସେମାନେ ସିଦ୍ଧି ବା ଶାନ୍ତିଲାଭ କରିପାରନ୍ତି ନାହିଁ ବୋଲି ଶ୍ରୀମଦ୍‍ଭଗବଦ୍‍ଗୀତାରେ କୁହାଯାଇଛି। ଯଥା —

ଯଃ ଶାସ୍ତ୍ରବିଧିମୁତ୍ସୃଜ୍ୟ ବର୍ତ୍ତତେ କାମକାରତଃ।

ନ ସ ସିଦ୍ଧିମବାପ୍ନୋତି ନ ସୁଖଂ ନ ପରାଂଗତିମ୍। (ଗୀତା ୧୬/୨୩)

ପୁନଶ୍ଚ କୁହାଯାଇଛି — ତେଣୁ କର୍ତ୍ତବ୍ୟ ଓ ଅକର୍ତ୍ତବ୍ୟ ବ୍ୟବସ୍ଥାରେ ଶାସ୍ତ୍ର ହିଁ ପ୍ରମାଣ। ହେ ଅର୍ଜୁନ ! ଶାସ୍ତ୍ରରେ କୁହାଯାଇଥିବା ବିଧି ବିଧାନ ଅନୁସାରେ ହିଁ ତୁମେ କାର୍ଯ୍ୟ କରିବା ଉଚିତ। ଯଥା —

ତସ୍ମାତ୍ ଶାସ୍ତ୍ରଂ ପ୍ରମାଣଂ ତେ କାର୍ଯ୍ୟାକାର୍ଯ୍ୟବ୍ୟବସ୍ଥିତୌ।

ଜ୍ଞାତ୍ୱାଶାସ୍ତ୍ରବିଧାନୋକ୍ତଂ କର୍ମ କର୍ତ୍ତୁମିହାର୍ହସି।। (ଗୀତା – ୧୬/୨୪)

ଶ୍ରୀଜଗନ୍ନାଥଙ୍କ ଚରିତ ଓ ତତ୍ତ୍ୱ ବେଦଠାରୁ ଆରମ୍ଭକରି ରାମାୟଣ, ମହାଭାରତ, ପୁରାଣ, କାବ୍ୟ ଓ ସାହିତ୍ୟ ପ୍ରଭୃତି ଶାସ୍ତ୍ରରେ ବିଭିନ୍ନ ସମୟରେ ବର୍ଣ୍ଣନା କରାଯାଇଛି, ହେଲେ ଏହି ଶାସ୍ତ୍ରମାନଙ୍କ ମଧ୍ୟରେ ଶ୍ରୀପୁରୁଷୋତ୍ତମ ଜଗନ୍ନାଥ ତତ୍ତ୍ୱ ଓ ଚରିତ ସମ୍ବନ୍ଧୀୟ ଅତ୍ୟନ୍ତ ପ୍ରାଚୀନ ଓ ପ୍ରାମାଣିକ ଶାସ୍ତ୍ର ହେଉଛି ସ୍କନ୍ଦ ପୁରାଣ। ଭଗବାନ୍ ଶିବଙ୍କର ପୁତ୍ର ସ୍କନ୍ଦ ବା କାର୍ତ୍ତିକେୟ ନିଜ ପିତାଙ୍କଠାରୁ ବିଶ୍ୱପ୍ରସିଦ୍ଧ ପୁରୁଷୋତ୍ତମ ଓ ପୁରୁଷୋତ୍ତମଧାମର ମାହାତ୍ମ୍ୟ ବିଷୟରେ ଶୁଣିଥିବା ତଥ୍ୟ ଓ ତତ୍ତ୍ୱକୁ ମହର୍ଷି ଜୈମିନଙ୍କୁ ଶୁଣାଇଥିବାରୁ ଏବଂ ମହର୍ଷି ଜୈମିନି ତାଙ୍କର ଶିଷ୍ୟମାନଙ୍କୁ ସ୍କନ୍ଦଙ୍କ ଠାରୁ ଶୁଣିଥିବା ଏହି ତଥ୍ୟ ଓ ତତ୍ତ୍ୱକୁ ପରିବେଷଣ କରିଥିବାରୁ ଏହି ଶାସ୍ତ୍ର ବା ଗ୍ରନ୍ଥକୁ ନାମ ଶିବଙ୍କର ପୁତ୍ର 'ସ୍କନ୍ଦ'ଙ୍କର ନାମ ଅନୁସାରେ "ସ୍କନ୍ଦ ପୁରାଣ"ବୋଲି ନାମିତ କରାଯାଇଛି।

ସଂସ୍କୃତ ବାଙ୍ମୟରେ ମହର୍ଷି ବ୍ୟାସଙ୍କଦ୍ୱାରା ବିରଚିତ ଅଷ୍ଟାଦଶ ମହାପୁରାଣ ମଧ୍ୟରେ ସ୍କନ୍ଦପୁରାଣ ହେଉଛି ସର୍ବବୃହତ୍‍, ସର୍ବପ୍ରାଚୀନ ଏବଂ ଐତିହାସିକ ଦୃଷ୍ଟିରୁ ଅତ୍ୟନ୍ତ ଗୁରୁତ୍ୱପୂର୍ଣ୍ଣ । ଏହି ମହାପୁରାଣରେ ଥିବା ବିଭିନ୍ନ ଖଣ୍ଡ ମଧ୍ୟରୁ ଉତ୍କଳଖଣ୍ଡ ବା ବୈଷ୍ଣବଖଣ୍ଡ ଅନ୍ତର୍ଗତ ପୁରୁଷୋତ୍ତମ ମାହାତ୍ମ୍ୟରେ ଶ୍ରୀଜଗନ୍ନାଥ ଏବଂ ତାଙ୍କର ପବିତ୍ର ଧାମର ମହିମା ଓ ଗୌରବ ବିଷୟରେ ଖୁବ ସୁନ୍ଦର ଭାବରେ ବର୍ଣ୍ଣନା କରାଯାଇଛି ।

ଏହି ସ୍କନ୍ଦପୁରାଣ, ଏହାର ବୈଷ୍ଣବଖଣ୍ଡ ଏବଂ ଏହି ଗ୍ରନ୍ଥର ପ୍ରାଚୀନତା ଓ ପ୍ରାମାଣିକତା ପ୍ରସଙ୍ଗରେ ଆଲୋଚନା ସମୟରେ ଏହି ପୁଣ୍ୟଭୂମି ଭାରତବର୍ଷରେ ରଚିତ ହୋଇଥିବା ଅଷ୍ଟାଦଶ ମହାପୁରାଣ, ସେମାନଙ୍କର ରଚନାକାଳ, ଐତିହାସିକ ଓ ଭୌଗୋଳିକ ଦୃଷ୍ଟିରୁ ସେମାନଙ୍କର ଗୁରୁତ୍ୱ ଏବଂ ଏହି କ୍ରମରେ ସ୍କନ୍ଦପୁରାଣର ମହତ୍ତ୍ୱ ଓ କଥାବସ୍ତୁ ଏବଂ ବିଶେଷ କରି ଏହାର ଉତ୍କଳଖଣ୍ଡର ପୁରୁଷୋତ୍ତମ ମାହାତ୍ମ୍ୟରେ ଥିବା ଷାଠିଏ ଅଧ୍ୟାୟରେ ଶ୍ରୀଜଗନ୍ନାଥଙ୍କ ଚରିତ, ତଥ୍ୟ ଓ ତତ୍ତ୍ୱକୁ ଜାଣିବା ଏକାନ୍ତ ଆବଶ୍ୟକ । ଏହି ଦୃଷ୍ଟିରୁ ସଂସ୍କୃତ ବାଙ୍ମୟରେ ବିରଚିତ ଅଷ୍ଟାଦଶ ମହାପୁରାଣର ଏକ ସଂକ୍ଷିପ୍ତ ପରିଚୟ ଏଠାରେ ଦିଆଯାଇଛି ।

୧.୨ 'ପୁରାଣ' କ'ଣ ?

'ପୁରାଣ' କହିଲେ କ'ଣ ବୁଝାଯାଏ ? କେତେକଙ୍କ ମତରେ "ପୁରାଭବମ୍‍" ପୁରାଣମ୍‍। ଅର୍ଥାତ୍‍ ଯେଉଁ ଶାସ୍ତ୍ରଗୁଡ଼ିକ ପ୍ରାଚୀନ ବା ପୁରୁଣା ସେଗୁଡ଼ିକୁ ପୁରାଣ କୁହାଯାଏ । 'ପୁରାଣ' ଗୁଡ଼ିକ ସାଧାରଣତଃ ପ୍ରାଚୀନ କାଳର ରଚନା ହୋଇଥିବାରୁ ପୁରାଣ ଶବ୍ଦର ଏହିଭଳି ଅର୍ଥ କରାଯାଇଥାଏ । ଦ୍ୱିତୀୟରେ କେତେକ "ପୂରଣାତ୍‍ ପୁରାଣମ୍‍" ଅର୍ଥାତ୍‍ ପୂରଣ କରୁଥିବାରୁ ପୁରାଣ ବୋଲି କୁହାଯାଏ । କ'ଣ ପୂରଣ କରେ ? ଉତ୍ତର ହେଉଛି – ବେଦର ଅର୍ଥକୁ ପୂରଣ ବା ପରିପୁଷ୍ଟ କରେ । 'ବେଦ' ହେଉଛି ସର୍ବପ୍ରାଚୀନ । ଏହା କେତେକାଂଶରେ କ୍ଲିଷ୍ଟ ହୋଇଥିବାରୁ ପରବର୍ତ୍ତୀ କାଳରେ ସାଧାରଣରେ ବୋଧଗମ୍ୟ ହେଲା ନାହିଁ । ତେଣୁ 'ବେଦ'ର ଅର୍ଥ ଏବଂ ତତ୍ତ୍ୱକୁ ଜନସାଧାରଣଙ୍କ ନିକଟରେ ସରଳ ଏବଂ ସୁଖବୋଧ ଉପାୟରେ ଉପସ୍ଥାପନ କରିବା ନିମନ୍ତେ ପରବର୍ତ୍ତୀ ଯୁଗରେ 'ପୁରାଣ' ଗୁଡ଼ିକର ରଚନା କରାଯାଇଛି । ତେଣୁ କୁହାଯାଇଛି – "ଇତିହାସପୁରାଣାଭ୍ୟାଂ ବେଦଂ ସମୁପବୃଂହୟେତ୍‍" ଅର୍ଥାତ୍‍ 'ବେଦ'ର ତତ୍ତ୍ୱକୁ ଇତିହାସ ଏବଂ ପୁରାଣ ଗ୍ରନ୍ଥଦ୍ୱାରା ପରିପୁଷ୍ଟ କରାଯାଇଥାଏ ।

ଏହି ଦୃଷ୍ଟିରୁ କେତେକ ଐତିହାସିକ 'ପୁରାଣ'କୁ ପଞ୍ଚମବେଦ ବୋଲି କହିଥାନ୍ତି ଏବଂ ବେଦ ଭଳି ପୁରାଣଗୁଡ଼ିକ ମଧ୍ୟ ଅପୌରୁଷେୟ (କୌଣସି ପୁରୁଷକୃତ ନୁହେଁ) ବୋଲି ମତ ଦେଇଥାନ୍ତି। ଯେଭଳି ସୁନାଖଣ୍ଟିକୁ ବା ସୁନାର ଅଳଙ୍କାରଟିକୁ ପରିବର୍ଦ୍ଧିତ ବା ପରିପୁଷ୍ଟ କରିବା ପାଇଁ ଯେଉଁ ଧାତୁର ଆବଶ୍ୟକତା ରହିଥାଏ, ତାହା ହିଁ 'ସୁନା' ହେବା ଆବଶ୍ୟକ, ସେହିପରି ଅପୌରୁଷେୟ ବେଦକୁ ଋଦ୍ଧିମନ୍ତ କରିବା ପାଇଁ ଯେଉଁ 'ପୁରାଣ' ଗୁଡ଼ିକର ଭୂମିକା ରହିଛି, ସେଗୁଡ଼ିକ ମଧ୍ୟ ଅପୌରୁଷେୟ। ତେବେ ସମାଲୋଚକମାନଙ୍କର ଏଭଳି ମତ ବିବାଦର ଉର୍ଦ୍ଧ୍ୱରେ ନୁହେଁ। ଏଭଳି କୁହାଗଲେ ସମସ୍ତ ଶାସ୍ତ୍ର ସହିତ ବେଦର କିଛି ନା କିଛି ସମ୍ପର୍କ ପ୍ରତିଷ୍ଠିତ ହୋଇପାରିବ। ତେବେ କ'ଣ ସମସ୍ତ ଶାସ୍ତ୍ରକୁ "ଅପୌରୁଷେୟ" ବୋଲି କୁହାଯାଇପାରିବ ? ତେବେ ଏହା ନିଶ୍ଚିତ ଯେ ପୁରାଣଗୁଡ଼ିକ 'ବେଦ'ର ପରିପୂରକ। ପୁରାଣଗୁଡ଼ିକ ମହର୍ଷିବ୍ୟାସଙ୍କ ଦ୍ୱାରା ପ୍ରଣୀତ ହୋଇଥିବାରୁ ଏହାକୁ "ପୌରୁଷେୟ" ବୋଲି ମଧ୍ୟ କୁହାଯାଇଥାଏ।

ପୁରାଣରେ ପୁରାଣ ଲକ୍ଷଣ ବିଷୟରେ କୁହାଯାଇଛି ଯଥା –
ସର୍ଗଶ୍ଚ ପ୍ରତିସର୍ଗଶ୍ଚ ବଂଶମନ୍ୱନ୍ତରାଣି ଚ।
ବଂଶାନୁଚରିତଂ ଚୈବ ପୁରାଣଂ ପଞ୍ଚଲକ୍ଷଣମ୍।।

ଅର୍ଥାତ୍ ପୁରାଣରେ ମୁଖ୍ୟତଃ ପାଞ୍ଚଗୋଟି ବିଷୟ ବର୍ଣ୍ଣିତ ହୋଇଥାଏ। ୧) ସର୍ଗ ବା ସୃଷ୍ଟି ପ୍ରକ୍ରିୟା, ୨) ପ୍ରତିସର୍ଗ ବା ସୃଷ୍ଟିର ବିଲୟ ପ୍ରକ୍ରିୟା, ୩) ବଂଶ ଅର୍ଥାତ୍ ବିଭିନ୍ନ ବଂଶାବଳୀ, ୪) ମନ୍ୱନ୍ତରାଣି ଅର୍ଥାତ୍ କେଉଁ କେଉଁ ସମୟରେ କେଉଁ କେଉଁ ମନୁ ଥିଲେ ତା'ର ବିବରଣୀ ପୁରାଣରେ ମିଳିଥାଏ, ୫) ବଂଶାନୁଚରିତ ଯଥା– ବିଭିନ୍ନ ବଂଶର କାର୍ଯ୍ୟକଳାପ।

ପୁରାଣଗୁଡ଼ିକରେ ମୁଖ୍ୟତଃ ଏହି ୫ ଗୋଟି ବିଷୟ ବର୍ଣ୍ଣିତ ହୋଇଥାଏ। ଏହା ବ୍ୟତୀତ ପୁରାଣରେ ମଧ୍ୟ ଅନ୍ୟାନ୍ୟ କଥା ବର୍ଣ୍ଣିତ ହୋଇଥାଏ। ଉଦାହରଣ ଯଥା – ଅଗ୍ନିପୁରାଣ। ଏଥିରେ ସମାଜଶାସ୍ତ୍ର, ଇତିହାସ, ଚିକିତ୍ସା ଶାସ୍ତ୍ର, ସାହିତ୍ୟ, ଅଳଙ୍କାର, ଦର୍ଶନ, ତନ୍ତ, ଅନ୍ୟାନ୍ୟ ଧର୍ମଶାସ୍ତ୍ର ନୀତିଶାସ୍ତ୍ର ପ୍ରଭୃତି ଅନେକ ବିଷୟରେ ବର୍ଣ୍ଣନା କରାଯାଇଛି। ତେଣୁ ଏହାକୁ "ଭାରତୀୟ ଜ୍ଞାନକୋଷ" ବୋଲି କୁହାଯାଏ।

୧.୩. ପୁରାଣଗୁଡ଼ିକର ଉପାଦେୟତା

କେତେକ ସମାଲୋଚକ 'ପୁରାଣ' ଗୁଡ଼ିକୁ କାଳ୍ପନିକ ବୋଲି କହିଥାନ୍ତି। ସେଗୁଡ଼ିକର କୌଣସି ଉପାଦେୟତା ସ୍ୱୀକାର କରନ୍ତି ନାହିଁ। କେତେକ "ପୁରାଣ

ମିତ୍ୟେବ ନ ସାଧୁ ସର୍ବମ୍" କହି ପୁରାଣର ଗୌରବକୁ ମଧ୍ୟ କ୍ଷୁର୍ଣ୍ଣ କରିଥାନ୍ତି । କିନ୍ତୁ ଏହା ଠିକ୍ ନୁହେଁ । ପୁରାଣଗୁଡ଼ିକର ଯଥେଷ୍ଟ ଉପାଦେୟତା ରହିଛି । ବିଶେଷ କରି ଭାରତୀୟ ସଂସ୍କୃତି ଓ ଦର୍ଶନର ମୌଳିକ ଗ୍ରନ୍ଥ 'ବେଦ'କୁ ସୁଗମ ଉପାୟରେ ଜନସାଧାରଣଙ୍କ ନିକଟରେ ପହଞ୍ଚାଇବାର ଗୁରୁଦାୟିତ୍ୱ ପୁରାଣ ଗୁଡ଼ିକ ଉପରେ ହିଁ ନ୍ୟସ୍ତ । ତେଣୁ କ୍ଲିଷ୍ଟ ବେଦଶାସ୍ତ୍ର ଅପେକ୍ଷା ସହଜ ବୋଧ ପୁରାଣଶାସ୍ତ୍ରର ଯଥେଷ୍ଟ ଅଧିକ ଉପାଦେୟତା ରହିଛି ବୋଲି ନାରଦୀୟ ପୁରାଣରେ କୁହାଯାଇଛି ।

ବେଦାର୍ଥାଦଧିକଂ ମନ୍ୟେ ପୁରାଣାର୍ଥଂ ବରାନନେ ।
ବେଦାଃ ପ୍ରତିଷ୍ଠିତାଃ ସର୍ବେ ପୁରାଣେ ନାତ୍ରସଂଶୟଃ ।।

ଐତିହାସିକ ଦୃଷ୍ଟିକୋଣରୁ ମଧ୍ୟ ପୁରାଣଗୁଡ଼ିକ ଅତ୍ୟନ୍ତ ଉପାଦେୟ । ପୁରାଣରେ ବିଭିନ୍ନ ରାଜାମାନଙ୍କର ଶାସନ ପ୍ରଣାଳୀ, ବଂଶାବଳୀ ଇତ୍ୟାଦି ବିଷୟରେ ବର୍ଣ୍ଣିତ ହୋଇଥିବାରୁ ପ୍ରାଚୀନ ଭାରତ ଇତିହାସ ରଚନା ପାଇଁ 'ପୁରାଣ'କୁ ଅନ୍ୟତମ ଉସ୍ ଭାବରେ ଗ୍ରହଣ କରାଯାଇଛି । ବିଶେଷକରି ବିଷ୍ଣୁ ପୁରାଣ, ବାୟୁପୁରାଣ, ମସ୍ୟପୁରାଣ, ବ୍ରହ୍ମପୁରାଣ, ସ୍କନ୍ଦପୁରାଣ ଏବଂ ଭବିଷ୍ୟ ପୁରାଣ ଏ ଦୃଷ୍ଟିରୁ ଅତ୍ୟନ୍ତ ଗୁରୁତ୍ୱପୂର୍ଣ୍ଣ । ପ୍ରାୟ ଖ୍ରୀ.ପୂ. ୪ର୍ଥ ଶତାବ୍ଦୀରୁ ବିଭିନ୍ନ ସ୍ଥାନର ରାଜା ରାଜୁଡ଼ାଙ୍କର ଏକ ପରିଚୟ ପାଇବାକୁ ହେଲେ ଐତିହାସିକମାନଙ୍କୁ ପୁରାଣର ସାହାଯ୍ୟ ନେବାକୁ ପଡ଼ିଥାଏ । ପୁରାଣରେ ହସ୍ତିନାପୁରର ରାଜା 'ପୁରୁ' ଏବଂ କୋଶଳର ରାଜା 'ଇକ୍ଷାକୁ' ସମ୍ପର୍କରେ ମଧ୍ୟ ସୂଚନା ଦିଆଯାଇଛି । ମୌର୍ଯ୍ୟବଂଶର ଇତିହାସ ଜାଣିବାକୁ ହେଲେ 'ବିଷ୍ଣୁ ପୁରାଣ'ର ଅଧ୍ୟୟନ ଏକାନ୍ତ ଆବଶ୍ୟକ । ଆନ୍ଧ୍ର ଏବଂ ଶୃଙ୍ଗବଂଶର ପରିଚୟ ପାଇଁ ମସ୍ୟ ପୁରାଣର ଉପାଦେୟତା ରହିଛି । ଉତ୍କଳପ୍ରଦେଶ, ପୁରୁଷୋତ୍ତମ ଧାମ ଓ ଶ୍ରୀଜଗନ୍ନାଥଙ୍କ ଇତିହାସ ବିଷୟରେ ଜାଣିବାକୁ ହେଲେ ସ୍କନ୍ଦ ପୁରାଣର ଯଥେଷ୍ଟ ପ୍ରାସଙ୍ଗିକତା ରହିଛି । ଏହିପରି ଇତିହାସର ଅନେକ ତଥ୍ୟ ଉପସ୍ଥାପନା ଦିଗରେ ଅନ୍ୟାନ୍ୟ ପୁରାଣଗୁଡ଼ିକର ମଧ୍ୟ ଯଥେଷ୍ଟ ଗୁରୁତ୍ୱପୂର୍ଣ୍ଣ ଭୂମିକା ରହିଛି ।

ପୁରାଣଗୁଡ଼ିକ ଅଧ୍ୟୟନ କଲେ ସେଥିରୁ ଭାରତବର୍ଷର ସେକାଳର ଏକ ଭୌଗୋଳିକ ଚିତ୍ରର ପରିଚୟ ମିଳିଥାଏ । ପୁରାଣରେ ବିଭିନ୍ନ ନଦ, ନଦୀ, ପାହାଡ଼, ପର୍ବତ ପ୍ରଭୃତିର ସ୍ପଷ୍ଟ ବର୍ଣ୍ଣନା ରହିଛି । ଭାରତର ଅବସ୍ଥିତି ସମ୍ପର୍କରେ ବିଷ୍ଣୁ ପୁରାଣରେ ଲେଖାଅଛି, ଯଥା–

ଉତ୍ତରଂ ଯତ୍‍ସମୁଦ୍ରସ୍ୟ ଦକ୍ଷିଣଂ ହିମବଚ ଯତ୍‍ ।
ବର୍ଷଂ ତଦ୍‍ ଭାରତଂ ନାମ ଭାରତୀ ଯତ୍ର ସନ୍ତତିଃ ।।

ପୁରାଣଗୁଡ଼ିକର ଭୌଗୋଲିକ ଉପାଦେୟତାକୁ ଭିତ୍ତିକରି ସେଗୁଡ଼ିକୁ 'ଭୁବନକୋଷ' ନାମରେ ମଧ୍ୟ ନାମିତ କରାଯାଇଥାଏ । ଭାରତବର୍ଷର ଉତ୍ପତ୍ତି ବିଷୟରେ କୁହାଯାଇଛି ଯେ ଏହାର ସର୍ବପ୍ରାଚୀନ ନାମ ହେଉଛି "ଅଜନାଭ" । ଅର୍ଥାତ୍‍ ଏହା 'ଅଜ' ବ୍ରହ୍ମାଙ୍କ ନାଭିରୁ ଜାତ ହୋଇଥିଲା । ପରେ ଏହା ରାଜା 'ଭରତ' (ଦୁଷ୍ୟନ୍ତଙ୍କ ପୁତ୍ର 'ଭରତ' ଏବଂ ଭାରତକୁ ଶାସନ କରିଥିବା 'ଭରତ' ପୃଥକ)ଙ୍କ ଦ୍ୱାରା ଶାସିତ ହୋଇଥିବାରୁ ଏହାର ନାମ 'ଭାରତବର୍ଷ' ହେଲା । ଏହାକୁ 'ଜମ୍ବୁଦ୍ୱୀପ' କୁହାଯାଇଛି ।

ପୁରାଣରେ ଅନେକ ବିଷୟ ବର୍ଣ୍ଣିତ ହୋଇଛି । ଆୟୁର୍ବେଦ, ଧନୁର୍ବେଦ, ଧର୍ମଶାସ୍ତ୍ର, ଜ୍ୟୋତିଷ, ଛନ୍ଦ, ବ୍ୟାକରଣ, ଅଳଙ୍କାର, ଅର୍ଥଶାସ୍ତ୍ର, ରାଜନୀତି- ଇତ୍ୟାଦି ବିଷୟରେ ମଧ୍ୟ ବର୍ଣ୍ଣନା ପୁରାଣରୁ ମିଳିଥାଏ । ପୁରାଣଗୁଡ଼ିକର ଅଧ୍ୟାତ୍ମିକ ଓ ସାମାଜିକ ଉପାଦେୟତା ମଧ୍ୟ ଯଥେଷ୍ଟ ରହିଛି । ଭାରତର ପ୍ରାଚୀନ ସଭ୍ୟତା ଓ ସଂସ୍କୃତିକୁ ଜାଣିବାକୁ ହେଲେ ପୌରାଣିକ ଯୁଗର ସାମାଜିକ ଚାଲିଚଳଣି ସହିତ ପରିଚିତ ହେବାକୁ ପଡ଼ିଥାଏ ଏବଂ ଏଥିପାଇଁ ପୁରାଣଗୁଡ଼ିକର ଅଧ୍ୟୟନ ଏକାନ୍ତ ଆବଶ୍ୟକ ।

ଏହି ଦୃଷ୍ଟିରୁ ପୁରାଣର ବହୁବିଧ ଉପାଦେୟତାକୁ ଲକ୍ଷ୍ୟକରି କୁହାଯାଇଛି ଯେ – ଛଅ ଅଙ୍ଗ ସହିତ ବେଦ, ଉପନିଷଦ ଆଦି ଶାସ୍ତ୍ର ଜାଣି ଯଦି ଜଣେ ପୁରାଣ ନ ଜାଣେ ତେବେ ସେ ବିଦ୍ୱାନ୍‍ ବିଚକ୍ଷଣ ହୋଇ ନ ପାରେ । ଯଥା –

"ଯୋ ବିଦ୍ୟାଚତୁରୋ ବେଦାନ୍‍ ସାଙ୍ଗୋପନିଷଦୋ ଦ୍ୱିଜ ।
ପୁରାଣଂ ନୈବ ଜାନାତି ନ ଚ ସ ସ୍ୟାଦ୍‍ବିଚକ୍ଷଣଃ ।।"

ଏଣୁ ବିଚକ୍ଷଣ ବିଦ୍ୱା ଲାଭ ପାଇଁ ପୁରାଣ ଅଧ୍ୟୟନ ଏକାନ୍ତ ଆବଶ୍ୟକ ।

୧.୪. ପୁରାଣଗୁଡ଼ିକର ରଚୟିତା

ମହାଭାରତ ଏବଂ ବେଦାନ୍ତବ୍ରହ୍ମସୂତ୍ର ରଚୟିତା ଭଗବାନ୍‍ 'ବ୍ୟାସ' ପୁରାଣଗୁଡ଼ିକର ରଚନା ବା ସଂକଳନ କରିଛନ୍ତି ବୋଲି ଐତିହାସିକମାନେ ମତପୋଷଣ କରନ୍ତି । ବିଶିଷ୍ଟ ବିଦ୍ୱାନ୍‍ M. WILLIAMS ଏ ବିଷୟରେ କହନ୍ତି –

"The name Purana signifies "Old traditional story" and the eighteen ancient narratives to which the name is applied are said to have been compiled by the ancient sage Vyasa (also called Krishna Dwaipayana and Badarayana) the arranger of the Vedas and Mahabharata and the supposed founder of Vedanta Philosophy."

ବ୍ୟାସ ସମସ୍ତ ପୁରାଣଗୁଡ଼ିକର ରଚୟିତା ବୋଲି ପ୍ରସିଦ୍ଧି ରହିଛି । ଯଥା—
"ଅଷ୍ଟାଦଶପୁରାଣାନାଂ କର୍ତ୍ତା ସତ୍ୟବତୀ ସୁତଃ ।।" ଅର୍ଥାତ୍ ସତ୍ୟବତୀଙ୍କର ପୁତ୍ର ବ୍ୟାସ ହିଁ ଅଷ୍ଟାଦଶ ପୁରାଣମାନଙ୍କର କର୍ତ୍ତା ।।

୧.୫. ପୁରାଣଗୁଡ଼ିକର ରଚନାକାଳ

ପୁରାଣ ଗୋଟିଏ ନୁହେଁ, ଏହା ଅନେକ । ତେଣୁ ସେଗୁଡ଼ିକର ରଚନା ଏକ ସମୟରେ ହୋଇଥିବାର ଜଣାଯାଏ ନାହିଁ । ବିଭିନ୍ନ ସମୟରେ ବିଭିନ୍ନ ପୁରାଣର ରଚନା ହୋଇଥିବାର ପ୍ରମାଣ ମିଳେ । ତେବେ ପୁରାଣଗୁଡ଼ିକର କାଳନିର୍ଣ୍ଣୟ କରିବା ପୂର୍ବରୁ ନିମ୍ନଲିଖିତ ବିଷୟଗୁଡ଼ିକ ପ୍ରତି ଧ୍ୟାନଦେବା ଆବଶ୍ୟକ ।

୧)	ଅଥର୍ବବେଦରେ 'ପୁରାଣ' ର ନାମୋଲ୍ଲେଖ ରହିଛି ଯଥା —
	ରଚଃ ସାମାନି ଛଦାଂସି ପୁରାଣଂ ଯଜୁଷା ସହ ।
	ଉଚ୍ଛିଷ୍ଟାଜ୍ଜଜ୍ଞିରେ ସର୍ବେ ଦେବା ଦିବି ଶ୍ରିତାଃ ।

୨)	ଗୋପଥ ବ୍ରାହ୍ମଣ ଗ୍ରନ୍ଥରେ 'ପୁରାଣ' ଶବ୍ଦର ଉଲ୍ଲେଖ ଅଛି ଯଥା —
	'ଏବମିମେ ସର୍ବେ ବେଦାଃ ନିର୍ମିତାଃ ସକଳ୍ପାଃ ସରହସ୍ୟାଃ ସବ୍ରାହ୍ମଣାଃ ସୋପନିଷତ୍କାଃ ସେତିହାସାଃ ସାନ୍ୱ୍ୟାଖ୍ୟାତାଃ ସପୁରାଣାଃ ସସ୍ୱରାଃ' । (ଗୋପଥବ୍ରାହ୍ମଣ)

୩)	ଶତପଥବ୍ରାହ୍ମଣ ଗ୍ରନ୍ଥରେ 'ପୁରାଣ'ର ଉଲ୍ଲେଖ, ଯଥା —
	'ସୋୟମିତି କିଞ୍ଚିତ୍ ପୁରାଣମାଚକ୍ଷାତ'

୪)	ବୃହଦାରଣ୍ୟକୋପନିଷଦରେ 'ପୁରାଣ'ର ଉଲ୍ଲେଖ, ଯଥା —
	ଇତିହାସଃ ପୁରାଣଂ ବିଦ୍ୟା ଉପନିଷଦଃ ।

୫)	ଛାନ୍ଦୋଗ୍ୟୋପନିଷଦରେ ଯଥା - "ରଗ୍‌ବେଦଂ ଭଗବୋଧେମି, ଇତି — ହାସପୁରାଣଂ ପଞ୍ଚମଂ ବେଦାନାଂ ବେଦମ୍ ।"

୬) ଆପସ୍ତମ୍ବଧର୍ମସୂତ୍ରରେ ପୁରାଣର ନାମୋଲ୍ଲେଖ ସଙ୍ଗେ ସଙ୍ଗେ ଶ୍ଲୋକସଂଖ୍ୟା ମଧ ଲେଖାଯାଇଛି ଯଥା – 'ଅଥପୁରାଣେ ଶ୍ଲୋକନୁଦାହରନ୍ତି , ଅଷ୍ଟାଶୀତି ସହସ୍ରାଣୀତି ।'

୭) ବିଶିଷ୍ଟ ଦାର୍ଶନିକ ଆଚାର୍ଯ୍ୟଶଙ୍କର ଏବଂ ମୀମାଂସକ କୁମାରିଲଭଟ୍ଟ ମଧ 'ପୁରାଣ' ର ନାମ ଉଲ୍ଲେଖ କରିଛନ୍ତି । ପ୍ରଥମଶତାବ୍ଦୀରେ ଆବିର୍ଭୂତ ବିଶ୍ୱକବି କାଳିଦାସ 'ପୁରାଣ' ଶବ୍ଦର ଉଲ୍ଲେଖ କରିବା ସଙ୍ଗେ ସଙ୍ଗେ ପୁରାଣର କଥାବସ୍ତୁ ଦ୍ୱାରା ଅନୁପ୍ରାଣିତ ହୋଇ ଅନେକ କାବ୍ୟ ଓ ନାଟକ ରଚନା କରିଛନ୍ତି । ସପ୍ତମ ଶତକର କବି ବାଣଭଟ୍ଟ ହର୍ଷଚରିତରେ 'ପୁରାଣେଷୁ ବାୟୁପ୍ରଲପିତମ୍' ସ୍ଥଳରେ ପୁରାଣର ଉଲ୍ଲେଖ କରିଛନ୍ତି ।

୮) ପୁରାଣରେ କଳିଯୁଗୀୟ ରାଜାମାନଙ୍କର ବିଶଦବର୍ଣ୍ଣନା ରହିଛି । ମୌର୍ଯ୍ୟ ବଂଶର ପ୍ରାମାଣିକ ବିବରଣୀ ବିଷ୍ଣୁପୁରାଣରୁ ମିଳିଥାଏ । ବାୟୁ ପୁରାଣରେ ଗୁପ୍ତରାଜାମାନଙ୍କର ଏବଂ ମତ୍ସ୍ୟପୁରାଣରେ ଆନ୍ଧ୍ର ରାଜାମାନଙ୍କର କଥା ବର୍ଣ୍ଣିତ ହୋଇଛି ।

୯) ମହାଭାରତରେ ମଧ ଅନେକ ପୁରାଣବର୍ଣ୍ଣିତ ଆଖ୍ୟାନର ବର୍ଣ୍ଣନା କରାଯାଇଛି । ପଦ୍ମପୁରାଣରେ ରକ୍ଷଃଶୃଙ୍ଗଙ୍କର ଯେଉଁ ଚରିତ୍ର ବର୍ଣ୍ଣନା କରାଯାଇଛି ତାହା ମଧ ମହାଭାରତରେ ବର୍ଣ୍ଣିତ ହୋଇଛି ।

୧୦) କୌଟିଲ୍ୟ ବା ଚାଣକ୍ୟଙ୍କ ଦ୍ୱାରା ବିରଚିତ ଅର୍ଥଶାସ୍ତ୍ରରେ ପୁରାଣଗୁଡ଼ିକ ବିଷୟରେ ଉଲ୍ଲେଖ କରାଯାଇଛି । ଦୁର୍ବିନୀତ ରାଜପୁତ୍ରମାନଙ୍କୁ ପୁରାଣ ଶିକ୍ଷାଦେବା ଉଚିତ ବୋଲି ଅର୍ଥଶାସ୍ତ୍ରରେ ଲେଖାଯାଇଛି । (ଅର୍ଥଶାସ୍ତ୍ର ରଚନାର ସମୟ ଚନ୍ଦ୍ରଗୁପ୍ତ ମୌର୍ଯ୍ୟଙ୍କର ରାଜତ୍ୱକାଳ ସହ ସମାନ । ଅର୍ଥାତ୍ ପ୍ରାୟ ଖ୍ରୀ.ପୂ. ୩ୟ ଶତାବ୍ଦୀ । ପୁରାଣଗୁଡ଼ିକର ରଚନା ତତ୍ପୂର୍ବବର୍ତ୍ତୀ) ।

ଏହିସବୁ ଉପଯୁକ୍ତ ପ୍ରମାଣରୁ ଜଣାପଡ଼େ ଯେ ପୁରାଣଗୁଡ଼ିକର ଅସ୍ତିତ୍ୱ ବୈଦିକ କାଳରେ ମଧ ଥିଲା । ତେବେ ଏକଥା ସତ୍ୟ ଯେ ପୁରାଣଗୁଡ଼ିକର ମୂଳସ୍ୱରୂପ ବର୍ତ୍ତମାନ ଉପଲବ୍ଧ ହେଉନାହିଁ । ଏଗୁଡ଼ିକର ସ୍ୱରୂପ କ୍ରମଶଃ ବିକୃତ ହେବାରେ ଲାଗିଛି । ଗୋଟିଏ ପୁରାଣର ବିଭିନ୍ନ ସଂସ୍କରଣରେ ବିଭିନ୍ନ ସ୍ୱରୂପ ଦେଖ‍ିବାକୁ ମିଳିଥାଏ । ତେଣୁ ଏକଥା କହିଲେ କିଛି ଭୁଲ ହେବ ନାହିଁ ଯେ, ପୁରାଣଗୁଡ଼ିକର ଆଦିମସ୍ୱରୂପର ରଚନା ନିଶ୍ଚିତ ବହୁପ୍ରାଚୀନ କାଳରୁ ହୋଇଛି

ଅର୍ଥାତ୍ 'ବେଦ'ର ନିଗୂଢ଼ ରହସ୍ୟକୁ ଲୋକମାନଙ୍କ ନିକଟରେ ପ୍ରଚାରିତ କରିବା ପାଇଁ ଠିକ୍ 'ବେଦ' ଆବିର୍ଭାବର ପରେ ପରେ ପୁରାଣଗୁଡ଼ିକର ରଚନା କରାଯାଇପାରିଥାଏ । ତେବେ ସମସ୍ତ ପୁରାଣ ଏକ ସମୟରେ ରଚିତ ହେବାର ଜଣାପଡ଼େ ନାହିଁ । ତେଣୁ ସମସ୍ତ କଥାକୁ ବିଚାରକୁ ନେଇ କୁହାଯାଇପାରେ ଯେ, ପୁରାଣ ଗୁଡ଼ିକର ରଚନା ଖ୍ରୀ.ପୂ. ୬ଷ୍ଠ ଶତାଦ୍ଧୀରୁ ଆରମ୍ଭ କରି ପ୍ରାୟ ସପ୍ତମ ବା ଅଷ୍ଟମ ଶତାଦ୍ଧୀ ପର୍ଯ୍ୟନ୍ତ ହୋଇଛି ।

୧.୬. ପୁରାଣଗୁଡ଼ିକ ସଂଖ୍ୟା

ପୁରାଣଗୁଡ଼ିକର ସଂଖ୍ୟା ବିଷୟରେ ଐତିହାସିକମାନଙ୍କ ମଧ୍ୟରେ କୌଣସି ମତଭେଦ ଦେଖାଯାଏ ନାହିଁ । ଏଗୁଡ଼ିକର ସଂଖ୍ୟା ୧୮, ଏହା ବ୍ୟତୀତ ୧୮ ଖଣ୍ଡ ମଧ୍ୟ ଉପପୁରାଣ ରହିଛି । ୧୮ ଖଣ୍ଡ ମହାପୁରାଣ ବିଷୟରେ ଉଲ୍ଲେଖ ରହିଛି, ଯଥା—

ମଦ୍ୱୟଂ ଭଦ୍ୱୟଶ୍ଚୈବ ବ୍ରତ୍ରୟଂ ବଚତୁଷ୍ଟୟମ୍ ।

ଅନାପଲିଙ୍ଗକୂସ୍କାନି ପୁରାଣାନି ପ୍ରଚକ୍ଷତେ ।।

ଅର୍ଥାତ୍, 'ମ' ଅକ୍ଷରରେ ୨ ଖଣ୍ଡ, 'ଭ'ରେ ୨ ଖଣ୍ଡ, 'ବ୍ର'ରେ ୩ ଖଣ୍ଡ, 'ବ' ରେ ୪ ଖଣ୍ଡ ଅ, ନା, ପ, ଲି, ଗ, କୁ, ସ୍କ ଏହି ୭ଟି ଅକ୍ଷରରେ ଖଣ୍ଡିଏ ଲେଖାଏଁ ଏହିପରି ମୋଟରେ ୧୮ ଖଣ୍ଡ ପୁରାଣ । ଏହି ଅନୁସାରେ ପୁରାଣଗୁଡ଼ିକର ନାମ ନିମ୍ନରେ ପ୍ରଦାନ କରାଗଲା ।

ମଦ୍ୱୟମ୍   – ୧) ମସ୍ୟପୁରାଣ, ୨) ମାର୍କଣ୍ଡେୟପୁରାଣ

ଭଦ୍ୱୟମ୍   – ୩) ଭବିଷ୍ୟ ପୁରାଣ, ୪)ଭାଗବତପୁରାଣ,

ବ୍ରତ୍ରୟମ୍   – ୫) ବ୍ରହ୍ମାଣ୍ଡ ପୁରାଣ, ୬) ବ୍ରହ୍ମପୁରାଣ,

            ୭) ବ୍ରହ୍ମବୈବର୍ତ୍ତପୁରାଣ

ବଚତୁଷ୍ଟୟମ୍– ୮) ବାମନପୁରାଣ, ୯) ବରାହପୁରାଣ,

            ୧୦) ବିଷ୍ଣୁପୁରାଣ, ୧୧) ବାୟୁପୁରାଣ

ଅ   – ୧୨) ଅଗ୍ନିପୁରାଣ

ନା   – ୧୩) ନାରଦପୁରାଣ

ପ   – ୧୪) ପଦ୍ମପୁରାଣ

ଲି   – ୧୫) ଲିଙ୍ଗପୁରାଣ

ଗ   – ୧୬) ଗରୁଡ଼ପୁରାଣ

କୂ   –   ୧୭) କୂର୍ମପୁରାଣ

ସ୍କ   –   ୧୮) ସ୍କନ୍ଦପୁରାଣ

ଏହା ବ୍ୟତୀତ ଅଠରଗୋଟି ଉପପୁରାଣ ମଧ୍ୟ ଅଛି । ସେଗୁଡ଼ିକ ହେଲା –

୧)ସନତ୍‌କୁମାର, ୨) ନାରସିଂହ, ୩) ବସିଷ୍ଠ ୪) ଶିବଧର୍ମ, ୫)ଆଷ୍ୟର୍ୟ, ୬) ନାରଦୀୟ, ୭) କାପିଲ, ୮) ବାମନ, ୯) ଔଶନାଶ, ୧୦) ବ୍ରହ୍ମାଣ୍ଡ, ୧୧) ବାରୁଣ, ୧୨) କାଳିକା, ୧୩) ମାହେଶ୍ୱର, ୧୪) ସାମ୍ବ, ୧୫) ସୌର, ୧୬) ପରାଶର, ୧୭) ମାରୀଚ, ୧୮) ଭାର୍ଗବ ।

ଏହି ଉପପୁରାଣର ସଂଖ୍ୟା ବିଷୟରେ ମତଭେଦ ନ ଥିଲେ ମଧ୍ୟ ଏହାର ନାମ ବିଷୟରେ କେତେକ ସ୍ଥାନରେ ମତଭେଦ ଦେଖାଯାଏ । ଉପର୍ୟ୍ୟୁକ୍ତ ୧୮ ଗୋଟି ନାମ ଗରୁଡ଼ ପୁରାଣରେ ଲେଖାଅଛି । କିନ୍ତୁ ଦେବୀଭାଗବତ ଅନୁସାରେ ସ୍କନ୍ଦ, ବାମନ, ବ୍ରହ୍ମାଣ୍ଡ, ମାରୀଚ ଏବଂ ଭାର୍ଗବ ଏହି ୫ ଗୋଟି ଉପପୁରାଣ ସ୍ଥାନରେ ଯଥାକ୍ରମେ ଶିବ, ମାନବ, ଆଦିତ୍ୟ, ଭଗବତ, ବସିଷ୍ଠ ଏହି ୫ ଗୋଟି ଉପପୁରାଣର ଉଲ୍ଲେଖ ଦେଖାଯାଏ । ତେଣୁ 'ଦେବୀ ଭାଗବତ' ଅନୁସାରେ 'ଭାଗବତ' ଗୋଟିଏ ଉପପୁରାଣ ।

୧.୭. ବିଭିନ୍ନ ପୁରାଣର ସଂକ୍ଷିପ୍ତ କଥାବସ୍ତୁ

୧) ବ୍ରହ୍ମପୁରାଣ : ଏହି ପୁରାଣକୁ ସବୁଠାରୁ ପ୍ରାଚୀନ ପୁରାଣ ବୋଲି କୁହାଯାଇଥାଏ । ଏଥିରେ ମୋଟରେ ୨୪୫ ଗୋଟି ଅଧ୍ୟାୟ ଏବଂ ୧୩୦୦୦ ଶ୍ଳୋକ ରହିଛି । କୁହାଯାଇଛି –

'ବ୍ରାହ୍ମଂ ତ୍ରିଦଶସାହସ୍ରଂ ପୁରାଣଂ ପରିକୀର୍ତ୍ୟତେ' ।

ଏହି ପୁରାଣରେ ସୂର୍ୟ୍ୟବଂଶ ଓ ଚନ୍ଦ୍ରବଂଶର ବିସ୍ତୃତ ବିବରଣୀ ରହିଛି । ଏଥିରେ ପାର୍ବତୀଙ୍କର ଆଖ୍ୟାନ ସମେତ ବର୍ଣ୍ଣାଶ୍ରମ, ଧାର୍ମିକ କ୍ରିୟାକଳାପ, କର୍ମକାଣ୍ଡ, ନରକଦୁଃଖ ସମେତ ଅନେକ ଉପାଦେୟ ବିଷୟ ବର୍ଣ୍ଣିତ ହୋଇଛି । ବିଭିନ୍ନ ତୀର୍ଥ, ଯଥା - ପୁତ୍ରତୀର୍ଥ, ଚକ୍ରତୀର୍ଥ, ଯମତୀର୍ଥ, ଗଙ୍ଗାକୃତିକା ତୀର୍ଥ ପ୍ରଭୃତି ବିଷୟରେ ଉଲ୍ଲେଖ ମଧ୍ୟ ଉକ୍ତ ପୁରାଣରୁ ମିଳିଥାଏ । 'ଧର୍ମ' ର ମାହାମ୍ୟ ବର୍ଣ୍ଣନା କରାଯାଇ ଉକ୍ତ ପୁରାଣରେ ଲେଖାଅଛି, ଯଥା—

ଧର୍ମେ ମତିର୍ଭବତୁ ବଃ ପୁରୁଷୋତ୍ତମାନାଂ

ସ ହ୍ୟେକ ଏବ ପରଲୋକଗତସ୍ୟ ବନ୍ଧୁଃ ।

ଅର୍ଥାଃ ସ୍ତ୍ରିୟଶ୍ଚ ନିପୁଣୈରପି ସେବ୍ୟମାନା

ନୈବ ପ୍ରଭାବମୁପଯାନ୍ତି ନ ଚ ସ୍ଥିରତ୍ୱମ୍ ।।୧।।

ଅର୍ଥାତ୍ ତୁମମାନଙ୍କର 'ଧର୍ମ'ରେ ହିଁ ଆଗ୍ରହ ଜନ୍ତୁ। ଯେହେତୁ ସେ ହିଁ ହେଉଛି ପରଲୋକ ଯିବା ସମୟର ଏକମାତ୍ର ବନ୍ଧୁ। ଅର୍ଥ, ସ୍ତ୍ରୀ ଇତ୍ୟାଦି ଭୌତିକବସ୍ତୁର କୌଣସି ପ୍ରଭାବ ନାହିଁ, କିମ୍ବା ସେମାନେ ମଧ ସ୍ଥିର ନୁହନ୍ତି।

ଉକ୍ତ ପୁରାଣର ଅନ୍ୟତମ ବୈଶିଷ୍ଟ୍ୟ ହେଉଛି ଯେ ଏହାର ୧୮ ରୁ ୨୩ - ଏହି ୬ ଗୋଟି ଅଧ୍ୟାୟରେ ଓଡ଼ିଶାର ସୁପ୍ରସିଦ୍ଧ ସୂର୍ଯ୍ୟମନ୍ଦିର କୋଣାର୍କ ବିଷୟରେ ବିଶଦ ବର୍ଣ୍ଣନା ରହିଛି। ସୂର୍ଯ୍ୟ ଉପାସନାର ପରମ୍ପରା ଓ ମାହାତ୍ମ୍ୟ ବିଷୟରେ ମଧ ଏଥିରେ ଉଲ୍ଲେଖ କରାଯାଇଛି।

୨) ବ୍ରହ୍ମାଣ୍ଡ ପୁରାଣ: ବ୍ରହ୍ମାଣ୍ଡ ପୁରାଣର ଶ୍ଳୋକସଂଖ୍ୟା ହେଉଛି - 'ଦ୍ୱିଶତାଧିକ ଦ୍ୱାଦଶ ସାହସ୍ର' ଅର୍ଥାତ୍ ୧୨୨୦୦। 'ତତ୍ର ଦ୍ୱାଦଶସାହସ୍ରଂ ବ୍ରହ୍ମାଣ୍ଡଂ ଦ୍ୱିଶତାଧିକମ୍'। ଏହା ମଧ ଏକ ପୁରାତନ ପୁରାଣ। ଏଥିରେ ଭବିଷ୍ୟତ କଥାର ବର୍ଣ୍ଣନା ରହିଛି ଏବଂ ମୋଟରେ ପ୍ରକ୍ରିୟା, ଅନୁଷଙ୍ଗ, ଉପୋଦ୍ଘାତ ଏବଂ ଉପସଂହାର ନାମକ ଚାରିଗୋଟି ପାଦ ରହିଛି। ବ୍ରହ୍ମାଣ୍ଡପୁରାଣ ବିଷୟରେ କୁହାଯାଇଛି -

"ଶୁଣୁ ବସ୍ ! ପ୍ରବକ୍ଷ୍ୟାମି ବ୍ରହ୍ମାଣ୍ଡାଖ୍ୟଂ ପୁରାତନମ୍।

ଯଞ୍ଚ ଦ୍ୱାଦଶସାହସ୍ରଂ ଭାବିକଚ୍ଚକଥାୟୁତମ୍।

ପ୍ରକ୍ରିୟାଖେ୍ୟାନୁଷଙ୍ଗାଖ୍ୟଃ ଉପୋଦ୍ଘାତଃ ତୃତୀୟତଃ

ଚତୁର୍ଥ ଉପସଂହାରଃ ପାଦାଷ୍ଟ୍ୱାର ଏବ ହି।।"

ଉକ୍ତ ପୁରାଣରେ ପ୍ରଥମବାର ଭୌଗୋଳିକ ସ୍ୱରୂପ, ସପ୍ତସାଗର, ସପ୍ତଦ୍ୱୀପ, ଭଦ୍ରାଶ୍ୱ, କେତୁମାଲା, ଇଲାଦ୍ୱୀପ, ଇନ୍ଦ୍ରଦ୍ୱୀପ ପ୍ରଭୃତି କେତେକ ଦେଶ, ମେରୁ, ମନ୍ଦିର, ହେମକୂଟ ପ୍ରଭୃତି କେତେକ ପର୍ବତର ବିଶଦ ବର୍ଣ୍ଣନା ମଧ କରାଯାଇଛି।

୩) ବ୍ରହ୍ମବୈବର୍ତ: ଉକ୍ତ ପୁରାଣରେ ମୋଟରେ ଚାରିଗୋଟି 'ଖଣ୍ଡ'ରେ ୧୩୩ ଟି ଅଧ୍ୟାୟ ଏବଂ ପ୍ରାୟ ୧୮ ହଜାର ଶ୍ଳୋକ ରହିଛି। 'ତଦଷ୍ଟାଦଶସାହସ୍ରଂ ବ୍ରହ୍ମବୈବର୍ତ – ମୁଚ୍ୟତେ'। ସଚିଦାନନ୍ଦସ୍ୱରୂପ ଶ୍ରୀକୃଷ୍ଣଙ୍କୁ ବ୍ରହ୍ମ ଭାବରେ ପରିକଳ୍ପନା କରି ଏହି ପୁରାଣରେ ତା'ର ବିଶଦ ବର୍ଣ୍ଣନା କରାଯାଇଥିବାରୁ ଏହାର ନାମ ବ୍ରହ୍ମବୈବର୍ତ ପୁରାଣ ରଖାଯାଇଛି।

ଏଠାରେ ଯେଉଁ ଚାରିଗୋଟି 'ଖଣ୍ଡ' ଅଛି ସେଗୁଡ଼ିକର ନାମ ହେଲା – ୧) ବ୍ରହ୍ମଖଣ୍ଡ, ୨) ପ୍ରକୃତିଖଣ୍ଡ, ୩) ଗଣେଶଖଣ୍ଡ, ୪) କୃଷ୍ଣଜନ୍ମଖଣ୍ଡ। ବ୍ରହ୍ମଖଣ୍ଡରେ ସୃଷ୍ଟିର ପ୍ରକ୍ରିୟା, ପ୍ରକୃତି ଖଣ୍ଡରେ ପ୍ରକୃତି ବା ଶକ୍ତିସ୍ୱରୂପିଣୀ ଲକ୍ଷ୍ମୀ, ଦୁର୍ଗା, ଦୁର୍ଗା, ସାବିତ୍ରୀ, ସରସ୍ୱତୀ, କାଳୀ ଏବଂ ଶ୍ରୀକୃଷ୍ଣଜନ୍ମ ଖଣ୍ଡରେ କୃଷ୍ଣଙ୍କର ଜନ୍ମ ଏବଂ ବାଲ୍ୟଲୀଳା ବିଷୟରେ ବର୍ଣ୍ଣନା କରାଯାଇଛି।

୪) **ମାର୍କଣ୍ଡେୟ ପୁରାଣ:** ଏହି ପୁରାଣରେ ମୋଟ ୧୩୭ ଟି ଅଧ୍ୟାୟ ଏବଂ ପ୍ରାୟ ୯ ହଜାର ଶ୍ଲୋକ ଅଛି।

'ପୁରାଣଂ ନବସାହସ୍ରଂ ମାର୍କଣ୍ଡେୟମିହୋଚ୍ୟତେ।'

ଉକ୍ତ ପୁରାଣର କଥାବସ୍ତୁର ଉପସ୍ଥାପନା ଶୈଳୀ ପ୍ରଶ୍ନୋତ୍ତର ମାଧ୍ୟମରେ ହୋଇଥିବାରୁ ଏହା ଅତ୍ୟନ୍ତ ଚମତ୍କାର ହୋଇଛି। ଗୁରୁ ନିଜେ ମହର୍ଷି ମାର୍କଣ୍ଡେୟ ଏବଂ ଶିଷ୍ୟ ବିଶିଷ୍ଟ ଦାର୍ଶନିକ ଜୈମିନି (ବ୍ୟାସଙ୍କର ଶିଷ୍ୟ)। ଜୈମିନି କେତେକ ପ୍ରଶ୍ନ ପଚାରିଛନ୍ତି ଯଥା – ୧) କାହିଁକି ଅବତାର ଗ୍ରହଣ କରାଯାଉଛି ? ୨) ଦ୍ରୌପଦୀଙ୍କର ପାଞ୍ଚପତି କାହିଁକି ? ୩) ଅଶ୍ୱତ୍ଥାମା କାହିଁକି ଦ୍ରୌପଦୀଙ୍କ ସନ୍ତାନମାନଙ୍କୁ ନିଧନ କଲେ ? ଇତ୍ୟାଦି। ଏହି ପ୍ରଶ୍ନଗୁଡ଼ିକର ଉତ୍ତର ଦେବା ପାଇଁ ମାର୍କଣ୍ଡେୟ ବେଦବିଦ୍ୟା ବିଶାରଦ ଚାରିଗୋଟି ପକ୍ଷୀଙ୍କୁ ନିର୍ଦ୍ଦେଶ ଦେଲେ ଏବଂ ସେମାନେ ବିଭିନ୍ନ ଦୃଷ୍ଟିକୋଣରୁ ବିଚାର କରି ପ୍ରଶ୍ନଗୁଡ଼ିକର ଉତ୍ତର ଦେଇଛନ୍ତି। ଏହା ହିଁ ମାର୍କଣ୍ଡେୟ ପୁରାଣରେ ମୁଖ୍ୟକଥାବସ୍ତୁ ହୋଇଛି।

୫) **ଭବିଷ୍ୟ ପୁରାଣ:** ଉକ୍ତ ପୁରାଣରେ ମୋଟରେ ୨୪ ହଜାର ୫ ଶହ ଶ୍ଲୋକ ରହିଛି। ସୃଷ୍ଟିର ଭବିଷ୍ୟତ ଉପାଖ୍ୟାନ ଉକ୍ତ ପୁରାଣରେ ବିଶେଷଭାବରେ ସ୍ଥାନ ପାଇଥିବାରୁ ଏହାର ନାମ "ଭବିଷ୍ୟ ପୁରାଣ" କରାଯାଇଛି। ଯଥା –

"ଚତୁର୍ବିଂଶତ୍ୟ ସହସ୍ରାଣି ତଥା ପଞ୍ଚଶତାନି ଚ
ଭବିଷ୍ୟଚରିତପ୍ରାୟଂ ଭବିଷ୍ୟଂ ତଦିହୋଚ୍ୟତେ।"

ଏଠାରେ ମୋଟରେ ୫ଗୋଟି ପର୍ବ ଅଛି। ଯଥା – ୧) ବ୍ରାହ୍ମପର୍ବ, ୨) ବିଷ୍ଣୁ ପର୍ବ, ୩) ଶିବପର୍ବ, ୪) ସୂର୍ଯ୍ୟପର୍ବ, ୫) ପ୍ରତିସର୍ଗ ପର୍ବ। ଉକ୍ତ ପୁରାଣରେ ନାଗପୂଜାର ବିଧିବିଧାନ, ନାଗପଞ୍ଚମୀ, ଅଗ୍ନି ଉପାସନା, ସୃଷ୍ଟିର ପ୍ରକ୍ରିୟା ଇତ୍ୟାଦି ବିଷୟ ବ୍ୟତୀତ 'ଶାମ୍ବ' ଉପାଖ୍ୟାନ କଥା ବିଶେଷ ଭାବରେ ବର୍ଣ୍ଣିତ ହୋଇଛି। ଏହାକୁ ଭିତ୍ତିକରି ଆଜି ଗାଁ ଗହଳରେ 'ଶାମ୍ବଦଶମୀ' ପାଳିତ ହୋଇଥାଏ। ଶ୍ରୀକୃଷ୍ଣଙ୍କ

ପୁତ୍ରଙ୍କର ନାମ ଶାମ୍ୟ । ସେ ଏକଦା କୁଷ୍ଠରୋଗରେ ଆକ୍ରାନ୍ତ ହେଲେ । ଶାମ୍ୟଙ୍କର ଚିକିତ୍ସା ପାଇଁ ଗରୁଡ଼ ନିଜେ ଯାଇ ଶାକଦ୍ୱୀପରୁ ଜଣେ ବ୍ରାହ୍ମଣଙ୍କୁ ଅଣାଇ ସୂର୍ଯ୍ୟପୂଜା କରାଇବା ଦ୍ୱାରା ଶାମ୍ୟ କୁଷ୍ଠରୋଗରୁ ଆରୋଗ୍ୟ ଲାଭ କରିଥିଲେ । ତେଣୁ ସୂର୍ଯ୍ୟପୂଜାର ମାହାମ୍ୟ ମଧ ଏଥିରେ ବର୍ଣ୍ଣିତ ହୋଇଛି ।

୬) ବାମନ ପୁରାଣ :

ଉକ୍ତ ପୁରାଣରେ ମୋଟରେ ଦଶହଜାର ଶ୍ଲୋକ ରହିଛି ।

ପୁରାଣଂ ଦଶସାହସ୍ରଂ ବାମନଂ ପରିକୀର୍ତ୍ତିତମ୍ ।।

ଏଥିରେ ବିଷ୍ଣୁଙ୍କର ବିଭିନ୍ନ ଅବତାର ସମେତ ବାମନ ଅବତାର ବିଷୟରେ ବିଶଦ ଭାବରେ ବର୍ଣ୍ଣିତ ହୋଇଛି । ଏହା ବ୍ୟତୀତ ଉକ୍ତ ପୁରାଣରେ ବଳି-ବାମନ ଚରିତ, ବ୍ରହ୍ମାଙ୍କର ଉତ୍ପତ୍ତି, ଶିବ-ପାର୍ବତୀ ବିବାହ, କୁମାରସମ୍ଭବ, ଗଣେଶ ଜନ୍ମ, ବିଷ୍ଣୁଚି ବଧ, ତାରକାସୁର ବଧ, ମୁରାସୁର ବଧ, ବ୍ରାହ୍ମଣଙ୍କ ମୁଖରେ 'ପୁଁ' ନାମକ ନର୍କର ଉପାଖ୍ୟାନ, କେଦାରତୀର୍ଥର ଉତ୍ପତ୍ତି, ଚିତ୍ରାଙ୍ଗଦା ଆଖ୍ୟାନ ଇତ୍ୟାଦି ବିଷୟ ବର୍ଣ୍ଣିତ ହୋଇଛି ।

୭) ବିଷ୍ଣୁ ପୁରାଣ: ବିଷ୍ଣୁ ପୁରାଣରେ ମୋଟରେ ୧୨୬ଟି ଅଧ୍ୟାୟ ଏବଂ ୨୩ ହଜାର ଶ୍ଲୋକ ରହିଛି । ଯଥା–

'ତ୍ରୟବିଂଶତିସାହସ୍ରଂ ବୈଷ୍ଣବଂ ପରିକୀର୍ଯ୍ୟତେ' ।

ଏହି ପୁରାଣର 'ଖଣ୍ଡ' ଗୁଡ଼ିକୁ ଅଂଶ କୁହାଯାଏ ଏବଂ ଏଥିରେ ମୋଟରେ ୬ ଗୋଟି ଅଂଶ ଅଛି । ପ୍ରଥମ ଅଂଶରେ ସୃଷ୍ଟି ପ୍ରକ୍ରିୟା, ଦ୍ୱିତୀୟ ଅଂଶରେ ସୃଷ୍ଟିର ଭୌଗୋଲିକତତ୍ତ୍ୱ, ତୃତୀୟ ଅଂଶରେ ବ୍ରହ୍ମଚର୍ଯ୍ୟ, ଗାର୍ହସ୍ଥ୍ୟ, ବାନପ୍ରସ୍ଥ ଏବଂ ଯତିବ୍ରତ ଏହି ୪ ଗୋଟି ଆଶ୍ରମ ବିଷୟ, ଚତୁର୍ଥ ଅଂଶରେ ସୋମବଂଶ ବ୍ୟତୀତ ଯଦୁ, ତୁର୍ବସୁ, ଦୁହ୍ୟୁ, ଅନୁ ଓ ପୁରୁ – ଏହି ଐତିହାସିକ ବଂଶ, ପଞ୍ଚମ ଅଂଶରେ ଭଗବାନ୍ ଶ୍ରୀକୃଷ୍ଣଙ୍କର ଲୌକିକ ଚରିତ ଏବଂ ଷଷ୍ଠ ଅଂଶରେ ସୃଷ୍ଟିର ପ୍ରଳୟ ବା ପ୍ରତି ସର୍ଗ ତଥା ଭକ୍ତିର ମାହାମ୍ୟ ବିଷୟରେ ବିଶଦ ଭାବରେ ବର୍ଣ୍ଣିତ ହୋଇଛି । ପୁରାଣର ପଞ୍ଚଲକ୍ଷଣ ଏଥିରେ ସମନ୍ୱିତ ହୋଇଥିବାରୁ ପୌରାଣିକ ଦୃଷ୍ଟିକୋଣରୁ ଏହାର ଗୁରୁତ୍ୱ ରହିଛି । ପୁନଶ୍ଚ ପ୍ରାଚୀନ ଭାରତ ଇତିହାସ ରଚନା, ବିଶେଷକରି ମୌର୍ଯ୍ୟବଂଶର ଏବଂ ପୁରୁ ବଂଶର ଇତିହାସ ରଚନା ସମୟରେ ବିଷ୍ଣୁ ପୁରାଣରୁ ହିଁ ଅନେକ ଉପାଦାନ ମିଳିଥାଏ । ତେଣୁ ଉକ୍ତ ପୁରାଣର ଐତିହାସିକ ମହତ୍ତ୍ୱ ଅଧିକ ରହିଛି ।

୮) **ଭାଗବତ ପୁରାଣ:** ଅନ୍ୟାନ୍ୟ ପୁରାଣଗୁଡ଼ିକ ତୁଳନାରେ ଭାଗବତ ପୁରାଣର ଯଥେଷ୍ଟ ଗୁରୁତ୍ୱ ରହିଛି। ଏହା ବୈଷ୍ଣବଧର୍ମ ଓ ସମ୍ପ୍ରଦାୟର ଅତ୍ୟଧିକ ପ୍ରିୟ ହେଲେ ମଧ୍ୟ ଏହାର ଯଥେଷ୍ଟ ସାର୍ବଜନୀନ ଓ ସାର୍ବକାଳିକ ମୂଲ୍ୟ ରହିଛି। କୁହାଯାଇଛି ଯେ- ପ୍ରକୃତ ବିଦ୍ୟାର ପରୀକ୍ଷା ଭାଗବତରେ ହିଁ କରାଯାଏ। "ବିଦ୍ୟାବତାଂ ଭାଗବତେ ପରୀକ୍ଷା।" ଏଥିରେ ମୋଟରେ ୧୮ ହଜାର ଶ୍ଲୋକ ରହିଛି।

"ତଦ୍ ଭାଗବତ ମୁଚ୍ୟତେ ଅଷ୍ଟାଦଶ ସହସ୍ରାଣି।"

୯) **ନାରଦୀୟ ପୁରାଣ:** ନାରଦୀୟ ପୁରାଣ ୨ ଭାଗରେ ବିଭକ୍ତ। ପୂର୍ବଭାଗରେ ମୋଟରେ ୧୨୫ ଗୋଟି ଅଧ୍ୟାୟ ଏବଂ ଉତ୍ତର ଭାଗରେ ୮୨ ଗୋଟି ଅଧ୍ୟାୟ ଅଛି। ଏହାର ମୋଟ ଶ୍ଲୋକ ସଂଖ୍ୟା ୨୫ ହଜାର।

"ପଞ୍ଚବିଂଶତ୍ ସହସ୍ରାଣି ନାରଦୀୟଂ ତଦୁଚ୍ୟତ"।

ଅନ୍ୟାନ୍ୟ ପୁରାଣ ଭଳି ଏଥିରେ ବର୍ଣ୍ଣାଶ୍ରମ ପଦ୍ଧତି, କର୍ମକାଣ୍ଡ ପ୍ରକ୍ରିୟା ପ୍ରଭୃତି ବର୍ଣ୍ଣିତ ହୋଇଛି। ଏହା ବ୍ୟତୀତ ୬ଗୋଟି ବେଦାଙ୍ଗ ଯଥା-ଶିକ୍ଷା, କଳ୍ପ, ବ୍ୟାକରଣ, ଛନ୍ଦ, ନିରୁକ୍ତ ଓ ଜ୍ୟୋତିଷ ବିଷୟରେ ମଧ୍ୟ ଏଥିରେ ପୃଥକ ପୃଥକ୍ ଭାବରେ ଆଲୋଚିତ ହୋଇଛି।

୧୦) **ଗରୁଡ଼ ପୁରାଣ:** ପୂର୍ବଖଣ୍ଡ ଓ ଉତ୍ତରଖଣ୍ଡ ଭାବରେ ଗରୁଡ଼ ପୁରାଣରେ ମୋଟରେ ଦୁଇଗୋଟି ଖଣ୍ଡ ଅଛି। ପୂର୍ବ ଖଣ୍ଡ ୧୧୯ ଏବଂ ଉତ୍ତର ଖଣ୍ଡରେ ୮୫ଟି ଅଧ୍ୟାୟ ଅଛି। ଏଥିରେ ୧୮ ହଜାର ଶ୍ଲୋକ ଅଛି।

"ଅଷ୍ଟାଦଶସହସ୍ରାଣି ଗାରୁଡ଼ଂ ତଦିହୋ ଚ୍ୟତେ।"

ଉକ୍ତ ପୁରାଣରେ ଅନେକ ଉପାଦେୟ ବିଷୟ ବର୍ଣ୍ଣିତ ହୋଇଛି। ବିଭିନ୍ନ ବ୍ରତ ସମେତ ଅନେକ ପୂଜା ଉପାସନା ଯଥା- ସୂର୍ଯ୍ୟାଦିଗ୍ରହପୂଜା, ବିଷ୍ଣୁ, ଶିବ, ଗଣେଶ, ଶକ୍ତି, ପୃଥିବୀ, ନାରାୟଣ, ସୁଦର୍ଶନଚକ୍ର, ହୟଗ୍ରୀବ, ଗାୟତ୍ରୀ, ଦୁର୍ଗାପ୍ରଭୃତି ଦେବଦେବୀଙ୍କର ଉପାସନା ପଦ୍ଧତି ଏଥିରେ ଉଲ୍ଲେଖ କରାଯାଇଛି। ଆୟୁର୍ବେଦ ତଥା ଚିକିତ୍ସା ଶାସ୍ତ୍ର ସମ୍ପର୍କରେ ଉକ୍ତ ପୁରାଣର ଉଲ୍ଲେଖନୀୟ ଅବଦାନ ରହିଛି।

ଏହି ପୁରାଣର ଉତ୍ତରାର୍ଦ୍ଧକୁ 'ପ୍ରେତକଣ୍ଡ' ବୋଲି କୁହାଯାଏ। ମଣିଷର ମୃତ୍ୟୁରେ ତା'ର ପ୍ରେତ ବିଷୟରେ ଏହି ଖଣ୍ଡରେ ବିଶଦ ଭାବରେ ଆଲୋଚିତ ହୋଇଛି।

ଉକ୍ତ ପୁରାଣର ଗୋଟିଏ ପୂର୍ଣ୍ଣ ଅଧ୍ୟାୟରେ ପଶୁଚିକିତ୍ସା ବିଷୟରେ ଆଲୋଚିତ ହୋଇଛି । ତେଣୁ ଅନେକଦୃଷ୍ଟିରୁ ଉକ୍ତ ପୁରାଣଟି ଅତ୍ୟନ୍ତ ଗୁରୁତ୍ୱପୂର୍ଣ୍ଣ ।

୧୧) **ପଦ୍ମ ପୁରାଣ:** ସ୍କନ୍ଦ ପୁରାଣ ପଛକୁ ପଦ୍ମ ପୁରାଣ ଆକାରରେ ବୃହତ୍ । ଏଥିରେ ସୃଷ୍ଟି, ଭୂମି, ସ୍ୱର୍ଗ, ପାତାଳ ଏବଂ ଉତ୍ତର ନାମରେ ୫ଗୋଟି ଖଣ୍ଡ ଅଛି । ପଦ୍ମପୁରାଣରେ ଲେଖାଅଛି –

"ପ୍ରଥମଂ ସୃଷ୍ଟିଖଣ୍ଡଂ ହି, ଭୂମିଖଣ୍ଡଂ ଦ୍ୱିତୀୟକମ୍ ।

ତୃତୀୟଂ ସ୍ୱର୍ଗଖଣ୍ଡଞ୍ଚ ପାତାଳଞ୍ଚ ଚତୁର୍ଥକମ୍ ।

ପଞ୍ଚମଂ ଚୋତ୍ତରଂ ଖଣ୍ଡଂ ସର୍ବ୍ୱପାପପ୍ରଣାଶନମ୍ ।"

ଏହା ବ୍ୟତୀତ ଏହାର 'କ୍ରିୟାଯୋଗସାର' ନାମକ ଏକ ଷଷ୍ଠ ଖଣ୍ଡ ମଧ୍ୟ ରହିଥିବାର ଐତିହାସିକମାନେ ମତ ଦେଇଥାନ୍ତି । ଉକ୍ତ ଖଣ୍ଡରେ ପୁରୁଷୋତ୍ତମ ଶ୍ରୀଜଗନ୍ନାଥଙ୍କ ତତ୍ତ୍ୱ ସମ୍ପର୍କରେ ଆଲୋଚିତ ହୋଇଛି । ପଦ୍ମପୁରାଣରେ ମୋଟରେ ୨୫ ହଜାର ଶ୍ଲୋକ ଅଛି ।

"ପାଦ୍ମଂ ତୁ ପଞ୍ଚପଞ୍ଚାଶତ୍ ସହସ୍ରାଣୀହ କଥ୍ୟତେ ।"

ପଦ୍ମପୁରାଣରେ କାର୍ତ୍ତିକେୟଙ୍କ ଜନ୍ମ, ରାମଚରିତ, ତାରକାସୁର ବଧ, ଦୁଷ୍ମନ୍ତ-ଶକୁନ୍ତଳା ଉପାଖ୍ୟାନ ଇତ୍ୟାଦି ସୁନ୍ଦର ଭାବରେ ବର୍ଣ୍ଣିତ ହୋଇଛି, ଯାହାକୁ ଭିତ୍ତିକରି ପରବର୍ତ୍ତୀ କାଳରେ ବିଶ୍ୱକବି କାଳିଦାସ କୁମାରସମ୍ଭବ, ଅଭିଜ୍ଞାନ ଶାକୁନ୍ତଳମ୍ ପ୍ରଭୃତି ମହାକାବ୍ୟ ଓ ନାଟକ ପ୍ରଣୟନ କରିଛନ୍ତି । ଏହି ସାତ୍ତ୍ୱିକ ପୁରାଣ ବିଷ୍ଣୁଙ୍କର ଗୁଣାବଳୀ ସହିତ ସମ୍ପୃକ୍ତ । ତଥାପି ଏଥିରେ ବ୍ରହ୍ମା, ବିଷ୍ଣୁ ଓ ମହେଶ୍ୱରଙ୍କୁ ଏକଭାବରେ ପରିକଳ୍ପନା କରି ସମସ୍ତଙ୍କୁ ସମାନ ସମ୍ମାନର ଅଧିକାରୀ କରାଯାଇଛି । ଯଥା –

ଏକାମୂର୍ତ୍ତିସ୍ତ୍ରୟୋ ଦେବାଃ ବ୍ରହ୍ମବିଷ୍ଣୁ ମହେଶ୍ୱରାଃ ।

ତ୍ରୟାଣାମନ୍ତରଂ ନାସ୍ତି ଗୁଣଭେଦାଃ ପ୍ରକୀର୍ତ୍ତିତାଃ । (ଭୂମିଖଣ୍ଡ)

୧୨) **ବରାହ ପୁରାଣ:** ବରାହ ପୁରାଣର ଶ୍ଲୋକସଂଖ୍ୟା ପ୍ରକୃତରେ କେତେ ସେ ବିଷୟରେ ଏହାର ବିଭିନ୍ନ ସଂସ୍କରଣରୁ ବିଭିନ୍ନ ସଂଖ୍ୟାର ସୂଚନା ମିଳିଥାଏ । Asiatic Society, Kolkata ଦ୍ୱାରା ପ୍ରକାଶିତ ବରାହ ପୁରାଣରେ ମୋଟ ୧୦,୯୦୦ ଶ୍ଲୋକ ଅଛି । ଅନ୍ୟାନ୍ୟ ସଂସ୍କରଣରେ ମୋଟ ୨୪ ହଜାର ଶ୍ଲୋକ ଅଛି । ଏହି ଶ୍ଲୋକସଂଖ୍ୟାକୁ ଅନେକ ବିଦ୍ୱାନ୍ ସ୍ୱୀକାର କରିଥିବାର ପ୍ରମାଣ ମିଳେ । ଯଥା –

"ଚତୁର୍ବିଂଶତ୍ ସହସ୍ରାଣି ତଦ୍ ବାରାହମିହୋଚ୍ୟତେ"

ବରାହ ପୁରାଣରେ ବିଷ୍ଣୁଙ୍କର ବରାହ ଅବତାର କଥା ମୁଖ୍ୟ ଭାବରେ ବର୍ଣ୍ଣିତ ହୋଇଛି । ଏହା ବ୍ୟତୀତ ଉକ୍ତ ପୁରାଣରେ ମଥୁରା ଉପାଖ୍ୟାନ, ନଚିକେତା ଉପାଖ୍ୟାନ ଆଦି ବିଷୟର ବର୍ଣ୍ଣନା ଖୁବ୍ ସୁନ୍ଦର ଭାବରେ କରାଯାଇଛି । ଏଥିରେ ବର୍ଣ୍ଣିତ ହୋଇଥିବା ବିଭିନ୍ନ ତୀର୍ଥକ୍ଷେତ୍ର ମାହାତ୍ମ୍ୟ ଉକ୍ତ ପୁରାଣର ବୈଶିଷ୍ଟ୍ୟକୁ ଦ୍ୱିଗୁଣିତ କରିଥାଏ ।

୧୩) ବାୟୁ ପୁରାଣ: ଏହି ପୁରାଣରେ ମୋଟରେ ୧୧୨ ଗୋଟି ଅଧ୍ୟାୟ ଏବଂ ପ୍ରାୟ ୨୪ ହଜାର ଶ୍ଳୋକ ଅଛି ।

"ଚତୁର୍ବିଂଶତ୍ ସହସ୍ରାଣି ବାୟବୀୟମ୍" ।

ଉକ୍ତ ପୁରାଣରେ ସୃଷ୍ଟିର ତତ୍ତ୍ୱ ଏବଂ ପ୍ରକ୍ରିୟା ସମ୍ପର୍କରେ ବର୍ଣ୍ଣିତ ହେବା ସଙ୍ଗେ ସଙ୍ଗେ ସପ୍ତଦ୍ୱୀପ, ସପ୍ତସାଗର ତଥା ଅନ୍ୟାନ୍ୟ ଭୌଗୋଳିକ ବିଷୟ ଉପସ୍ଥାପିତ ହୋଇଛି । ଐତିହାସିକ ଦୃଷ୍ଟିକୋଣରୁ ବିଭିନ୍ନ ରାଜବଂଶର ବର୍ଣ୍ଣନା ମଧ୍ୟ ଏଥିରେ କରାଯାଇଛି । ସଙ୍ଗୀତଶାସ୍ତ୍ର ବିଶଦ ବର୍ଣ୍ଣନା ଉକ୍ତ ଗ୍ରନ୍ଥର ଅନ୍ୟତମ ବିଶେଷତ୍ୱ ।

ଏହାର ରଚନା ତୃତୀୟରୁ ଚତୁର୍ଥ ଶତକ ମଧ୍ୟରେ ହୋଇଥିବାର ଜଣାଯାଏ ।

୧୪) ଲିଙ୍ଗ ପୁରାଣ: ଭଗବାନ୍ ଶିବଙ୍କୁ ଲିଙ୍ଗ ରୂପରେ ପୂଜାର ପଦ୍ଧତି ସମ୍ପର୍କରେ ଉକ୍ତ ପୁରାଣରେ ବିଶଦ ଭାବରେ ଆଲୋଚନା କରାଯାଇଥିବାରୁ ଏହାର ନାମ "ଲିଙ୍ଗପୁରାଣ" କରାଯାଇଛି । ଏହା ପୂର୍ବ ଏବଂ ଉତ୍ତର ନାମରେ ଦୁଇ ଭାଗରେ ବିଭକ୍ତ ଏବଂ ଏଥିରେ ମୋଟରେ ୧୧ ହଜାର ଶ୍ଳୋକ ଅଛି ।

"ତଦେକାଦଶସାହସ୍ରଂ ଲୈଙ୍ଗିକଂ ପରିକୀର୍ତ୍ତ୍ୟତେ"

ପୁରାଣର ପୂର୍ବଭାଗରେ ଶିବଙ୍କର ୨୮ ଗୋଟି ଅବତାର, ଲିଙ୍ଗର ଉତ୍ପତ୍ତି ସମେତ ବିଭିନ୍ନ ଶୈବ ପୂଜା ପଦ୍ଧତି ଓ ଶୈବତୀର୍ଥ ବିଷୟରେ ଆଲୋଚିତ ହୋଇଛି । ଉତ୍ତର ଭାଗରେ ମଧ୍ୟ ଶିବଙ୍କର ପଶୁପତି ସ୍ୱରୂପର ଯଥାର୍ଥତା ପ୍ରତିପାଦନ କରାଯିବା ସଙ୍ଗେ ସଙ୍ଗେ ଶିବଙ୍କ ବିଷୟରେ ଅନେକ ତଥ୍ୟ ଉପସ୍ଥାପନା କରାଯାଇଛି । ଏଥିରେ ଶିବସହସ୍ର ନାମର ବର୍ଣ୍ଣନା ଅଛି ।

୧୫) ଅଗ୍ନି ପୁରାଣ: ଅଗ୍ନି ପୁରାଣରେ ମୋଟ ୩୮୩ ଗୋଟି ଅଧ୍ୟାୟ ଏବଂ ୧୬ ହଜାର ଶ୍ଳୋକ ରହିଛି । ଅନେକ ଦୃଷ୍ଟିରୁ ଅଗ୍ନିପୁରାଣର ଗୁରୁତ୍ୱ ରହିଛି ।

ଏଥିରେ ସୃଷ୍ଟିତତ୍ତ୍ୱ, ସୃଷ୍ଟିର ଲୟ, ଅବତାରବାଦ, ରାମାୟଣ ଓ ମହାଭାରତର ଉପାଖ୍ୟାନ ସମେତ ଅନେକ ପୌରାଣିକ ବିଷୟରେ ଯେଭଳି ଉଲ୍ଲେଖ ରହିଛି ସେହିପରି ଶିଳ୍ପକଳା, (ମନ୍ଦିର ନିର୍ମାଣ ପଦ୍ଧତି, ଗୃହନିର୍ମାଣ କୌଶଳ ଇତ୍ୟାଦି) ଚିକିତ୍ସାଶାସ୍ତ୍ର, ଧର୍ମନୀତି, ଅର୍ଥନୀତି, ରାଜନୀତି, ଜ୍ୟୋତିଷବିଦ୍ୟା, ବିଭିନ୍ନ ବ୍ରତଉପାସନା ପଦ୍ଧତି, ଅଳଙ୍କାର ଶାସ୍ତ୍ର ବିଷୟକ ସୂଚନା ପ୍ରଭୃତି ଅନେକ ଗୁରୁତ୍ୱପୂର୍ଣ୍ଣ ବିଷୟ ବର୍ଣ୍ଣିତ ହୋଇଛି । ତେଣୁ କୁହାଯାଇଛି –

"ଆଗ୍ନେୟେ ହି ପୁରାଣେସ୍ମିନ୍ ସର୍ବାଃ ବିଦ୍ୟାଃ ପ୍ରଦର୍ଶିତାଃ"

ଅର୍ଥାତ୍ ଅଗ୍ନି ପୁରାଣରେ ସମସ୍ତ ବିଦ୍ୟା ବର୍ଣ୍ଣିତ ହୋଇଛି । ଏହି ଦୃଷ୍ଟିରୁ ଏହାକୁ "ଭାରତୀୟ ଜ୍ଞାନକୋଷ" ବୋଲି କୁହାଯାଏ ।

୧୬) ମସ୍ୟପୁରାଣ: ଏହି ପୁରାଣରେ ୨୯୧ ଅଧ୍ୟାୟ ଏବଂ ପ୍ରାୟ ୧୪ ହଜାର ଶ୍ଳୋକ ଅଛି ।

"ତନ୍ ମସ୍ୟମିତି ଜାନୀୟୁଂ ସହସ୍ରାଣି ଚତୁର୍ଦ୍ଦଶ" ।

ଉକ୍ତ ପୁରାଣରେ ବିଭିନ୍ନ ରାଜବଂଶ ସମେତ, ବୈରାଜ, ଅଗ୍ନିଷ୍ୱାତ, ବର୍ହିଷଦ୍ ପ୍ରଭୃତି ପିତୃବଂଶର ବର୍ଣ୍ଣନା କରାଯାଇଛି । କାଶୀ, ନର୍ମଦା, ପୁରୀ ପ୍ରଭୃତି ବିଭିନ୍ନ ତୀର୍ଥସ୍ଥାନର ମାହାମ୍ୟ ମଧ୍ୟ ଏଥିରେ ବର୍ଣ୍ଣିତ ହୋଇଛି । ଏଥିରେ ଭୃଗୁ, ଅତ୍ରି, ଅଙ୍ଗିରା, କାଶ୍ୟପ, ଅଗସ୍ତ୍ୟ, ପରାଶର ଆଦି ରୁଷିମାନଙ୍କର ବଂଶ ବିଷୟରେ ସୂଚନା ଦିଆଯାଇଛି । ଶିଳ୍ପଶାସ୍ତ୍ର ଦୃଷ୍ଟିରୁ ଏହା ଅତ୍ୟନ୍ତ ଉପାଦେୟ ।

୧୭) କୂର୍ମପୁରାଣ: ଉକ୍ତ ପୁରାଣରେ ବ୍ରାହ୍ମୀସଂହିତା, ଭାଗବତସଂହିତା, ସୌରୀସଂହିତା ଏବଂ ବୈଷ୍ଣବୀସଂହିତା ନାମରେ ଚାରିଗୋଟି ସଂହିତା ଥିଲା । କିନ୍ତୁ ବର୍ତ୍ତମାନ କେବଳ ବ୍ରାହ୍ମୀସଂହିତା ହିଁ ଉପଲବ୍ଧ ହୋଇଥାଏ । କୂର୍ମପୁରାଣରେ ମୋଟରେ ଅଠର ହଜାର ଶ୍ଳୋକ ଥିଲା ।

"କୂର୍ମରୂପୀ ଜନାର୍ଦ୍ଦନଃ ଅଷ୍ଟାଦଶସହସ୍ରାଣି"

କିନ୍ତୁ ଉକ୍ତ ପୁରାଣର ସାମ୍ପ୍ରତିକ ଉପଲବ୍ଧ ସ୍ୱରୂପରେ ମାତ୍ର ଛଅ ହଜାର ଶ୍ଳୋକ ଉପଲବ୍ଧ ହୁଏ । କୂର୍ମ ପୁରାଣରେ ଉଲ୍ଲେଖ ଅଛି –

"ଇୟଂ ତୁ ସଂହିତା ବ୍ରାହ୍ମୀ ଚତୁର୍ବେଦୈଷ୍ୟ ସମ୍ମତା" ।

ଭବନ୍ତି ଷଟ୍ ସହସ୍ରାଣି ଶ୍ଳୋକାନାମତ୍ର ସଂଖ୍ୟୟା ।।

ଭଗବାନ୍ଙ୍କର କୂର୍ମ ଅବତାର ଗ୍ରହଣ ଏବଂ ରାଜା ଇନ୍ଦ୍ରଦ୍ୟୁମ୍ନଙ୍କୁ ଉପଦେଶ ପ୍ରଦାନ କଥା ଏହି ପୁରାଣରେ ବର୍ଣ୍ଣିତ ହୋଇଛି । ଉକ୍ତ ପୁରାଣକୁ ପୂର୍ବଭାଗ ଓ ଉତ୍ତରଭାଗ ନାମରେ ଦୁଇଭାଗରେ ବିଭକ୍ତ କରାଯାଇଛି । ପୂର୍ବଭାଗରେ ୫୨ ଏବଂ ଉତ୍ତରଭାଗରେ ୪୪ଟି ଅଧ୍ୟାୟ ରହିଛି । ସୃଷ୍ଟି ପ୍ରକରଣ ସମେତ ପାର୍ବତୀଙ୍କ ତପସ୍ୟା, କାଶୀ, ପ୍ରୟାଗ ଆଦି ତୀର୍ଥକ୍ଷେତ୍ର ମାହାମ୍ୟ ଏବଂ ଅନ୍ୟାନ୍ୟ ଅଧ୍ୟାମ୍ନିକ ତତ୍ତ୍ୱ ଉକ୍ତ ପୁରାଣରେ ବିଶଦ ଭାବରେ ବର୍ଣ୍ଣିତ ହୋଇଛି ।

ବିଭିନ୍ନ ଦୃଷ୍ଟିରୁ ପୁରାଣଗୁଡ଼ିକର ଯଥେଷ୍ଟ ଗୁରୁତ୍ୱ ରହିଛି । ଭାରତବର୍ଷର ଐତିହ୍ୟ, ପରମ୍ପରା, ସଂସ୍କୃତି, ଦର୍ଶନ, ଭୌଗୋଳିକ ଏବଂ ଐତିହାସିକ ସ୍ୱରୂପ, ଚିକିତ୍ସାବିଜ୍ଞାନ, ଆୟୁର୍ବିଜ୍ଞାନ, ସାହିତ୍ୟ, ସାମାଜିକ, ରାଜନୀତିକ, ଅର୍ଥନୀତିକ, ତଥା ଧାର୍ମିକ ପରିସ୍ଥିତି ପ୍ରଭୃତି ବିଷୟରେ ଜାଣିବାକୁ ହେଲେ ପୁରାଣଗୁଡ଼ିକର ଯଥାର୍ଥ ଅନୁଶୀଳନ ଓ ଗବେଷଣା ଏକାନ୍ତ ଆବଶ୍ୟକ ।

୧୮) ସ୍କନ୍ଦ ପୁରାଣ : ଆକାର ଦୃଷ୍ଟିରୁ ସ୍କନ୍ଦପୁରାଣ ସର୍ବବୃହତ୍ । ଏଥିରେ ମୋଟରେ ଏକାଅଶୀ ହଜାର ଶ୍ଲୋକ ଅଛି ।

"ଏକାଶୀତି ସହସ୍ରନ୍ତୁ ସ୍କାନ୍ଦଂ ସର୍ବାଘକୃନ୍ତକମ୍"

ଏହି ପୁରାଣର ବୈଷ୍ଣବଖଣ୍ଡ ବା ଉତ୍କଳଖଣ୍ଡରେ ଭଗବାନଙ୍କର ବରାହ ଅବତାର, ବିଭିନ୍ନ ଦେବଦେବୀ ତଥା ସ୍ଥାନର ମାହାମ୍ୟ, ଉତ୍କଳଦେଶ, ପୁରୁଷୋତ୍ତମକ୍ଷେତ୍ର, ଅମ୍ବରୀଷ ପୁଣ୍ଡରୀକ ଉପାଖ୍ୟାନ, ଇନ୍ଦ୍ରଦ୍ୟୁମ୍ନ, ଶବରରାଜ ବିଶ୍ୱାବସୁ ଓ ବିଦ୍ୟାପତିଙ୍କ ଚରିତ, ପୁରୁଷୋତ୍ତମ ରଥଯାତ୍ରା, ଜଗନ୍ନାଥ ପୁରୀର ବିଭିନ୍ନ ଯାତ୍ରା ଇତ୍ୟାଦି ବିଶଦ ଭାବରେ ବର୍ଣ୍ଣିତ ହୋଇଛି । ସ୍କନ୍ଦପୁରାଣର ଉକ୍ତ ଖଣ୍ଡଟି ବିଭିନ୍ନ ଦୃଷ୍ଟିରୁ ଅତ୍ୟନ୍ତ ଗୁରୁତ୍ୱପୂର୍ଣ୍ଣ ।

ଏଥିରେ ବର୍ଣ୍ଣିତ ଶ୍ରୀଜଗନ୍ନାଥଙ୍କ ଚରିତ ଏବଂ ଶ୍ରୀକ୍ଷେତ୍ରଧାମର ମହିମା ଅତ୍ୟନ୍ତ ମହତ୍ତ୍ୱପୂର୍ଣ୍ଣ । ଓଡ଼ିଶାର ଐତିହ୍ୟ, ଗୌରବ ଏବଂ ଧର୍ମୀୟପରମ୍ପରା ଦୃଷ୍ଟିରୁଏହି 'ପୁରାଣ' ର ଓଡ଼ିଶା ପରିପ୍ରେକ୍ଷୀରେ ଯଥେଷ୍ଟ ପ୍ରାସଙ୍ଗିକତା ରହିଛି । ଏ ସଂକ୍ରାନ୍ତରେ ସ୍କନ୍ଦ ପୁରାଣର ଷାଠିଏ ଅଧ୍ୟାୟକୁ ନେଇ ଉକ୍ତ ଗ୍ରନ୍ଥଟିକୁ ପ୍ରସ୍ତୁତ କରାଯାଇଛି । ଏହି ଅଧ୍ୟାୟଗୁଡ଼ିକରେ ଶ୍ରୀଜଗନ୍ନାଥଙ୍କର ତଥ୍ୟ, ତତ୍ତ୍ୱ, ଦର୍ଶନ, ସଂସ୍କୃତି, ସେବା, ପୂଜା, ମହୋତ୍ସବ ଇତ୍ୟାଦି ବିଷୟରେ ଯାହା ବର୍ଣ୍ଣନା କରାଯାଇଛି, ତା'ର ଏକ ସଂକ୍ଷିପ୍ତ ବିବରଣୀ ରହିଛି ।

ସଂକ୍ଷିପ୍ତସାର ସ୍କନ୍ଦପୁରାଣ

ପ୍ରଥମ ଅଧ୍ୟାୟ: ମହର୍ଷି ଜୈମିନି ଓ ମୁନିମାନଙ୍କ ମଧ୍ୟରେ ପୁରୁଷୋତ୍ତମକ୍ଷେତ୍ର ଏବଂ ପ୍ରଭୁ ଜଗନ୍ନାଥଙ୍କର ମହିମା ସମ୍ପର୍କରେ କଥୋପକଥନ, ପୁରୁଷୋତ୍ତମ ମାହାତ୍ମ୍ୟ ବର୍ଣ୍ଣନ, ବ୍ରହ୍ମାଙ୍କ ଦ୍ୱାରା ନାରାୟଣଙ୍କର ସ୍ତୁତି ଏବଂ ପ୍ରଭୁ ଶ୍ରୀନାରାୟଣଙ୍କର ଆବିର୍ଭାବ ।

ଦ୍ୱିତୀୟ ଅଧ୍ୟାୟ: ବ୍ରହ୍ମାଙ୍କର ପୁରୁଷୋତ୍ତମ ଯାତ୍ରା ଏବଂ ପ୍ରଭୁ ନୀଳମାଧବଙ୍କ ଦର୍ଶନ । ପ୍ରଭୁଜଗନ୍ନାଥଙ୍କ ଦର୍ଶନରେ ହିଁ ପୁରୁଷୋତ୍ତମ କ୍ଷେତ୍ରରେ ମୁକ୍ତି ଲାଭ । କାକପକ୍ଷୀର ମୁକ୍ତି । ମୃତ୍ୟୁର ଦେବତା ଯମରାଜାଙ୍କର ପୁରୁଷୋତ୍ତମ କ୍ଷେତ୍ରୁ ଅଧିକାର ଛିନ୍ନ ହେବାରୁ ବିବ୍ରତ ହୋଇ ନିଜ ଅଧିକାର ଫେରିପାଇବା ଆଶାରେ ନୀଳାଦ୍ରୀଶଙ୍କୁ ସ୍ତୁତି । ନାରାୟଣଙ୍କ ତରଫରୁ ଲକ୍ଷ୍ମୀଙ୍କର କଥନ ଓ ଉଦ୍‌ବୋଧନ ।

ତୃତୀୟ ଅଧ୍ୟାୟ: ଲକ୍ଷ୍ମୀଙ୍କର ବୟାନ ପ୍ରସଙ୍ଗରେ ମୁନି ମାର୍କଣ୍ଡେୟଙ୍କ ବୃତ୍ତାନ୍ତ କଥନ । ପ୍ରଳୟ ଜଳରେ ପୃଥ୍‌ବୀ ଏକାର୍ଣ୍ଣବୀଭୂତ ହେବା ସମୟରେ ମୁନି ମାର୍କଣ୍ଡେୟଙ୍କ ଜଳରେ ସନ୍ତରଣ ଏବଂ ପୁରୁଷୋତ୍ତମ କ୍ଷେତ୍ର ଆଗମନ । ମୁନି ମାର୍କଣ୍ଡେୟଙ୍କର ବାଲମୁକୁନ୍ଦ ଭଗବାନଙ୍କର ସ୍ତୁତି ।

ଚତୁର୍ଥ ଅଧ୍ୟାୟ: ପୁନଶ୍ଚ ଲକ୍ଷ୍ମୀଙ୍କ ଦ୍ୱାରା ଶ୍ରୀକ୍ଷେତ୍ରର ସୀମା, ବିଶ୍ୱେଶ୍ୱର ଶିବଙ୍କ ମହିମା, ନୀଳକଣ୍ଠେଶ୍ୱରଙ୍କ ମହିମା, କପାଳମୋଚନଙ୍କ ମହିମା, ବିମଳାମ୍ବାଙ୍କ ମହିମା, ଅକ୍ଷୟବଟ, ଅର୍ଦ୍ଧାଶିନୀ, ଅନ୍ତର୍ବେଦୀ ଏବଂ ପୁରୁଷୋତ୍ତମକ୍ଷେତ୍ରର ମହିମା ବର୍ଣ୍ଣନ । ଅନ୍ତର୍ବେଦୀର ରକ୍ଷାପାଇଁ ଅଷ୍ଟଶକ୍ତି ଯଥା — ମା' ମଙ୍ଗଳା, ବିମଳା, ସର୍ବ ମଙ୍ଗଳା, ଅର୍ଦ୍ଧାଶିନୀ, ଆଲମ୍ ଚଣ୍ଡୀ, କାଳରାତ୍ରି, ମରୀଚିକା, ଚଣ୍ଡିକା (ଚର୍ଚ୍ଚିକା)ଙ୍କ ବର୍ଣ୍ଣନା ଶିବଙ୍କର ଅଷ୍ଟମୂର୍ତ୍ତି ଭାବରେ ଏ କ୍ଷେତ୍ରରେ ଆବିର୍ଭାବ ଏବଂ ପ୍ରଭୁ ଜଗନ୍ନାଥଙ୍କ ପୂଜନ । ଦାରୁମୟୀ ମୂର୍ତ୍ତି ପ୍ରଭୁଜଗନ୍ନାଥଙ୍କ ମହିମା । ଅମରୀଷ ଓ ପୁଣ୍ଡରୀକଙ୍କ ଉପାଖ୍ୟାନ ।

ପଞ୍ଚମ ଅଧ୍ୟାୟ: ପୁଣ୍ଡରୀକ ଓ ଅମରୀଷଙ୍କର ଶ୍ରୀଜଗନ୍ନାଥ ସ୍ତୁତି । ଭକ୍ତିର ପରାକାଷ୍ଠା ପ୍ରଦର୍ଶନ ଓ ପ୍ରଭୁଙ୍କ ପାଦତଳେ ସାଷ୍ଟାଙ୍ଗ ସମର୍ପଣ । ଚତୁର୍ଦ୍ଧାମୂର୍ତ୍ତିଙ୍କ ଦର୍ଶନ ଏବଂ ଉଭୟଙ୍କର ମୁକ୍ତିଲାଭ ।

ଷଷ୍ଠ ଅଧ୍ୟାୟ: ପୁରୁଷୋତ୍ତମକ୍ଷେତ୍ର ଉତ୍କଳରେ ବିରାଜମାନ । ଉତ୍କଳଦେଶର ଐତିହାସିକ, ସାଂସ୍କୃତିକ, ସାମାଜିକ ଓ ପ୍ରାକୃତିକ ମହତ୍ତ୍ୱ ବର୍ଣ୍ଣନା । ଉତ୍କଳରେ ପ୍ରବହମାନ ମହାନଦୀ ସମେତ ବିଭିନ୍ନ ନଦନଦୀର ବର୍ଣ୍ଣନା ।

ସପ୍ତମ ଅଧାୟ: ଇନ୍ଦ୍ରଦ୍ୟୁମ୍ନଙ୍କର ପରିଚୟ, ତାଙ୍କର ଉତ୍କଳ ଆଗମନ ପ୍ରସଙ୍ଗ, ଇନ୍ଦ୍ରଦ୍ୟୁମ୍ନଙ୍କର ବ୍ରାହ୍ମଣ ବିଦ୍ୱତ୍ ସଭାରେ ଜିଜ୍ଞାସା। ଏଭଳି କେଉଁ ତୀର୍ଥ ଅଛି, ଯେଉଁଠାରେ ପ୍ରଭୁ ଶ୍ରୀଜଗନ୍ନାଥଙ୍କୁ ଚର୍ମଚକ୍ଷୁରେ ଦର୍ଶନ କରିହେବ। ଜଣେ ତୀର୍ଥଯାତ୍ରୀଙ୍କ ଦ୍ୱାରା ପୁରୀ କ୍ଷେତ୍ର ବିଷୟରେ ସୂଚନା। ରାଜପୁରୋହିତଙ୍କ ପରାମର୍ଶ। ତାଙ୍କର ସାନଭାଇ ବିଦ୍ୟାପତିଙ୍କୁ ଉତ୍କଳପ୍ରଦେଶ ପ୍ରେରଣ। ବିଦ୍ୟାପତିଙ୍କ ମୁଖରେ ପ୍ରଭୁ ଜଗନ୍ନାଥଙ୍କ ମହିମା କୀର୍ତ୍ତନ। ବିଦ୍ୟାପତି ଓ ଶବରରାଜା ପ୍ରଭୁ ଶ୍ରୀ ନୀଳମାଧବଙ୍କର ଆଦିଭକ୍ତ ବିଶ୍ୱାବସୁ ମିଳନ।

ଅଷ୍ଟମ ଅଧାୟ: ବିଶ୍ୱାବସୁଙ୍କର ଆଶଙ୍କା। ବିଦ୍ୟାପତିଙ୍କର ନୀଳମାଧବ ଦର୍ଶନ। ରୋହିଣୀକୁଣ୍ଡ ଯିବା ସମୟରେ ମାର୍ଗଦର୍ଶନ, ଦର୍ଶନ, କଳ୍ପବଟଦର୍ଶନ। ବିଦ୍ୟାପତିଙ୍କ ଦ୍ୱାରା ମହାପ୍ରଭୁ ଜଗନ୍ନାଥଙ୍କ ସ୍ତୁତି। ବିଶ୍ୱାବସୁଙ୍କର ଅତିଥିସତ୍କାର। ଦେବଗଣଙ୍କ ଦ୍ୱାରା ପ୍ରତ୍ୟହ ଜଗନ୍ନାଥ ଦର୍ଶନ, ନୈବେଦ୍ୟ ଅର୍ପଣ। ପ୍ରଭୁଙ୍କ ନିର୍ମାଲ୍ୟର ମାହାମ୍ୟ। ବିଦ୍ୟାପତିଙ୍କର ପ୍ରତ୍ୟାବର୍ତ୍ତନ ପାଇଁ ଇଚ୍ଛା। ଶ୍ରୀମନ୍ଦିର ବିଷୟରେ ରାଜା ଇନ୍ଦ୍ରଦ୍ୟୁମ୍ନଙ୍କୁ କେନ୍ଦ୍ରକରି ବିଶ୍ୱାବସୁଙ୍କର ଭବିଷ୍ୟବାଣୀ।

ନବମ ଅଧାୟ: ବିଦ୍ୟାପତିଙ୍କ ସ୍ୱଦେଶ ପ୍ରତ୍ୟାବର୍ତ୍ତନ। ଇତିମଧ୍ୟରେ ବାଲୁକାଝଡ଼ରେ ନୀଳମାଧବ ମୂର୍ତ୍ତିଙ୍କ ଅନ୍ତର୍ଦ୍ଧାନ। ଦେବତାମାନଙ୍କର ବ୍ରହ୍ମାଙ୍କ ନିକଟରେ ଫେରାଦ। ବ୍ରହ୍ମାଙ୍କ ପ୍ରତିଶ୍ରୁତି। ପ୍ରଭୁ ଦାରୁମୟୀ ମୂର୍ତ୍ତିରେ ଆବିର୍ଭୂତ ହେବେ। ବିଦ୍ୟାପତିଙ୍କ ସମ୍ପୂର୍ଣ୍ଣ ଶ୍ରୀକ୍ଷେତ୍ର ଭ୍ରମଣ। ବିଦ୍ୟାପତିଙ୍କ ପ୍ରତ୍ୟାବର୍ତ୍ତନ ଓ ଇନ୍ଦ୍ରଦ୍ୟୁମ୍ନଙ୍କ ସ୍ୱାଗତ। ରାଜା ଇନ୍ଦ୍ରଦ୍ୟୁମ୍ନଙ୍କର ଓଲାଗିମାଳା ବା ନିର୍ମାଲ୍ୟ ସ୍ତୁତି। ବିଦ୍ୟାପତିଙ୍କର ଶ୍ରୀକ୍ଷେତ୍ର ପରିଭ୍ରମଣ ଅନୁଭୂତିର କାହାଣୀ।

ଦଶମ ଅଧାୟ: ବିଦ୍ୟାପତିଙ୍କ ଦ୍ୱାରା ଶ୍ରୀକ୍ଷେତ୍ରର ମହିମାବର୍ଣ୍ଣନ, ନିର୍ମାଲ୍ୟର ମାହାମ୍ୟକଥନ। ଉତ୍କଳର ପ୍ରାକୃତିକ ସୌନ୍ଦର୍ଯ୍ୟ ଓ ମାଧୁର୍ଯ୍ୟ ବର୍ଣ୍ଣନ। ବିଦ୍ୟାପତିଙ୍କ ଦ୍ୱାରା ପ୍ରଭୁ ନାରାୟଣଙ୍କର ସ୍ତୁତି। ପ୍ରଭୁଜଗନ୍ନାଥଙ୍କର ଦାରୁମୂର୍ତ୍ତିର ମାହାମ୍ୟ। ନାରଦଙ୍କର ଧରାବତରଣ। ତଥା ଇନ୍ଦ୍ରଦ୍ୟୁମ୍ନଙ୍କର ଶ୍ରୀକ୍ଷେତ୍ରବାସକୁ ନାରଦଙ୍କ ଅନୁମୋଦନ। ନାରଦଙ୍କ ଦ୍ୱାରା ଭକ୍ତି ତତ୍ତ୍ୱ ଉପସ୍ଥାପନ। ପୁନଶ୍ଚ ପୁରୁଷୋତ୍ତମଙ୍କ ମାହାମ୍ୟ ବର୍ଣ୍ଣନା।

ଏକାଦଶ ଅଧାୟ: ରାଜା ଇନ୍ଦ୍ରଦ୍ୟୁମ୍ନ ଦ୍ୱାରା ଦେବର୍ଷି ନାରଦଙ୍କ ଠାରୁ ବିଷ୍ଣୁଭକ୍ତି ଓ ବୈଷ୍ଣବମାନଙ୍କର ମହତ୍ତ୍ୱ ବିଷୟରେ ଶ୍ରବଣ। ପୁନଶ୍ଚ ନାରଦଙ୍କ

ମୁଖରେ ପୁରୁଷୋତ୍ତମକ୍ଷେତ୍ର ମହିମା । ନୀଳାଦ୍ରି ଅଭିମୁଖେ ଯାତ୍ରା ପାଇଁ ଉଭୟଙ୍କ ସଂକଳ୍ପ । ପରଦିନ ପ୍ରଭାତରୁ ଅବନ୍ତୀ ନଗରୀ ଛାଡ଼ି ସକଳ ରାଜପୁରୁଷ, ଅମାତ୍ୟ, ସୈନ୍ୟ, ବ୍ରାହ୍ମଣ, ବୈଶ୍ୟ, ରାଜନୀତିବିଶାରଦ, ଜ୍ୟୋତିର୍ବିଦ, ଅଷ୍ଟାଦଶ ବିଦ୍ୟାଧର ପଣ୍ଡିତମାନଙ୍କ ସହ ନୀଳାଦ୍ରି ଯାତ୍ରାପାଇଁ ରାଜା ଇନ୍ଦ୍ରଦ୍ୟୁମ୍ନଙ୍କର ଘୋଷଣା ଓ ପ୍ରସ୍ତୁତି । ମାହେନ୍ଦ୍ର ମୁହୂର୍ତ୍ତରେ ଶୁକ୍ଲବସ୍ତ୍ର ପରିଧାନ କରି ସମସ୍ତ ହୋମପୂଜାଦି କାର୍ଯ୍ୟ ସମାପନ କରି ପୌରବାସୀଙ୍କ ସହିତ ରାଜାଙ୍କର ନୀଳାଦ୍ରି ଅଭିମୁଖେ ଦେବର୍ଷି ନାରଦଙ୍କ ସହ ଯାତ୍ରା । ଚାରିଆଡ଼େ ଶୁଭଶକୁନ । ଯିବାପୂର୍ବରୁ ପ୍ରଥମେ ନୃସିଂହ ଦର୍ଶନ ଓ ପରେ ମା' ଦୁର୍ଗାଙ୍କୁ ଆରାଧନା । ଯାତ୍ରାରମ୍ଭ । ସମସ୍ତେ ଯାତ୍ରାରେ ସାମିଲ । କିଛିଦିନ ଗଲାପରେ ଉତ୍କଳ ସୀମାରେ ପଦାର୍ପଣ । ସେଠାରେ ଜଗଜ୍ଜନନୀ ମୁଣ୍ଡମାଳାଶୋଭିତା ମାତା ଚଣ୍ଡିକାଙ୍କ ଦର୍ଶନ । ଇନ୍ଦ୍ରଦ୍ୟୁମ୍ନଙ୍କର ମା' ଚଣ୍ଡିକା ସ୍ତୁତି । ନୀଳାଚଳ ଅଭିମୁଖେ ଯାତ୍ରା, ବାଟରେ ଚିତ୍ରୋତ୍ପଲା ନଦୀରେ ସ୍ନାନ ଓ ପିତୃପୁରୁଷଙ୍କ ଉଦ୍ଦେଶ୍ୟରେ ଶ୍ରାଦ୍ଧ ଓ ତର୍ପଣ । ବାଟରେ ରାଜାଙ୍କୁ ଅଭୂତପୂର୍ବ ସ୍ୱାଗତ । ସାୟଂକୃତ୍ୟ ସମ୍ପାଦନ ପରେ ମାର୍ଗରେ ବିଦ୍ୱତ୍‌ସଭାର ଆୟୋଜନ । ଏହି ସମୟରେ ଉତ୍କଳ ନରେଶଙ୍କ ଆଗମନ ଏବଂ ରାଜାଙ୍କୁ ସ୍ୱାଗତ । ଉତ୍କଳ ନରେଶଙ୍କ ଉତ୍କଳ ବର୍ଣ୍ଣନ, ନୀଳାଚଳ କ୍ଷେତ୍ର ବର୍ଣ୍ଣନ, ପ୍ରଭୁଙ୍କ ଧାମ ସମ୍ପ୍ରତି ବାଲୁକାବୃତ, ପ୍ରବଳ ବାତ୍ୟାରେ ଧ୍ୱସ୍ତବିଧ୍ୱସ୍ତ, ମହାମାରୀ — ଇତ୍ୟାଦିର ଉଲ୍ଲେଖ । ଇନ୍ଦ୍ରଦ୍ୟୁମ୍ନଙ୍କର ଉତ୍କଳ ନରେଶଙ୍କୁ ସମ୍ମାନ । ଇନ୍ଦ୍ରଦ୍ୟୁମ୍ନ ନୀଳାଚଳର ବିପର୍ଯ୍ୟୟ ଶୁଣି ବ୍ୟଥିତ । ନାରଦଙ୍କ ସାନ୍ତ୍ୱନା ଓ ଭବିଷ୍ୟବାଣୀ । ଏହାପରେ ଉଭୟଙ୍କର ମାର୍ଗମଧ୍ୟରେ ରାତ୍ରିଯାପନ ।

ଦ୍ୱାଦଶ ଅଧ୍ୟାୟ: ପୁନଶ୍ଚ ଇନ୍ଦ୍ରଦ୍ୟୁମ୍ନଙ୍କର ଦେବର୍ଷି ନାରଦଙ୍କ ସହ ନୀଳାଚଳ ଅଭିମୁଖରେ ଯାତ୍ରା, ଉତ୍କଳ ନରେଶ ବାଟ କଢ଼ାଇ ନେଉଥାନ୍ତି, ବାଟରେ ଏକାମ୍ରକାନନ, ଗନ୍ଧବହା ନଦୀ, ଏକାମ୍ରକାନନ ବା ବର୍ତ୍ତମାନର ଭୁବନେଶ୍ୱରର ବର୍ଣ୍ଣନ । କୋଟିଲିଙ୍ଗେଶ୍ୱର ବା ଲିଙ୍ଗରାଜ ମନ୍ଦିରର ପୂଜାର୍ଚ୍ଚନା ସମୟରେ ସୁମଧୁର ବାଦ୍ୟଧ୍ୱନି, ଶିବଚରିତ ବର୍ଣ୍ଣନ । ଶିବପାର୍ବତୀଙ୍କ ବିବାହ ଏବଂ ଏକାମ୍ରକାନନକୁ ତାଙ୍କର ଆଗମନ । କାଶୀରାଜାଙ୍କ ଉପରେ ଭଗବାନ୍ ଶ୍ରୀକୃଷ୍ଣଙ୍କର କୋପ । ଶମ୍ବୁଙ୍କ ଉଦ୍ଦେଶ୍ୟରେ ପ୍ରାର୍ଥନା । ଶମ୍ବୁଙ୍କର ବାରାଣସୀ କ୍ଷେତ୍ରତ୍ୟାଗ ଓ ପୁରୁଷୋତ୍ତମ କ୍ଷେତ୍ର ନିକଟବର୍ତ୍ତୀ ଏକାମ୍ରକ୍ଷେତ୍ରରେ ନିବାସ ଓ ଇନ୍ଦ୍ରଦ୍ୟୁମ୍ନଙ୍କର ଦେବର୍ଷି ନାରଦଙ୍କ ସହିତ ଏକାମ୍ରକ୍ଷେତ୍ର ଦର୍ଶନ । ବିନ୍ଦୁ ସରୋବରରେ ସ୍ନାନ । କୋଟିଲିଙ୍ଗେଶ୍ୱର ବା ଲିଙ୍ଗରାଜଙ୍କର ସନ୍ତୋଷ ଏବଂ ରାଜା ଇନ୍ଦ୍ରଦ୍ୟୁମ୍ନଙ୍କୁ ବରଦାନ । ରାଜା ଇନ୍ଦ୍ରଦ୍ୟୁମ୍ନଙ୍କର ଦାରୁସଂଗ୍ରହ

ଏବଂ ବିଶ୍ୱକର୍ମାଙ୍କର ଚତୁର୍ଦ୍ଧାମୂର୍ତ୍ତି ନିର୍ମାଣ। ରାଜାଙ୍କର ଅଶ୍ୱମେଧ ଯଜ୍ଞ ସମ୍ପାଦନ। ଶ୍ରୀକ୍ଷେତ୍ରବାସର ମହିମା। ଏହାପରେ ନୀଳାଚଳ ଅଭିମୁଖେ ଯାତ୍ରା। ବାଟରେ କପୋତେଶ୍ୱର ଓ ବିଲ୍ୱେଶ୍ୱରଙ୍କର ଦର୍ଶନ।

ତ୍ରୟୋଦଶ ଅଧ୍ୟାୟ: କପୋତେଶ୍ୱର ମହାଦେବ ଓ ବିଲ୍ୱେଶ୍ୱର ମହାଦେବଙ୍କର ରୋଚକ ଉପାଖ୍ୟାନ ବର୍ଣ୍ଣନା।

ଚତୁର୍ଦ୍ଦଶ ଅଧ୍ୟାୟ: ରାଜା ଇନ୍ଦ୍ରଦ୍ୟୁମ୍ନଙ୍କ ମହର୍ଷିନାରଦଙ୍କ ସହିତ ଶ୍ରୀକ୍ଷେତ୍ରର ସୀମାରେ ପ୍ରବେଶ, ନୀଳକଣ୍ଠେଶ୍ୱରଙ୍କର ଦର୍ଶନ। ବାମନେତ୍ର ଓ ବାମଭୁଜ ସ୍ୱରଣରୂପକ ଅଶୁଭ ସଂକେତ। ନାରଦଙ୍କ ଦ୍ୱାରା ଶ୍ରୀକ୍ଷେତ୍ରର ତତ୍କାଳିକ ସ୍ଥିତି ବର୍ଣ୍ଣନା ଏବଂ ରାଜାଙ୍କୁ ସାନ୍ତ୍ୱନା। ଏହାପରେ ଇନ୍ଦ୍ରଦ୍ୟୁମ୍ନଙ୍କର କରୁଣ ବିଳାପ ଏବଂ ନାରଦଙ୍କ ପଦତଳେ ପ୍ରଣତି ନିବେଦନ। ମହାପ୍ରଭୁଙ୍କର ପୁନରାବିର୍ଭାବ ପାଇଁ ଆଶୀର୍ବାଦ ଭିକ୍ଷା। ନାରଦଙ୍କର ବାରମ୍ବାର ସାନ୍ତ୍ୱନା। ନାରଦଙ୍କ ପରାମର୍ଶକ୍ରମେ ଇନ୍ଦ୍ରଦ୍ୟୁମ୍ନଙ୍କ ଶଙ୍ଖକ୍ଷେତ୍ରରେ ଅବସ୍ଥାନ। ଅଶ୍ୱମେଧ ଯଜ୍ଞ ସମ୍ପାଦନ ପାଇଁ ପରାମର୍ଶ।

ପଞ୍ଚଦଶ ଅଧ୍ୟାୟ: ବିବିଧ ପ୍ରାକୃତିକ ସୌନ୍ଦର୍ଯ୍ୟରେ ପରିପୂର୍ଣ୍ଣ ନୀଳାଚଳ ବା ଶଙ୍ଖକ୍ଷେତ୍ରରେ ରାଜାଙ୍କ ପ୍ରବେଶ। ଉଗ୍ରବୀର ଭୟଙ୍କର ନୃସିଂହଙ୍କର ଦର୍ଶନ। ଏହାପରେ ଇନ୍ଦ୍ରଦ୍ୟୁମ୍ନଙ୍କର ମହାପ୍ରଭୁଙ୍କ ଆଦିମ ବିଗ୍ରହ ବାଲୁକାଚ୍ଛନ୍ନ ସ୍ଥାନ (ଯେଉଁଠାରେ ପୂର୍ବରୁ ନୀଳମାଧବ ପୂଜିତ ହେଉଥିଲେ) ପରିଦର୍ଶନ। ଦୁଇ ଯୋଜନ ବିସ୍ତୃତ ଶ୍ରୀକ୍ଷେତ୍ରର କଳ୍ପଦ୍ରୁମ। ବଟବୃକ୍ଷ ଦର୍ଶନ। ଅଚିରେଣ ଚତୁର୍ଦ୍ଧାମୂର୍ତ୍ତିଙ୍କର ଆବିର୍ଭାବ ଏବଂ ଇନ୍ଦ୍ରଦ୍ୟୁମ୍ନଙ୍କର ଅଶ୍ୱମେଧ ଯଜ୍ଞ ସମ୍ପାଦନ ବିଷୟରେ ଦେବର୍ଷି ନାରଦଙ୍କ ସୂଚନା। ଏହାପରେ ପରମାମ୍ମା ପରମପିତାଙ୍କ ଉଦ୍ଦେଶ୍ୟରେ ରାଜା ଇନ୍ଦ୍ରଦ୍ୟୁମ୍ନଙ୍କର ବିନମ୍ର ପ୍ରାର୍ଥନା, ନାରଦଙ୍କର ପୁନଃ ସାନ୍ତ୍ୱନା ଓ ଇନ୍ଦ୍ରଦ୍ୟୁମ୍ନଙ୍କ ଆଶ୍ୱସ୍ତି।

ଷୋଡ଼ଶ ଅଧ୍ୟାୟ: ନାରଦଙ୍କ ପରାମର୍ଶକ୍ରମେ ରାଜା ଇନ୍ଦ୍ରଦ୍ୟୁମ୍ନଙ୍କ ବିଶ୍ୱକର୍ମାଙ୍କ ସହାୟତାରେ ନୃସିଂହ ମନ୍ଦିର ନିର୍ମାଣ କାର୍ଯ୍ୟସମ୍ପାଦନ। ଏହାପରେ ମହର୍ଷି ନାରଦ ଯଜ୍ଞନୃସିଂହଙ୍କର ମୂର୍ତ୍ତି ଧରି ସେଠାରେ ଉପସ୍ଥିତ। ସମସ୍ତଙ୍କର ନୃସିଂହ ଦର୍ଶନ। ମହର୍ଷି ନାରଦଙ୍କ ଦ୍ୱାରା ସେ ଯଜ୍ଞନୃସିଂହଙ୍କର ନବ ନିର୍ମିତ ପ୍ରାସାଦର ରନ୍ବେଦୀରେ ପ୍ରତିଷ୍ଠା। ରାଜା ଇନ୍ଦ୍ରଦ୍ୟୁମ୍ନଙ୍କର ନୃସିଂହ ସ୍ତୁତି। ସହସ୍ର ଅଶ୍ୱମେଧ ଯଜ୍ଞର ନିର୍ବିଘ୍ନ ପରିସମାପ୍ତି ପାଇଁ ରାଜା ଇନ୍ଦ୍ରଦ୍ୟୁମ୍ନଙ୍କର ପୁନଶ୍ଚ ନୃସିଂହକ

ନିକଟରେ ପ୍ରାର୍ଥନା । ବୈଶାଖ ମାସ ଶୁକ୍ଲପକ୍ଷ ଚତୁର୍ଦ୍ଦଶୀ ଦିନ ଯଜ୍ଞନୃସିଂହଙ୍କର ଆବିର୍ଭାବ ଓ ପ୍ରତିଷ୍ଠା ।

ସପ୍ତଦଶ ଅଧ୍ୟାୟ: ସହସ୍ର ଅଶ୍ୱମେଧଯଜ୍ଞ ସମ୍ପାଦନ ନିମନ୍ତେ ରାଜା ଇନ୍ଦ୍ରଦ୍ୟୁମ୍ନଙ୍କ ଦ୍ୱାରା ଯଜ୍ଞସ୍ଥଳୀର ଭବ୍ୟ ଆୟୋଜନ ଓ ଇନ୍ଦ୍ରାଦିଦେବଗଣଙ୍କୁ ଆମନ୍ତ୍ରଣ । ଯଜ୍ଞସ୍ଥଳୀର ଅପୂର୍ବ ଶୋଭା । ଏଠାରେ ଉପସ୍ଥିତ ହେଲେ ସମସ୍ତ ଦେବତା, ବ୍ରାହ୍ମଣ, ମୁନି, ଋଷି, ସିଦ୍ଧ ଓ ବ୍ରହ୍ମର୍ଷି ବୃନ୍ଦ । ସମସ୍ତଙ୍କୁ ସସମ୍ମାନେ ଆସନ ଅର୍ପଣ । ଶଚୀପତି ଇନ୍ଦ୍ରଙ୍କ ସହିତ ଇନ୍ଦ୍ରଦ୍ୟୁମ୍ନଙ୍କର ମିଳନ । ପ୍ରଭୁଙ୍କର ପୁନଃ ଆବିର୍ଭାବ ନିମନ୍ତେ ଇନ୍ଦ୍ରଙ୍କର ସହଯୋଗ ଭିକ୍ଷା । ସହସ୍ର ଅଶ୍ୱମେଧ ଯଜ୍ଞ ଆରମ୍ଭ ଏବଂ ଅଶ୍ୱବିମୋଚନ । ସମସ୍ତଙ୍କୁ ଯଥୋଚିତ ଆତିଥ୍ୟ ପ୍ରଦର୍ଶନ । ରାଜା ଇନ୍ଦ୍ରଦ୍ୟୁମ୍ନଙ୍କ ଦ୍ୱାରା ସମସ୍ତଙ୍କ ପାଇଁ ଅଭୂତପୂର୍ବ ଭୋଜନ, ଆବାସ, ଦକ୍ଷିଣାଦିର ବ୍ୟବସ୍ଥା । ଅଶ୍ୱମେଧ ଯଜ୍ଞର ସଫଳତାର କାହାଣୀର ସର୍ବତ୍ର ପ୍ରଚାର । ସୁଚାରୁରୂପେ ଯଜ୍ଞ ଅନୁଷ୍ଠାନ । ଏହିଭଳି ଏକୋନସହସ୍ରତମ ଯଜ୍ଞ ସମ୍ପାଦନ ହେଲାପରେ ସହସ୍ରତମ ଯଜ୍ଞର ଶେଷରାତ୍ରିରେ ଇନ୍ଦ୍ରଦ୍ୟୁମ୍ନଙ୍କର ଅଭୂତ ସ୍ୱପ୍ନ ଦର୍ଶନ । ଶ୍ୱେତଦ୍ୱୀପର କ୍ଷୀରସାଗରରେ ଭାସମାନ ଶଙ୍ଖ, ଚକ୍ର ଓ ପଦ୍ମ ଚିହ୍ନିତ ମାହାକଣ୍ଠଦୁମରେ ଅବସ୍ଥିତ ସିଂହାସନରେ ମହାପ୍ରଭୁ ବିଷ୍ଣୁ ବିରାଜମାନ – ଏହି ସୁନ୍ଦର ଦୃଶ୍ୟକୁ ସ୍ୱପ୍ନରେ ଦେଖୁଛନ୍ତି ରାଜା ଇନ୍ଦ୍ରଦ୍ୟୁମ୍ନ । ପୁନଶ୍ଚ ତାଙ୍କର ଦକ୍ଷିଣ ପାର୍ଶ୍ୱରେ ବିରାଜମାନ ବରାଭୟଦାୟିନୀ ମହାଲକ୍ଷ୍ମୀଙ୍କୁ ସ୍ୱପ୍ନରେ ଦର୍ଶନ । ବାମରେ ଚକ୍ରରାଜ ସୁଦର୍ଶନ । ସମ୍ମୁଖରେ ବ୍ରହ୍ମାଙ୍କର କୃତାଞ୍ଜଲିପୁଟରେ ସ୍ତୁତି । ରାଜା ଇନ୍ଦ୍ରଦ୍ୟୁମ୍ନ ଭାବାବେଗରେ ତନ୍ମୟ ଓ ତାଙ୍କର ସ୍ତୁତି । ପ୍ରଭାତ କାଲରେ ଏହି ସ୍ୱପ୍ନ ପ୍ରସଙ୍ଗରେ ରାଜା ଇନ୍ଦ୍ରଦ୍ୟୁମ୍ନଙ୍କର ନାରଦଙ୍କ ନିକଟରେ ବ୍ୟାଖ୍ୟାନ ।

ଅଷ୍ଟାଦଶ ଅଧ୍ୟାୟ: ସହସ୍ର ଅଶ୍ୱମେଧଯଜ୍ଞ ସଫଳତାର ସହିତ ସମ୍ପନ୍ନ । ଏହାପରେ ସମୁଦ୍ରରେ ଅଭବୃଥ ସ୍ନାନ ସମୟରେ ରାଜାଙ୍କର ଭାସମାନ ଦାରୁ ଦର୍ଶନ । ଶଙ୍ଖ, ଚକ୍ର, ଗଦା ଓ ପଦ୍ମ ଚିହ୍ନିତ ଏହି ଦାରୁ ସାକ୍ଷାତ୍ ସୂର୍ଯ୍ୟଙ୍କ ସଦୃଶ ତେଜୀୟାନ୍ । ନାରଦଙ୍କ ପରାମର୍ଶ କ୍ରମେ ମହୋଦଧ୍ରୁ ଏହି ଦାରୁ ସଂଗ୍ରହ । ଘଣ୍ଟ, ଘଣ୍ଟା, କାହାଳୀ, ମୃଦଙ୍ଗର ଧ୍ୱନିର ତାଲେ ତାଲେ ଦାରୁକୁ ମହାବେଦୀ ନିକଟକୁ ଆନୟନ । ସେହି ଦାରୁଖଣ୍ଡରୁ ଚତୁର୍ଦ୍ଧାମୂର୍ତ୍ତିଙ୍କର ଆବିର୍ଭାବ ପ୍ରସଙ୍ଗରେ ଆକାଶବାଣୀ । ମୂର୍ତ୍ତିନିର୍ମାଣ ପ୍ରକ୍ରିୟା । ବୃଦ୍ଧବର୍ଦ୍ଧକୀଙ୍କର ସେଠାରେ ଉପସ୍ଥିତି ଏବଂ ଇନ୍ଦ୍ରଦ୍ୟୁମ୍ନଙ୍କ ଦ୍ୱାରା ସ୍ୱପ୍ନରେ ଦୃଷ୍ଟ ଚତୁର୍ଦ୍ଧାମୂର୍ତ୍ତିଙ୍କର ନିର୍ମାଣ ପାଇଁ ପ୍ରତିଶ୍ରୁତି ।

ଏକୋନବିଂଶ ଅଧ୍ୟାୟ: ମୂର୍ତ୍ତି ନିର୍ମାଣକାର୍ଯ୍ୟ ସେହି ବୃଦ୍ଧବର୍ଦ୍ଧକୀ ବେଶଧାରୀ ମହାପ୍ରଭୁଙ୍କ ଦ୍ୱାରା ଆରମ୍ଭ। ଠିକ୍ ପନ୍ଦରଦିନ ପରେ ସମାପ୍ତ। ଚତୁର୍ଦ୍ଧାମୂର୍ତ୍ତି ଯଥା— ଜଗନ୍ନାଥ, ବଳଭଦ୍ର, ସୁଭଦ୍ରା ଓ ସୁଦର୍ଶନଙ୍କର ଆବିର୍ଭାବ। ପ୍ରଭୁ ଜଗନ୍ନାଥ ଶଙ୍ଖ, ଚକ୍ର, ଗଦା, ପଦ୍ମରେ ମଣ୍ଡିତ, ବଳଭଦ୍ର—ଗଦା, ଚକ୍ର, ବଜ୍ର ଓ ମୂଷଳରେ ଶୋଭିତ, ମା ସୁଭଦ୍ରା — ଚୈତନ୍ୟରୂପିଣୀ, ଚକ୍ରରାଜ ସୁଦର୍ଶନ। ସମସ୍ତେ ପ୍ରଥମେ ଇନ୍ଦ୍ରଦ୍ୟୁମ୍ନଙ୍କୁ ଦର୍ଶନ ଦେଲେ। ଏହାପରେ ଆକାଶବାଣୀ ମାଧ୍ୟମରେ ପ୍ରଭୁଙ୍କର ସେବା ପୂଜା ଇନ୍ଦ୍ରଦ୍ୟୁମ୍ନଙ୍କ ଦ୍ୱାରା ଆରମ୍ଭ। ସେବାପୂଜାକାର୍ଯ୍ୟରେ ବିଶ୍ୱାବସୁଙ୍କର ବଂଶୋଭବମାନଙ୍କୁ ନିଯୋଜିତ କରିବା ପାଇଁ ଇନ୍ଦ୍ରଦ୍ୟୁମ୍ନଙ୍କୁ ଅଶରୀରୀ ବାଣୀର ନିର୍ଦ୍ଦେଶ। ଚତୁର୍ଦ୍ଧାମୂର୍ତ୍ତିଙ୍କର ଅପୂର୍ବ ଶୋଭା ଦର୍ଶନ। ଇନ୍ଦ୍ରଦ୍ୟୁମ୍ନଙ୍କର ନୟନରୁ ଧାରଧାର ଅଶ୍ରୁପାତ। ଇନ୍ଦ୍ରଦ୍ୟୁମ୍ନଙ୍କ ଜନ୍ମ, ଜୀବନ ଏବଂ କର୍ମ ସଫଳ ବୋଲି ନାରଦଙ୍କର ଉକ୍ତି।

ବିଂଶ ଅଧ୍ୟାୟ: ମହର୍ଷିନାରଦଙ୍କ ଦ୍ୱାରା ଉଦ୍‌ବୁଦ୍ଧ ରାଜା ଇନ୍ଦ୍ରଦ୍ୟୁମ୍ନଙ୍କର ଜଗନ୍ନାଥ, ବଳଭଦ୍ର, ସୁଭଦ୍ରା ଓ ସୁଦର୍ଶନଙ୍କୁ ସ୍ତୁତି। ସେହିଭଳି ମହର୍ଷି ନାରଦଙ୍କର ମଧ୍ୟ ଚତୁର୍ଦ୍ଧାମୂର୍ତ୍ତିଙ୍କୁ ସ୍ତୁତି। ଏହାପରେ ରାଜା ଇନ୍ଦ୍ରଦ୍ୟୁମ୍ନଙ୍କର ପ୍ରଭୁଜଗନ୍ନାଥଙ୍କୁ ପୁରୁଷସୂକ୍ତ, ବଳଭଦ୍ରଙ୍କୁ ଦ୍ୱାଦଶାକ୍ଷର ମନ୍ତ୍ର, ଦେବୀସୁଭଦ୍ରାଙ୍କୁ ଦେବୀସୂକ୍ତ ଏବଂ ଚକ୍ରରାଜସୁଦର୍ଶନଙ୍କୁ ସୌଦର୍ଶନୀ ମନ୍ତ୍ରରେ ପୂଜା, ଏହାପରେ ବ୍ରାହ୍ମଣମାନଙ୍କୁ ଇନ୍ଦ୍ରଦ୍ୟୁମ୍ନଙ୍କଦ୍ୱାରା କୋଟି କୋଟି ଗୋଦାନ। ଗୋଖୁରାର ଖନନରେ ବିରାଟ ଗର୍ତ୍ତର ସୃଷ୍ଟି। ଯାହା ବିଶ୍ୱପ୍ରସିଦ୍ଧ ଇନ୍ଦ୍ରଦ୍ୟୁମ୍ନ ପୁଷ୍କରିଣୀ ବା ଇନ୍ଦ୍ରଦ୍ୟୁମ୍ନ ତୀର୍ଥନାମରେ ବିଦିତ। ଏହାପରେ ଇନ୍ଦ୍ରଦ୍ୟୁମ୍ନଙ୍କ ଦ୍ୱାରା ଚତୁର୍ଦ୍ଧାମୂର୍ତ୍ତିଙ୍କ ପାଇଁ ପ୍ରାସାଦ ନିର୍ମାଣ କାର୍ଯ୍ୟ ଆରମ୍ଭ। ସମସ୍ତ ସମ୍ପତ୍ତି ବ୍ୟୟରେ ଶ୍ରୀମନ୍ଦିର ନିର୍ମାଣ କାର୍ଯ୍ୟରେ ଅଗ୍ରଗତି।

ଏକବିଂଶ ଅଧ୍ୟାୟ: ଜଣେ ରଗ୍‌ବେଦ ବିଶାରଦ ବିଦ୍ୱାନଙ୍କ ଦ୍ୱାରା ଅପୌରୁଷେୟ ଦାରୁର ମହତ୍ତ୍ୱ ବର୍ଣ୍ଣନା। ଚତୁର୍ଦ୍ଧାମୂର୍ତ୍ତିଙ୍କର ବିଶେଷତ୍ୱ। ବେଦଜ୍ଞ ବ୍ରାହ୍ମଣଙ୍କ ବଚନକୁ ଦେବର୍ଷି ନାରଦଙ୍କ ସମର୍ଥନ। ଚତୁର୍ଦ୍ଧାମୂର୍ତ୍ତିଙ୍କ ପାଇଁ ଅଜସ୍ର ଧନ ବ୍ୟୟକରି ଇନ୍ଦ୍ରଦ୍ୟୁମ୍ନଙ୍କ ଦ୍ୱାରା ମନ୍ଦିର ନିର୍ମାଣ। ଏହି ପ୍ରକ୍ରିୟାରେ ଏକ ଆନନ୍ଦମୟ ମହାରବର ଉତ୍ଥାନ। ମହାଲକ୍ଷ୍ମୀଙ୍କ କରୁଣାପ୍ରାପ୍ତି। ରାଜାଙ୍କର ବିଷ୍ଣୁଭକ୍ତି ଓ କର୍ତ୍ତବ୍ୟନିଷ୍ଠା – ଅନନ୍ୟ ସାଧାରଣ। ମନ୍ଦିର ପ୍ରତିଷ୍ଠା ପାଇଁ ବ୍ରହ୍ମାଙ୍କୁ ନିମନ୍ତ୍ରଣ କରିବା ପାଇଁ ଦେବର୍ଷି ନାରଦଙ୍କ ସହିତ ବ୍ରହ୍ମଲୋକ ଗମନ ପାଇଁ ରାଜା ଇନ୍ଦ୍ରଦ୍ୟୁମ୍ନଙ୍କ ସଙ୍କଳ୍ପ ଏବଂ ନାରଦଙ୍କର ସମ୍ପୂର୍ଣ୍ଣ ସହଯୋଗ।

ଦ୍ୱାବିଂଶ ଅଧ୍ୟାୟ: ପୂର୍ବ ସଂକଳ୍ପ ଅନୁସାରେ ନାରଦ ଏବଂ ଇନ୍ଦ୍ରଦ୍ୟୁମ୍ନଙ୍କର ବ୍ରହ୍ମାଙ୍କୁ ନିମନ୍ତ୍ରଣ ପାଇଁ ବ୍ରହ୍ମଲୋକଗମନ। ବ୍ରହ୍ମଲୋକଯାତ୍ରା ବର୍ଣ୍ଣନ। ମନ୍ଦିର ନିର୍ମାଣ ପ୍ରସଙ୍ଗରେ ଇନ୍ଦ୍ରଦ୍ୟୁମ୍ନଙ୍କ ମନରେ ବିବିଧ ପ୍ରଶ୍ନ। ନାରଦଙ୍କର ସମାଧାନ। ବ୍ରହ୍ମଲୋକ ପ୍ରବେଶ। ବେଦବର ବ୍ରହ୍ମାଙ୍କ ସହିତ ସାକ୍ଷାତ୍। ଇନ୍ଦ୍ରଦ୍ୟୁମ୍ନଙ୍କୁ ଆତିଥ୍ୟ ଓ ସମ୍ମାନପ୍ରଦର୍ଶନ।

ତ୍ରୟୋବିଂଶ ଅଧ୍ୟାୟ : ବ୍ରହ୍ମାଙ୍କ ଦ୍ୱାରା ଆୟୋଜିତ ବିଦ୍ୱତ୍‌ସଭାରେ ନାରଦ ଓ ଇନ୍ଦ୍ରଦ୍ୟୁମ୍ନଙ୍କ ପ୍ରବେଶ। ବ୍ରହ୍ମାଙ୍କୁ ମନ୍ଦିର ପ୍ରତିଷ୍ଠା ପାଇଁ ନିମନ୍ତ୍ରଣ ଏବଂ ବ୍ରହ୍ମାଙ୍କ ସ୍ୱୀକାର। ଇତିମଧ୍ୟରେ ହଠାତ୍ ମହର୍ଷି ଦୁର୍ବାସାଙ୍କର ଆଗମନ। ତାଙ୍କର କ୍ରୋଧ ଅଭିବ୍ୟକ୍ତି। ଦୁର୍ବାସାଙ୍କ ଅନୁରୋଧକ୍ରମେ ଅପେକ୍ଷା କରିଥିବା ଅନ୍ୟ ଦେବତାମାନଙ୍କର ବ୍ରହ୍ମାଙ୍କ ନିକଟକୁ ଆଗମନ। ନୀଳମାଧବଙ୍କର ଅନ୍ତର୍ଦ୍ଧାନ ଓ ଚତୁର୍ଦ୍ଧାମୂର୍ତ୍ତିର ଆବିର୍ଭାବ ପ୍ରସଙ୍ଗରେ ବ୍ରହ୍ମାଙ୍କୁ ଦେବତାମାନଙ୍କର ପ୍ରଶ୍ନ। ବ୍ରହ୍ମାଙ୍କ ଉତ୍ତର। ଦାରୁଦେବତାଙ୍କର ରହସ୍ୟ। ପ୍ରତିଷ୍ଠା କାର୍ଯ୍ୟରେ ଯୋଗ ଦେବା ପାଇଁ ସମସ୍ତ ଦେବତାଙ୍କୁ ଇନ୍ଦ୍ରଦ୍ୟୁମ୍ନଙ୍କ ନିମନ୍ତ୍ରଣ ଓ ବ୍ରହ୍ମାଙ୍କ ନିର୍ଦ୍ଦେଶରେ ମର୍ତ୍ତ୍ୟକୁ ପ୍ରତ୍ୟାବର୍ତ୍ତନ।

ଚତୁର୍ବିଂଶତି ଅଧ୍ୟାୟ: ଦେବତାମାନଙ୍କର ମୁଖରେ ଇନ୍ଦ୍ରଦ୍ୟୁମ୍ନଙ୍କର ଅଜସ୍ର ପ୍ରଶଂସା ଏବଂ ଚତୁର୍ଦ୍ଧାମୂର୍ତ୍ତିଙ୍କର ସ୍ତୁତି। ଇତି ମଧ୍ୟରେ ସମସ୍ତଙ୍କର ମର୍ତ୍ତ୍ୟରେ ପ୍ରବେଶ। ମହାପ୍ରଭୁଙ୍କର ଭବ୍ୟପ୍ରାସାଦକୁ ଦେଖି ଦେବତାମାନଙ୍କର ଅଶେଷ ଆନନ୍ଦ। ପ୍ରତିଷ୍ଠା ମହୋତ୍ସବ ପାଇଁ ଆୟୋଜନ। ମର୍ତ୍ତ୍ୟରେ ଦେବତାମାନଙ୍କୁ ରାଜା ଇନ୍ଦ୍ରଦ୍ୟୁମ୍ନଙ୍କ ଦ୍ୱାରା ସ୍ୱାଗତ।

ପଞ୍ଚବିଂଶତି ଅଧ୍ୟାୟ: ପ୍ରତିଷ୍ଠା ମହୋତ୍ସବପାଇଁ ଆବଶ୍ୟକୀୟ ଉପକରଣଗୁଡ଼ିକର ଏକ ସୁଦୀର୍ଘ ତାଲିକା। ନାରଦଙ୍କ ଦ୍ୱାରା ପ୍ରସ୍ତୁତି। ପ୍ରତିଷ୍ଠା ମହୋତ୍ସବର ଆୟୋଜନ। ଜନ୍ମବେଦୀରୁ ନିଜ ପ୍ରାସାଦକୁ ଯାତ୍ରା କରିବା ପାଇଁ ଦେବଶିଳ୍ପୀ ବିଶ୍ୱକର୍ମାଙ୍କ ଦ୍ୱାରା ତିନିଗୋଟି ରଥ ନିର୍ମାଣ। ରଥତ୍ରୟ ପ୍ରତିଷ୍ଠା। ରଥତ୍ରୟରେ ଧ୍ୱଜସ୍ଥାପନ। କଳସ ସ୍ଥାପନ। ରଥ ଚାଳନା କାର୍ଯ୍ୟ ନିର୍ବିଘ୍ନରେ ପରିସମାପ୍ତି ପାଇଁ ବିଭିନ୍ନ ଭୂତଙ୍କୁ ବଳିପ୍ରଦାନ।

ଷଡ୍‌ବିଂଶତି ଅଧ୍ୟାୟ: ରାଜା ଇନ୍ଦ୍ରଦ୍ୟୁମ୍ନ ଓ ତତ୍‌କାଳୀନ ଅନ୍ୟତମ ବିଷ୍ଣୁଭକ୍ତ ରାଜା ଗାଳଙ୍କର ମିଳନ ଓ କଥୋପକଥନ। ମନ୍ଦିର ପ୍ରତିଷ୍ଠାପରେ ମହାପ୍ରଭୁଙ୍କର ମହୋତ୍ସବ ଓ ନୀତିକାନ୍ତି ସମ୍ପାଦନ କରିବାପାଇଁ ଉତ୍କଳ ନରେଶ 'ଗାଳ'ଙ୍କୁ ଦାୟିତ୍

ଅର୍ପଣର ସଂକଳ୍ପ। ଗାଳଙ୍କର ଆନନ୍ଦ ଏବଂ ପ୍ରତିଷ୍ଠା ମହୋସ୍ତବ କାର୍ଯ୍ୟରେ ସହଯୋଗ। ଏହି ସମୟରେ ପିତାମହ ବ୍ରହ୍ମାଙ୍କର ମର୍ତ୍ଥ୍ୟରେ ଅବତରଣ। ଭାବବିହ୍ବଳ ଇନ୍ଦ୍ରଦ୍ୟୁମ୍ନଙ୍କର ବ୍ରହ୍ମାଙ୍କୁ ସ୍ବାଗତ ଓ ପ୍ରଣିପାତ।

ସପ୍ତବିଂଶ ଅଧ୍ୟାୟ: ଭବ୍ୟ ପ୍ରତିଷ୍ଠା ମହୋସ୍ତବର ଆୟୋଜନକୁ ଦେଖ ପିତାମହ ବ୍ରହ୍ମାଙ୍କର ଆନନ୍ଦ। ସମସ୍ତ ଉପସ୍ଥିତ ଦେବତା, ମୁନି, ଋଷି, ମହର୍ଷି, ବ୍ରାହ୍ମଣ ପ୍ରଭୃତି ବ୍ରହ୍ମାଙ୍କୁ ପ୍ରଣାମ ଓ ସ୍ବାଗତ। ବ୍ରହ୍ମାଙ୍କର ରଥ ସମୀପଗମନ, ଶ୍ରୀଜଗନ୍ନାଥଙ୍କୁ ପ୍ରଦକ୍ଷିଣ ଏବଂ ସ୍ତୁତି। ପ୍ରଭୁ ଜଗନ୍ନାଥଙ୍କର ସ୍ତୁତି ପରେ କାମପାଳ ହଳାୟୁଧ ବଳଭଦ୍ରଙ୍କୁ ସ୍ତୁତି। ତା' ପରେ ମା' ଜଗଜ୍ଜନନୀ ସୁଭଦ୍ରାଙ୍କ ନିକଟକୁ ଯାଇ ତାଙ୍କୁ ପ୍ରଣାମ ଓ ସ୍ତୁତି। ସୁଭଦ୍ରାଙ୍କ ସ୍ତୁତିପରେ ବ୍ରହ୍ମାଙ୍କର ସୁଦର୍ଶନ ସ୍ତୁତି। ଏହାପରେ ଚତୁର୍ଦ୍ଧାମୂର୍ତ୍ତିଙ୍କ ପ୍ରତିଷ୍ଠା କାର୍ଯ୍ୟ ଆରମ୍ଭ। ଏହି ସମୟରେ କଳ୍ପଦ୍ରୁମରୁ ପୁଷ୍ପବୃଷ୍ଟି। ଏକ ଅଭୂତପୂର୍ବ ଆଧ୍ୟାମ୍ନିକ ପରିବେଶର ସୃଷ୍ଟି। ବୈଶାଖ ମାସ ଶୁକ୍ଲପକ୍ଷ ଅଷ୍ଟମୀ ଗୁରୁବାର ଦିନ ପ୍ରତିଷ୍ଠା କାର୍ଯ୍ୟ ସମ୍ପନ୍ନ। ଏହାପରେ ପିତାମହ ବ୍ରହ୍ମାଙ୍କର ପୁନଶ୍ଚ ଶ୍ରୀଜଗନ୍ନାଥ ସ୍ତୁତି।

ଅଷ୍ଟାବିଂଶ ଅଧ୍ୟାୟ: ପ୍ରତିଷ୍ଠାପରେ ମହାପ୍ରଭୁଙ୍କର ଉଗ୍ରବୀର ନରସିଂହ ରୂପରେ ସମସ୍ତଙ୍କୁ ଦର୍ଶନ। ନାରଦଙ୍କ ବ୍ରହ୍ମାଙ୍କଠାରୁ ଏହାର କାରଣ ପଚାରିବା। ବ୍ରହ୍ମାଙ୍କର ସ୍ବସ୍ତିକରଣ। ଏହାପରେ ବ୍ରହ୍ମାଙ୍କ ନୃସିଂହ ସ୍ତୁତି। ବେଦୋକ୍ତ ନୃସିଂହ ମନ୍ତ୍ରରେ ବ୍ରହ୍ମାଙ୍କର ଦ୍ବାରା ରାଜା ଇନ୍ଦ୍ରଦ୍ୟୁମ୍ନଙ୍କୁ ଦୀକ୍ଷାଦାନ। ରାଜା ଇନ୍ଦ୍ରଦ୍ୟୁମ୍ନଙ୍କର ଦର୍ଶନ ଏବଂ ଉଗ୍ରରୂପ ପରିବର୍ତ୍ତେ ସ୍ବାଭାବିକ ରୂପର ଅବଲୋକନ। ବ୍ରହ୍ମାଙ୍କ ମୁଖରେ ଦାରୁମୟୀ ମୂର୍ତ୍ତିର ବିଶେଷତ୍ବ ବୟାନ।

ଉନତ୍ରିଂଶ ଅଧ୍ୟାୟ: ବେଦୋକ୍ତ ବିଭିନ୍ନ ମନ୍ତ୍ରରେ ବ୍ରହ୍ମାଙ୍କ ଦ୍ବାରା ଚତୁର୍ଦ୍ଧାମୂର୍ତ୍ତି ପୂଜା। ଇନ୍ଦ୍ରଦ୍ୟୁମ୍ନ କିଭଳି ପ୍ରଭୁଙ୍କର ନୀତିକାନ୍ତ ସମ୍ପାଦନ କରିବେ – ଏ ପ୍ରସଙ୍ଗରେ ବ୍ରହ୍ମାଙ୍କର ମହାପ୍ରଭୁଙ୍କ ନିକଟରେ ଜିଜ୍ଞାସା। ମହାପ୍ରଭୁଙ୍କର ପ୍ରତିମାମାନଙ୍କ ଠାରୁ ନୀତିକାନ୍ତି, ମେଳା-ମହୋସ୍ତବ ସମ୍ପାଦନ ବିଷୟରେ ସବିଶେଷ ବିବରଣ। ଜ୍ୟେଷ୍ଠମାସ ପୂର୍ଣ୍ଣିମା ଦିନ ସ୍ନାନଯାତ୍ରା ସମ୍ପାଦନ। ସ୍ନାନଯାତ୍ରାର ମହିମା ଓ ବିଶେଷତ୍ବ। ନୃସିଂହକ୍ଷେତ୍ରର ମାହାତ୍ମ୍ୟବର୍ଣ୍ଣନ। ସ୍ନାନଯାତ୍ରା ପରେ ରଥଯାତ୍ରା। ତା'ପରେ ମହାପ୍ରଭୁଙ୍କର ଶୟନ, ଉତ୍ଥାନ, ପାର୍ଶ୍ବ ପରିବର୍ତ୍ତନ, ପୁଷ୍ୟାଭିଷେକ, ଦୋଳୋସ୍ତବ, ଦମନକ ଚତୁର୍ଦ୍ଦଶୀ ଓ ଚନ୍ଦନଯାତ୍ରା ପ୍ରଭୃତି ଉସ୍ତବ ସମ୍ପାଦନ କରିବା ବିଧେୟ।

ପ୍ରତିମାଙ୍କର ନିର୍ଦ୍ଦେଶମତେ ଇନ୍ଦ୍ରଦ୍ୟୁମ୍ନଙ୍କ ଦ୍ୱାରା ବିଭିନ୍ନ ନୀତିକାନ୍ତି ଓ ଉସୃବ ପାଳନ ।

ତ୍ରିଂଶ ଅଧ୍ୟାୟ: ଶ୍ରୀଜଗନ୍ନାଥ ମହାପ୍ରଭୁଙ୍କର ଦ୍ୱାଦଶ ଯାତ୍ରାମଧରୁ ସ୍ନାନଯାତ୍ରାର ପ୍ରାଥମ୍ୟ ଓ ବିଶେଷତ୍ୱ । ଜ୍ୟେଷ୍ଠସ୍ନାନର ମହତ୍ତ୍ୱ । ଉକ୍ତଦିନ ମାର୍କଣ୍ଡେୟ ପୁଷ୍କରିଣୀ ସ୍ନାନ ଏବଂ ଶିବଙ୍କ ଦର୍ଶନର ମହତ୍ତ୍ୱ । କଳ୍ପବଟ ପ୍ରଦକ୍ଷିଣ ଓ ପୂଜା । ପ୍ରଭୁଙ୍କୁ ସ୍ତୁତି । ଏହାପରେ ବଳଭଦ୍ରଙ୍କ ପୂଜା ଓ ସ୍ତୁତି । ପରେ ଜଗଉଦ୍ଧାରିଣୀ ମା ସୁଭଦ୍ରାଙ୍କୁ ସ୍ତୁତି । ତାଙ୍କୁ ପ୍ରାର୍ଥନା । ଏହାପରେ ସମୁଦ୍ର ସ୍ନାନ ଯଥାର୍ଥତା । ସମୁଦ୍ର ସ୍ନାନବିଧ୍ୱ ବର୍ଣ୍ଣନା । ସ୍ନାନ ସମୟରେ ମୌନ ଆଚରଣ । ସ୍ନାନ୍ତେ ପ୍ରଭୁଙ୍କୁ ଷୋଡ଼ଶୋପଚାରରେ ପୂଜା, ପଞ୍ଚତୀର୍ଥମହିମା ।

ଏକତ୍ରିଂଶ ଅଧ୍ୟାୟ: ଜ୍ୟେଷ୍ଠମାସ ପୂର୍ଣ୍ଣିମା । ମହାପ୍ରଭୁଙ୍କର ଆବିର୍ଭାବ ଦିବସ ପୁରୁଷୋତ୍ତମ କ୍ଷେତ୍ରରେ ସ୍ନାନଯାତ୍ରା । ସ୍ନାନଯାତ୍ରାର ବିସ୍ତୃତ ବିଧିବିଧାନ, ମନ୍ଦିର ଅଭ୍ୟନ୍ତରରେ ଥିବା ସର୍ବତୀର୍ଥମୟ କୂପର ବର୍ଣ୍ଣନା । ଅଧିବାସ । ଦାରୁମୂର୍ତ୍ତିଙ୍କର ବିଶେଷତ୍ୱ । ସ୍ନାନଯାତ୍ରା ସମୟରେ ଚତୁର୍ଦ୍ଧାମୂର୍ତ୍ତିଙ୍କ ଦର୍ଶନରେ ସର୍ବପାପକ୍ଷୟ ।

ଦ୍ୱାତ୍ରିଂଶ ଅଧ୍ୟାୟ: ସ୍ନାନ୍ତେ ଶ୍ରୀଜୀଉଙ୍କର ରତ୍ନସିଂହାସନ ପ୍ରତ୍ୟାବର୍ତ୍ତନ, ସ୍ନାନଯାତ୍ରା ଦର୍ଶନ ପରେ ଭକ୍ତର କେଉଁ ବ୍ରତ ପାଳନ କରିବା ଉଚିତ – ଏ ପ୍ରସଙ୍ଗରେ ମହର୍ଷିଜୈମିନିଙ୍କ ବ୍ୟାଖ୍ୟାନ । ଜ୍ୟେଷ୍ଠମାସ ଶ୍ରେଷ୍ଠ ମାସ । ଜ୍ୟେଷ୍ଠ ପଞ୍ଚକ ବ୍ରତ । ପଞ୍ଚତୀର୍ଥରେ ସ୍ନାନ । ହବିଷ୍ୟ ଭୋଜନ । ବ୍ରାହ୍ମଣ ବରଣ । ପ୍ରଭୁଙ୍କର ଆରାଧନା, ବିଭିନ୍ନ ଫଳାଦି ସମର୍ପଣ, ନୃସିଂହଙ୍କର ବର୍ଣ୍ଣନା, ସିନ୍ଧୁସ୍ନାନର ବିଶେଷତ୍ୱ । ଜ୍ୟେଷ୍ଠ ମାସର ଶୁକ୍ଳପକ୍ଷ ଦଶମୀଠାରୁ ଆରମ୍ଭ କରି ସ୍ନାନପୂର୍ଣ୍ଣିମା ପର୍ଯ୍ୟନ୍ତ ପାଞ୍ଚଦିନ ଧରି ଅନୁଷ୍ଠିତ ଏହି ବ୍ରତ ହେଉଛି ଜ୍ୟେଷ୍ଠ ପଞ୍ଚକ ବ୍ରତ ।

ତ୍ରୟସ୍ତ୍ରିଂଶ ଅଧ୍ୟାୟ: ସ୍ନାନଯାତ୍ରା ପରେପରେ ରଥଯାତ୍ରା । ଆଷାଢ଼ ମାସ ଶୁକ୍ଳପକ୍ଷ ପୁଷ୍ୟାନକ୍ଷତ୍ରଯୁକ୍ତ ଦ୍ୱିତୀୟା ତିଥିରେ ରଥଯାତ୍ରାର ଅନୁଷ୍ଠାନ । ରଥନିର୍ମ୍ମାଣ ପ୍ରକ୍ରିୟା । କାଷ୍ଠ ସଂଗ୍ରହ ବିଧ୍ୱ । ବିଭିନ୍ନ ରଥର ବର୍ଣ୍ଣନା । ରଥ ପ୍ରତିଷ୍ଠା । ରଥ ଗନ୍ତବ୍ୟ ମାର୍ଗ । ରାଜାଙ୍କର ଭୂମିକା । ରଥ ପ୍ରଦକ୍ଷିଣ । ଶ୍ରୀଜୀଉଙ୍କର ପହଣ୍ଡି ଓ ରଥାରୋହଣ । ରଥଟଣା । ରଥଯାତ୍ରା ଏକ ଆଧ୍ୟାତ୍ମିକ ପରିବେଶ । ରଥଯାତ୍ରା ସମୟରେ ଶ୍ରୀଜୀଉଙ୍କ ଦର୍ଶନର ଅନନ୍ତ ଫଳ । ଏ ସମୟରେ ଦାନ ଓ ସଂକଳ୍ପର ଶୁଭଫଳ । ମହାବେଦୀ ମଣ୍ଡପ ବା ଆଡ଼ପମଣ୍ଡପତେ ଶ୍ରୀଜୀଉଙ୍କୁ ଅବସ୍ଥାପନ । ନବଦିନବ୍ୟାପୀ ଯାତ୍ରା ।

ଚତୁସ୍ତ୍ରିଂଶ ଅଧ୍ୟାୟ: ପୁନଶ୍ଚ ରଥଯାତ୍ରାର ବିଶେଷତ୍ୱ ବର୍ଣ୍ଣନ। ଇନ୍ଦ୍ରଦ୍ୟୁମ୍ନ ସରୋବରରେ ସ୍ନାନ, ନୃସିଂହଦର୍ଶନ, ଗୁଣ୍ଡିଚ୍ ମନ୍ଦିରରେ ଶ୍ରୀଜୀଉଙ୍କ ଦର୍ଶନ। ଏହାର ଅନନ୍ତ ଶୁଭଫଳ, ରଥଯାତ୍ରା ସମୟରେ ବିପ୍ରଭୋଜନର ସୁଫଳ। ଏ ସମୟରେ ପୂର୍ବପୁରୁଷଙ୍କ ଉଦ୍ଦେଶ୍ୟରେ ଶ୍ରାଦ୍ଧଦାନ। ହରିନାମ କୀର୍ତ୍ତନ। ସୁବର୍ଣ୍ଣ, ଧେନୁ, ବସନ ଆଦି ଦାନ। ଫଳଶ୍ରୁତି।

ପଞ୍ଚତ୍ରିଂଶ ଅଧ୍ୟାୟ: ଗୁଣ୍ଡିଚ୍ ମନ୍ଦିର ନିକଟରେ ନବଦିନବ୍ୟାପୀ ରଥତ୍ରୟ ସଂରକ୍ଷଣ ବିଧ୍। ପ୍ରତ୍ୟହ ଦିକ୍‌ପାଳପୂଜା। ମହାପ୍ରଭୁଙ୍କର ପ୍ରତ୍ୟାବର୍ତ୍ତନ ବା ବାହୁଡ଼ା ଯାତ୍ରା। ରଥଙ୍କ ଦକ୍ଷିଣ ମୋଡ଼। ଫଳଶ୍ରୁତି।।

ଷଟ୍‌ତ୍ରିଂଶ ଅଧ୍ୟାୟ: ହରିଶୟନ ମହୋସ୍ୱବ ବର୍ଣ୍ଣନା। ଏହା ଅତ୍ୟନ୍ତ ପୁଣ୍ୟତମ କାଳ। ମହାପ୍ରଭୁଙ୍କ ପାଇଁ ଶୟନ ଗୃହ ପ୍ରସ୍ତୁତି। ପ୍ରଭୁଙ୍କୁ ପ୍ରାର୍ଥନା। ମହାପ୍ରଭୁଙ୍କୁ ପୂଜାର୍ଚ୍ଚନା, ଆଷାଢମାସ ଶୁକ୍ଲ ଏକାଦଶୀର ବିଶେଷତ୍ୱ। ଫଳଶ୍ରୁତି।

ସପ୍ତତ୍ରିଂଶ ଅଧ୍ୟାୟ: ଦକ୍ଷିଣାୟନ ଉସ୍ୱବ। ଏହି ଉସ୍ୱବ ସମୟରେ ପଞ୍ଚାମୃତସ୍ନାନ। ସର୍ବାଙ୍ଗଲେପନ। ଶ୍ୱେତରାଜାଙ୍କର ଉପାଖ୍ୟାନ। ପୁରୁଷୋତ୍ତମଧାମର ମହିମା।

ଅଷ୍ଟତ୍ରିଂଶ ଅଧ୍ୟାୟ: ମହାପ୍ରସାଦ ମହିମା। ମହାପ୍ରଭୁ ଜଗନ୍ନାଥଙ୍କୁ ଅର୍ପିତ ନୈବେଦ୍ୟ ଅନ୍ନ ବ୍ୟଞ୍ଜନାଦି ପ୍ରଭୁଙ୍କର ରୋଷଘରେ ସାକ୍ଷାତ୍ ମହାଲକ୍ଷ୍ମୀଙ୍କର ତତ୍ତ୍ୱାବଧାନରେ ହିଁ ପ୍ରସ୍ତୁତ ହୋଇଥାଏ। ମହାପ୍ରସାଦର ଉଚ୍ଛିଷ୍ଟ ଭକ୍ଷଣରେ ମଧ ମହାପାପର ବିନାଶ ଘଟିଥାଏ। ପୁରୀକ୍ଷେତ୍ର ମହାପ୍ରଭୁଙ୍କର ଭୋଜନ ସ୍ଥାନ। ମହାପ୍ରସାଦ ସେବନରେ ବିଭିନ୍ନ ଆଧ୍ୟବ୍ୟାଧ୍ୱର ବିନାଶ। ମହାପ୍ରସାଦକୁ ହେୟ ମଣୁଥିବା ବ୍ୟକ୍ତିଙ୍କର ଦୁର୍ଦ୍ଦଶା। ମଧ୍ୟପ୍ରଦେଶର ଏକ ଦ୍ୱିଜବରଙ୍କର ଉଦାହରଣ। ଦମନକ ଉପାଖ୍ୟାନ ଏବଂ ଦମନକ ଚତୁର୍ଦ୍ଦଶୀ ମହୋସ୍ୱବ। ଫଳଶ୍ରୁତି।

ଏକୋନଚତ୍ୱାରିଂଶ ଅଧ୍ୟାୟ: ମହାପ୍ରଭୁଙ୍କର ପାର୍ଶ୍ୱପରିବର୍ତ୍ତନ ଲୀଳା। ଏହି ସମୟରେ ମହାପ୍ରଭୁଙ୍କର ସ୍ତୁତି। ଚାତୁର୍ମାସ୍ୟ ବ୍ରତ ଆଚରଣ। ଚାତୁର୍ମାସ୍ୟରେ ଚତୁର୍ଦ୍ଧାମୂର୍ତ୍ତିଙ୍କର ଆରାଧନା ପରମ୍ପରା। ଫଳଶ୍ରୁତି।

ଚତ୍ୱାରିଂଶ ଅଧ୍ୟାୟ: ମହାପ୍ରଭୁଙ୍କର ପ୍ରାବରଣ ମହୋସ୍ୱବ। ମାର୍ଗଶୀର ମାସ ଶୁକ୍ଲପକ୍ଷ ଷଷ୍ଠୀତିଥିରେ ପ୍ରାବରଣ ଉସ୍ୱବର ଅନୁଷ୍ଠାନ। ଫଳଶ୍ରୁତି।

୩୮ ‖ ପ୍ରଫେସର ହରେକୃଷ୍ଣ ଶତପଥୀ

ଏକଚତ୍ୱାରିଂଶ ଅଧ୍ୟାୟ: ମହାପ୍ରଭୁଙ୍କର ପୁଷ୍ପାଭିଷେକ। ପୌଷ ପୂର୍ଣ୍ଣିମା ତିଥିରେ ଅନୁଷ୍ଠାନ। ଅନୁଷ୍ଠାନର ବିବିଧ ବିଧି ବିଧାନ ବର୍ଣ୍ଣନା। ମହାପ୍ରଭୁଙ୍କର ସ୍ୱତନ୍ତ୍ର ପୂଜା ଅର୍ଚ୍ଚନା। ଫଳଶ୍ରୁତି।

ଦ୍ୱିଚତ୍ୱାରିଂଶ ଅଧ୍ୟାୟ: ମହାପ୍ରଭୁଙ୍କର ଉତ୍ତରାୟଣ ମହୋତ୍ସବ। ମକର ସଂକ୍ରାନ୍ତି ଉତ୍ସବ। ଏ ପ୍ରସଙ୍ଗରେ ମହୋଦଧିସ୍ନାନ। କଳ୍ପବଟ ପ୍ରଦକ୍ଷିଣ। ବୈଷ୍ଣବାଗ୍ନି ସଂସ୍କାର ଏବଂ ଏହାର ମାହାମ୍ୟ।

ତ୍ରିଚତ୍ୱାରିଂଶ ଅଧ୍ୟାୟ: ଦୋଳଯାତ୍ରା ବିଧି। ଦୋଳମଣ୍ଡପ ନିର୍ମାଣ। ମହାପ୍ରଭୁଙ୍କର ଦୋଳାରୋହଣ। ପ୍ରଭୁଙ୍କର ମହାସ୍ନାନ। ପଞ୍ଚାମୃତସ୍ନାନ। ଷୋଡଶ ସ୍ତମ୍ଭଯୁକ୍ତ ଦୋଳ ମଣ୍ଡପ ନିର୍ମାଣ। ଏହି ସମୟରେ ପୁରୁଷୋତ୍ତମ ଧାମରେ ବୃନ୍ଦାବନର ପରିକଳ୍ପନା। ଫଳଶ୍ରୁତି।

ଚତୁଷ୍ଚତ୍ୱାରିଂଶ ଅଧ୍ୟାୟ: ସମ୍ୱତ୍ସର ବ୍ରତବିଧାନ। ଫାଲ୍ଗୁନ ମାସ ପୂର୍ଣ୍ଣିମାରୁ ଆରମ୍ଭ। ପ୍ରଭୁଙ୍କର ଦ୍ୱାଦଶମୂର୍ତ୍ତି ନିର୍ମାଣ। ଫଗୁପୂର୍ଣ୍ଣିମାଠାରୁ ପ୍ରତ୍ୟେକ ମାସରେ ଗୋଟିଏ ଗୋଟିଏ ମୂର୍ତ୍ତିର ସ୍ୱତନ୍ତ୍ର ପୂଜା ଅର୍ଚ୍ଚନା, ଆରାଧନା ଓ ନୈବେଦ୍ୟ ଅର୍ପଣ। ବାରମାସରେ ଦ୍ୱାଦଶବିଧ ପୁଷ୍ପ, ଦ୍ୱାଦଶବିଧ ଫଳାଦି ଅର୍ପଣ। ପ୍ରଭୁଙ୍କୁ ସ୍ୱତନ୍ତ୍ରପ୍ରାର୍ଥନା। ଦ୍ୱାଦଶ ବ୍ରାହ୍ମଣବରଣ। ଆଚାର୍ଯ୍ୟ ବରଣ। ହୋମଯଜ୍ଞର ଆୟୋଜନ। ଫଳଶ୍ରୁତି।

ପଞ୍ଚଚତ୍ୱାରିଂଶ ଅଧ୍ୟାୟ: ଦମନକଭଞ୍ଜନଲୀଳା। ଚୈତ୍ରମାସ ଶୁକ୍ଳ ତ୍ରୟୋଦଶୀ ତିଥିର ଗୁରୁତ୍ୱ। ଦମନକ ତୃଣ ରୋପଣ ବିଧାନ। ଏହାକୁ ଦୁର୍ଦ୍ଦାନ୍ତ ଦମନକ ରାକ୍ଷସ ବୋଲି ଚିନ୍ତାକରି ଏହି ତୃଣର ଉତ୍ପାଟନ ବା ଭଞ୍ଜନ। ଫଳଶ୍ରୁତି।

ଷଟ୍ ଚତ୍ୱାରିଂଶ ଅଧ୍ୟାୟ: ଅକ୍ଷୟ ତୃତୀୟା ଯାତ୍ରାର ବିଧିବିଧାନ। ବୈଶାଖ ମାସ ଶୁକ୍ଳପକ୍ଷ ତୃତୀୟା ଦିନ ଏହି ଉତ୍ସବର ଅନୁଷ୍ଠାନ। କିନ୍ତୁ ଦ୍ୱିତୀୟା ଠାରୁ ଅଧିବାସ, ସୁବର୍ଣ୍ଣପାତ୍ର ସ୍ଥାପନ। ସେଥିରେ ଚନ୍ଦନ, କୃଷ୍ଣ ଅଗୁରୁ, କୁଙ୍କୁମ, କସ୍ତୁରିକା, ପଞ୍ଚତୀର୍ଥ, ଜଳ, ତୃର୍ଣ୍ଣକର୍ପୂର, ଗୁଗ୍‌ଗୁଳ, କସ୍ତୁରୀ — ଇତ୍ୟାଦି ସ୍ଥାପନ। ପ୍ରଭୁଙ୍କର ସର୍ବାଙ୍ଗରେ ଚନ୍ଦନ ଲେପନ। ଅକ୍ଷୟ ତୃତୀୟାର ବିଶେଷତ୍ୱ ଓ ଫଳଶ୍ରୁତି।

ସପ୍ତଚତ୍ୱାରିଂଶ ଅଧ୍ୟାୟ: ଶ୍ରୀଜଗନ୍ନାଥଙ୍କର ଉପାସନାର ବିଧି ଓ ବିଶେଷତ୍ୱ। ଚତୁର୍ଦ୍ଧାମୂର୍ତ୍ତିଙ୍କର ଆରାଧନାରେ ଚତୁର୍ବର୍ଗପ୍ରାପ୍ତ — ଧର୍ମ, ଅର୍ଥ, କାମ, ଓ ମୋକ୍ଷ। ମହାପ୍ରଭୁଙ୍କର ବିଭିନ୍ନ ରୂପରେ ପୂଜା ଓ ବିଭିନ୍ନ ଫଳଲାଭ-ଯଥା — ହରିଙ୍କୁ ଇନ୍ଦ୍ର ରୂପରେ ପୂଜାକଲେ ତ୍ରିଲୋକୈଶ୍ୱର୍ଯ୍ୟ ପ୍ରାପ୍ତି ହୋଇଥାଏ। ସେହିଭଳି — ବିଧାତା

– ବଂଶବୃଦ୍ଧି, ସନତ୍‌କୁମାର – ଆୟୁଷ, ସିନ୍ଧୁ – ତୀର୍ଥଫଳ, ଚନ୍ଦ୍ର – ସୌଭାଗ୍ୟ, ଯକ୍ଷେଶ୍ୱର – ଅଶ୍ୱମେଧ ଫଳ। କୁବେର – ଅତୁଳ ସମୃଦ୍ଧି।

ଅଷ୍ଟଚତ୍ୱାରିଂଶ ଅଧ୍ୟାୟ: ଶ୍ୱେତରାଜାଙ୍କୁ ଶ୍ରୀଜଗନ୍ନାଥଙ୍କର ସେବାପୂଜା ସମର୍ପଣ (ରାଜା ଇନ୍ଦ୍ରଦ୍ୟୁମ୍ନଙ୍କ ଦ୍ୱାରା) କୃପାମୟଙ୍କର କୃପାଭିକ୍ଷା। ଇନ୍ଦ୍ରଦ୍ୟୁମ୍ନଙ୍କର ବ୍ରହ୍ମଲୋକ ଗମନ ଅଭିଳାଷ।

ଏକୋନପଞ୍ଚାଶତ୍‌ ଅଧ୍ୟାୟ: ଅନ୍ୟତମ ଶିଷ୍ୟ ମୁନି ଉଦ୍ଧାଲକ ଏବଂ ମହର୍ଷି ଜୈମିନିଙ୍କ ଅଧ୍ୟାତ୍ମବିଦ୍ୟା ଓ ଜଗନ୍ନାଥତତ୍ତ୍ୱ ସମ୍ପର୍କରେ କଥୋପକଥନ। ମହର୍ଷି ଜୈମିନିଙ୍କର ଉତ୍ତର। ନିବୃତ୍ତି ମାର୍ଗ ହିଁ ଶ୍ରେଷ୍ଠମାର୍ଗ। ଶ୍ରୀଜଗନ୍ନାଥ ତତ୍ତ୍ୱ ଓ ବେଦାନ୍ତ ତତ୍ତ୍ୱର ସମନ୍ୱୟ। ଶ୍ରୀକ୍ଷେତ୍ରର ମହତ୍ତ୍ୱ। ମୁକ୍ତିର ସହଜତମ ମାର୍ଗ ବର୍ଣ୍ଣନା।

ପଞ୍ଚାଶତ୍‌ ଅଧ୍ୟାୟ: ପୁରୁଷୋତ୍ତମ କ୍ଷେତ୍ରବାସର ବିଶେଷତ୍ୱ। କେବଳ ବାସକରିବା ଦ୍ୱାରା ମଧ୍ୟ ତତ୍ତ୍ୱଜ୍ଞାନର ସ୍ୱତଃସ୍ଫୁର୍ତ୍ତ ଅଭ୍ୟୁଦୟ। ଉକ୍ତ ଅଧ୍ୟାୟଟି ସାଂଖ୍ୟଦର୍ଶନ ଚେତନାର ଅତ୍ୟନ୍ତ ନିକଟବର୍ତ୍ତୀ, ତିନିଗୁଣ, ପଞ୍ଚଭୂତ, ଏକାଦଶ ଇନ୍ଦ୍ରିୟ, ପଚିଶି ତତ୍ତ୍ୱ, ଇତ୍ୟାଦି ବିଷୟରେ ଉଲ୍ଲେଖ। ବାରଂବାର କ୍ଷେତ୍ର ମାହାତ୍ମ୍ୟ। ମୁକ୍ତିର ଅତ୍ୟନ୍ତ ସୁଗମ ଉପାୟ। ଫଳଶ୍ରୁତି।

ଏକପଞ୍ଚାଶତ୍‌ ଅଧ୍ୟାୟ: ଭକ୍ତବିପ୍ର ଉପାଖ୍ୟାନ। ଅନ୍ୟ ଦେଶରୁ ଦୁଇଜଣ ବିପ୍ରଭକ୍ତଙ୍କ ଓଡ଼ିଶା ଆଗମନ। ପୁରୁଷୋତ୍ତମକ୍ଷେତ୍ର ପଦାର୍ପଣ। ପ୍ରଭୁଙ୍କ ଦର୍ଶନରେ ନାସ୍ତିକ ବିପ୍ରଙ୍କର ମଧ୍ୟ ମୁକ୍ତିଲାଭ।

ଦ୍ୱିପଞ୍ଚାଶତ୍‌ ଅଧ୍ୟାୟ: ଭକ୍ତ ବିପ୍ରଙ୍କର ପୁରୁଷୋତ୍ତମ ଆଗମନ ସମୟରେ ମହର୍ଷି ଦୁର୍ବାସାଙ୍କର ମାୟାପ୍ରୟୋଗ। ବିପ୍ରଭକ୍ତଙ୍କର ପୂର୍ବପାପ ପାଇଁ ଅନୁତାପ। ନିସ୍ତାର ସହିତ ଶ୍ରୀକ୍ଷେତ୍ର ଯାତ୍ରା। କ୍ରନ୍ଦନରତା ତରୁଣୀର ସ୍ୱରଶ୍ରବଣ। ତାଙ୍କ ସହ କଥୋପକଥନ। ତାଙ୍କ ଘରେ ରହଣି। ପ୍ରାକ୍‌ପରିତ୍ୟକ୍ତ ନିଜର ପତ୍ନୀ ସହିତ ମିଳନ।

ତ୍ରିପଞ୍ଚାଶତ୍‌ ଅଧ୍ୟାୟ: ମହର୍ଷି ଦୁର୍ବାସାଙ୍କର ମାୟାଜନିତ ବ୍ରାହ୍ମଣଙ୍କର ମୃତ୍ୟୁକାଳରେ ଯମଦୂତଙ୍କ ଆଗମନ ଏବଂ ବିଷ୍ଣୁଦୂତଙ୍କର ଆଗମନ। ଉଭୟ ଉଭୟ ଲୋକକୁ ବିପ୍ରଭକ୍ତକୁ ନେବା ପାଇଁ ତତ୍ପରତା ପ୍ରକାଶ। ଉଭୟଙ୍କ ମଧ୍ୟରେ ତର୍କ ବିତର୍କ। ସାକ୍ଷାତ୍‌ ଯମ ଓ ବିଷ୍ଣୁଙ୍କ ଆଗମନ। ବ୍ରାହ୍ମଣଙ୍କର ବିଷ୍ଣୁଲୋକ ବୈକୁଣ୍ଠ ପ୍ରାପ୍ତି। ଶ୍ରବଣ ଫଳ ସ୍ତୁତି।

ଚତୁଃପଞ୍ଚାଶତ୍ ଅଧ୍ୟାୟ – ପୁରୁଷୋତ୍ତମଙ୍କ ମହିମା । ମାଘମାସ ଶୁକ୍ଳପକ୍ଷ ଏକାଦଶୀ ଦିନ ସିନ୍ଧୁସ୍ନାନ । ସ୍ନାନବିଧ୍ୱ । ସ୍ନାନଫଳ ।

ପଞ୍ଚପଞ୍ଚାଶତ୍ ଅଧ୍ୟାୟ: ପୁରୁଷୋତ୍ତମ କ୍ଷେତ୍ରରେ ବିଶେଷକରି ମାଘ ମାସରେ ପୂର୍ଣ୍ଣିମା ତିଥିରେ– ମଘାନକ୍ଷତ୍ରରେ– ବୃହସ୍ପତି ଯଦି ମୀନ ଅବା ଧନୁ ଅବା ସିଂହରେ ଅବସ୍ଥାନ କରନ୍ତି, ତେବେ ଏକ ଦୁର୍ଲଭ ଯୋଗ ପଡ଼ିଥାଏ । ଏହାକୁ ଶୋଭନ ଯୋଗ କୁହାଯାଏ । ଏହି ଦିନ ସିନ୍ଧୁସ୍ନାନ ଅତ୍ୟନ୍ତ ପୁଣ୍ୟଦାୟକ । ପୁରୁଷୋତ୍ତମ କ୍ଷେତ୍ରରେ ପିତୃପୁରୁଷଙ୍କ ଉଦ୍ଦେଶ୍ୟରେ ତିଳତର୍ପଣ, ଶ୍ରାଦ୍ଧଦାନ ଅତ୍ୟନ୍ତ ପୁଣ୍ୟକାରକ । ଗୟାରେ ପିଣ୍ଡଦାନ ଦେଲେ ଯାହା ଫଳ ମିଳେ ତା'ଠାରୁ ଅଧିକ ଫଳ ଶ୍ରୀକ୍ଷେତ୍ରରେ ପିଣ୍ଡଦାନ ଦ୍ୱାରା ମିଳିଥାଏ । ଏହାର ଉଦାହରଣ ପାଷାଣ୍ଡକୁଳଜାତ ବିଷ୍ଣୁଭକ୍ତ ଉପାଖ୍ୟାନ ବର୍ଣ୍ଣନ । ପୂର୍ବଜଙ୍କର ବ୍ରହ୍ମଲୋକପ୍ରାପ୍ତି ।

ଷଟ୍‍ପଞ୍ଚାଶତ୍ ଅଧ୍ୟାୟ: ମହାମାଘରେ ଶ୍ରୀକ୍ଷେତ୍ରରେ ପିତୃପୁରୁଷଙ୍କ ଉଦ୍ଧାର ପାଇଁ ଶ୍ରାଦ୍ଧଦାନ । ସମସ୍ତ ତୀର୍ଥକ୍ଷେତ୍ରମାନଙ୍କ ମଧ୍ୟରେ ପୁରୀ କ୍ଷେତ୍ର ଅତ୍ୟନ୍ତ ପ୍ରସିଦ୍ଧ । ଜଣେ ଯୋଗ୍ୟ ପୁତ୍ର ଦ୍ୱାରା ଶ୍ରୀକ୍ଷେତ୍ରରେ ଶ୍ରାଦ୍ଧଦାନ ଦ୍ୱାରା ପିତୃପୁରୁଷଙ୍କର ବ୍ରହ୍ମଲୋକଗମନର ଉଦାହରଣ । ପୁରୀକ୍ଷେତ୍ରରେ ପ୍ରାଣତ୍ୟାଗ କଲେ ମୁକ୍ତି । "ଅର୍ଦ୍ଧୋଦୟଯୋଗ" ଏବଂ "ମହାମାଘ"ର ମହିମା ବର୍ଣ୍ଣନ ।

ସପ୍ତପଞ୍ଚାଶତ୍ ଅଧ୍ୟାୟ: ଶ୍ରୀକ୍ଷେତ୍ରରେ ବିଭିନ୍ନ ଦୁର୍ଲଭଯୋଗ ମଧ୍ୟରେ "ମହାମାଘ ଯୋଗ" । କଣ୍ଡୁମୁନିଙ୍କ ଉପାଖ୍ୟାନ । ସ୍କନ୍ଦ ଓ ଶିବଙ୍କ ମଧ୍ୟରେ କଥୋପକଥନ ଏବଂ ପୁରୁଷୋତ୍ତମକ୍ଷେତ୍ର ଅତି ଗୋପନ ତତ୍ତ୍ୱ ପ୍ରସଙ୍ଗରେ ଜିଜ୍ଞାସା । ମାଘ ମାସ ଅମାବାସ୍ୟା – ଶ୍ରବଣାନକ୍ଷତ୍ର – ରବିବାସର ଅବସରରେ ପଡ଼ୁଥିବା ଅଭୁତଯୋଗ ହେଉଛି ଅର୍ଦ୍ଧୋଦୟ ଯୋଗ । ଏହା ଅତ୍ୟନ୍ତ ପୁଣ୍ୟତମ ଯୋଗ । ଏହି ଯୋଗର ଅନ୍ୟାନ୍ୟ ବିଶେଷତ୍ୱ । ଅର୍ଦ୍ଧୋଦୟ ଯୋଗରେ ଶ୍ରୀକ୍ଷେତ୍ରରେ ସ୍ନାନ, ଦାନ, ପୂଜନ, କୀର୍ତ୍ତନ, ଭଜନ ଆଦି କାର୍ଯ୍ୟରେ ସୁଫଳ ।

ଅଷ୍ଟପଞ୍ଚାଶତ୍ ଅଧ୍ୟାୟ: ପୁନଶ୍ଚ ସ୍କନ୍ଦ ଓ ଶିବଙ୍କ ମଧ୍ୟରେ କଥୋପକଥନ । ସ୍କନ୍ଦଙ୍କ ଜିଜ୍ଞାସା–କେଉଁ କାରଣରୁ ଏହା ପୁରୁଷୋତ୍ତମ କ୍ଷେତ୍ର ? କାହିଁକି ଏ ଦଶାବତାର କ୍ଷେତ୍ର ? ଦେବଦେବ ମହାଦେବଙ୍କ ଉତ୍ତର । ଏହି ପ୍ରସଙ୍ଗରେ ଏହି ପୁରୁଷୋତ୍ତମ – କ୍ଷେତ୍ରର ମହିମାବର୍ଣ୍ଣନ ।

ଊନଷଷ୍ଠି ଅଧ୍ୟାୟ: ସ୍କନ୍ଦ ଓ ମହାଦେବଙ୍କର କଥୋପକଥନ କ୍ରମରେ ପ୍ରତ୍ୟେକ କାର୍ଯ୍ୟରେ "ଶାସ୍ତ୍ର" ହିଁ ପ୍ରମାଣ – ଏହାକୁ ପ୍ରତିପାଦନ କରୁଛନ୍ତି । ଦେବ ଦେବ ମହାଦେବ । ପୁରୁଷୋତ୍ତମଙ୍କର ପୂଜାବିଧ୍ୟ, ପ୍ରାର୍ଥନା । ପୁରୁଷୋତ୍ତମ ବ୍ରତଆଚରଣ ଏବଂ ଏହି ବ୍ରତଧାରୀ ବ୍ୟକ୍ତିମାନଙ୍କର କର୍ତ୍ତବ୍ୟ । ପୁରୁଷୋତ୍ତମ ବ୍ରତର ବୈଶିଷ୍ଟ୍ୟ ପ୍ରତିପାଦନ ।

ଷଷ୍ଠି ଅଧ୍ୟାୟ: ସ୍କନ୍ଦ ଓ ମହାଦେବଙ୍କ କଥୋପକଥନ କ୍ରମରେ ପୁନଶ୍ଚ ପୁରୁଷୋତ୍ତମଙ୍କ ମହିମା । ତାଙ୍କ ନିକଟରେ ସମର୍ପଣରେ, ତାଙ୍କର ଦର୍ଶନରେ ସମସ୍ତ ଦୁଃଖ ବିନାଶ ଓ କଲୁଷନାଶନ । ଏହାପରେ ମୁନିମାନେ ମହର୍ଷି ଜୈମିନିଙ୍କୁ ପ୍ରଶ୍ନ କରୁଛନ୍ତି – ପୁରାଣ ଶ୍ରବଣର ମହତ୍ତ୍ୱ କ'ଣ ? ପୁରାଣ ପଠନର ବିଧ୍ୟକଣ ? ପୁରାଣ ଶ୍ରବଣରେ କ'ଣ କ'ଣ ଉପକାର ହୋଇଥାଏ ? ଏହି ସମସ୍ତ ପ୍ରଶ୍ନର ଉତ୍ତର ଖୁବ୍ ସୁନ୍ଦର ଭାବରେ ମହର୍ଷି ଜୈମିନି ଉକ୍ତ ଅଧ୍ୟାୟରେ ପ୍ରଦାନ କରି ପୁରାଣ ଶ୍ରବଣରେ ଯଥେଷ୍ଟ ପୁଣ୍ୟ ଅର୍ଜନ ହେବା ବିଷୟ ଉଲ୍ଲେଖ କରିଛନ୍ତି ।

ଏହି ସମସ୍ତ ଅଧ୍ୟାୟର ଉପଯୁକ୍ତ ସଂକ୍ଷିପ୍ତ ବିନ୍ଦୁଗୁଡ଼ିକୁ ଆଧାର କରି ଉକ୍ତ ପୁସ୍ତକରେ ଅଧ୍ୟାୟ ଅନୁସାରେ ସଂକ୍ଷେପରେ ଉଲ୍ଲେଖ କରାଯାଇଛି । ଉକ୍ତ ପୁସ୍ତକଟିର ସଫଳ ପ୍ରକାଶନ ତଥା ଜଗନ୍ନାଥ ସଂସ୍କୃତିର ପ୍ରଚାର ପ୍ରସାର ଉଦ୍ଦେଶ୍ୟରେ, କାନାଡ଼ାର ଟରୋଣ୍ଟୋ ସ୍ଥିତ ବିଦ୍ୟା ପବ୍ଲିଶିଙ୍ଗ୍ ପ୍ରକାଶନ ସଂସ୍ଥାର ଉଦ୍ୟମ ଅତ୍ୟନ୍ତ ପ୍ରଶଂସନୀୟ । ଏହି ସଂସ୍ଥାର ପ୍ରତିଷ୍ଠାତା ପ୍ରଫେସର ଡ. ସୁନନ୍ଦା ମିଶ୍ର ପଣ୍ଡା ଓ ପ୍ରଫେସର ଡ. ତନ୍ମୟ ପଣ୍ଡାଙ୍କ ନିକଟରେ ମୁଁ କୃତଜ୍ଞ ।

ଶ୍ରୀଜଗନ୍ନାଥ ସଂସ୍କୃତି, ପରମ୍ପରା, ନୀତି, କାନ୍ତି, ଯାନିଯାତ୍ରା ଓ ଇତିହାସକୁ ଶ୍ରୀଜଗନ୍ନାଥ ଶ୍ରଦ୍ଧାଲୁ ଭକ୍ତଙ୍କର ଦୃଷ୍ଟିପଥକୁ ଆଣିବା ପାଇଁ ଉକ୍ତ ପୁସ୍ତକଟି ସହାୟକ ହେବ ବୋଲି ଆମର ବିଶ୍ୱାସ । ଯାହାଙ୍କର କୃପାରେ ଏହି କାର୍ଯ୍ୟ ସମ୍ପାଦିତ ହେଉଛି, ସେହି ପରମକାରୁଣିକ ମହାପ୍ରଭୁ ଶ୍ରୀଜଗନ୍ନାଥଙ୍କ ନିକଟରେ ଆମର ଶତକୋଟି ପ୍ରଣାମ ।

◆◆◆

ପ୍ରଥମ ଅଧ୍ୟାୟ

(ପୁରୁଷୋତ୍ତମ କ୍ଷେତ୍ର : ବ୍ରହ୍ମାଙ୍କ ପୁରୁଷୋତ୍ତମ ନାରାୟଣଙ୍କର ସ୍ତୁତି)

ସ୍କନ୍ଦ ପୁରାଣର ପୁରୁଷୋତ୍ତମ ମାହାତ୍ମ୍ୟରେ ଚତୁର୍ଦ୍ଧାମୂର୍ତ୍ତିଙ୍କର ଆବିର୍ଭାବ, ମାହାତ୍ମ୍ୟ ଏବଂ ଶ୍ରୀପୁରୁଷୋତ୍ତମକ୍ଷେତ୍ରର ମହିମା ବିଷୟରେ ବିସ୍ତୃତ ଭାବରେ ବର୍ଣ୍ଣନ କରାଯାଇଛି । ଏହାର ରଚୟିତା ହେଉଛନ୍ତି ମହର୍ଷି ବ୍ୟାସ । ତ୍ରିକାଳଦର୍ଶୀ ମୁନି ଜୈମିନି ଏବଂ ଅନ୍ୟ କେତେକ ପୁରୁଷୋତ୍ତମତତ୍ତ୍ୱ ଜିଜ୍ଞାସୁ ମୁନିମାନଙ୍କ ମଧ୍ୟରେ ଯେଉଁ କଥୋପକଥନ ହେଉଛି ତାହା ହିଁ ପୁରୁଷୋତ୍ତମ ମାହାତ୍ମ୍ୟ ଏବଂ ଏହା ସ୍କନ୍ଦ ପୁରାଣର ଏକ ଗୁରୁତ୍ୱପୂର୍ଣ୍ଣ ଭାଗ । ମୁନି ବା ଶିଷ୍ୟମାନଙ୍କର ସମସ୍ତ ପ୍ରଶ୍ନ ଓ ଜିଜ୍ଞାସାର ଉତ୍ତର ପ୍ରସଙ୍ଗରେ ମହର୍ଷି ଜୈମିନିଙ୍କର ଯେଉଁ ଭାଷ୍ୟ ଓ ପ୍ରବଚନ ତାହା ଉତ୍କଳ, ପୁରୁଷୋତ୍ତମଧାମ, ଚତୁର୍ଦ୍ଧାମୂର୍ତ୍ତି, ପୁରୀର ବିଭିନ୍ନ ତୀର୍ଥକ୍ଷେତ୍ର, ମହାପ୍ରଭୁଙ୍କ ବିଭିନ୍ନ ଯାନିଯାତ୍ରା, ନୀତିକାନ୍ତି ଇତ୍ୟାଦିର ଏକ ବିସ୍ତୃତ ବିବରଣ । ଆମର ପରମ୍ପରାରେ ମହର୍ଷି ଜୈମିନି ହେଉଛନ୍ତି ବ୍ୟାସଙ୍କର ଅବତାର । ବ୍ୟାସ ହେଉଛନ୍ତି ସ୍ୱୟଂ ଭଗବାନ୍ ବ୍ରହ୍ମା, ବିଷ୍ଣୁ ଓ ଶମ୍ଭୁଙ୍କର ଅବତାର ବୋଲି କୁହାଯାଏ ।

ପ୍ରଥମ ଅଧ୍ୟାୟରେ ମୁନିବୃନ୍ଦ ମହର୍ଷି ଜୈମିନିଙ୍କୁ ଯେଉଁ ପ୍ରଶ୍ନ ପଚାରିଛନ୍ତି ତାହା ହେଲା – ହେ ମହର୍ଷି ! ଆପଣ ସର୍ବଶାସ୍ତ୍ର ବିଶାରଦ । ଆପଣ ସମସ୍ତ ତୀର୍ଥର ମାହାତ୍ମ୍ୟ ଜାଣିଛନ୍ତି । ହେଲେ ଅନନ୍ୟ ସାଧାରଣ ପୁରୁଷୋତ୍ତମ କ୍ଷେତ୍ରରେ ମହାପ୍ରଭୁ ଜଗନ୍ନାଥ ଦାରୁବିଗ୍ରହ ଧାରଣ କରି ଭକ୍ତମାନଙ୍କର କଲ୍ୟାଣ ପାଇଁ ଯେଉଁ ବିରାଜମାନ କରିଛନ୍ତି, ସେହି କ୍ଷେତ୍ର ନିର୍ମାତା କିଏ ? ସେ ପ୍ରଭୁ କାହିଁକି ଦାରୁରୂପ ଗ୍ରହଣ କରିଛନ୍ତି ? ସେ ପ୍ରଭୁ ପୁରୁଷୋତ୍ତମ ଏବଂ ସେ ତୀର୍ଥ ପୁରୁଷୋତ୍ତମ – ଉଭୟର ବିଶେଷତ୍ୱ କଣ ? ଏ ବିଷୟରେ ଆମ୍ଭଙ୍କୁ ବିଶଦ ଭାବରେ ବୁଝାଇ କୁହନ୍ତୁ ।

ଏଭଳି ପ୍ରଶ୍ନ ଶୁଣି ମହର୍ଷି ଜୈମିନି କହିଲେ – ହେ ଶିଷ୍ୟବୃନ୍ଦ ! ଏ କ୍ଷେତ୍ର ମହିମାଶ୍ରବଣ ହେଉଛି ସକଳ କଲୁଷ ବିନାଶନର କାରଣ । ଏକଦା ସ୍କନ୍ଦ ବା

କାର୍ତ୍ତିକେୟ ମନ୍ଦିରରେ ଶମ୍ଭୁଙ୍କ ମୁଖପଦ୍ମରୁ ଶ୍ରବଣ କରିଥିବା ପୁରୁଷୋତ୍ତମ ମାହାତ୍ମ୍ୟ ସମ୍ପର୍କରେ ଯାହା ଦେବଗଣଙ୍କ ନିକଟରେ କହିଥିଲେ, ତାହା ମୁଁ ଶୁଣିଥିଲି। ତାହା ମୁଁ ଆଜି ଆପଣମାନଙ୍କ ନିକଟରେ ଉପସ୍ଥାପନ କରୁଛି।

ଏଥାରେ ସ୍କନ୍ଦଙ୍କଠାରୁ ସମଗ୍ର ପୁରୁଷୋତ୍ତମ ତତ୍ତ୍ୱ ଓ ତଥ୍ୟ ମହର୍ଷି ଜୈମିନି ଶୁଣି ନିଜର ଶିଷ୍ୟମାନଙ୍କୁ କହିଥିବାରୁ ଉକ୍ତ ପୁରାଣର ନାମ 'ସ୍କନ୍ଦ ପୁରାଣ' ରଖାଯାଇଛି ଏବଂ ଏହା ଏକ ଅତ୍ୟନ୍ତ ପ୍ରାଚୀନ ପୁରାଣ।

ଉତ୍ତରରେ ମହର୍ଷି ଜୈମିନି କହୁଛନ୍ତି ଯେ – ହେ ମୁନିବୃନ୍ଦ ! ଏ କ୍ଷେତ୍ର ହେଉଛି ମହାପ୍ରଭୁଙ୍କର ସାକ୍ଷାତ୍ ଶରୀର ସ୍ୱରୂପ। ଏଠାକାର ଅଧିବାସୀମାନେ ଅତ୍ୟନ୍ତ ଧନ୍ୟ ଏବଂ ଭାଗ୍ୟବନ୍ତ। ସମସ୍ତଙ୍କୁ ମୁକ୍ତି, ଶାନ୍ତି ଓ ପ୍ରଗତି ପ୍ରଦାନ କରିବା ପାଇଁ ମହାପ୍ରଭୁ ଏଠାରେ ଅବସ୍ଥାନ କରୁଛନ୍ତି। ଏହି କ୍ଷେତ୍ର ଯେତିକି ସୁନ୍ଦର, ସେତିକି ବିସ୍ମୟପୂର୍ଣ୍ଣ ମଧ୍ୟ। ଏହା ଦଶଯୋଜନ ବିସ୍ତୃତ ଏକ ପରମ ପବିତ୍ର କ୍ଷେତ୍ର। ଏ କ୍ଷେତ୍ର ପରମପବିତ୍ର ତୀର୍ଥରାଜ ମହୋଦଧିରୁ ଆବିର୍ଭୂତ ଏବଂ ଏହାର ମଧ୍ୟଭାଗରେ ନୀଳପର୍ବତ ବା ନୀଳଗିରି ବିରାଜମାନ। ଦୂରରୁ ଦେଖିଲେ ଜଣାପଡ଼େ – ସତେଯେପରି ଏହା ପୃଥ୍ୱୀମାତାଙ୍କର ସମୁନ୍ନତ ବକ୍ଷୋଜ। ପୂର୍ବକାଳରେ ଭଗବାନ୍ ବରାହ ରୂପଧାରଣ କରି ଯେତେବେଳେ ପୃଥିବୀକୁ ଜଳମଧ୍ୟରୁ ଉଦ୍ଧାର କରିଥିଲେ, ସେତେବେଳେ ସ୍ୱୟଂ ବ୍ରହ୍ମା ଏହି କ୍ଷେତ୍ରରେ ବିରାଜମାନ ନୀଳଗିରିରେ ସକଳ ସୁଷମା ସମ୍ଭାର ଭରିଦେଇଥିଲେ। ହେଲେ ଚିନ୍ତାଗ୍ରସ୍ତ ହୋଇପଡ଼ିଲେ ଜଗତର ରଚୟିତା ପ୍ରଜାପତି ବ୍ରହ୍ମା। ମନରେ ଭାବିଲେ ଯେ – ଭବିଷ୍ୟତରେ ଯେଭଳି ମୋର ଏହି ସୁନ୍ଦର ସୃଷ୍ଟିରେ କେହି ଦୁଃଖ ନ ପାଆନ୍ତୁ ଅଥବା ତାପତ୍ରୟରେ ଜର୍ଜରିତ ନ ହୁଅନ୍ତୁ। ତ୍ରିତାପଗ୍ରସ୍ତ ଲୋକମାନଙ୍କର ମୁକ୍ତିର ମାର୍ଗ ଅନ୍ୱେଷଣ କରିବା ପାଇଁ ସେ ବ୍ୟାକୁଳିତ ହୋଇଗଲେ। ଏହି ସମୟରେ ସେ ପ୍ରଭୁ ଶଙ୍ଖ, ଚକ୍ର, ଗଦା ଓ ପଦ୍ମଧାରୀ ଚତୁର୍ଭୁଜ ନାରାୟଣଙ୍କୁ ପ୍ରାର୍ଥନା କରି ମୁକ୍ତିର ଉପାୟ ଜାଣିବା ପାଇଁ ଚେଷ୍ଟା କଲେ। ପ୍ରଭୁ ନାରାୟଣଙ୍କୁ ପ୍ରାର୍ଥନା କରି ବିଶ୍ୱସ୍ରଷ୍ଟା ବ୍ରହ୍ମା କହୁଛନ୍ତି ଯେ – ହେ ପ୍ରଭୁ ! ତୁମ୍ଭେ ଏ ଚରାଚର ଜଗତର ସ୍ରଷ୍ଟା, ମୁଁ ମଧ୍ୟ ଆପଣଙ୍କ ନାଭିକମଳରୁ ଜାତ ହୋଇଛି। ଆପଣ ମାୟାଧର। ଆପଣଙ୍କ ମାୟାରେ ଏ ସମଗ୍ର ସୃଷ୍ଟିସମ୍ଭାର ପରିଚାଳିତ। ତ୍ରିତାପଦଗ୍ଧ

ମନୁଷ୍ୟ ମାୟାର ବନ୍ଧନକୁ ଛିନ୍ନକରି କିପରି ଏ ସଂସାରରେ ମୁକ୍ତି ଲାଭ କରିବ — ଏ ବିଷୟରେ ଆପଣ ମୋତେ ଅନୁଗ୍ରହ କରି ପରାମର୍ଶ ଦିଅନ୍ତୁ।

ବ୍ରହ୍ମାଙ୍କର ଏଭଳି ପ୍ରଶ୍ନ ଶୁଣି ପ୍ରଭୁ ନାରାୟଣ କହିଲେ — ହେ ବ୍ରହ୍ମନ୍ ! ଏ ସଂସାରରେ ମାୟାର ବନ୍ଧନ ଛିନ୍ନ କରିବା ଅତ୍ୟନ୍ତ କଷ୍ଟକର ବ୍ୟାପାର। ତଥାପି ମୁଁ ମୁକ୍ତିର ମାର୍ଗ ବିଷୟରେ ତୁମ୍ଭକୁ କହୁଛି।

ଏହି କଥୋପକଥନ ପ୍ରସଙ୍ଗରେ ସ୍ୱୟଂ ଭଗବାନ ନାରାୟଣ ମୁକ୍ତିର ମାର୍ଗ ବିଷୟରେ କହନ୍ତି ଯେ — ହେ ବ୍ରହ୍ମନ୍ ! ସମଗ୍ର ସଂସାରର ଅନନ୍ୟ ସାଧାରଣ ତୀର୍ଥକ୍ଷେତ୍ର ହେଉଛି ପୁରୁଷୋତ୍ତମ ଧାମ। ତାହା ହେଉଛି ମୋର ସାକ୍ଷାତ୍ ଶରୀର ସ୍ୱରୂପ। ଏଠାରେ ତୀର୍ଥରାଜ ମହୋଦଧି ବିରାଜମାନ। ତା' ନିକଟରେ ଅତ୍ୟନ୍ତ ଆକର୍ଷଣୀୟ ନୀଳପର୍ବତ ବିରାଜମାନ। ସେଠାରେ ମୁଁ ସ୍ୱୟଂ ଦାରୁବିଗ୍ରହ ଧାରଣ କରି ଅବସ୍ଥାନ କରୁଛି। ଏହି କ୍ଷେତ୍ରରେ ମୋର ଏହି ସ୍ୱରୂପକୁ ଯେଉଁମାନେ ଶ୍ରଦ୍ଧା ଓ ଭକ୍ତିର ସହିତ ଦର୍ଶନ କରିଛି, ସେମାନେ ଧନ୍ୟ ଏବଂ ସେମାନେ ଅବଶ୍ୟ ମୁକ୍ତି ଲାଭ କରନ୍ତି।

ଏହା ହିଁ ପ୍ରଥମ ଅଧ୍ୟାୟର ସଂକ୍ଷିପ୍ତ ସାର।

◆◆◆

ଦ୍ୱିତୀୟ ଅଧ୍ୟାୟ

(କାକ ମୁକ୍ତି ଓ ଯମରାଜାଙ୍କର ନୀଳାଦ୍ରୀଶ ସ୍ତୁତି)

ଏହି ଅଧ୍ୟାୟରେ ଭଗବାନ୍ ବ୍ରହ୍ମା ପ୍ରଭୁ ନାରାୟଣଙ୍କଠାରୁ କ୍ଷେତ୍ର ମହିମା ଶୁଣି ପୁରୁଷୋତ୍ତମ ଧାମକୁ ଗଲେ ଏବଂ ସେଠାରେ ପ୍ରଭୁଙ୍କୁ ଦର୍ଶନକରି ଅତ୍ୟନ୍ତ ଆନନ୍ଦିତ ହୋଇଗଲେ। ପ୍ରତ୍ୟଭିଜ୍ଞାରେ ପ୍ରଭୁ ନାରାୟଣ ତାଙ୍କୁ ଯାହା ଯାହା କହିଥିଲେ ସେ ସବୁ ବିଷୟକୁ ସ୍ମରଣ କରି ପ୍ରଭୁଙ୍କ ସମକ୍ଷରେ ମହାପ୍ରଭୁ ନାରାୟଣଙ୍କୁ ବ୍ରହ୍ମାଧ୍ୟାନ କରୁଥାନ୍ତି। ଏହି ସମୟରେ ଗୋଟିଏ ପିପାସାର୍ତ୍ତ କାକ ସେଠାରେ ଅବସ୍ଥିତ ରୋହିଣୀକୁଣ୍ଡକୁ ଆସି ସେଠାରୁ ଜଳପାନ କରିବା ପରେ ସେହି ଜଳରେ ସ୍ନାନକରି ବାରମ୍ବାର ଭୁଲୁଣ୍ଠିତ ହେଉଥାଏ ଏବଂ ତା'ପରେ ପ୍ରଭୁଙ୍କର ସାୟୁଜ୍ୟ ମୁକ୍ତି ଲାଭ କଲା। ଯୋଗୀ ମୁନିମାନେ ବର୍ଷ ବର୍ଷ ଧରି ତପସ୍ୟା କରି ଯେଉଁ ମୁକ୍ତି ଲାଭ କରିପାରନ୍ତି ନାହିଁ, ସେହି ମୁକ୍ତିକୁ କାକପକ୍ଷୀ ଲାଭ କରିବାର ଦେଖି ବ୍ରହ୍ମା ବିସ୍ମିତ ହୋଇଗଲେ।

ଏହି ସମୟରେ ଜନ୍ତୁପତି ଯମ ଏହି କ୍ଷେତ୍ର ଏବଂ ଏଠାରେ ପ୍ରାଣତ୍ୟାଗ କରୁଥିବା ପ୍ରାଣୀ ସାକ୍ଷାତ୍ ପ୍ରଭୁଙ୍କର ସାନ୍ନିଧ୍ୟ ଲାଭ କରି ବୈକୁଣ୍ଠର ଅଧିବାସୀ ହୋଇଥାନ୍ତି — ଏହା ଜାଣିପାରି ଚିନ୍ତିତ ହୋଇଗଲେ ଏବଂ ଭାବିଲେ ଯେ ତାଙ୍କର ଆଉ ଏହି କ୍ଷେତ୍ର ଉପରେ କୌଣସି ଅଧିକାର ଆଉ ରହିବ ନାହିଁ। ତେଣୁ ସେହି ଚିନ୍ତାରେ ସେ ପ୍ରଭୁ ନୀଳାଦ୍ରୀଶ ନାରାୟଣଙ୍କ ନିକଟକୁ ଆସି ଅତି ବିନୀତ ଭାବରେ ସ୍ତୁତିକରି କହିଲେ ଯେ – ହେ ପ୍ରଭୁ ! ପ୍ରାଣୀର ମୃତ୍ୟୁ ପରେ ସେ ଯମଲୋକକୁ ଯାଇଥାଏ ଏବଂ ମୁଁ ହେଉଛି ମୃତ୍ୟୁର ଅଧିପତି। ସମସ୍ତଙ୍କର ମୃତ୍ୟୁକୁ ନିୟନ୍ତ୍ରଣ କରିବା ମୋର ଅଧିକାର। କିନ୍ତୁ ଏହି ପୁରୁଷୋତ୍ତମଧାମର ଅଧିବାସୀମାନଙ୍କୁ ଆପଣ ମୁକ୍ତି ପ୍ରଦାନ କରି ସ୍ୱର୍ଗଲୋକର ଅଧିବାସୀ କରାଇଦେଇଥିବାରୁ ମୋର ଅଧିକାର

ଉପରେ ହସ୍ତକ୍ଷେପ କରାଯାଇଛି । ତେଣୁ ପୃଥିବୀର ଅନ୍ୟାନ୍ୟ ସ୍ଥାନରେ ମୋର ଯେଉଁଳି ପ୍ରାଣୀମାନଙ୍କର ଜୀବନ ଓ ମୃତ୍ୟୁ ଉପରେ ଅଧିକାର ରହିଛି, ସେହିଭଳି ଏଠାରେ ମଧ ମୋର ଅଧିକାର ଅକ୍ଷୁର୍ଣ ରହୁ — ଏହା ହିଁ ମୋର ବିନମ୍ର ନିବେଦନ ।

      ଏକଥା ଶୁଣିବାପରେ ଜଗଜ୍ଜନନୀ ମହାଲକ୍ଷ୍ମୀ ମହାପ୍ରଭୁଙ୍କ ଇଙ୍ଗିତରେ ଜନ୍ତୁପତି ଯମଙ୍କୁ ବୁଝାଇ କହୁଛନ୍ତି ଯେ — ହେ ଯମରାଜ ! ପୃଥିବୀର ଅନ୍ୟାନ୍ୟ ସ୍ଥାନ ବା କ୍ଷେତ୍ରମାନଙ୍କ ତୁଳନାରେ ଏହି କ୍ଷେତ୍ର ହେଉଛି ଅନନ୍ୟ ସାଧାରଣ ଓ ଭିନ୍ନ । ଏଠାରେ ଯେଉଁମାନେ ଅବସ୍ଥାନ କରୁଛନ୍ତି, ସେମାନେ ସମସ୍ତେ ମୁକ୍ତି ପାଇବା ପାଇଁ ହକ୍‌ଦାର । ତେଣୁ ତୁମ୍ଭର ଏ କ୍ଷେତ୍ରରେ ଆଦୌ ଅଧିକାର ରହିବ ନାହିଁ । ତୁମ୍ଭେ ଅନ୍ୟତ୍ର ଚାଲିଯାଅ ଯେହେତୁ ଏ ପବିତ୍ର କ୍ଷେତ୍ରରେ ତୁମ୍ଭର କୌଣସି କର୍ତ୍ତୃତ୍ୱ ରହିବ ନାହିଁ ।

      ଜଗଜ୍ଜନନୀ ମହାଲକ୍ଷ୍ମୀଙ୍କଠାରୁ ଜନ୍ତୁପତି ଯମରାଜ ଏହିଭଳି ନିରାଶାର ବାଣୀ ଶୁଣିବାପରେ ନିଜକୁ ସାମାନ୍ୟ ଭାବରେ ଆଶ୍ୱସ୍ତ କରି ପୁଣି କହିଲେ — ହେ ମାତଃ ! ଆପଣଙ୍କର ଆଦେଶ ମୋର ଶିରୋଧାର୍ଯ୍ୟ । ହେଲେ ଏ କ୍ଷେତ୍ର ବିଷୟରେ ମୋତେ ଆପଣ ସମ୍ୟକ୍ ବିବରଣୀ ଦିଅନ୍ତୁ । ଏ କ୍ଷେତ୍ର ପରିସୀମା କେତେ ? ଏ କ୍ଷେତ୍ରରେ କେଉଁ କେଉଁ ତୀର୍ଥମାନ ରହିଛନ୍ତି ? ଏ କ୍ଷେତ୍ରର ଅଧିଷ୍ଠାତା କିଏ ? ଏ ସମସ୍ତ ବିଷୟ ମୁଁ ଆପଣଙ୍କଠାରୁ ଶୁଣିବା ପରେ ମୁଁ ନିଶ୍ଚିତ ଏହି କ୍ଷେତ୍ର ଛାଡ଼ି ଅନ୍ୟତ୍ର ଚାଲିଯିବି ।

      ଏହା ହିଁ ଏହି ଅଧ୍ୟାୟର ସଂକ୍ଷିପ୍ତ କଥାବସ୍ତୁ ।

◆◆◆

ତୃତୀୟ ଅଧ୍ୟାୟ

(ପ୍ରଳୟକାଳରେ ପୃଥିବୀ ଜଳମଗ୍ନ, ଚିରଞ୍ଜୀବୀ ମାର୍କଣ୍ଡେୟ ମୁନିଙ୍କର ସ୍ତୁତି
ଏବଂ ପୁରୁଷୋତ୍ତମ କ୍ଷେତ୍ରରେ ଅବସ୍ଥାନ)

ଜଗଜ୍ଜନନୀ ମହାଲକ୍ଷ୍ମୀ ଯମରାଜାଙ୍କର ନିବେଦନକୁ ଶୁଣିବା ପରେ ଏହି ପୁରୁଷୋତ୍ତମ କ୍ଷେତ୍ର ମହିମା ବିଷୟରେ ଅଧିକ ବିବରଣୀ ପ୍ରଦାନ କଲେ। କ୍ଷେତ୍ରର ଅଲୌକିକ ମହିମାକୁ ବ୍ୟାଖ୍ୟାନକରି ମହାଲକ୍ଷ୍ମୀ କହିଲେ ଯେ "ହେ ଯମରାଜ ! ପ୍ରଳୟ କାଳରେ ଯେତେବେଳେ ସମ୍ପୂର୍ଣ୍ଣ ପୃଥିବୀ ଜଳମଗ୍ନ ହୋଇଯାଇଥିଲା, ସେତେବେଳେ ଚିରଞ୍ଜୀବୀ ବର ଲାଭ କରିଥିବା ମୁନିବର ମାର୍କଣ୍ଡେୟ ସମ୍ପୂର୍ଣ୍ଣ ଜଳରାଶିରେ ସନ୍ତରଣ କରି ବ୍ୟତିବ୍ୟସ୍ତ ହୋଇପଡ଼ିଲେ ଏବଂ ଆତ୍ମରକ୍ଷା ପାଇଁ କରୁଣ ଚିତ୍କାର କଲେ। ସେତେବେଳେ ଅନତିଦୂରରେ ପ୍ରଳୟଜଳରେ ଏକ ବଟପତ୍ର ଉପରେ ଶୟନ କରିଥିବା ବାଲମୁକନ୍ଦଙ୍କ ସ୍ୱର ଶ୍ରବଣ କଲେ ଯେ – ହେ ମୁନିବର ମାର୍କଣ୍ଡେୟ, ଅନତି ଦୂରରେ ଅବସ୍ଥିତ ପୁରୁଷୋତ୍ତମ କ୍ଷେତ୍ରରେ ବିରାଜମାନ କଣ୍ଟକଣ୍ଟାନ୍ତ ସ୍ଥାୟୀ ମହାନ୍ କଳ୍ପଦ୍ରୁମ ବା ବଟବୃକ୍ଷକୁ ତୁମ୍ଭେ ଆଶ୍ରୟ କର। ତୁମ୍ଭେ ନିଶ୍ଚିତ ଏ ପ୍ରଳୟରୁ ରକ୍ଷା ପାଇବ। ଏ କଥା ଶୁଣି ମୁନି ମାର୍କଣ୍ଡେୟ ତାହା ହିଁ କରିଥିଲେ ଏବଂ ସେ ପୁରୁଷୋତ୍ତମ ଧାମରେ ମଧ୍ୟ ବାସକଲେ ଓ ସୁରକ୍ଷିତ ରହିଲେ। ମୁଁ ଏହାର ପ୍ରତ୍ୟକ୍ଷ ସାକ୍ଷୀ ବୋଲି ମହାଲକ୍ଷ୍ମୀ ଯମରାଜଙ୍କୁ କହିଲେ।

ଉକ୍ତ ଅଧ୍ୟାୟର ବିଶେଷତ୍ୱ ହେଉଛି ମୁନି ମାର୍କଣ୍ଡେୟଙ୍କର ସ୍ତୁତି। ପ୍ରଳୟ ଜଳରେ ସନ୍ତରଣ କରୁଥିବା ସମୟରେ ବାଲମୁକୁନ୍ଦଙ୍କୁ ଦର୍ଶନକରି ସେ ଯେଉଁ ପ୍ରାର୍ଥନା କରିଛନ୍ତି ତାହା ହିଁ ମୁନି ମାର୍କଣ୍ଡେୟଙ୍କର "ସ୍ତୁତି' ନାମରେ ସର୍ବବିଦିତ। ଏହି ସ୍ତୁତିର କେତେକ ପଦ୍ୟରୂପ ନିମ୍ନରେ ଉଦ୍ଧୃତ କରାଗଲା।

ହେ ବିଷ୍ଣୁ! ଦୟାର ସାଗର | ଅଭୟ ପଦାବ୍ଜ ତୁମ୍ଭର ||
ତା'ର ସାନ୍ନିଧ୍ୟ ଲାଭ କରି | ଅସୀମ ଧନ ଅଧିକାରୀ ||

ବ୍ରହ୍ମା, ରୁଦ୍ର ଓ ଇନ୍ଦ୍ର ସମ । ମୁଁ ଭାବେ ନିଜକୁ ଅସୀମ ॥

ପରନ୍ତୁ ମୁହିଁ ଏ ପର୍ଯ୍ୟନ୍ତ । ନ ଭଜି ଆପଣଙ୍କ ପାଦ ॥

ଭୋଗୁଛି ବହୁବିଧ ଦୁଃଖ । ଏ ଦୀନଜନକୁ ହେ ରଖ ॥

ତୁମର ପାଦପଦ୍ମ ଶକ୍ତି । ଅଚିନ୍ତ୍ୟ, ସେ ଦିଏ ମୁକତି ॥

ତାକୁ ପୂଜନ୍ତି ଦେବଗଣ । ତାର ଭଜନେ ମୁଁ ଅଧମ ॥

ହେ କୃପାନିଧ୍ୟ କୃପାକର । ଏ ଦୀନଜନ ରକ୍ଷା କର ॥

ଯାହାଙ୍କ ଶ୍ରୀଅଙ୍ଗୁ ଉତ୍ପନ୍ନ । ବ୍ରହ୍ମାଣ୍ଡ କୋଟି ଗୁଣେ ପୂର୍ଣ୍ଣ ॥

ଯାହାଙ୍କଠାରୁ ହିଁ ଉଦୟ । ସଂସାର ସୃଷ୍ଟି ସ୍ଥିତି ଲୟ ॥

ହେ ପ୍ରଭୁ ତୁମେ ସେ ଅସୀମ । ରକ୍ଷାକର ଡାକେ ଅଧମ ॥

ସୁବର୍ଣ୍ଣ ଯଥା ଭିନ୍ନ ରୂପେ । ହାର ବଳୟ ଭାବେ ଦିଶେ ॥

ଯେଭଳି ଏକମାତ୍ର ସୂର୍ଯ୍ୟ । ଜଳେ ବିଭିନ୍ନ ଭାବେ ଦୃଶ୍ୟ ॥

ତଥା ଆପଣ ନିରାକାର । ବ୍ରହ୍ମ ହୋଇ ମଧ୍ୟ ସାକାର ॥

(୩୬-୪୯)

ପ୍ରଭୁଙ୍କୁ ସ୍ତୁତି କରିବା ପରେ ମୁନିମାର୍କଣ୍ଡେୟ ପ୍ରଭୁ ବାଲମୁକୁନ୍ଦଙ୍କର ବିସ୍ତାରିତ ମୁଖମଣ୍ଡଳ ମାଧମରେ ତାଙ୍କର ବିସ୍ତୃତ ଉଦରରେ ପ୍ରବେଶ କଲେ ଏବଂ ଉଦର ମଧ୍ୟରେ ଚତୁର୍ଦ୍ଦଶ ବ୍ରହ୍ମାଣ୍ଡର ସ୍ୱରୂପକୁ ଦେଖି ବିସ୍ମିତ ହୋଇଗଲେ । ଏହାପରେ ସେ ବାଲମୁକୁନ୍ଦଙ୍କର କୁକ୍ଷି ମଧ୍ୟରୁ ନିର୍ଗତ ହୋଇ ପ୍ରଭୁ ଜଗନ୍ନାଥଙ୍କର ଦର୍ଶନ ପୁରୁଷୋତ୍ତମ କ୍ଷେତ୍ରରେ କଲେ ଏବଂ ଆନନ୍ଦରେ ଚିରଞ୍ଜୀବୀ ହୋଇ ଏହି କ୍ଷେତ୍ରରେ ଅବସ୍ଥାନ କଲେ । ପ୍ରଭୁଙ୍କଠାରୁ ମୃତ୍ୟୁଞ୍ଜୟ ବର ମଧ୍ୟ ଲାଭ କଲେ । ପୁରୁଷୋତ୍ତମ କ୍ଷେତ୍ରରେ ଆଜି ମଧ୍ୟ ମୁନି ମାର୍କଣ୍ଡେୟଙ୍କର ଆଶ୍ରମ ଏବଂ ତାଙ୍କର ପ୍ରଚଣ୍ଡ ତପସ୍ୟା ପରେ ମୃତ୍ୟୁଞ୍ଜୟ ବର ଲାଭ କରି ଯେଉଁ ଏକ ଗର୍ତ୍ତ ସୃଷ୍ଟି ହୋଇଥିଲା । ତାହା ମାର୍କଣ୍ଡେୟ ପୁଷ୍କରିଣୀ ଭାବରେ ଆଜି ପୁରୀରେ ବିରାଜମାନ ଅଛି । ଯେଉଁମାନେ ଏହି ମାର୍କଣ୍ଡେୟ ମୁନିଙ୍କର ଆଶ୍ରମ, ମାର୍କଣ୍ଡେୟ ପୁଷ୍କରିଣୀ ଏବଂ ମାର୍କଣ୍ଡେଶ୍ୱର ଶିବଙ୍କର ଦର୍ଶନ ଓ ଆରାଧନା କରନ୍ତି, ସେମାନେ ମୃତ୍ୟୁଞ୍ଜୟ ବର ଲାଭ କରିଥିବାର ପ୍ରବାଦ ମଧ୍ୟ ରହିଛି ।

❖❖❖

ଚତୁର୍ଥ ଅଧ୍ୟାୟ

(ଶ୍ରୀକ୍ଷେତ୍ରର ସୀମା ବିତରଣ, କ୍ଷେତ୍ର ମହିମା, ଚତୁର୍ଦ୍ଧାମୂର୍ତ୍ତି ଏବଂ ମନ୍ଦିର
ପ୍ରତିଷ୍ଠାର ପ୍ରାକ୍‌କଥନ। ଅମରୀକ୍ଷ ଓ ପୁଣ୍ଡରୀକ ଉପାଖ୍ୟାନ ମାଧ୍ୟମରେ
ଦାରୁମୟୀ ମୂର୍ତ୍ତିର ଅଧିକ ମହିମା ବର୍ଣ୍ଣନ)

ସ୍କନ୍ଦ ପୁରାଣ ଅନ୍ତର୍ଗତ ଉକ୍‌ଲଖଣ୍ଡର ପୁରୁଷୋଉମ ମାହାମ୍ୟର ଚତୁର୍ଥ
ଅଧ୍ୟାୟରେ ଅନେକ ବିଷୟ ବର୍ଣ୍ଣିତ ହୋଇଛି। ଜନ୍ତୁପତି ମହାରାଜ ଯମଙ୍କର
ଅନୁରୋଧ କ୍ରମେ ସ୍ୱୟଂ ଜଗଜ୍ଜନନୀ ମହାଲକ୍ଷ୍ମୀ ମହାପ୍ରଭୁ ଜଗଦୀଶ୍ୱରଙ୍କର ଇଙ୍ଗିତରେ
ଏହି ପୁରୁଷୋଉମ କ୍ଷେତ୍ରର ସୀମା ଓ ମହିମା ବିଷୟରେ ଏହି ଅଧ୍ୟାୟର ପ୍ରଥମ
ପର୍ଯ୍ୟାୟରେ ବର୍ଣ୍ଣନା କରିଛନ୍ତି। ଏହି ପ୍ରସଙ୍ଗରେ ମହାଲକ୍ଷ୍ମୀ ଶ୍ରୀକ୍ଷେତ୍ରର ସୀମା,
ବିଶ୍ୱେଶ୍ୱର ଶିବଙ୍କର ମହିମା, ଏଠାରେ ପ୍ରତିଷ୍ଠିତ ଏବଂ ପୂଜିତ ଯମେଶ୍ୱର ଓ
ନୀଳକଣ୍ଠେଶ୍ୱରଙ୍କର ମହିମା ବିଷୟରେ ବର୍ଣ୍ଣନା କରିଛନ୍ତି। ଏହାର ନାମ ଶଙ୍ଖକ୍ଷେତ୍ର।
ଏହା ହେଉଛି ମୁକ୍ତିର କ୍ଷେତ୍ର ଏବଂ ଏଠାରେ କପାଲମୋଚନ ମହାଦେବ ବିରାଜମାନ
କରୁଛନ୍ତି। ଏମାନଙ୍କର ମହିମା ମଧ୍ୟ ମହାଲକ୍ଷ୍ମୀ ଏଠାରେ ବିଶଦ ଭାବରେ ବର୍ଣ୍ଣନା
କରିଛନ୍ତି। ଏ ପ୍ରସଙ୍ଗରେ ମହାଲକ୍ଷ୍ମୀ ଧର୍ମରାଜ ଯମଙ୍କୁ ନିଜର ଶକ୍ତିବିମଳାମ୍ୟକ
ବିଷୟରେ କହିବା ସଙ୍ଗେ ସଙ୍ଗେ ଅକ୍ଷୟବଟ, ଅନ୍ତର୍ବେଦୀ, ଅର୍ଦ୍ଧାଶିନୀ, ଅନ୍ତର୍ବେଦୀ
ଏବଂ ପୃଥ୍‌ବୀର ସର୍ବ୍ବଶ୍ରେଷ୍ଠ ତୀର୍ଥମାନଙ୍କ ମଧ୍ୟରେ ପୁରୁଷୋଉମ ତୀର୍ଥର ଶ୍ରେଷ୍ଠତ୍ୱ
ବିଷୟରେ କହିଛନ୍ତି। ଏହା ହେଉଛି ମୁକ୍ତିର କ୍ଷେତ୍ର। ଏଠାରେ କୌଣସି ବ୍ୟକ୍ତିର
ଅକାଳମରଣ ହୁଏ ନାହିଁ।

ଭାରତୀୟ ଦର୍ଶନର ବିଭିନ୍ନ ବିଭାଗ ଯଥା – ଦ୍ୱୈତବେଦାନ୍ତ, ଅଦ୍ୱୈତ
ବେଦାନ୍ତ, ବିଶିଷ୍ଟାଦ୍ୱୈତ ବେଦାନ୍ତ, ଦ୍ୱୈତାଦ୍ୱୈତବେଦାନ୍ତ, ମୀମାଂସା, ସାଂଖ୍ୟ
ବିଷୟରେ ବର୍ଣ୍ଣନା କରାଯାଇଛି। ହେଲେ ଏହି ମୁକ୍ତି ଦାନ ପ୍ରସଙ୍ଗରେ ପୁରୁଷୋଉମ
କ୍ଷେତ୍ରର ମହିମା ଏବଂ ମହାପ୍ରଭୁ ପୁରୁଷୋଉମଙ୍କର ଦର୍ଶନର ବିଶେଷତ୍ୱ ପ୍ରସଙ୍ଗରେ

ଏ ଅଧ୍ୟାୟରେ ସ୍ୱୟଂ ମହାଲକ୍ଷ୍ମୀ ଯମଙ୍କ ନିକଟରେ ବର୍ଣ୍ଣନା କରିଛନ୍ତି । ପୁନର୍ଶ୍ଚ କହିଛନ୍ତି ଯେ ଯିଏ ଏହି କ୍ଷେତ୍ର ଛାଡ଼ି ଅନ୍ୟ କ୍ଷେତ୍ରକୁ ଯାଇଥାଏ, ସେ କେବଳ ମାୟାରେ କବଳିତ ହୋଇଥାଏ ସିନା, ହେଲେ ସେ ବାସ୍ତବ ମୁକ୍ତି ଲାଭ କରିପାରେ ନାହିଁ ।

ଏହି କ୍ଷେତ୍ରରେ ବିରାଜମାନ ଅନ୍ତର୍ବେଦୀର ରକ୍ଷାପାଇଁ ଅଷ୍ଟଶକ୍ତିର ପରିକଳ୍ପନା କରାଯାଇଛି । ସେମାନେ ଅଷ୍ଟଦିଗରେ ବିରାଜମାନ ଅଛନ୍ତି । ସେମାନେ ହେଲେ — ବଟମୂଳରେ ମା ମଙ୍ଗଳା, ପଶ୍ଚିମ ଦିଗରେ ବିମଲା, ଶଙ୍ଖଭାଗରେ ସର୍ବମଙ୍ଗଳା, ଉଉତରେ ଅର୍ଦ୍ଧାଶିନୀ, ଐଶାନକୋଣରେ ଆଲାମଚଣ୍ଡୀ, ଦକ୍ଷିଣରେ କାଲରାତ୍ରି, ପୂର୍ବରେ ମାତା ମରୀଚିକା, ନୈରତରେ ଦେବୀ ଚଣ୍ଡିକା । ଏହି ଭଳି ଅଷ୍ଟଶକ୍ତି ଅଷ୍ଟଦିଗରେ ରହି ସମଗ୍ର ଶ୍ରୀକ୍ଷେତ୍ର ରକ୍ଷା କରୁଛନ୍ତି । ଏହି ଅଷ୍ଟଶକ୍ତିଙ୍କୁ ଯେଉଁମାନେ ଦର୍ଶନ କରନ୍ତି, ସେମାନେ ଧନ୍ୟ ।

ଏହିଭଳି ଭାବରେ ଏଠାରେ ବିରାଜମାନ ଶିବ ହେଉଛନ୍ତି ଅଷ୍ଟମୂର୍ତ୍ତି । ସେ ଏହି ଅଷ୍ଟଶକ୍ତିଙ୍କର ଶକ୍ତିରେ ଶକ୍ତିମନ୍ତ ହୋଇ ପ୍ରତ୍ୟହ ମହାପ୍ରଭୁ ଜଗନ୍ନାଥଙ୍କୁ ପୂଜା କରିଥାନ୍ତି । ଏହି ଅଷ୍ଟମୂର୍ତ୍ତି ଶମ୍ଭୁଙ୍କୁ ପ୍ରଭୁ ଜଗନ୍ନାଥ ସ୍ୱୟଂ ଶ୍ରୀକ୍ଷେତ୍ରରେ ପ୍ରତିଷ୍ଠା କରିଛନ୍ତି ଏବଂ ସ୍ୱୟଂ ଏହି କ୍ଷେତ୍ର ମଧ୍ୟସ୍ଥଳରେ ବିରାଜମାନ ହୋଇଛନ୍ତି । ତେଣୁ ହେ ଯମରାଜ ! ତୁମ୍ବର ଏ କ୍ଷେତ୍ରରେ କୌଣସି ଅଧିକାର ନାହିଁ । ତୁମ୍ଭେ ଯଥାଶାସ୍ତ୍ର ଏ କ୍ଷେତ୍ର ଛାଡ଼ି ଅନ୍ୟତ୍ର ପଲାୟନ କର ।

ଏ ପ୍ରସଙ୍ଗରେ ମଧ୍ୟ ମହାଲକ୍ଷ୍ମୀ ଭବିଷ୍ୟବାଣୀ କରି କହିଛନ୍ତି ଯେ – ହେ ଯମରାଜ ! ଦିନେ ଏଠାକୁ ବିଷ୍ଣୁଭକ୍ତ ରାଜା ଇନ୍ଦ୍ରଦ୍ୟୁମ୍ନ ଆସିବେ । ତାଙ୍କର ଭକ୍ତି, ନିଷ୍ଠା ଓ ପ୍ରଚେଷ୍ଟାରେ ମହାପ୍ରଭୁ ଚତୁର୍ଦ୍ଧାମୂର୍ତ୍ତି ଦାରୁବିଗ୍ରହ ଧାରଣକରିବେ । ସମସ୍ତ ମୂର୍ତ୍ତିମାନଙ୍କ ମଧ୍ୟରେ ଏହି ଦାରୁବିଗ୍ରହର ଯଥେଷ୍ଟ ମହିମା ରହିଛି ଏବଂ ଏହି ଦାରୁବିଗ୍ରହରେ ଚତୁର୍ଦ୍ଧାମୂର୍ତ୍ତିଙ୍କୁ ଦର୍ଶନ କଲେ ପ୍ରତ୍ୟେକ ବ୍ୟକ୍ତିଙ୍କର ସମସ୍ତ ଦୁଃଖ, ଶୋକ ଓ ପାପ ନଷ୍ଟ ହୋଇଥାଏ ଏବଂ ସେ ଅଖଣ୍ଡ ଶାନ୍ତି, ସୁଖ ଓ ସମ୍ପତ୍ତିର ଅଧିକାରୀ ହୋଇଥାଏ ।

କୁରୁକ୍ଷେତ୍ରରେ ଜନ୍ମଗ୍ରହଣ କରିଥିବା ଦୁର୍ମିତ୍ର ଅୟରୀକ୍ଷ ଏବଂ ପୁଣ୍ଡରୀକ ଥିଲେ କଦାଚାର ସମ୍ପନ୍ନ ଏବଂ ସର୍ବଦା ମଦ୍ୟପାନରତ । ଦିଶାହରା ହୋଇ ଏଣେ

ତେଣେ ବୁଲୁଥିଲେ ଏବଂ ବିଭିନ୍ନ ପ୍ରକାର ଅସାମାଜିକ କାର୍ଯ୍ୟରେ ଲିପ୍ତ ଥିଲେ। ଏକଦା ବୁଲୁବୁଲୁ ଏକ ଯଜ୍ଞ ସ୍ଥାନରେ ପହଞ୍ଚିଲେ ଏବଂ ସେଠାରେ ବେଦର ଧ୍ୱନି ଶୁଣି ତାଙ୍କ ମନରେ ସାମାନ୍ୟ ପରିବର୍ତ୍ତନ ଆସିଲା। ନିଜର ଭୁଲକୁ ଆସ୍ତେ ଆସ୍ତେ ବୁଝିପାରିଲେ। ସେଠାରେ ଉପସ୍ଥିତ ବିଜ୍ଞ ପଣ୍ଡିତଙ୍କୁ ସେ ପ୍ରଣିପାତ କରି ନିଜ ନିଜର ଦୋଷ ଓ ଭୁଲ ବିଷୟରେ କହିଲେ ଏବଂ ସେଥିରୁ ରକ୍ଷାପାଇବା ପାଇଁ ଉପଯୁକ୍ତ ମାର୍ଗଦର୍ଶନ କରାଇବା ପାଇଁ ତାଙ୍କୁ ନିବେଦନ କଲେ। ସେମାନେ କହିଲେ – ତୁମେ ଯେତେ ପାପ କରିଛ – ସେ ପ୍ରସଙ୍ଗରେ ଉପଦେଶ ଦେଇ ତୁମ୍ଭଙ୍କୁ ସୁଧାରିବାର କ୍ଷମତା ଆମ୍ଭର ନାହିଁ। ତୁମ୍ଭେ ଏଠାରେ ଉପସ୍ଥିତ ସର୍ବଶ୍ରେଷ୍ଠ ବ୍ରହ୍ମନିଷ୍ଠ ବିଷ୍ଣୁଭକ୍ତ ବ୍ରାହ୍ମଣଙ୍କର ଶରଣାପନ୍ନ ହୁଅ ଏବଂ ସେ ତୁମ୍ଭକୁ ଉପଯୁକ୍ତ ମାର୍ଗଦର୍ଶନ କରାଇବେ। ଏହା ଶୁଣିଲା ପରେ ଉଭୟ ସେହି ବ୍ରହ୍ମନିଷ୍ଠ ବରିଷ୍ଠ ବ୍ରାହ୍ମଣଙ୍କ ନିକଟକୁ ଗଲେ ଏବଂ ବ୍ରାହ୍ମଣ ଉଭୟଙ୍କ ଉପରେ ପ୍ରସନ୍ନ ହୋଇ କହିଲେ ହେ ଯୁବକଦ୍ୱୟ – ଯଥାଶୀଘ୍ର ତୁମ୍ଭେ ପୁରୁଷୋତ୍ତମ କ୍ଷେତ୍ରକୁ ଯାଅ ଏବଂ ସେଠାରେ ମହାପ୍ରଭୁଙ୍କର ଦାରୁବିଗ୍ରହଙ୍କୁ ଦର୍ଶନ କର। ତୁମ୍ଭର ସମସ୍ତ କଲୁଷ ଅଚିରେଣ ଧ୍ୱଂସ ହୋଇଯିବ ଏବଂ ତୁମ୍ଭେ ସୁଧୁରିଯିବ। ବୈଷ୍ଣବ ବ୍ରାହ୍ମଣଙ୍କର ଏଭଳି ଆଶ୍ୱାସନାବାଣୀ ଶୁଣି ଉଭୟ ପୁରୁଷୋତ୍ତମ କ୍ଷେତ୍ର ଅଭିମୁଖରେ ଚାଲିଲେ।

ଏହାହିଁ ଏହି ଅଧ୍ୟାୟର ସଂକ୍ଷିପ୍ତ ସାର।

◆◆◆

ପଞ୍ଚମ ଅଧ୍ୟାୟ

(ଅମ୍ବରୀଷ ଓ ପୁଣ୍ଡରୀକଙ୍କର ନୀଳାଦ୍ରିଯାତ୍ରା, ମହାପ୍ରଭୁଙ୍କ ଦର୍ଶନ, ପ୍ରଭୁଙ୍କୁ ସ୍ତୁତି ଏବଂ ସମସ୍ତ ପାପରୁ ମୁକ୍ତି)

ବୈଷ୍ଣବ ବ୍ରାହ୍ମଣଙ୍କର ଉପଦେଶ ଅନୁସାରେ ଉଭୟ ଅମ୍ବରୀଷ ଓ ପୁଣ୍ଡରୀକ ସ୍ନାନକରି ଅତ୍ୟନ୍ତ ଶୁଦ୍ଧ ହୃଦୟରେ ପ୍ରଭୁଙ୍କର ମନ୍ଦିରରେ ପହଞ୍ଚିଲେ। ସେଠାରେ ଦଣ୍ଡାୟମାନ ହୋଇ ସାଷ୍ଟାଙ୍ଗ ପ୍ରଣିପାତ କଲେ। ହେଲେ ଆଶ୍ଚର୍ଯ୍ୟର କଥା – ପ୍ରଭୁଙ୍କ ସମ୍ମୁଖରେ ଠିଆ ହୋଇ ମଧ୍ୟ ସେ ଦୁହେଁ ପ୍ରଭୁଙ୍କୁ ଦେଖିପାରିନାହାନ୍ତି। ଚିନ୍ତାମଗ୍ନ ଅମ୍ବରୀଷ ଓ ପୁଣ୍ଡରୀକ ସେହି ମୁହୂର୍ତ୍ତରେ ସଂକଳ୍ପକଲେ ଯେ – ଯେ ପର୍ଯ୍ୟନ୍ତ ପ୍ରଭୁଙ୍କର ଦର୍ଶନ ନ ମିଳିଛି, ସେ ପର୍ଯ୍ୟନ୍ତ ସେମାନେ ସେଠାରେ ଅନଶନ କରି କାଳାତିପାତ କରିବେ। ତେଣୁ ଅନଶନ ଆରମ୍ଭ କଲେ ଏବଂ ମହାପ୍ରଭୁଙ୍କର ଭଜନ କୀର୍ତ୍ତନରେ କାଳାତିପାତ କଲେ। ତା'ପରେ ଅନଶନର ତୃତୀୟ ରାତ୍ରିରେ ଏକ ଦିବ୍ୟଜ୍ୟୋତିର ଦର୍ଶନ କରିଲେ। ପୁନଶ୍ଚ ତିନିଦିନ ଯାଏ ବ୍ରତ ଓ ଉପବାସରେ କାଳାତିପାତ କଲେ। ଅନଶନର ସପ୍ତମ ରାତ୍ରିରେ ପ୍ରଭୁଙ୍କର ଖୁବ୍ ସୁନ୍ଦର ଦର୍ଶନ କଲେ। ସେହି ସମୟରେ ଦେଖିଲେ ଯେ ଦେବତାମାନେ ମଧ୍ୟ ପ୍ରଭୁଙ୍କର ସ୍ତୁତି କରୁଛନ୍ତି। ଏହି ସ୍ତୁତିଶୁଣି ଉଭୟଙ୍କର ଭାବାନ୍ତର ସୃଷ୍ଟି ହେଲା ଏବଂ ସେମାନେ ସମସ୍ତ ପାପରୁ ମୁକ୍ତ ହେଲେ।

ଏହିଭଳି ଭାବରେ ପ୍ରଭୁଙ୍କର ଅଭୁତ ଦର୍ଶନ କରିବା ପରେ ସେ ଦୁହେଁ ବିଭିନ୍ନ ବିଦ୍ୟାରେ ପାରଙ୍ଗତ ହେଲେ। କରୁଣାମୟ ପ୍ରଭୁଙ୍କର ସାକ୍ଷାତ ଆଶୀର୍ବାଦ ସେମାନେ ଲାଭ କରିଛନ୍ତି ବୋଲି ତାଙ୍କର ହୃଦ୍‌ବୋଧ ହେଲା। ତା'ପରେ ପ୍ରଭୁଙ୍କୁ ତ୍ରିବାର ପ୍ରଦକ୍ଷିଣ କରି ପ୍ରଥମେ ପୁଣ୍ଡରୀକ ପ୍ରଭୁଙ୍କୁ ସ୍ତୁତି କରି କହୁଛନ୍ତି – ହେ ପ୍ରଭୋ! ଆପଣ ବିଶ୍ୱାଧାର! ମୁଁ ଅଜ୍ଞାନ। ମୋତେ କ୍ଷମା କରିଦିଅ ଏବଂ ମୋର ହୃଦୟରେ ସଦ୍‌ବୁଦ୍ଧି ପ୍ରଦାନ କର।

ଏ ପ୍ରସଙ୍ଗରେ ପୁଣ୍ଡରୀକଙ୍କର ସ୍ତୁତି ଖୁବ୍ ଚମତ୍କାର ଓ ହୃଦୟାକର୍ଷକ।

ଉଦାହରଣ —

ହେ ନାଥ ! ମୁଁ ଜଣେ ଦୁଷ୍କୃତ	ଶ୍ରୀଚରଣେ ଶରଣାଗତ	॥
ଭବସାଗରେ ମୁଁ ପତିତ	ରକ୍ଷା କର ହେ ପ୍ରାଣନାଥ	॥
ତୁମ ସଦୃଶ ଜଣେ ବନ୍ଧୁ	ବ୍ରହ୍ମାଣ୍ଡେ ନାହିଁ କୃପାସିନ୍ଧୁ	॥
ନିଜ କାର୍ଯ୍ୟକୁ ପର କର	ଦୀନଜନକୁ ଦୟା କର	॥
ଜଲଯନ୍ତର ଘଟ ଯଥା	ଉପରତଲ ଭୂମି ତଥା	॥
ପାଉଛି ଦୁଃଖ ନିରନ୍ତର	ରଖ ହେ କରୁଣାସାଗର	॥
ତୁମେ ହିଁ ଅବଲୀଲା କ୍ରମେ	ମୁକ୍ତି ଦାନରେ ସକ୍ଷମେ	॥
କିନ୍ତୁ ସଂସାର ସୁଖ ପାଇଁ	ଯେ ମୂଢ ତୁମକୁ ପୂଜଇ	॥
ସେମାନେ ମାୟାରେ ମୋହିତ	ଦୁଃଖରେ ଜର୍ଜରିତ ଭ୍ରାନ୍ତ	॥ (୫ ୧-୫ ୯)

ଏହାପରେ ପୁନଶ୍ଚ ଅମ୍ବରୀଷ ମଧ ସ୍ତୁତି କରି ନିଜର ଆତ୍ମନିବେଦନ କରୁଛନ୍ତି ଯଥା —

ଆହେ ପ୍ରଭୁ ଭଗବାନ ମୋଠାରେ ହୁଅ ପ୍ରସନ୍ନ

ଶ୍ରୀଚରଣ କମଲରେ, ମୋ ନମସ୍କାର।

ମୁଁ ଅଷ୍ଟାଙ୍ଗ ଯୋଗତତ୍ତ୍ୱ ଜାଣେ ନାହିଁ, ବ୍ୟାକୁଲିତ

ସଂସାର ସାଗରୁ ମୋତେ, କର ଉଦ୍ଧାର।

ଆହେ ପ୍ରଭୁ ଜଗତନାଥ !

ଅନୁଗ୍ରହ କରି ମୋତେ କର ସନାଥ॥

ପ୍ରଭୁଙ୍କୁ ସ୍ତୁତି କରିବା ପରେ ଉଭୟ ପୁଣ୍ଡରୀକ ଓ ଅମ୍ବରୀଷ ମହାପ୍ରଭୁଙ୍କ ଚରଣରେ ଶରଣାପନ୍ନ ହେଲେ। ଏହାପରେ ଚତୁର୍ଦ୍ଧାମୂର୍ତ୍ତିଙ୍କର ପୁନଶ୍ଚ ସେହି ଦିବ୍ୟବିଗ୍ରହ ଦର୍ଶନ କରିଲେ। କି ଚମତ୍କାର ରୂପକାନ୍ତି। ବିଭିନ୍ନ ଅଲଙ୍କାରରେ ଅଲଙ୍କୃତ ପ୍ରଭୁ ଜଗନ୍ନାଥ, ବଲଭଦ୍ର, ସୁଭଦ୍ରା ଓ ସୁଦର୍ଶନ। ଏହିଭଲି ଦର୍ଶନ କରି ସେହି ସପ୍ତମଦିନର ରାତ୍ରି ପ୍ରଭୁଙ୍କର ଭବ୍ୟ ପ୍ରାସାଦରେ ଅତିବାହିତ କଲେ। ଅରୁଣୋଦୟ କାଲରେ ଉଭୟଙ୍କର ସଦ୍‌ବୁଦ୍ଧି ଓ ସତ୍ ଜ୍ଞାନର ପୁର୍ଣ୍ଣୋଦୟ ଘଟିଲା ଏବଂ ଉଭୟ ପ୍ରଭୁଙ୍କ ନିକଟରେ ଆତ୍ମସମର୍ପଣ କରି ଜୀବନର ଅବଶିଷ୍ଟ ଅଂଶ

ଶ୍ରୀକ୍ଷେତ୍ରରେ ଅତିବାହିତ କରିବା ପାଇଁ ନିଷ୍ପତ୍ତି ନେଲେ ଏବଂ ପରିଶେଷରେ ଶ୍ରୀକ୍ଷେତ୍ରରେ ହିଁ ବାସକରି ମହାପ୍ରଭୁଙ୍କର କରୁଣାରୁ ମୁକ୍ତିଲାଭ କଲେ।

ଏଠାରେ ମହର୍ଷି ବ୍ୟାସ ଉଲ୍ଲେଖକରିବାକୁ ଚାହାନ୍ତି ଯେ ଯେଉଁ ବ୍ୟକ୍ତି ପରିସ୍ଥିତିରେ ପଡ଼ି ଯେତେ ପାପ କରିଥିଲେ ମଧ୍ୟ ଯଦି ଶ୍ରୀକ୍ଷେତ୍ରକୁ ଯାଇ ପ୍ରଭୁଙ୍କର ଦର୍ଶନ କରନ୍ତି, ତାଙ୍କର ଭଜନ କୀର୍ତ୍ତନ କରନ୍ତି, ତେବେ ସେମାନେ ନିଶ୍ଚିତ ପାପରୁ ମୁକ୍ତିଲାଭ କରିଥାନ୍ତି। ତେଣୁ ଗୀତାର ଉପଦେଶ ଏ ପ୍ରସଙ୍ଗରେ ପ୍ରଣିଧାନ ଯୋଗ୍ୟ। ଯଥା –

ଅପି ଚେତ୍ ସୁଦୁରାଚାରୋ ଭଜତେ ମାମନନ୍ୟଭାକ୍
ସାଧୁରେବ ସ ମନ୍ତବ୍ୟଃ ସମ୍ୟଗ୍ ବ୍ୟବସିତୋ ହି ସଃ। (ଗୀତା...)

❖ ❖

ଷଷ୍ଠ ଅଧ୍ୟାୟ

(ପୁରୁଷୋତ୍ତମ କ୍ଷେତ୍ରର ଅବସ୍ଥିତି ଏବଂ ଉତ୍କଳର ମହିମା ବର୍ଣ୍ଣନା)

ପୁରୁଷୋତ୍ତମକ୍ଷେତ୍ରର ଅଭୂତ ମହିମା ଏବଂ ପ୍ରଭୁ ଚତୁର୍ଦ୍ଧାମୂର୍ତ୍ତିଙ୍କର ବିଶେଷତ୍ୱ ଶୁଣିବାପରେ ମୁନିମାନେ ଆଶ୍ଚର୍ଯ୍ୟ ଓ ଉତ୍କଣ୍ଠିତ ହୋଇଗଲେ ଏବଂ ଗୁରୁ ମହର୍ଷି ଜୈମିନିଙ୍କୁ ପୁନଶ୍ଚ ପଚାରୁଛନ୍ତି ଯେ ହେ ମହର୍ଷି! ଆପଣ ଯେଉଁ କ୍ଷେତ୍ରର କଥା କହୁଛନ୍ତି, ସେ କ୍ଷେତ୍ର କେଉଁଠାରେ ଅବସ୍ଥିତ। ଯେଉଁ ଦେଶରେ ଏହି କ୍ଷେତ୍ର ଅବସ୍ଥିତ, ସେହି ଦେଶର ମହିମା କଣ?

ଋଷିମାନଙ୍କର ଜିଜ୍ଞାସାକୁ ଶ୍ରବଣ କରିବା ପରେ ମହର୍ଷି ଜୈମିନି କହୁଛନ୍ତି ଯେ – ହେ ମୁନିବୃନ୍ଦ! ଏହି କ୍ଷେତ୍ରର ମହିମା ଯଥେଷ୍ଟ ରହିଛି। ଏହି କ୍ଷେତ୍ର ଯେଉଁ ଦେଶରେ ଅବସ୍ଥିତ ତା'ର ନାମ ଉତ୍କଳ। (ବର୍ତ୍ତମାନର ଓଡ଼ିଶା ପ୍ରଦେଶ) ଏହି ଉତ୍କଳର ମହିମା ଅବର୍ଣ୍ଣନୀୟ। ବିଭିନ୍ନ ପ୍ରାକୃତିକ ଶୋଭା ସୌନ୍ଦର୍ଯ୍ୟରେ ପରିପୂର୍ଣ୍ଣ, ନାନାବିଧ ନଦୀ, ଗିରି, କାନନ ଓ ଉପବନ ଦ୍ୱାରା ସୁଶୋଭିତ ଏହି ପବିତ୍ର ଉତ୍କଳପ୍ରଦେଶ। ସମଗ୍ର ଭାରତବର୍ଷରେ ତଥା ପୃଥିବୀରେ ମଧ୍ୟ ଏହି ପ୍ରଦେଶ ଏକ ପୁଣ୍ୟତମ ପ୍ରଦେଶ। ଏଠିକାର ଅଧିବାସୀମାନେ ଧନ୍ୟ। ଏହି ଅଧିବାସୀମାନେ ସଦାଚାର ସମ୍ପନ୍ନ ଏବଂ ଅତ୍ୟନ୍ତ ଅତିଥିପରାୟଣ। ଏହା ହେଉଛି ଶାନ୍ତି ଓ ସଦ୍ଭାବନାର ଦେଶ। ଏହି ସ୍ଥାନ ହେଉଛି ସମଗ୍ର ପୃଥିବୀର "ଭୂସ୍ୱର୍ଗ"। ଏହି ଭଳି ଭାବରେ ଉକ୍ତ ଅଧ୍ୟାୟରେ ମହର୍ଷି ଜୈମିନି ଓଡ଼ିଶାର ସୌନ୍ଦର୍ଯ୍ୟ ସମ୍ଭାର ଓ ବିଶେଷ ଗୁଣାବଳୀକୁ ବର୍ଣ୍ଣନା କରିଛନ୍ତି।

❖ ❖ ❖

ସପ୍ତମ ଅଧ୍ୟାୟ

(ରାଜା ଇନ୍ଦ୍ରଦ୍ୟୁମ୍ନଙ୍କର ପରିଚୟ, ଶ୍ରୀକ୍ଷେତ୍ର ଆଗମନର ଅଭିଳାଷ,
ବିଦ୍ୟାପତିଙ୍କର ଶ୍ରୀକ୍ଷେତ୍ର ଆଗମନ। ଶବରରାଜା ବିଶ୍ୱାବସୁଙ୍କ ସହିତ
ସାକ୍ଷାତ୍କାର ଏବଂ ପ୍ରଭୁ ଜଗନ୍ନାଥଙ୍କୁ ଦର୍ଶନ କରିବାପାଇଁ ପୁରୋହିତ
ବିଦ୍ୟାପତିଙ୍କର ଇଚ୍ଛା)

ଉକ୍ତ ଅଧ୍ୟାୟରେ ମହର୍ଷି ଜୈମିନି ଶିଷ୍ୟମାନଙ୍କୁ ରାଜା ଇନ୍ଦ୍ରଦ୍ୟୁମ୍ନଙ୍କର
ପରିଚୟ ପ୍ରଦାନ କରିବା ପୂର୍ବ୍ୱକ ତାଙ୍କର ବିଷ୍ଣୁଭକ୍ତି, ଆଚାର, ବିଚାର, ଭାଗବତୀ
ଚିନ୍ତାଧାରା ଇତ୍ୟାଦି ସମ୍ପର୍କରେ ସମ୍ୟକ୍ ସୂଚନା ପ୍ରଦାନ କରିଛନ୍ତି।

ଏକଦା ରାଜା ଇନ୍ଦ୍ରଦ୍ୟୁମ୍ନ ନିଜର ନଗରୀରେ ଅବସ୍ଥିତ ଲକ୍ଷ୍ମୀପତିଙ୍କର
ମନ୍ଦିରରେ ପ୍ରଭୁଙ୍କର ପୂଜା ସମୟରେ ଉପସ୍ଥିତ ଥିଲେ। ସେଠାରେ ଅନେକ
ବିଦ୍ୱାନ୍ ପୂଜାରେ ଯୋଗଦେବା ପାଇଁ ପ୍ରବେଶ କଲେ। ସେମାନଙ୍କୁ ଦେଖି ରାଜା
ଜିଜ୍ଞାସା କଲେ ଯେ– ପୃଥିବୀରେ ଏଭଳି କୌଣସି ତୀର୍ଥକ୍ଷେତ୍ର ଅଛି କି, ଯେଉଁଠାରେ
ପ୍ରଭୁ ଜଗନ୍ନାଥଙ୍କୁ ଚର୍ମ ଚକ୍ଷୁରେ ଦେଖିହେବ ? ଏହି ସମୟରେ ଜଣେ ବିଜ୍ଞ ବାଗ୍ମୀ
ବ୍ରାହ୍ମଣ କହିଲେ ଯେ – ହେ ରାଜନ୍! ଭୂମଣ୍ଡଲରେ ଥିବା ତୀର୍ଥମାନଙ୍କମଧ୍ୟରେ
ସବୁଠାରୁ ଶ୍ରେଷ୍ଠ ତୀର୍ଥ ହେଉଛି ପୁରୁଷୋତ୍ତମତୀର୍ଥ। ତାହା ପବିତ୍ର ଉତ୍କଳପ୍ରଦେଶରେ
ଅବସ୍ଥିତ। ସେହ ପୁରୁଷୋତ୍ତମ ଧାମରେ ଉକ୍ତ ତୀର୍ଥ ସମୁଦ୍ରତୀରରେ ଅବସ୍ଥିତ।
ଏଠାରେ ଏକ ନୀଳପର୍ବତ ରହିଛି। ତା'ର କୋଲରେ ଏକ ବିଶାଲ କଟ୍ପଦ୍ରୁମ
ରହିଛି। ତା'ର ପଶ୍ଚିମରେ ରୋହିଣୀ ନାମକ ଏକ ପବିତ୍ର କୁଣ୍ଡ ବା ତୀର୍ଥ ଅଛି।
ଏଠାରେ ପ୍ରଭୁ ବିରାଜମାନ କରିଛନ୍ତି। ଏହାର ପଶ୍ଚିମଦିଗରେ "ଶବରଦୀପକ'
ନାମକ ଏକ ଗ୍ରାମ ଅଛି। ସେହି ଶବରପଲ୍ଲୀରୁ ପ୍ରଭୁ ଜଗନ୍ନାଥଙ୍କ ନିକଟକୁ ଏକ
ଏକପଦୀ ମାର୍ଗ ରହିଛି। ପର୍ବତ ଉପରେ ପ୍ରଭୁ ଜଗନ୍ନାଥ ଚତୁର୍ଭୂଜ ରୂପରେ ପୂଜା

ପାଉଛନ୍ତି ।   ହେ ରାଜନ୍ ! ମୁଁ ଏକବର୍ଷ ପର୍ଯ୍ୟନ୍ତ ସେହି ତୀର୍ଥରେ ବାସ ମଧ୍ୟ କରିଥିଲି । ପ୍ରତିଦିନ ରାତ୍ରିରେ ଦେବତାମାନେ ଏହି ସ୍ଥାନକୁ ଆସି ପ୍ରଭୁଙ୍କର ଦର୍ଶନ କରିଥାନ୍ତି । ଏଠାରେ ଏକ ବାୟସ ପ୍ରଭୁଙ୍କ ଦର୍ଶନ କରି ମୁକ୍ତି ଲାଭ କରିଥିଲା । ମୁଁ ପୂର୍ବରୁ ମୂର୍ଖ ଥିଲି, ହେଲେ ଏହି କ୍ଷେତ୍ରରେ ଏକବର୍ଷ ପର୍ଯ୍ୟନ୍ତ ବସବାସକରି ପ୍ରଭୁଙ୍କର ଅନୁଗ୍ରହରୁ ଅଷ୍ଟାଦଶବିଦ୍ୟାରେ ପାରଙ୍ଗତ ହେଲି ।

ଏହି କଥା ବିଜ୍ଞ ବ୍ରାହ୍ମଣଙ୍କଠାରୁ ଶୁଣି ରାଜା ଉତ୍କଣ୍ଠିତ ହୋଇ ପଚାରିଲେଯେ ହେ ବ୍ରାହ୍ମଣ ! ମୁଁ ଏହି ସ୍ଥାନକୁ କିଭଳି ଯାଇପାରିବି ଏବଂ ପ୍ରଭୁଙ୍କ ଦର୍ଶନ ଲାଭକରିବି ?

ଏହାର ଉତ୍ତରରେ ରାଜପୁରୋହିତ କହୁଛନ୍ତି ଯେ– ହେ ରାଜନ୍ ! ମୋର ସାନଭାଇ ବିଦ୍ୟାପତି ପ୍ରଥମେ ସେ ସ୍ଥାନକୁ ଯିବେ । ଆମର ବାସ ପାଇଁ ସ୍ଥାନନିର୍ଦ୍ଧାରଣ କରିବେ । ତାପରେ ପ୍ରଭୁଙ୍କୁ ଦର୍ଶନ କରି ଫେରିଆସିବା ପରେ ଆମ୍ଭଙ୍କୁ ସେଠାକୁ ଯିବାପାଇଁ ଉପଯୁକ୍ତ ପରାମର୍ଶ ପ୍ରଦାନ କରିବେ ।

ରାଜା ରାଜପୁରୋହିତଙ୍କର ପରାମର୍ଶ ଗ୍ରହଣ କଲେ । ରାଜା ରାଜପୁରୋହିତଙ୍କ ଭ୍ରାତା ବିଜ୍ଞବିଦ୍ୱାନ୍ ବ୍ରାହ୍ମଣ ବିଦ୍ୟାପତିଙ୍କୁ ଶ୍ରୀକ୍ଷେତ୍ରକୁ ପ୍ରେଷଣ କଲେ । ବିଦ୍ୟାପତି ମଧ୍ୟ ଏଥିରେ ଅତ୍ୟନ୍ତ ଆନନ୍ଦିତ ହେଲେ ଏବଂ ପୁରୀ କ୍ଷେତ୍ରକୁ ଆସିବାକୁ ନିଷ୍ପତ୍ତି ନିଆଯାଇଥିବାରୁ ନିଜକୁ ଧନ୍ୟ ମନେ କଲେ ।

ଏହାପରେ ରାଜା ଇନ୍ଦ୍ରଦ୍ୟୁମ୍ନ ବିଦ୍ୟାପତିଙ୍କୁ ଶ୍ରୀକ୍ଷେତ୍ର ଅଭିମୁଖରେ ଗମନ କରିବାପାଇଁ ଅନୁରୋଧ କଲେ । ବିଦ୍ୟାପତି ମଧ୍ୟ ରାଜାଙ୍କର ଅନୁରୋଧ କ୍ରମେ ସେହି ଅତ୍ୟନ୍ତ ପୁଣ୍ୟବନ୍ତ ତୀର୍ଥକୁ ଯିବାପାଇଁ ପ୍ରସ୍ତୁତି ଆରମ୍ଭ କଲେ । ରାଜାଙ୍କ ଦ୍ୱାରା ପ୍ରଦତ୍ତ ରଥରେ ଆରୋହଣ କରି ବିଦ୍ୟାପତି ପୁରୁଷୋତ୍ତମ ଅଭିମୁଖରେ ଯାତ୍ରା କଲେ । ଯାତ୍ରା ସମୟରେ ବିଶେଷକରି ଓଡ଼ିଶାର ବିଭିନ୍ନ ନଦୀ, ଗିରି, ଅରଣ୍ୟ ଅତିକ୍ରମ କରି ଶ୍ରୀକ୍ଷେତ୍ରରେ ପହଞ୍ଚିଲେ । ତାଙ୍କର ମନ କେବଳ ବିଷ୍ଣୁଙ୍କ ଚିନ୍ତନ ଓ ଧ୍ୟାନରେ ପରିପୂର୍ଣ୍ଣ ଥିଲା ।

ନୀଳାଚଳରେ ପହଞ୍ଚି ସେଠାକାର ସମସ୍ତ ଅଧିବାସୀଙ୍କୁ ସେ ଦେବତାରୂପରେ ଦର୍ଶନ କଲେ । ନୀଳାଚଳର ମଧ୍ୟ ଅପୂର୍ବ ଶୋଭା ଅବଲୋକନ କଲେ । କ୍ରମେ କ୍ରମେ ସେ ଭାଗବତ ପାଠର ସ୍ୱରକୁ ଅନୁସରଣ କିର ଶବରପଲ୍ଲୀ ଅଭିମୁଖରେ ଯାତ୍ରା କଲେ । ଅତ୍ୟନ୍ତ ପବିତ୍ର ବାତାବରଣ । ଏହି ସମୟରେ ଶବରରାଜା ବିଶ୍ୱାବସୁ

ନୀଳପର୍ବତ ଉପରେ ପ୍ରଭୁଙ୍କ ପୂଜାସାରି ଓହ୍ଲାଉ ଥିଲେ । ବିଦ୍ୟାପତି ତାଙ୍କୁ ଦେଖି ଆନନ୍ଦରେ ବିଭୋର ହୋଇଗଲେ ।

ଏହାପରେ ରାଜାବିଶ୍ୱାବସୁ ପଣ୍ଡିତ ବିଦ୍ୟାପତିଙ୍କର ଖୁବ୍ ଆତିଥ୍ୟ ସମ୍ପାଦନ କଲେ । ବିଦ୍ୟାପତି ବିଶ୍ୱାବସୁଙ୍କୁ ବିଷ୍ଣୁଙ୍କ ଦର୍ଶନ ବିଷୟରେ କିଛି ପଚାରିବା ସମୟରେ ବିଶ୍ୱାବସୁ ବିଦ୍ୟାପତିଙ୍କର ମଧ୍ୟ ପରିଚୟ ଜାଣିବା ପାଇଁ ଚାହିଁଥିଲେ । ସେ ପଚାରିଲେ ଆପଣ କିଏ ? କେଉଁଠୁ ଆସିଲେ ? ଏ ଦୁର୍ଗମ ଅରଣ୍ୟରେ କାହିଁକି ପ୍ରବେଶ କଲେ ? ଆପଣ ଉପବାସରେ ଅଛନ୍ତି । ଆପଣଙ୍କ ଭୋଜନ ଫଳାହାର ଅଥବା ଆମ ରୋଷେଇରେ ଆହାର କରିବେ ? ହେଲେ ଏ ସମସ୍ତ ପ୍ରଶ୍ନର ଉତ୍ତର ଦେବାପୂର୍ବରୁ ବିଦ୍ୟାପତି କହିଲେ ହେ ଶରରରାଜ! ମୁଁ ସେ ପରମପିତା ବିଷ୍ଣୁଙ୍କୁ ଦର୍ଶନ ନ କରିବା ପର୍ଯ୍ୟନ୍ତ କୌଣସି ଭୋଜନ କରିବି ନାହିଁ । ଏଠାରେ ମୁଁ ଅନାହାର ବ୍ରତ ଆଚରଣ କରିବି । ତେଣୁ ହେ ସାଧୋ! ମୋତେ ସେହି ପ୍ରଭୁ ଜଗନ୍ନାଥ ନୀଳମାଧବଙ୍କୁ ଦର୍ଶନ କରାଇ ଦିଅ ।

ଏହାହିଁ ଉକ୍ତ ଅଧ୍ୟାୟର ସାର ।

❖❖❖

ଅଷ୍ଟମ ଅଧ୍ୟାୟ

(ବିଶ୍ୱାବସୁଙ୍କଦ୍ୱାରା ବିଦ୍ୟାପତିଙ୍କର ନୀଳମାଧବ ଦର୍ଶନ ଆଶାରେ ନୀଳପର୍ବତ
ପ୍ରତି ମାର୍ଗ ଦର୍ଶନ, ରୋହିଣୀକୁଣ୍ଡ ଦର୍ଶନ, କଳ୍ପବଟ ଦର୍ଶନ, ଜଗନ୍ନାଥ ଦର୍ଶନ
ଏବଂ ମହାପ୍ରସାଦ ଭୋଜନ)

ଉକ୍ତ ଅଧ୍ୟାୟରେ ବିଶ୍ୱାସବସୁଙ୍କର ଅନୁଗ୍ରହରୁ ବିଦ୍ୟାପତି ତାଙ୍କର ଆଭିମୁଖ୍ୟକୁ
ସଫଳ କରିପାରିଛନ୍ତି । ବିଦ୍ୟାପତିଙ୍କର ନମ୍ରନିବେଦନ ପରେ ଶବରରାଜା ବିଶ୍ୱାବସୁ
ଅନେକ ଦ୍ୱନ୍ଦ୍ୱରେ ପଡ଼ିଗଲେ । ଚିନ୍ତାକଲେ ଯେ ପ୍ରଭୁ ନୀଳମାଧବ ହେଉଛନ୍ତି
ତାଙ୍କର କୁଳର ଦେବତା । ସେ ଅତ୍ୟନ୍ତ ଗୋପନୀୟ । ତେଣୁ ତାଙ୍କର ଗୋପନୀୟ
କୁଳଦେବତାଙ୍କୁ କିଭଳି ଜଣେ ଆଗନ୍ତୁକ ବିଦ୍ୟାପତିଙ୍କୁ ଦେଖାଇବେ ।

ଏହି ଭଳି ଚିନ୍ତାମଗ୍ନହୋଇ ମଧ୍ୟ ବିଶ୍ୱାବସୁ ଜାଣିପାରିଥିଲେ ଯେ ଏକଦା
ମାଲବର ସମ୍ରାଟ୍ ରାଜା ଇନ୍ଦ୍ରଦ୍ୟୁମ୍ନ ପୁରୁଷୋତ୍ତମ ଧାମକୁ ଆସିବେ । ସେହି ସମୟରେ
ପୂର୍ବରୁ ପୂଜା ପାଉଥିବା ନୀଳମାଧବ, ଅନ୍ତର୍ହିତ ହୋଇଯିବେ । ଏବଂ ତାଙ୍କ ସ୍ଥାନରେ
"ଏକୋହଂ ବହୁ ସ୍ୟାମ୍" ପ୍ରଥାରେ ପ୍ରଭୁଙ୍କର ଚାରିଗୋଟି ଦାରୁବିଗ୍ରହ ଏଠାରେ
ପୂଜା ପାଇବେ । ତେଣୁ ବିଦ୍ୟାପତିଙ୍କୁ ବର୍ତ୍ତମାନର ବିଗ୍ରହକୁ ଦେଖାଇବି । ଏହି କଥା
ଚିନ୍ତାକରି ବିଶ୍ୱାବସୁ ବିଦ୍ୟାପତିଙ୍କୁ ନୀଳମାଧବ ଦର୍ଶନ ଆଶାରେ ପ୍ରଥମ ତାଙ୍କୁ
ଶବରପଲ୍ଲୀରୁ ନୀଳମାଧବଙ୍କ ପର୍ଯ୍ୟନ୍ତ ମାର୍ଗ, ରୋହିଣୀକୁଣ୍ଡ ଏବଂ ତାପରେ
କଳ୍ପବଟକୁ ଦର୍ଶନ କରାଇଦେଲେ ଏବଂ ପ୍ରତ୍ୟେକଙ୍କର ମହିମା ମଧ୍ୟ ତାଙ୍କୁ କହିଲେ ।
ବିଦ୍ୟାପତି ମଧ୍ୟ ଏଗୁଡ଼ିକୁ ଦର୍ଶନ କରି ନିଜକୁ କୃତକୃତ୍ୟ ମନେକଲେ ଏବଂ ରୋହିଣୀ
କୁଣ୍ଡରେ ସ୍ନାନ କଲେ । ଏହାପରେ ବିଦ୍ୟାପତି ପ୍ରଭୁଙ୍କୁ ଦର୍ଶନ କଲେ ଏବଂ ତାଙ୍କ
ନିକଟରେ ସାଷ୍ଟାଙ୍ଗ ପ୍ରଣାମ କରି ସ୍ତୁତି କଲେ ଓ ଅନ୍ତରର ପ୍ରାର୍ଥନା ନିବେଦନକଲେ ।
ବିଦ୍ୟାପତିଙ୍କର ପ୍ରଭୁଙ୍କ ଉଦ୍ଦେଶ୍ୟରେ ଯେଉଁ ସ୍ତୁତି ରହିଛି ତାହା ଅତ୍ୟନ୍ତ ଚମତ୍କାର ।
ଉଦାହରଣ

" ହେ ସର୍ବବ୍ୟାପୀ ପରାତ୍ପର "

ତୁମ୍ଭଙ୍କୁ ହେ ପୁରୁଷୋତ୍ତମ କରେ ମୁଁ ସର୍ବଦା ।

ଏଭଳି ସ୍ତୁତି କରିବା ପରେ ସେ ସମ୍ପୂର୍ଣ୍ଣ ରୂପରେ ପ୍ରଭୁଙ୍କର ଚରଣାବିନ୍ଦରେ ଆତ୍ମସମର୍ପଣ କଲେ ଏବଂ ପୁଣି ପ୍ରାର୍ଥନା କଲେ –

ଅସାର ସଂସାର   ଘୁରିବୁଲି ମୋର

ବଢ଼ିଛି ଶୋକ ସନ୍ତାପ ।

ତୁମ ପାଦ ପଦ୍ମେ   ଗଲି ମୁଁ ଶରଣ

ଉଦ୍ଧର ହେ ବିଶ୍ୱରୂପ ! ।

ଏହାପରେ ବିଶ୍ୱାବସୁ ବିଦ୍ୟାପତି ପ୍ରଭୁଙ୍କୁ ଖୁବ୍ ସୁନ୍ଦର ଭାବରେ ଦର୍ଶନ କରିଥିବାରୁ ତାଙ୍କୁ ଧନ୍ୟ ବୋଲି କହିଲେ ଏବଂ ଶବରପଲ୍ଲୀକୁ ଫେରି ଆସିବା ପାଇଁ ନିବେଦନ କଲେ । ଏହାପରେ ଉଭୟ ବିଶ୍ୱାବସୁଙ୍କ ଘରେ ପହଞ୍ଚିଲା ପରେ ରାଜା ବିଶ୍ୱାବସୁ ଅତ୍ୟନ୍ତ ଭକ୍ତିର ସହିତ ବିଦ୍ୟାପତିଙ୍କର ଅଭ୍ୟର୍ଥନା କଲେ ଏବଂ ଅତ୍ୟନ୍ତ ସୁସ୍ୱାଦୁ ଏବଂ ସୁବାସିତ ଅନ୍ନ ବ୍ୟଞ୍ଜନ ପ୍ରଭୃତି ଭୋଜନ ଅର୍ପଣ କଲେ । ମହମହ ବାସ୍ନାରେ ସୁରଭିତ ବିଭିନ୍ନ ଅନ୍ନ ଓ ବ୍ୟଞ୍ଜନ ବିଷୟରେ ଯେତେବେଲେ ବିଦ୍ୟାପତି ପଚାରିଲେ ସେତେବେଲେ ବିଶ୍ୱାବସୁ କହିଲେ ଯେ – ଏହା ଇନ୍ଦ୍ରାଦି ଦେବଗଣଙ୍କ ଦ୍ୱାରା ପ୍ରଭୁ ଜଗତ୍‌ପତିଙ୍କୁ ନିବେଦିତ ନୈବେଦ୍ୟ । ଏହା ହେଉଛି ବିଷ୍ଣୁଙ୍କର ସେହି ନିର୍ମାଲ୍ୟ, ଯାହାକୁ ଆସ୍ୱାଦନ କଲେ ମଣିଷ ଶହ ଶହ ବର୍ଷଧରି ଜରା ଓ ରୋଗମୁକ୍ତ ହୋଇ ଶାନ୍ତିରେ ଜୀବନଯାପନ କରିଥାଏ ।

ବିଦ୍ୟାପତି ପ୍ରଭୁଙ୍କର ନିର୍ମାଲ୍ୟ ମାହାତ୍ମ୍ୟ ଶୁଣି ଅତ୍ୟନ୍ତ ଆନନ୍ଦିତ ହେଲେ ଏବଂ ଶବରରାଜ ବିଶ୍ୱାବସୁଙ୍କ ଘରେ ରହି ଅହର୍ନିଶ ପ୍ରଭୁଙ୍କ ଦର୍ଶନ କରି ଅବଶିଷ୍ଟ ଜୀବନ ଯାପନ କରିବା ପାଇଁ ପ୍ରସ୍ତାବ ଦେଲେ । ହେଲେ ଫେରିଯିବା ପାଇଁ ଇନ୍ଦ୍ରଦ୍ୟୁମ୍ନଙ୍କୁ ପ୍ରତିଶ୍ରୁତି ଦେଇଥିବାରୁ ଅବନ୍ତୀ ନଗରୀକୁ ଫେରିଯିବା ପାଇଁ ଆଜ୍ଞା ମାଗିଲେ । ଏକଥା ଶୁଣି ଶବରରାଜା ବିଶ୍ୱାବସୁ ଇନ୍ଦ୍ରଦ୍ୟୁମ୍ନଙ୍କର ଆଗମନ ବିଷୟ ଲୋକମୁଖରୁ ଶୁଣିଥିବା ବିଷୟ ବିଦ୍ୟାପତିଙ୍କ ନିକଟରେ ଉଲ୍ଲେଖ କଲେ ଏବଂ ପ୍ରଭୁଙ୍କର ଆବିର୍ଭାବ ହେବା ବିଷୟରେ ମଧ୍ୟ କହିଲେ । ଲୋକମୁଖରୁ ଶୁଣିଥିବା କଥା ଅନୁସାରେ ରାଜା ଇନ୍ଦ୍ରଦ୍ୟୁମ୍ନ ଏଠାରେ ମନ୍ଦିର ନିର୍ମାଣ କରିବେ । ଉଭୟ

ମନ୍ଦିର ଓ ମୂର୍ତ୍ତି ପ୍ରତିଷ୍ଠା ପାଇଁ ବ୍ରହ୍ମଲୋକରୁ ବ୍ରହ୍ମା ନିମନ୍ତ୍ରିତ ହେବେ। ଯେପର୍ଯ୍ୟନ୍ତ ଏ ମନ୍ଦିରଥିବ ଏବଂ ମନ୍ଦିରରେ ଚତୁର୍ଦ୍ଧାମୂର୍ତ୍ତି ଥିବେ, ସେ ପର୍ଯ୍ୟନ୍ତ ଆମର ବଂଶ ରହିଥିବ। ଇନ୍ଦ୍ରଦ୍ୟୁମ୍ନଙ୍କର ଯଶ ଅକ୍ଷୁର୍ଣ୍ଣ ରହିବ। ତେଣୁ ଆଉ କାଳବିଳମ୍ୱ ନକରି ରାତ୍ରି ଅଧିକ ହୋଇଯାଇଥିବାରୁ ବିଶ୍ରାମ ନେବାକୁ ବିଶ୍ୱାବସୁ ବିଦ୍ୟାପତିଙ୍କୁ କହିଲେ। ଏହାପରେ ପ୍ରଭାତ କାଳରେ ବିଦ୍ୟାପତି ରଥରେ ଅବନ୍ତୀ ନଗରୀ ଫେରିଗଲେ। ଏହି ସମୟରେ ରାଜା ବିଶ୍ୱାବସୁ ବିଦ୍ୟାପତିଙ୍କୁ ମହାପ୍ରଭୁଙ୍କର ଶ୍ରୀଅଙ୍ଗରୁ ଆଣିଥିବା ପୁଷ୍ପମାଲ୍ୟ ବା ନିର୍ମାଲ୍ୟ ବା ଆଜ୍ଞାମାଳ ରାଜା ଇନ୍ଦ୍ରଦ୍ୟୁମ୍ନଙ୍କୁ ଦେବା ଉଦ୍ଦେଶ୍ୟରେ ପ୍ରଦାନ କଲେ।

ଏହା ହିଁ ଅଷ୍ଟମ ଅଧ୍ୟାୟର ସାରବସ୍ତୁ।

❖❖❖

ନବମ ଅଧ୍ୟାୟ

(ନୀଳମାଧବଙ୍କ ଅନ୍ତର୍ଦ୍ଧାନ, ଦେବତାମାନଙ୍କର ଭାଳେଣି, ବ୍ରହ୍ମାଙ୍କ ଆଶ୍ୱାସନ। ବିଦ୍ୟାପତିଙ୍କର ଦିବ୍ୟ ନିର୍ମାଲ୍ୟ ମହିମା ବର୍ଣ୍ଣନ।)

ଉକ୍ତ ଅଧ୍ୟାୟରେ ମୁଖ୍ୟତଃ ନୀଳମାଧବଙ୍କର ଅନ୍ତର୍ଦ୍ଧାନ ଓ ତାଙ୍କର ଦିବ୍ୟ ନିର୍ମାଲ୍ୟର ମହିମା ବିଷୟରେ ବର୍ଣ୍ଣନା କରାଯାଇଛି।

ବିଦ୍ୱାନ୍ ବିଦ୍ୟାପତି ଅବନ୍ତୀ ଅଭିମୁଖରେ ଶ୍ରୀକ୍ଷେତ୍ର ଛାଡ଼ିବା ପୂର୍ବରୁ ପୁରୁଷୋଉମର ବିଭିନ୍ନ ସ୍ଥାନ ଭ୍ରମଣ କରି ତା'ର ସୁଷମା ସମ୍ଭାରକୁ ଉପଭୋଗ କଲେ ଏବଂ ପରେ ପରେ ଶ୍ରୀକ୍ଷେତ୍ର ଛାଡ଼ି ଅବନ୍ତୀ ଅଭିମୁଖରେ ରଥରେ ଆରୋହଣ କରି ଚାଲିଲେ। ରାଜା ଇନ୍ଦ୍ରଦ୍ୟୁମ୍ନଙ୍କୁ ନିଜର ସମସ୍ତ ଅନୁଭୂତି, ନୀଳମାଧବଙ୍କର ବିଶେଷତ୍ୱ ଏବଂ କ୍ଷେତ୍ର ମହିମା ବିଷୟରେ ବୟାନ କରିବେ। ବିଦ୍ୟାପତି ଶ୍ରୀକ୍ଷେତ୍ର ଛାଡ଼ିବାର କିଛିଦିନ ପରେ ପ୍ରବଳ ବାଲୁକାଝଡ଼ର ଆଗମନରେ ନୀଳମାଧବ ଅନ୍ତର୍ହିତ ହୋଇଗଲେ। ଏହା ସହ ମଧ ରୋହିଣୀକୁଣ୍ଡ ପ୍ରଚଣ୍ଡ ବାଲୁକାରେ ଆବୃତ ହୋଇଗଲା। ପ୍ରଭୁଙ୍କୁ ପ୍ରତିଦିନ ଇନ୍ଦ୍ରାଦି ଦେବଗଣ ବିଭିନ୍ନ ପ୍ରକାର ଅନ୍ନ ବ୍ୟଞ୍ଜନ ଆଣି ନୈବେଦ୍ୟ ପ୍ରଦାନ କରୁଥିଲେ ଏବଂ ତାଙ୍କୁ ଦର୍ଶନ କରି ନିଜ ନିଜକୁ କୃତାର୍ଥ ମନେକରି ସ୍ୱର୍ଗକୁ ଫେରିଯାଉଥିଲେ। କିନ୍ତୁ ଯେତେବେଳେ ପ୍ରଭୁ ଅନ୍ତର୍ହିତ ହୋଇଗଲେ, ସେତେବେଳେ ସେମାନେ ଦୁଃଖରେ ବ୍ୟାକୁଳିତ ହୋଇପଡ଼ିଲେ ଏବଂ ପୁନଶ୍ଚ ଦର୍ଶନ ଦେବା ପାଇଁ ପ୍ରଭୁଙ୍କୁ ପ୍ରାର୍ଥନା କଲେ। ପ୍ରଭୁ କିନ୍ତୁ ପୁନଶ୍ଚ ଦର୍ଶନ ନ ଦେଇ କେବଳ ସ୍ୱପ୍ନରେ ସେମାନଙ୍କୁ ବ୍ରହ୍ମାଙ୍କ ନିକଟକୁ ଯାଇ ନିବେଦନ କରିବା ପାଇଁ ପରାମର୍ଶ ଦେଲେ।

ଦେବତାମାନେ ପ୍ରଜାପତି ବ୍ରହ୍ମାଙ୍କ ନିକଟକୁ ଯାଇ ପ୍ରଭୁଙ୍କର ଅନ୍ତର୍ଦ୍ଧାନ ଓ ପୁନଃଦର୍ଶନ ପ୍ରସଙ୍ଗରେ ନିବେଦନ କଲେ। ବ୍ରହ୍ମା କହିଲେ, ହେ ଦେବଗଣ! ତୁମ୍ଭେମାନେ ବ୍ୟସ୍ତ ହୁଅ ନାହିଁ। ପ୍ରଭୁ ନୀଳମାଧବ ଜଗନ୍ନାଥ ଦାରୁ ବିଗ୍ରହ ଭାବରେ

ଆବିର୍ଭୂତ ହେବେ ଏବଂ ସେତେବେଳେ ତୁମ୍ଭେ ତାଙ୍କର ନୂତନ ବିଗ୍ରହ ଦର୍ଶନ କରି ଅବଶ୍ୟ ଆନନ୍ଦିତ ହେବ । ଏହାପରେ ଦେବତାମାନେ ଫେରିଆସିଲେ ଏବଂ ଇତି ମଧ୍ୟରେ ବିଦ୍ୱାନ୍ ବିଦ୍ୟାପତି ଶ୍ରୀକ୍ଷେତ୍ର ଏବଂ ଉତ୍କଳପ୍ରଦେଶର ବିଭିନ୍ନ ସ୍ଥାନ ପରିଭ୍ରମଣ କରି ଏହାର ସୁଷମା ସମ୍ଭାରରେ ମୁଗ୍ଧହୋଇ ଅନେକ ଅନୁଭୂତି ଲାଭ କରି ଅବନ୍ତୀନଗରକୁ ଗଲେ ଏବଂ ବିଷ୍ଣୁଭକ୍ତ ରାଜା ଇନ୍ଦ୍ରଦ୍ୟୁମ୍ନଙ୍କର ପ୍ରାସାଦରେ ପହଞ୍ଚିଗଲେ । ସାଙ୍ଗରେ ନେଇଥିଲେ ମହାପ୍ରଭୁଙ୍କ ନିର୍ମାଲ୍ୟ ବା ଆଜ୍ଞାମାଳ ।

ବିଦ୍ୟାପତିଙ୍କର ପ୍ରତ୍ୟାଗମନ ସମ୍ବାଦ ଶୁଣି ରାଜା ଇନ୍ଦ୍ରଦ୍ୟୁମ୍ନ ଆନନ୍ଦ ଓ ଉତ୍କଣ୍ଠାରେ ଗଦ୍‌ଗଦ ହୋଇଗଲେ ଏବଂ ତତ୍‌କ୍ଷଣାତ୍ ନୀଳମାଧବଙ୍କ ଦର୍ଶନ ଏବଂ ଶ୍ରୀକ୍ଷେତ୍ର ପରିଭ୍ରମଣ ସମ୍ପର୍କୀୟ ସମସ୍ତ ଅନୁଭୂତିକୁ ରାଜାଙ୍କ ନିକଟରେ ବର୍ଣ୍ଣନ କରିବା ସହ ସାଙ୍ଗରେ ନେଇଥିବା ନିର୍ମାଲ୍ୟକୁ ରାଜାଙ୍କୁ ପ୍ରଦାନ କଲେ । ନିର୍ମାଲ୍ୟ ମାଧ୍ୟମରେ ରାଜା ଇନ୍ଦ୍ରଦ୍ୟୁମ୍ନ ମହାପ୍ରଭୁ ଜଗନ୍ନାଥଙ୍କର ସ୍ୱରୂପକୁ ଦର୍ଶନ କରି ସେହି ଆଜ୍ଞାମାଳକୁ ବାରମ୍ବାର ପ୍ରଣାମ କଲେ । ବିଦ୍ୟାପତିଙ୍କ ସହିତ ରାଜା ଇନ୍ଦ୍ରଦ୍ୟୁମ୍ନଙ୍କର ଏବଂ ଅନ୍ୟାନ୍ୟ ରାଜସଭାର ବିଦ୍ୱାନ୍ ବ୍ରାହ୍ମଣମାନଙ୍କ ସହିତ ଅନୁଷ୍ଠିତ ମହାମିଳନ ଅତ୍ୟନ୍ତ ଆକର୍ଷଣୀୟ ଥିଲା ।

ଏହି ସମୟରେ ଉଭୟ ରାଜା ଇନ୍ଦ୍ରଦ୍ୟୁମ୍ନ ଓ ବ୍ରାହ୍ମଣ ବିଦ୍ୟାପତି ମହାପ୍ରଭୁ ନୀଳମାଧବଙ୍କ ଉଦ୍ଦେଶ୍ୟରେ ସ୍ତୁତିଗାନ କଲେ । ଇନ୍ଦ୍ରଦ୍ୟୁମ୍ନ ମଧ୍ୟ ନିର୍ମାଲ୍ୟ ବା ଆଜ୍ଞାମାଳ ପାଇ ସେହି ନିର୍ମାଲ୍ୟକୁ ମଧ୍ୟ ସ୍ତୁତି କଲେ । ଏହି ଆଜ୍ଞାମାଳ ଥିଲା ପ୍ରଭୁ ଜଗନ୍ନାଥଙ୍କର ରାଜା ଇନ୍ଦ୍ରଦ୍ୟୁମ୍ନଙ୍କ ପ୍ରତି ସାଦର ନିମନ୍ତ୍ରଣ । ଭକ୍ତ ପୃଥିବୀର ଯେଉଁ ଠାରେ ଥିଲେ ମଧ୍ୟ ଭଗବାନ କିଭଳି ତାଙ୍କୁ ନିଜର ଧାମକୁ ଶ୍ରଦ୍ଧା ଓ ଆଦରର ସହିତ ନିମନ୍ତ୍ରଣ କରିଥାନ୍ତି, ତାହା ହିଁ ଏହି ଆଜ୍ଞାମାଳ ଉପାଖ୍ୟାନ ସୂଚାଇ ଦେଇଥାଏ ।

ଏହାପରେ ବ୍ରାହ୍ମଣ ବିଦ୍ୟାପତି ଶ୍ରୀକ୍ଷେତ୍ରର ମହିମା ବିଷୟରେ ରାଜାଙ୍କ ନିକଟରେ ବର୍ଣ୍ଣନା କଲେ ।

✦✦✦

ଦଶମ ଅଧ୍ୟାୟ

(ବିଦ୍ୟାପତିଙ୍କର ନୀଳମାଧବ ରୂପ ଏବଂ ଶ୍ରୀକ୍ଷେତ୍ର ମହିମା ବର୍ଣ୍ଣନ।
ନାରଦଙ୍କ ଆଗମନ ଏବଂ ଜଗନ୍ନାଥ ମହାପ୍ରଭୁଙ୍କର ମହିମା ବର୍ଣ୍ଣନ।)

ବ୍ରାହ୍ମଣ ବିଦ୍ୟାପତିଙ୍କଠାରୁ ନିର୍ମ୍ମାଲ୍ୟ ଗ୍ରହଣ କରି ରାଜା ଇନ୍ଦ୍ରଦ୍ୟୁମ୍ନ ନିଜକୁ କୃତକୃତ୍ୟ ମନେକଲେ ଏବଂ ସେହି ନିର୍ମ୍ମାଲ୍ୟକୁ ପ୍ରଭୁଙ୍କର ବିଗ୍ରହ ବୋଲି ମନେକରି ତାକୁ ସାଷ୍ଟାଙ୍ଗ ପ୍ରଣିପାତ କଲେ ଏବଂ ସ୍ତୁତିକଲେ। ଏହାପରେ ଅତି ଉତ୍କଣ୍ଠାର ସହିତ ଶ୍ରୀକ୍ଷେତ୍ର ଭ୍ରମଣର ଅନୁଭୂତି, ଶ୍ରୀକ୍ଷେତ୍ରର ମହିମା, ମହାପ୍ରଭୁଙ୍କର ମହିମା ଇତ୍ୟାଦି ବିଷୟରେ କହିବା ପାଇଁ ରାଜା ଇନ୍ଦ୍ରଦ୍ୟୁମ୍ନ ବିଦ୍ୟାପତିଙ୍କୁ ନିବେଦନ କଲେ। ବ୍ରାହ୍ମଣ ବିଦ୍ୟାପତି ନିଜର ଅନୁଭୂତି, ଶ୍ରୀକ୍ଷେତ୍ର ଓ ଶ୍ରୀମହାପ୍ରଭୁଙ୍କର ଅଶେଷ ମହିମା ବିଷୟରେ ବିସ୍ତୃତଭାବରେ ରାଜାଙ୍କ ନିକଟରେ ଉପସ୍ଥାପନ କଲେ।

ଶ୍ରୀକ୍ଷେତ୍ର ମହିମା ବର୍ଣ୍ଣନ ପ୍ରସଙ୍ଗରେ ବିଦ୍ୟାପତି ଆଜ୍ଞାମାଳାର ମହିମା, କଳ୍ପଦ୍ରୁମର ବିଶେଷତ୍ୱ, ତୀର୍ଥରାଜ ମହୋଦଧି ଓ ରୋହିଣୀକୁଣ୍ଡର ମହିମା, ଇନ୍ଦ୍ରନୀଳ ବିଗ୍ରହ, ଶଙ୍ଖଚକ୍ରଗଦାପଦ୍ମଧର ପ୍ରଭୁ ନୀଳମାଧବଙ୍କ ମହିମା ପ୍ରଭୃତି ବିଷୟରେ କହିଲେ। ଏ ସବୁ ଶୁଣି ରାଜା ଇନ୍ଦ୍ରଦ୍ୟୁମ୍ନ ଯେତିକି ବିସ୍ମୟାଭିଭୂତ ହେଲେ, ସେତିକି ମଧ୍ୟ ଭକ୍ତିରେ ଗଦ୍ଗଦ ହୋଇଗଲେ। ରାଜା କହୁଛନ୍ତି — ହେ ବିଦ୍ୟାପତି! ଆପଣଙ୍କ ନିକଟରେ ମୁଁ କୃତଜ୍ଞ। ଆପଣଙ୍କର ଅନୁଗ୍ରହରୁ ମୁଁ ଦିବ୍ୟନିର୍ମ୍ମାଲ୍ୟ ପାଇଲି। ଏଥିରେ ମୋର ଜନ୍ମ ଜନ୍ମାନ୍ତରର ପାପ ନଷ୍ଟ ହୋଇଯାଇଛି। ମୁଁ ନିର୍ଦ୍ଦିଷ୍ଟ ପୁରୁଷୋତ୍ତମ କ୍ଷେତ୍ରକୁ ଯାଇ ସେଠାରେ ଅଶ୍ୱମେଧ ଯଜ୍ଞ ସମ୍ପାଦନ କରିବି ଏବଂ ଜୀବନର ଅବଶିଷ୍ଟ କାଳ ଯାପନ କରିବି। ଭଗବାନଙ୍କର ସାନ୍ନିଧ୍ୟ ଲାଭ କରି ନିଜକୁ ଗୌରବାନ୍ୱିତ ମନେ କରିବି। ଏହିଭଳି ଭାବରେ ବିଦ୍ୟାପତିଙ୍କୁ ନିଜର କୃତଜ୍ଞତା ଅର୍ପଣ କରିବା ସମୟରେ ମହର୍ଷି ନାରଦ ସେଠାରେ ଅକସ୍ମାତ୍ ପ୍ରବେଶ କଲେ। ଏହା ଦେଖ

ଇନ୍ଦ୍ରଦ୍ୟୁମ୍ନ ଏହାକୁ ଏକ ଶୁଭ ସଂକେତ ବୋଲି ଚିନ୍ତାକରି ମହର୍ଷି ନାରଦଙ୍କର ସ୍ୱାଗତ କଲେ ଏବଂ ତାଙ୍କୁ ତାଙ୍କର ଆଗମନ ବିଷୟରେ ପଚାରିଲେ ।

ନାରଦ ରାଜା ଇନ୍ଦ୍ରଦ୍ୟୁମ୍ନଙ୍କର ବଚନ ଶୁଣି ସହାସବଦନରେ ଇନ୍ଦ୍ରଦ୍ୟୁମ୍ନଙ୍କର ଶ୍ରୀକ୍ଷେତ୍ରବାସ ନିଷ୍ପତ୍ତି ବିଷୟରେ କହିଲେ । ହେ ରାଜନ୍ ! ତୁମ୍ଭର ଶ୍ରୀକ୍ଷେତ୍ରବାସ ନିଷ୍ପତ୍ତି ଅତ୍ୟନ୍ତ ଉତ୍ତମ । ଏଠାରେ ସ୍ୱୟଂ ବ୍ରହ୍ମା ବାସକରି ବ୍ରହ୍ମଲୋକ ଲାଭ କରିଛନ୍ତି । ବିଷ୍ଣୁଙ୍କର ପ୍ରକୃତ ଭକ୍ତ ହିଁ ଏଠାରେ ବାସ କରିବାର ସୁଯୋଗ ପାଇଥାଏ ଏବଂ ବିଷ୍ଣୁଭକ୍ତି ହିଁ ଅବିଦ୍ୟା ନାଶ କରିଥାଏ । ଏହି ପ୍ରସଙ୍ଗରେ ମହର୍ଷି ନାରଦ ବିଷ୍ଣୁଭକ୍ତି ଓ ବିଷ୍ଣୁଭକ୍ତର ମହିମା ବିଷୟରେ ବର୍ଣ୍ଣନା କରିଲେ ।

ଏହା ଶୁଣି ରାଜା ଇନ୍ଦ୍ରଦ୍ୟୁମ୍ନ ଅତ୍ୟନ୍ତ କୃତକୃତ୍ୟ ହେଲେ ଏବଂ ବିଷ୍ଣୁଭକ୍ତିର ଅଧିକ ମାହାତ୍ମ୍ୟ ଜାଣିବା ପାଇଁ ମହର୍ଷି ନାରଦଙ୍କୁ ଅନୁରୋଧ କଲେ । ନାରଦ ମଧ୍ୟ ଏ ପ୍ରସଙ୍ଗରେ ବିଶଦ ଭାବରେ ରାଜା ଇନ୍ଦ୍ରଦ୍ୟୁମ୍ନଙ୍କୁ ବୁଝାଇ ଦେଲେ । ସେ ବିଭିନ୍ନ ପ୍ରକାର ଭକ୍ତିର ମହିମା ବିଷୟରେ କହିଲେ । ଏହି ଭକ୍ତି ହେଲା – ସାତ୍ତ୍ୱିକ, ରାଜସ ଓ ତାମସିକ । ବିଷ୍ଣୁଭକ୍ତି ନିକଟରେ ଜଗତର ଅନ୍ୟ ସମସ୍ତ ତତ୍ତ୍ୱ ତୁଚ୍ଛ ବୋଲି ମହର୍ଷି ନାରଦ ତାଙ୍କର ବ୍ୟାଖ୍ୟାନରେ ପ୍ରତିପାଦନ କଲେ ।

କେବଳ ଭାଗ୍ୟବାନ ବ୍ୟକ୍ତି ହିଁ ଭକ୍ତିର ଅଧିକାରୀ ହୋଇଥାଏ । ଏ ପ୍ରସଙ୍ଗରେ ସେ ଅନେକ ଭକ୍ତଙ୍କର ଉଦାହରଣ ମଧ୍ୟ ଦେଇଛନ୍ତି । ବାସ୍ତବରେ "ନ ବାସୁଦେବ ଭକ୍ତାନାମ୍ ଅଶୁଭଂ ଜାୟତେ କ୍ୱଚିତ୍" । ବାସୁଦେବ ଭକ୍ତଙ୍କର କଦାଚିତ୍ ଅଶୁଭ ବା ବିପତ୍ତି ହୋଇନଥାଏ । ଏ ବିଷୟ ମଧ୍ୟ ସେ ତାଙ୍କର ପ୍ରବଚନରେ ଉଲ୍ଲେଖ କଲେ ।

ଏହିଭଳି ଭାବରେ ବିଷ୍ଣୁଭକ୍ତିର ବିଶେଷତ୍ୱ ବର୍ଣ୍ଣନା କରି ମହର୍ଷି ନାରଦ ପୁନଶ୍ଚ ଶ୍ରେଷ୍ଠ ବୈଷ୍ଣବ ବା ବୈଷ୍ଣବ ଶେଖରଙ୍କର ମାହାତ୍ମ୍ୟ ଉକ୍ତ ଅଧ୍ୟାୟରେ ପ୍ରତିପାଦନ କରିଛନ୍ତି ।

ଏହା ହିଁ ଉକ୍ତ ଅଧ୍ୟାୟର ସଂକ୍ଷିପ୍ତ ସାର ।

❖❖❖

ଏକାଦଶ ଅଧ୍ୟାୟ

(ରାଜା ଇନ୍ଦ୍ରଦ୍ୟୁମ୍ନଙ୍କର ଉତ୍କଳ ଯାତ୍ରା)

ଉକ୍ତ ଅଧ୍ୟାୟରେ ରାଜା ଇନ୍ଦ୍ରଦ୍ୟୁମ୍ନଙ୍କର ଉତ୍କଳ ଯାତ୍ରା ବିଷୟରେ ବର୍ଣ୍ଣନା କରାଯାଇଛି ।

ଦେବର୍ଷି ନାରଦଙ୍କଠାରୁ ବିଷ୍ଣୁଭକ୍ତି ଓ ବୈଷ୍ଣବମାନଙ୍କର ମହତ୍ତ୍ୱ ବିଷୟରେ ରାଜା ଇନ୍ଦ୍ରଦ୍ୟୁମ୍ନ ଶୁଣିଲେ ଏବଂ ନାରଦଙ୍କର ସାନ୍ନିଧ୍ୟ ମଧ୍ୟ ଲାଭ କଲେ । ତେଣୁ ସେ ତାଙ୍କ ନିକଟରେ କୃତଜ୍ଞ । ରାଜା ପୁନର୍ଣ୍ଣ ପୁରୁଷୋତ୍ତମ କ୍ଷେତ୍ର ମହିମା ବିଷୟରେ ଦେବର୍ଷିଙ୍କ ମୁଖରୁ ଶୁଣିବାପାଇଁ ନାରଦଙ୍କୁ ଅନୁରୋଧ କଲେ ଏବଂ ଉଭୟ ରଥ ଆରୋହଣ କରି ଶ୍ରୀକ୍ଷେତ୍ର ଅଭିମୁଖରେ ଯିବାପାଇଁ ନାରଦଙ୍କୁ ଅନୁରୋଧ କଲେ । ରାଜାଙ୍କର ଅନୁରୋଧ ଅନୁସାରେ ଦେବର୍ଷି ନାରଦ ଇନ୍ଦ୍ରଦ୍ୟୁମ୍ନଙ୍କ ସହ ଶ୍ରୀକ୍ଷେତ୍ର ଯିବା ପାଇଁ ସମ୍ମତି ପ୍ରକାଶ କରନ୍ତେ, ଉଭୟ ନୀଳାଦ୍ରିଯାତ୍ରା ପାଇଁ ରାତ୍ରିଯାପନ କଲେ ।

ରାତ୍ରିଯାପନ ପରେ ପରଦିନ ପ୍ରଭାତରୁ ରାଜା ଇନ୍ଦ୍ରଦ୍ୟୁମ୍ନ ଅବନ୍ତୀ ନଗର ଛାଡ଼ି ନୀଳାଦ୍ରିକୁ ଯିବା ପାଇଁ ଘୋଷଣା କଲେ ଏବଂ ତାଙ୍କ ସହିତ ସକଳ ରାଜପୁରୁଷ, ଅମାତ୍ୟ, ସୈନ୍ୟ, ବ୍ରାହ୍ମଣ, ବୈଶ୍ୟ, ରାଜନୀତିବିଶାରଦ, ପଣ୍ଡିତ, ଜ୍ୟୋତିର୍ବିଦ, ଅଷ୍ଟାଦଶ ବିଦ୍ୟାଧର ପଣ୍ଡିତମାନଙ୍କୁ ଶ୍ରୀକ୍ଷେତ୍ର ଯିବା ପାଇଁ ମଧ୍ୟ ଆମନ୍ତ୍ରଣ କଲେ । ଶ୍ରୀକ୍ଷେତ୍ରର ମହିମାର ଆକର୍ଷଣରେ ଆକୃଷ୍ଟ ରାଜା ଇନ୍ଦ୍ରଦ୍ୟୁମ୍ନ ନିଜ ରାଜ୍ୟବାସୀଙ୍କ ଉଦ୍ଦେଶ୍ୟରେ ଘୋଷଣା କରି କହୁଛନ୍ତି –

ହେ ମୋ ଦେଶର ଯାଦୁକାର, ସ୍ୱର୍ଣ୍ଣକାର, ଚାଟୁକାର, ସ୍ତୁତିକାର ଓ କଳାକାର ବୃନ୍ଦ, ଆଜି ସମସ୍ତେ ଆସନ୍ତୁ । ହେ କୃଷକ ! ପଶୁପାଳକ ! ଦେଶରକ୍ଷକ ! ସମସ୍ତେ ଆଜି ମୋ ସହିତ ଆସି ଶ୍ରୀକ୍ଷେତ୍ରରେ ପହଞ୍ଚ ନିଜ ନିଜର ପାପ ପ୍ରକ୍ଷାଳନ କରନ୍ତୁ । ଏହା ସହିତ, ମାଳବର ସମସ୍ତ ମନୁଷ୍ୟ, ପ୍ରଜାବୃନ୍ଦ ମୋ ସହିତ ଆଜି ଶ୍ରୀକ୍ଷେତ୍ର ଆସନ୍ତୁ ।

ମାଳବର ପ୍ରାୟ ସମସ୍ତଙ୍କୁ ଶ୍ରୀକ୍ଷେତ୍ର ଯିବା ପାଇଁ ଆହ୍ବାନ କରିବା ପରେ ଦେବର୍ଷି ନାରଦଙ୍କ ସହିତ ରାଜା ଇନ୍ଦ୍ରଦ୍ୟୁମ୍ନ ଜ୍ୟୋତିର୍ବିଦଙ୍କ ପାଖକୁ ଗଲେ ଏବଂ ଯାତ୍ରା ପାଇଁ ଉପଯୁକ୍ତ ମୁହୂର୍ତ୍ତ ନିର୍ଦ୍ଧାରଣ କରିବାପାଇଁ କହିଲେ। ଏହିପରି ଏକ ଉପଯୁକ୍ତ ମାହେନ୍ଦ୍ର ମୁହୂର୍ତ୍ତରେ ବ୍ରାହ୍ମଣମାନଙ୍କର ବେଦପାଠର ତାଲେ ତାଲେ ରାଜାଙ୍କର ଅଭିଷେକ କରାଗଲା। ଏହାପରେ ରାଜା ସୂକ୍ଷ୍ମ ଡିନବସ୍ତ୍ର ପରିଧାନ କରି ନିର୍ଧୂମ ଅନଳ-ସଦୃଶ ଦୀପ୍ତିମାନ୍ ହୋଇଉଠିଲେ।

ଏହାପରେ ରାଜା ଶୁକ୍ଲବସ୍ତ୍ର ପରିଧାନ କଲେ। ନବଗ୍ରହ ଶାନ୍ତି, ହୋମ ସମ୍ପାଦନ କରି ଅଗ୍ନିପ୍ରଦକ୍ଷିଣପୂର୍ବକ ଦେବତା ଓ ପିତୃଗଣଙ୍କୁ ପୂଜା କଲେ। ତା'ପରେ ଶରୀରର ବିଭିନ୍ନ ଅବୟବର ସ୍ବର୍ଣ୍ଣ ଓ ରନ୍ନିର୍ମିତ ଅଳଙ୍କାର ପିନ୍ଧି ନିଜକୁ ଅଳଙ୍କୃତ କଲେ ଏବଂ ଦର୍ପଣ ସମ୍ମୁଖରେ ନିଜକୁ ଦେଖିଲେ। ରାଜାଙ୍କର ଏହି ଯାତ୍ରାକାଳୀନ ଦୃଶ୍ୟକୁ ମହର୍ଷିବ୍ୟାସ ସ୍କନ୍ଦ ପୁରାଣର ଉକ୍ତ ଅଧ୍ୟାୟରେ ଖୁବ ସୁନ୍ଦର ଭାବରେ ବର୍ଣ୍ଣନା କରିଛନ୍ତି।

ରାଜାଙ୍କର ନୀଳାଦ୍ରିଯାତ୍ରା ପୂର୍ବରୁ ତାଙ୍କର ମଙ୍ଗଳାରୋପଣ କରାଯାଉଛି। ତା' ପରେ ସେ ଦେବର୍ଷି ନାରଦଙ୍କୁ ପ୍ରଦକ୍ଷିଣ କରି ନୀଳାଦ୍ରି ଅଭିମୁଖେ ଯାତ୍ରା ପାଇଁ ପ୍ରସ୍ତୁତ ହେଉଛନ୍ତି।

ରାଜା ଇନ୍ଦ୍ରଦ୍ୟୁମ୍ନ ନୀଳାଦ୍ରି ଅଭିମୁଖେ ଯାତ୍ରା ଆରମ୍ଭ କରନ୍ତେ, ଚାରିଆଡ଼େ କେବଳ ଶୁଭ ଶକୁନ। ସବୁଠାରୁ ମଙ୍ଗଳ ସୂଚନା। ଶ୍ବେତ ପାରାବତ, ଶୁକ୍ଲ ହଂସ, ଶୁକ୍ଲ ପୁଷ୍ପମାଳା, ପତ୍ର ପୁଷ୍ପ ଓ ଫଳରେ ବିମଣ୍ଡିତ ଶ୍ବେତ ଅଶ୍ବ। ସର୍ବତ୍ର କଦଳୀ କାଣ୍ଡର ତୋରଣ। ପ୍ରତ୍ୟେକ ଦ୍ବାରରେ ଶୋଭାପାଉଥାଏ ପୂର୍ଣ୍ଣକୁମ୍ଭ। ଏକସଙ୍ଗରେ ଶତଶତଶଙ୍ଖର ଧ୍ବନି ରାଜାଙ୍କର ଗନ୍ତବ୍ୟପଥକୁ ଅନୁରଣିତ କରୁଥାଏ। ଏହିଭଳି ମଙ୍ଗଳମୟ ବାଦ୍ୟ ଓ ଗୀତର ତାଲେ ତାଲେ ରାଜା ନୀଳାଦ୍ରି ଅଭିମୁଖରେ ଯାତ୍ରା ଆରମ୍ଭ କଲେ। ପ୍ରଥମେ ସେ ପ୍ରଭୁଙ୍କର ଆଦିମ ଅବତାର ନୃସିଂହ ମନ୍ଦିରକୁ ଗଲେ ଏବଂ ପରେ ମା ଦୁର୍ଗାଙ୍କ ନିକଟରେ ନିଜର ଭକ୍ତି ଅର୍ଘ୍ୟ ଅର୍ପଣ କଲେ। ଉଭୟଙ୍କର ଦର୍ଶନ ପରେ ଉଭୟଙ୍କୁ ନିଜ ଶିବିକାରେ ସ୍ଥାପିତ କଲେ ଏବଂ ଦୁଇ ଦେବତାଙ୍କୁ ଆଗରେ ରଖି ରାଜା ପଛରେ ବସିଲେ ଓ ଶ୍ରୀକ୍ଷେତ୍ର ଅଭିମୁଖେ ଯାତ୍ରା କଲେ।

ଏହା ପରେ ପ୍ରାସାଦ ବାହାରେ ରାଜାଙ୍କୁ ଶ୍ରୀକ୍ଷେତ୍ରକୁ ନେବା ପାଇଁ ଅପେକ୍ଷାରତ ସୁସଜ୍ଜିତ ରଥକୁ ରାଜା ପ୍ରଦକ୍ଷିଣ କଲେ ଏବଂ ଦେବର୍ଷି ନାରଦଙ୍କ ସହିତ ରଥ ଆରୋହଣ କଲେ। ଏହି ସମୟରେ ଶଙ୍ଖଧ୍ୱନି, ବିଭିନ୍ନ ବାଦ୍ୟସ୍ୱର ଓ ଜୟଜୟ ନାଦରେ ଗଗନପବନ ପ୍ରକମ୍ପିତ ହୋଇଉଠିଲା। ଅନ୍ୟ ପାରିଷଦବର୍ଗ ମଧ୍ୟ ନିଜ ନିଜ ଆଦେଶ ମାନି ତାଙ୍କ ସହିତ ନୀଳାଚଳ ଦେଶ ଯିବା ପାଇଁ ଯାତ୍ରା ଆରମ୍ଭ କଲେ।

ଶ୍ରୀକ୍ଷେତ୍ର ଯାତ୍ରାରେ ସାମିଲ୍ ହୋଇଥିବା ବିଭିନ୍ନ ବ୍ୟକ୍ତିମାନେ ବିଭିନ୍ନ ମାର୍ଗରେ ଚାଲିଲେ। ରାଜାଙ୍କର ମଧ୍ୟ ଅନେକ ପଥପ୍ରଦର୍ଶକ ହେଲେ। ଏହିପରି ଅନେକ ଦୂର ଗଲାପରେ ଉତ୍କଳଦେଶର ସୀମାରେ ପହଞ୍ଚିଲେ। ସେଠାରେ ମୁଣ୍ଡମାଳା ସୁଶୋଭିତା ଜଗଜ୍ଜନନୀ ଦେବୀ ଚଣ୍ଡିକାଙ୍କର ଦର୍ଶନ କଲେ। ପ୍ରତ୍ୟକ୍ଷଦେବୀ ଚଣ୍ଡିକାଙ୍କର ଦର୍ଶନରେ ପରମଭାଗବତ ପୁରୁଷ ରାଜା ଇନ୍ଦ୍ରଦ୍ୟୁମ୍ନ ଭକ୍ତିରେ ବିଭୋର ହୋଇ ତାଙ୍କ ସ୍ତୁତିକରିବା ଆରମ୍ଭ କରିଦେଲେ ଏବଂ ଦେବୀଙ୍କର ଆଶୀର୍ବାଦ ଲାଭ କଲେ। ଏହାପରେ ରାଜା ଇନ୍ଦ୍ରଦ୍ୟୁମ୍ନ ଋଷିନାରଦଙ୍କ ସହିତ ନୀଳାଚଳ ଅଭିମୁଖରେ ଯାତ୍ରା କଲେ। ମାର୍ଗରେ ଚିତ୍ରୋତ୍ପଳା ନଦୀ ନିକଟରେ କିଛି କ୍ଷଣ ଅବସ୍ଥାନ କଲେ ଏବଂ ସେଠାରେ ସ୍ନାନକରି ପିତୃପୁରୁଷଙ୍କ ଉଦ୍ଦେଶ୍ୟରେ ତର୍ପଣ କଲେ। ଯିବା ବାଟରେ ରାଜା ସମସ୍ତଙ୍କର ସମ୍ମାନ କଲେ। ନାରଦଙ୍କ ସହିତ ମଧ୍ୟାହ୍ନ ଭୋଜନ ସମାପନ କରି ସୂର୍ଯ୍ୟାସ୍ତ ହୁଅନ୍ତେ ରାଜା ସାୟଂକୃତ୍ୟ ସମ୍ପାଦନ କଲେ ଏବଂ ତା'ପରେ ସଭାରେ ଉପବେଶନ କଲେ। ସଭାରେ ରାଜା ସମସ୍ତଙ୍କୁ ଅଭିନନ୍ଦନ ଜଣାଇଲେ ଏବଂ ବିଭିନ୍ନ ଦାନଦକ୍ଷିଣା ଦେଇ ସେମାନଙ୍କର ଭବ୍ୟ ସଂବର୍ଦ୍ଧନା ମଧ୍ୟ କଲେ। ପ୍ରତିବଦଲରେ ସମସ୍ତେ ମଧ୍ୟ ରାଜାଙ୍କର ସେଠାରେ ସମର୍ଦ୍ଧନା କଲେ। ଏହି ସମୟରେ ରାଜା ନାରଦଙ୍କୁ ବିଷ୍ଣୁଙ୍କର ଅମ୍ଲାନ ପବିତ୍ର ଚରିତ ଶୁଣାଇବା ପାଇଁ କହିଲେ। ଠିକ୍ ଏହି ସମୟରେ ରାଜାଙ୍କର ଆଗମନ ଶୁଣି ଉତ୍କଳ ନରେଶ ଆସି ସେଠାରେ ପହଞ୍ଚିଲେ।

"ଅତିଥି ଦେବୋ ଭବ" — ହେଉଛି ଓଡ଼ିଶାର ସଂସ୍କୃତି। ଉତ୍କଳ ନରେଶ ଆସିଛନ୍ତି ରାଜା ଇନ୍ଦ୍ରଦ୍ୟୁମ୍ନଙ୍କୁ ସ୍ୱାଗତ କରିବେ ଏବଂ ପାଛୋଟି ନେବେ। ରାଜା ଉତ୍କଳ ନରେଶଙ୍କର ଆଗମନ ବୃତ୍ତାନ୍ତ ଶୁଣି ତାଙ୍କୁ ଖୁବ୍ ଶୀଘ୍ର ରାଜା ଦରବାରକୁ

ପାଛୋଟି ଆଣିବାକୁ କହିଲେ। ଯେହେତୁ ଉକ୍ଳ ନରେଶ ନୀଳାଚଳରେ ନିବାସ କରୁଛନ୍ତି, ତେଣୁ ସେ ନିଶ୍ଚିତ ଜଣେ ନିଷ୍ପାପ ହୃଦୟ — ଏହା ଥିଲା ଇନ୍ଦ୍ରଦ୍ୟୁମ୍ନଙ୍କର ଧାରଣା। ଏହି ଧାରଣା ନେଇ ରାଜା ଉକ୍ଳ ନରେଶଙ୍କର ଦର୍ଶନ ପାଇଁ ବ୍ୟଗ୍ର ହୋଇ ଉଠିଲେ।

ଏହାପରେ ଉଭୟ ରାଜା ଇନ୍ଦ୍ରଦ୍ୟୁମ୍ନ ଓ ଉକ୍ଳ ନରେଶଙ୍କର ମିଳନ। ଉଭୟଙ୍କ ମଧ୍ୟରେ ଭାବବିନିମୟ। କଥୋପକଥନ ଓ ଆତିଥ୍ୟ ଆଦାନପ୍ରଦାନ ଖୁବ୍ ଚମତ୍କାର ଭାବରେ ଉକ୍ତ ଅଧ୍ୟାୟରେ ବର୍ଣ୍ଣିତ ହୋଇଛି। ଏହି ପ୍ରସଙ୍ଗରେ ଉକ୍ଳ ନରେଶ ଉକ୍ଳ ବା ଓଡ଼ିଶାର ପରମ୍ପରା, ପ୍ରାକୃତିକ ବୈଭବ ଏବଂ ମହତ୍ତ୍ୱ ବିଷୟରେ ରାଜାଙ୍କୁ ସୂଚନା ଦେଲେ ଏବଂ ପବିତ୍ର ନୀଳାଚଳକ୍ଷେତ୍ର ବିଷୟରେ ମଧ୍ୟ ବିସ୍ତୃତ ଭାବରେ ବର୍ଣ୍ଣନା କଲେ। ମହାପ୍ରଭୁଙ୍କର ଧାମ ସମ୍ପ୍ରତି ବାଲୁକାବୃତ, ପ୍ରବଳ ବାତ୍ୟାରେ ବିଧ୍ୱସ୍ତ ଏବଂ ନୀଳାଚଳରେ ପ୍ରବଳ ମହାମାରୀ ବ୍ୟାପିଛି — ଏ କଥା ଏହି ଉକ୍ଳ ନରେଶ କହିଲେ ଯେ ହେ ରାଜନ୍! ବର୍ଦ୍ଧମାନ ପରିପ୍ରେକ୍ଷୀରେ ଆପଣଙ୍କ ଆଗମନ ଆୟମାନଙ୍କ ପାଇଁ ଅତ୍ୟନ୍ତ ମଙ୍ଗଳଦାୟକ।

ଏକଥା ଉକ୍ଳ ନରପତିଙ୍କ ଠାରୁ ଶୁଣି ମହାରାଜ ଇନ୍ଦ୍ରଦ୍ୟୁମ୍ନ ଉକ୍ଳ ନରେଶଙ୍କୁ ସମ୍ମାନ କଲେ ଏବଂ ନୀଳାଚଳ କ୍ଷେତ୍ର ବାଲୁକାରେ ଆବୃତ ହୋଇଥିବା ବିଷୟ ଜାଣି ଅତ୍ୟନ୍ତ ମ୍ରିୟମାଣ ହୋଇପଡ଼ିଲେ। ଏହା ପରେ ଅତି ଉତ୍କଣ୍ଠା ଓ ଭାବାବେଗର ସହିତ ରାଜା ଇନ୍ଦ୍ରଦ୍ୟୁମ୍ନ ଯେତେବେଳେ ନିରାଶ ହୋଇ ଦେବର୍ଷି ନାରଦଙ୍କ ଆଡ଼କୁ ଚାହିଁଲେ, ସେତେବେଳେ ନାରଦ ତାଙ୍କୁ ବୁଝାଇ କହୁଛନ୍ତି ଯେ ହେ ଇନ୍ଦ୍ରଦ୍ୟୁମ୍ନ! ଆପଣ ବ୍ରହ୍ମାଙ୍କର ବଂଶୋଦ୍ଭବ। ତାଙ୍କର ପଞ୍ଚମପୁରୁଷ। ଆପଣ ଜଣେ ଅତ୍ୟନ୍ତ ଧର୍ମପରାୟଣ ସୁଶାସକ। ଆପଣଙ୍କୁ ସହାୟତା କରିବା ନିମନ୍ତେ ମୋତେ ସ୍ୱୟଂ ବ୍ରହ୍ମା ମର୍ତ୍ତ୍ୟକୁ ପଠାଇଛନ୍ତି। ତେଣୁ କୌଣସି ଚିନ୍ତା କରନାହିଁ। ମୁଁ ତୁମ୍ୟକୁ କ୍ରମଶଃ କ୍ଷେତ୍ରର ବିଷୟରେ କହିବି। ସମ୍ପ୍ରତି ରାତ୍ରିର ତୃତୀୟ ପ୍ରହର ଆଗତ। ତେଣୁ ସମସ୍ତେ ଆମେ ବିଶ୍ରାମ ନେବାକୁ ନିଜ ନିଜ ସ୍ଥାନକୁ ଯିବା।

ଏହା ହିଁ ଉକ୍ତ ଅଧ୍ୟାୟର ସଂକ୍ଷିପ୍ତସାର।

◆◆◆

ଦ୍ୱାଦଶ ଅଧ୍ୟାୟ

(ରାଜା ଇନ୍ଦ୍ରଦ୍ୟୁମ୍ନଙ୍କର ଏକାମ୍ରକ୍ଷେତ୍ର ଗମନ)

ଦେବର୍ଷି ନାରଦଙ୍କର ପରାମର୍ଶକ୍ରମେ ସମସ୍ତେ ନିଜନିଜ ସ୍ଥାନକୁ ଫେରିଯାଇ ବିଶ୍ରାମ ନେଲେ । ଏହାପରେ ଇନ୍ଦ୍ରଦ୍ୟୁମ୍ନ ନାରଦଙ୍କ ବଚନରେ ବହୁଧା ଆଶ୍ୱସ୍ତ ହେଲେ ଏବଂ ଉଭୟ ରାତ୍ରିଯାପନ କଲେ । ସକାଳୁ ଉଠି ପ୍ରଭାତକୃତ୍ୟ ସମ୍ପାଦନ କଲେ ଏବଂ ବିଷ୍ଣୁପୂଜନ କରି ନୀଳାଦ୍ରି ଅଭିମୁଖେ ଯାତ୍ରା କଲେ । ଉତ୍କଳର ନରେଶ ତାଙ୍କୁ ପଥପ୍ରଦର୍ଶକ ଭାବରେ ବାଟ କଢ଼ାଇନେଲେ । ବାଟରେ ଏକାମ୍ର କାନନ, ଗନ୍ଧବହା ନଦୀ ଓ କୋଟିଲିଙ୍ଗେଶ୍ୱରଙ୍କ ନିକଟରେ ପହଞ୍ଚିବା ପରେ ବିଭିନ୍ନ ବାଦ୍ୟର ସୁମଧୁର ସ୍ୱର ଶୁଣିଲେ । ତଦ୍ଦ୍ୱାରା ଭାବିଲେ ଯେ ସତେ ଯେପରି ସେ ନୀଲାଚଳରେ ପହଞ୍ଚିଗଲେ କି ? ଏହି ସମୟରେ ନାରଦ ତାଙ୍କୁ ସେହି ପୁଣ୍ୟ ଏକାମ୍ରକ୍ଷେତ୍ର ବିଷୟରେ ବୁଝାଇ କହୁଛନ୍ତି ଯେ –

ହେ ଇନ୍ଦ୍ରଦ୍ୟୁମ୍ନ ! ଆମର ଅଭୀଷ୍ଟ ନୀଲାଚଳ କ୍ଷେତ୍ର ଏଠାରୁ କିଛି ଦୂରରେ ଅବସ୍ଥିତ । ନିକଟରେ ଯେଉଁ ମାଙ୍ଗଳିକ ସ୍ୱର ଭାସିଆସୁଛି, ତାହା ପବିତ୍ର ଏକାମ୍ର କ୍ଷେତ୍ରର ସ୍ୱର । ଏଠାରେ ଶରଣାଗତ ଭବାନୀପତି ଶିବ ଭୀତତ୍ରସ୍ତ ଅବସ୍ଥାରେ ରହି ଅବସ୍ଥାନ କରୁଛନ୍ତି ।

ରାଜା ଇନ୍ଦ୍ରଦ୍ୟୁମ୍ନ ପଚାରୁଛନ୍ତି – ହେ ଦେବର୍ଷି ! ଚରାଚର ଈଶ୍ୱର ଦେବ ଦେବ ମହାଦେବ – ଯେକି ଏକଦା ତ୍ରିପୁରାସୁରକୁ ବଧ କରି ନିଜର ଶକ୍ତିର ପରିଚୟ ଦେଇଥିଲେ, ସେ କାହିଁକି ଏଠାରେ ଶରଣାଗତ ଓ ଭୀତତ୍ରସ୍ତ ? ତାହାର କାରଣ ବୁଝାଇ କହନ୍ତୁ ।

ଏକଥା ଶୁଣି ମହର୍ଷି ନାରଦ ଉତ୍ତରରେ କହୁଛନ୍ତି ଯେ ହେ ରାଜନ୍ ! ଦେବ ଦେବ ମହାଦେବ ହିମାଳୟଙ୍କ କନ୍ୟା ଗୌରୀଙ୍କୁ ଅନେକ ଦିନ ପିତୃଗୃହରେ ରହିବାରୁ ତାଙ୍କୁ ତାଙ୍କ ମା' ଭର୍ତ୍ସନା କଲେ ଏବଂ ଖୁବ୍ ଶୀଘ୍ର ପତିଗୃହକୁ ଚାଲିଯିବା ପାଇଁ ପରାମର୍ଶ ଦେଲେ ।

ମା'ଙ୍କଠାରୁ ଏଭଳି ଭର୍ତ୍ସନା ଶୁଣି ଦିନେ ଏକାନ୍ତରେ ଗୌରୀ ନିଜର ଭର୍ତ୍ତା ଶିବଙ୍କୁ କହିଲେ ଯେ – ହେ ସ୍ୱାମିନ୍! ଏହି ପିତୃଗୃହରେ ଆମେ ବହୁତ ଦିନ ଧରି ବାସକରିବାଟା ଠିକ୍ ନୁହେଁ। ତେଣୁ ଆମେ ଅନ୍ୟତ୍ର ପଳାଇବା। ଏହା ଶୁଣି ବୃଷଭଧ୍ୱଜ ସହସା ସେ ସ୍ଥାନ ଛାଡ଼ି ବାରାଣସୀ ଅଭିମୁଖରେ ଚାଲିଲେ। ବାରାଣସୀ ହେଉଛି ବିଶ୍ୱର ଏକ ପରମପବିତ୍ର ତୀର୍ଥ। ଉକ୍ତ ଅଧ୍ୟାୟରେ ପ୍ରସଙ୍ଗକ୍ରମେ ବାରାଣାସୀ ବିଷୟରେ ମଧ୍ୟ ଖୁବ୍ ସୁନ୍ଦର ଭାବରେ ବର୍ଣ୍ଣନା କରାଯାଇଛି। ଏହି ବାରାଣସୀରେ ପ୍ରବେଶକରି ଗୌରୀ ସେଠାରେ ଅବସ୍ଥାନ କଲେ ଏବଂ ଶିବ ମଧ୍ୟ ନିଜର ଆସ୍ଥାନ ଜମାଇଲେ। କିଛି ଦିନପରେ ସେଠାରେ ମହାପ୍ରଭୁ ଶିବ କୋଟି ଲିଙ୍ଗକୁ ସ୍ଥାପନା କରି କୈଳାସ ଅଭିମୁଖରେ ଗମନ କଲେ। ଇତିମଧ୍ୟରେ ବାରାଣସୀରେ ଅନେକ ରାଜା ରାଜତ୍ୱ କରିବାକୁ ଲାଗିଲେ। ଏକଦା ଦ୍ୱାପରଯୁଗରେ କାଶୀରାଜାଙ୍କର ଶାସନ ସେଠାରେ ପ୍ରବର୍ତ୍ତିତ ହେଲା। କାଶୀରାଜାଙ୍କର ନିଜର ପରାକ୍ରମକୁ ଦେଖାଇବା ପାଇଁ ଦ୍ୱାପରଯୁଗର ଦ୍ୱାରିକାଧୀଶ କୃଷ୍ଣଙ୍କ ସହିତ ସଂଗ୍ରାମ କରିବାର ଦୁର୍ବାର ବାସନା ଜାଗ୍ରତ ହେଲା। ଏହା ଜାଣି ଭଗବାନ୍ କୃଷ୍ଣ ନିଜର ସୁଦର୍ଶନଚକ୍ର ଦ୍ୱାରା କାଶୀ ରାଜାଙ୍କର ଶିର ଛେଦ କଲେ ଏବଂ କାଶୀକୁ ଦଗ୍ଧୀଭୂତ କରିଦେଲେ। ଏହା ଦେଖି କାଶୀ ପୁରାଧୀଶ୍ୱର ଭଗବାନ୍ ଶିବ କ୍ରୋଧରେ ଜର୍ଜରିତ ହୋଇ ତତ୍କ୍ଷଣାତ୍ ସଂଗ୍ରାମଭୂମିକୁ ଗଲେ ଏବଂ ସଂଗ୍ରାମରେ ଯୋଗଦେଲେ। ଏହା ଦେଖି ଭଗବାନ୍ କୃଷ୍ଣ ତାଙ୍କର ସୁଦର୍ଶନଚକ୍ରରେ ମହାଦେବଙ୍କର ପାଶୁପତ ଅସ୍ତ୍ରକୁ ଦଗ୍ଧ କରିଦେଲେ। ଏହାପରେ ପୁନର୍ବ ଅସ୍ତ୍ର ଓ ଶକ୍ତି ଲାଭ କରିବା ଉଦ୍ଦେଶ୍ୟରେ ଭଗବାନ୍ ଶମ୍ଭୁ ନାରାୟଣ ପୁରୁଷୋତ୍ତମଙ୍କୁ ପ୍ରାର୍ଥନା କଲେ। ପୁରୁଷୋତ୍ତମଙ୍କର ପୂର୍ବପ୍ରତିଶ୍ରୁତି ଅନୁସାରେ ଶମ୍ଭୁ ଏହିପରି ପ୍ରାର୍ଥନା କରିଥିବା କଥା ଉକ୍ତ ଅଧ୍ୟାୟରେ ଉଲ୍ଲେଖ ରହିଛି।

ବହୁଭାବରେ ନାରାୟଣଙ୍କୁ ସ୍ତୁତି କରିବାପରେ ଭଗବାନ୍ ବିଷ୍ଣୁପ୍ରସନ୍ନ ହେଲେ। ହେଲେ ସେ କ୍ରୋଧରେ ଜର୍ଜରିତ ହୋଇ ଶିବଙ୍କୁ କହିଲେ ଯେ ହେ ଶମ୍ଭୁ! ତୁମର କାହିଁକି ଏଭଳି ଦୁର୍ବୁଦ୍ଧି? କାହିଁକି ତୁମେ ଜଣେ ସାମାନ୍ୟ ରାଜା ପାଇଁ ମୋ ବିରୁଦ୍ଧରେ ସଂଗ୍ରାମ କଲ? ବର୍ତ୍ତମାନ ତୁମେ ପୁରୁଷୋତ୍ତମ କ୍ଷେତ୍ରକୁ ଯାଆ। ତା'ନିକଟରେ ଥିବା ଏକାମ୍ରକ୍ଷେତ୍ରରେ ସହଧର୍ମିଣୀ ଗୌରୀଙ୍କ ସହିତ ଅବସ୍ଥାନ କର। ହେଲେ ଏ ବାରାଣସୀ କ୍ଷେତ୍ର ଛାଡ଼ିଦିଅ। ଭଗବାନ୍ ବାସୁଦେବଙ୍କ ପରାମର୍ଶକ୍ରମେ ମହାଦେବ ନିଜର ଭୁଲ୍ ବୁଝିପାରିଲେ ଏବଂ ସେହି ଏକାମ୍ରକ୍ଷେତ୍ର ଯିବାପାଇଁ ପ୍ରଭୁଙ୍କ ଆଜ୍ଞା ପାଳନ ପୂର୍ବକ ନିଷ୍ପତ୍ତି ଗ୍ରହଣ କଲେ।

ଶିବଙ୍କର ଏକାମ୍ରକ୍ଷେତ୍ର ବାସ ନିଶ୍ଚିତ ପରେ ନାରଦ ଇନ୍ଦ୍ରଦ୍ୟୁମ୍ନଙ୍କୁ କହୁଛନ୍ତି – ହେ ରାଜନ୍! ସ୍ୱୟଂ ବ୍ରହ୍ମା ଶିବଙ୍କୁ ଏହି କ୍ଷେତ୍ରରେ ସ୍ଥାପନା କଲେ। ଏ କ୍ଷେତ୍ରକୁ ମହାଦେବ ଶିବ, ହରି, ବଳଦେବ ଓ ମହାଲକ୍ଷ୍ମୀଙ୍କୁ ପୂଜାକରି ନିର୍ମାଣ କରିଥିଲେ। ବର୍ତ୍ତମାନ ଆମେ ସେହି କ୍ଷେତ୍ରକୁ ଯାଇ ପ୍ରଭୁ ଗିରିଜାପତି ଶିବଙ୍କୁ ଦର୍ଶନ କରିବା। ଏହି ଏକାମ୍ରକ୍ଷେତ୍ରର ଅନେକ ମହିମା ବିଷୟରେ ମଧ୍ୟ ଉକ୍ତ ଅଧ୍ୟାୟରେ ବର୍ଣ୍ଣନା କରାଯାଇଛି।

ମହର୍ଷି ନାରଦଙ୍କଠାରୁ ଉକ୍ତ କ୍ଷେତ୍ର ମାହାତ୍ମ୍ୟ ଶୁଣିବାପରେ ଇନ୍ଦ୍ରଦ୍ୟୁମ୍ନ ନାରଦଙ୍କ ସହିତ ଉକ୍ତ ଏକାମ୍ରକ୍ଷେତ୍ରକୁ ଯିବାପାଇଁ ମନସ୍ଥ କଲେ। ତା'ପରେ ଦେବର୍ଷିଙ୍କ ସହ ରାଜା ଇନ୍ଦ୍ରଦ୍ୟୁମ୍ନ ଏକାମ୍ରେ ଉପସ୍ଥିତ ହେଲେ। ବିନ୍ଦୁସରୋବରରେ ସ୍ନାନ କରି କୋଟି ଲିଙ୍ଗେଶ୍ୱରଙ୍କୁ ଦର୍ଶନ କରି ପୂଜା କଲେ ଏବଂ କୋଟି ଲିଙ୍ଗେଶ୍ୱର ଅତ୍ୟନ୍ତ ପ୍ରସନ୍ନ ହେଲେ।

ଏହାପରେ କୋଟି ଲିଙ୍ଗେଶ୍ୱର ସାକ୍ଷାତ୍ ଆବିର୍ଭୂତ ହୋଇ ରାଜା ଇନ୍ଦ୍ରଦ୍ୟୁମ୍ନଙ୍କୁ କହିଲେ ଯେ ହେ ରାଜନ୍! ତୁମର ମନସ୍କାମନା ପୂରଣ ହେଉ। ମୁଁ ତୁମ୍ଭକୁ ଏହି ଆଶୀର୍ବାଦ ଦେଉଛି। ତୁମେ ଅଶ୍ୱମେଧଯଜ୍ଞ ଅନୁଷ୍ଠାନ କର। ଶ୍ରୀକ୍ଷେତ୍ରର ରକ୍ଷାପାଇଁ ମୁଁ ସ୍ୱୟଂ ଅଷ୍ଟମୂର୍ତ୍ତି ଶମ୍ଭୁଭାବରେ ସେଠାରେ ବିରାଜମାନ କରିଛି। ସେଠାରେ ଅଭୂତ ଦାରୁବ୍ରହ୍ମଙ୍କର ଦର୍ଶନ ଓ ସଂଗ୍ରହ କରିବ। ସ୍ୱୟଂ ବିଶ୍ୱକର୍ମା ହିଁ ସେହି ଦାରୁଖଣ୍ଡରୁ ମହାପ୍ରଭୁଙ୍କର ଚତୁର୍ଦ୍ଧାମୂର୍ତ୍ତିର ନିର୍ମାଣ କରିବେ। ସେହି ଚତୁର୍ଦ୍ଧାମୂର୍ତ୍ତିର ରହସ୍ୟ ଅତ୍ୟନ୍ତ ଗୋପନୀୟ ରହିବ। ସେହି ଅଭୂତ ପ୍ରଭୁଙ୍କୁ କେବଳ ଜଣେ ଭକ୍ତ ହିଁ ନିଜର ଅନନ୍ୟ ସାଧାରଣ ଭକ୍ତିରେ ହିଁ ଲାଭ କରିପାରିବ। ପ୍ରଭୁଙ୍କୁ ପାଇବାପାଇଁ ଯେତେ ଉପାୟ ରହିଛି, ତନ୍ମଧ୍ୟରୁ ଭକ୍ତି ହିଁ ହେଉଛି ସର୍ବଶ୍ରେଷ୍ଠ ଉପାୟ। ଏ ପ୍ରସଙ୍ଗରେ ଉକ୍ତ ଅଧ୍ୟାୟରେ ଭକ୍ତ ଶିଶୁପାଳ, ବ୍ୟାଧ, କୁବ୍ଜା ପ୍ରଭୃତିଙ୍କର ଉଦାହରଣ ଦିଆଯାଇଛି।

ଏହି ଶ୍ରୀକ୍ଷେତ୍ରରେ ଯେଉଁମାନେ ବସବାସ କରନ୍ତି ସେମାନେ ହିଁ ଧନ୍ୟ – ଏହିକଥା କହି ପ୍ରଭୁ କୋଟିଲିଙ୍ଗେଶ୍ୱର ସଙ୍ଗେ ସଙ୍ଗେ ଅନ୍ତର୍ହିତ ହୋଇଗଲେ।

ଏହାପରେ ରାଜା ଇନ୍ଦ୍ରଦ୍ୟୁମ୍ନ ନୀଳାଚଳ ଅଭିମୁଖରେ ଯାତ୍ରା କଲେ। ବାଟରେ ସେ ପ୍ରଥମେ ମହାପ୍ରଭୁ କପୋତେଶ୍ୱର ଏବଂ ପରେ ବିଲ୍ୱେଶ୍ୱରଙ୍କର ଦର୍ଶନ କରି ସେମାନଙ୍କ ଆଶୀର୍ବାଦ ଲାଭକଲେ।

ଏହା ହିଁ ହେଉଛି ଉକ୍ତ ଅଧ୍ୟାୟର ସଂକ୍ଷିପ୍ତ ସାର।

◆ ◆ ◆

ତ୍ରୟୋଦଶ ଅଧ୍ୟାୟ

(କପୋତେଶ୍ବର ଓ ବିଲ୍ବେଶ୍ବର ଉପାଖ୍ୟାନ)

ଉକ୍ତ ଅଧ୍ୟାୟରେ ନୀଳାଦ୍ରିରେ ପହଞ୍ଚିବା ପୂର୍ବରୁ ରାଜା ଇନ୍ଦ୍ରଦ୍ୟୁମ୍ନ ଯେଉଁ କପୋତେଶ୍ବର ଓ ବିଲ୍ବେଶ୍ବର ମହାଦେବଙ୍କୁ ଦର୍ଶନ କରି ସେମାନଙ୍କର ଆଶୀର୍ବାଦ ଲାଭ କରିଥିଲେ – ଏହି ଅଧ୍ୟାୟରେ ସେହି ଦୁଇଜଣ ମହାପ୍ରଭୁଙ୍କ ବିଷୟରେ ବିଶଦ ଭାବରେ ବର୍ଷ୍ନା କରାଯାଇଛି ।

ଏକଦା ଦେବଦେବ ମହାଦେବ ପ୍ରଭୁ ନାରାୟଣଙ୍କୁ ସନ୍ତୁଷ୍ଟ କରିବା ପାଇଁ ଉକ୍ତ କୁଶସ୍ଥଲୀରେ କଠୋର ତପସ୍ୟା ଆଚରଣ କଲେ । ତପସ୍ୟା ସମୟରେ ମହାଦେବ କିଛି ଭକ୍ଷଣ କଲେ ନାହିଁ । କିନ୍ତୁ କେବଳ ବାୟୁଭକ୍ଷଣ କରି କଠୋର ତପସ୍ୟା ଆଚରଣ କରିବାକୁ ଲାଗିଲେ । ଏହି କଠୋର ତପସ୍ୟାରେ ପ୍ରଭୁ ଗିରିଜାପତି ଧୂର୍ଜଟିଙ୍କର ଶରୀର ଅତ୍ୟନ୍ତ କ୍ଷୀଣ ହୋଇ ଗୋଟିଏ କପୋତ ଭଳି ଦେଖାଗଲା । ମହାଦେବଙ୍କର ତପସ୍ୟାରେ ମୁଗ୍ଧ ହୋଇ ଭଗବାନ୍ ନାରାୟଣ ଆବିର୍ଭୂତ ହୋଇ ଶିବଙ୍କୁ ବରଦାନ ଦେଇ କହିଲେ ଯେ – ହେ ଶମ୍ଭୁ! ଆଜିଠାରୁ ତୁମ୍ଭେ ଏଠାରେ କପୋତେଶ୍ବର ମହାଦେବ ଭାବରେ ପୂଜିତ ହେବ । ଏବଂ ସେହିଦିନ ଠାରୁ ସେ ଶ୍ରୀକ୍ଷେତ୍ରର ଉପକଣ୍ଠରେ ବିରାଜମାନ ମହାଦେବଙ୍କୁ ଭକ୍ତମାନେ କପୋତେଶ୍ବର ଭାବରେ ପୂଜା କରିଆସୁଛନ୍ତି ।

କପୋତେଶ୍ବରଙ୍କ ଉପାଖ୍ୟାନ ପରେ ଉକ୍ତ ଅଧ୍ୟାୟରେ ବିଲ୍ବେଶ୍ବରଙ୍କର ଉପାଖ୍ୟାନ ବିଷୟ ମଧ୍ୟ ବର୍ଷ୍ତ ହୋଇଛି ।

ଏକଦା ଦୈତ୍ୟମାନେ ପାତାଳପୁରୀ ଭେଦକରି ଭୂପୃଷ୍ଠକୁ ଆସି ଲୋକମାନଙ୍କୁ ଅନେକ କଷ୍ଟ ପ୍ରଦାନ କଲେ । ସେତେବେଳେ ମହାପ୍ରଭୁ କୃଷ୍ଣ ସେଠାକୁ ଆସି ଦୈତ୍ୟମାନଙ୍କର ଆଗମନକୁ ପ୍ରତିରୋଧ କରିବା ପାଇଁ ସେହି ଦ୍ବାରଦେଶରେ ଭଗବାନ୍ ଶିବଙ୍କର ପୂଜା ହେଉ ଏବଂ ଗୋଟିଏ ବିଲ୍ବଫଲ ଆଣି

ସେଠାରେ ଶିବଙ୍କୁ ପୂଜାକଲେ। ଏହି ଦୃଷ୍ଟିରୁ ପ୍ରଭୁ ନାରାୟଣ ସେଠାରେ ଶିବଙ୍କ ସ୍ତୁତିକରିବାକୁ ଆରମ୍ଭ କଲେ।

ପ୍ରଭୁ ଶିବଙ୍କୁ ଭଗବାନ ସ୍ତୁତିକରିବା ପରେ ସେ ପ୍ରସନ୍ନ ହେଲେ। ଶିବଙ୍କ ଅନୁଗ୍ରହରୁ ସେ ପାତାଳପୁରୀକୁ ଯାଇ ରାକ୍ଷସମାନଙ୍କୁ ବଧ କଲେ ଏବଂ ଭାରାକ୍ରାନ୍ତ ବସୁନ୍ଧରାକୁ ଲାଘବ କଲେ। ତା'ପରେ ଶିବଙ୍କର ଅନୁଗ୍ରହରୁ ଭଗବାନ ସେଠାରେ ରାକ୍ଷସମାନଙ୍କୁ ବଧ କରିଥିବାରୁ ଏବଂ ଗୋଟିଏ ବିଲ୍ଵଫଳରେ ନିଜ ଦ୍ଵାରା ସ୍ଥାପିତ ଦେବଦେବ ମହାଦେବଙ୍କୁ ଆରାଧନା କରିଥିବାରୁ ପ୍ରଭୁ ନାରାୟଣ ସେହି ଶିବଙ୍କର ନାମ ବିଲ୍ଵେଶ୍ଵର ବୋଲି ରଖିଥିଲେ। ଏହାପରେ ଏଠାରେ ପ୍ରତିଦିନ ମହାଦେବ ଶିବଙ୍କର ପୂଜା ଅର୍ଚ୍ଚନା ହେବ ବୋଲି କହି ମହାପ୍ରଭୁ ଅନ୍ତର୍ହିତ ହୋଇଗଲେ।

ସେହିଦିନଠାରୁ ମହାପ୍ରଭୁ ଶମ୍ଭୁ ଗୋଟିଏ ସ୍ଥାନରେ କପୋତେଶ୍ଵର ମହାଦେବ ଏବଂ ଅନ୍ୟ ସ୍ଥାନରେ ବିଲ୍ଵେଶ୍ଵର ଭାବରେ ପୂଜା ପାଇ ଆସୁଛନ୍ତି।

ଏହାହିଁ ଉକ୍ତ ଅଧ୍ୟାୟର ସଂକ୍ଷିପ୍ତ ସାର।

❖❖❖

ଚତୁର୍ଦ୍ଦଶ ଅଧ୍ୟାୟ

(ରାଜା ଇନ୍ଦ୍ରଦ୍ୟୁମ୍ନଙ୍କୁ ଦେବର୍ଷି ନାରଦଙ୍କର ସାନ୍ତ୍ୱନା ପ୍ରଦାନ)

କପୋତେଶ୍ୱର ଓ ବିଲ୍ୱେଶ୍ୱର ମହାଦେବଙ୍କର ପୂଜା ପରେ ରାଜା ଇନ୍ଦ୍ରଦ୍ୟୁମ୍ନ ଏବଂ ଦେବର୍ଷି ନାରଦ ଉଭୟ ବିଦ୍ୟାପତିଙ୍କ ସହ ରଥ ଆରୋହଣ କରି ଆଗକୁ ଯା'ନ୍ତେ, ଶ୍ରୀକ୍ଷେତ୍ର ସୀମାରେ ପହଞ୍ଚିଗଲେ । ପ୍ରଥମେ ଶ୍ରୀନୀଳକଣ୍ଠ ପ୍ରଭୁଙ୍କର ମନ୍ଦିରରେ ପ୍ରବେଶ କଲେ । ଏହି ସମୟରେ ରାଜାଙ୍କର ବାମନେତ୍ର ଓ ବାମଭୁଜ ସ୍ଫୁରଣ ହେବାରୁ ଏହା ଏକ ଅଶୁଭ ସଂକେତ ବୋଲି ଭାବି ନାରଦଙ୍କୁ ତା'ର କାରଣ ବିଷୟରେ ପଚାରିଲେ ।

ନାରଦ ମଧ୍ୟ ଏହାର ଉତ୍ତରରେ କହୁଛନ୍ତି – ହେ ରାଜନ୍! ଆପଣବ୍ୟସ୍ତ ହୁଅନ୍ତୁ ନାହିଁ । "ଶ୍ରେୟାଂସି ବହୁବିଘ୍ନାନି ।" ଗୋଟିଏ ଶୁଭକାର୍ଯ୍ୟ ଆରମ୍ଭ କଲେ ଅନେକ ବିଘ୍ନ ଜାତ ହୋଇଥାଏ । ତେଣୁ ଏହାକୁ ଅଶୁଭ ସଙ୍କେତ ବୋଲି ଧରିବା ଉଚିତ ନୁହେଁ । ଏହି ବିଘ୍ନକୁ ଅତିକ୍ରମ କରି ଆଗକୁ ଆଗକୁ ଯିବା ହିଁ ବିଜ୍ଞତାର ପରିଚୟ । ବର୍ତ୍ତମାନ ତୁମେ ଯେଉଁ ପ୍ରଭୁଙ୍କ ଦର୍ଶନ ପାଇଁ ଯାଉଛ ଏବଂ ଯାହାକୁ ବିଦ୍ୟାପତି ଦର୍ଶନ କରିଥିଲେ, ସେ ବାଲୁକାରେ ଆଚ୍ଛାଦିତ ହୋଇଯାଇଛନ୍ତି । ତେଣୁ ତାଙ୍କର ଦର୍ଶନ ବର୍ତ୍ତମାନ ଦୁର୍ଲଭ ।

ଏଭଳି ବଜ୍ରାଘାତ ସଦୃଶ ବାଣୀ ଶୁଣି ଇନ୍ଦ୍ରଦ୍ୟୁମ୍ନ ଚେତନାହରା ହୋଇଗଲେ ଏବଂ ଭୂମି ଉପରେ ଟଳି ପଡ଼ିଲେ । ତାପରେ ସମସ୍ତେ ତାଙ୍କୁ ଉଠାଇ ଯେତେବେଳେ ଆଶ୍ୱସ୍ତ କଲେ ସେତେବେଳେ ସେ ପୁନଶ୍ଚ ନାରଦଙ୍କ ପାଦତଳେ ପଡ଼ି ବିଳାପ କରିବାକୁ ଆରମ୍ଭ କଲେ ।

ରାଜା ଇନ୍ଦ୍ରଦ୍ୟୁମ୍ନ ଅତ୍ୟନ୍ତ ମ୍ରିୟମାଣ ହୋଇ ନାରଦଙ୍କୁ ପଚାରୁଛନ୍ତି ହେ ଦେବର୍ଷି! ମୁଁ କେଉଁ ଅପରାଧ କରିଥିଲି, ଯାହାଫଳରେ ମୋର ଅଭୀଷ୍ଟ ପ୍ରଭୁ

ବାଲୁକାରେ ଆବୃତ ହୋଇଗଲେ ? ଏଭଳି ପରିସ୍ଥିତିରେ ମୁଁ ପ୍ରାୟୋପବେଶନ କରି ମୋର ଯଉବନ ଶେଷକରିବା ପାଇଁ ଇଚ୍ଛା କରୁଛି । ଏ ଦୁଃଖ ବାସ୍ତବରେ ମୋ ପାଇଁ ଅସହ୍ୟ ।

ଏହିପରି ଭାବରେ ରାଜା ଇନ୍ଦ୍ରଦ୍ୟୁମ୍ନ ନିରାଶ ହୋଇ ଯା'ନ୍ତେ, ନାରଦ ତାଙ୍କୁ ସାନ୍ତ୍ୱନା ଦେଇ କହୁଛନ୍ତି – ହେ ଇନ୍ଦ୍ରଦ୍ୟୁମ୍ନ! ତୁମେ ବ୍ୟସ୍ତ ହୁଅ ନାହିଁ । ସେ ଭଗବାନ୍ ବିଷ୍ଣୁ ହେଉଛନ୍ତି ମାୟାଧର । ତାଙ୍କର ମାୟାକୁ ହୃଦୟଙ୍ଗମ କରିବା ବଡ଼ କଷ୍ଟକର । ମୋତେ ବ୍ରହ୍ମା କହିଛନ୍ତି ଯେ ସେ ଅନ୍ତର୍ହିତ ହୋଇଥିଲେ ହେଁ ପୁନଶ୍ଚ ଦାରୁମୂର୍ତ୍ତିରେ ଆବିର୍ଭୂତ ହୋଇ ତୁମ୍ଭକୁ ଦର୍ଶନ ଦେବେ । ତେଣୁ ହେ ରାଜନ୍! ତୁମ୍ଭେ କଦାପି ବିଷଣ୍ଣ ହୁଅ ନାହିଁ । ତୁମର ମନକାମନା ନିଶ୍ଚିତ ପୂର୍ଣ୍ଣ ହେବ । ନିର୍ଭୟରେ ତୁମେ ଶ୍ରୀକ୍ଷେତ୍ରରେ ବାସ କର । ପ୍ରଭୁଙ୍କ ଦର୍ଶନ ନିଶ୍ଚିତ କରିବ ।

ଏହିଭଳି ଭାବରେ ଦେବର୍ଷି ନାରଦ ରାଜା ଇନ୍ଦ୍ରଦ୍ୟୁମ୍ନଙ୍କୁ ସାନ୍ତ୍ୱନା ପ୍ରଦାନ କରି ପୁନଶ୍ଚ କହୁଛନ୍ତି – ହେ ରାଜନ୍! ଆମେ ଚାଲ ସେହି ଶଙ୍ଖ କ୍ଷେତ୍ରକୁ ଯିବା । ସେଠାରେ ସହସ୍ର ଅଶ୍ୱମେଧ ଯଜ୍ଞର ଆୟୋଜନ କରିବା । ପ୍ରଥମେ ନୃସିଂହ ଭଗବାନଙ୍କ ପ୍ରତିଷ୍ଠା କରିବା, ଯାହାଫଳରେ ଚତୁର୍ଦ୍ଧାମୂର୍ତ୍ତିଙ୍କ ଅବିର୍ଭାବ ହେବ, ଉକ୍ତ ଅଧ୍ୟାୟରେ ଏହିଭଳି ଭାବରେ ଦେବର୍ଷି ନାରଦ ସାନ୍ତ୍ୱନା ପ୍ରଦାନ କରିଛନ୍ତି ।

◆◆◆

ପଞ୍ଚଦଶ ଅଧ୍ୟାୟ

(ଇନ୍ଦ୍ରଦ୍ୟୁମ୍ନଙ୍କ ଆକୁଳ ନିବେଦନ ଓ ଚତୁର୍ଦ୍ଧାମୂର୍ତ୍ତିଙ୍କ ଦର୍ଶନ ପାଇଁ ଆକାଶବାଣୀ)

ବିଷ୍ଣୁଭକ୍ତ ରାଜା ଇନ୍ଦ୍ରଦ୍ୟୁମ୍ନ ନିଜର ଅଦମ୍ୟ ଇଚ୍ଛାଶକ୍ତି ଓ ଭକ୍ତି ବଳରେ ଦେବର୍ଷି ନାରଦଙ୍କ ସହିତ ନୀଳପର୍ବତ ବା ନୀଳାଚଳରେ ପ୍ରବେଶକଲେ । ସେ ପର୍ବତ ଅତ୍ୟନ୍ତ ସୁନ୍ଦର । ରାଜା ସେହି ପର୍ବତରେ ଆରୋହଣ କରିବା ପାଇଁ ଉଦ୍ୟମ କଲେ ।

ପ୍ରାକୃତିକ ସୌନ୍ଦର୍ୟ୍ୟରେ ପରିପୂର୍ଣ୍ଣ ନୀଳପର୍ବତର ଶିଖରଦେଶରେ ପ୍ରଥମେ ରାଜା ଇନ୍ଦ୍ରଦ୍ୟୁମ୍ନ ଦେବର୍ଷି ନାରଦଙ୍କ କୃପାରେ ପ୍ରବେଶକଲେ ଏବଂ ଉଗ୍ରାବତାର ତଥା ବିଷ୍ଣୁଙ୍କର ଆଦିମସ୍ୱରୂପ ପ୍ରଭୁ ନୃସିଂହଙ୍କର ଭୟାବହ ରୂପକୁ ଦର୍ଶନ କଲେ । ପ୍ରଭୁ ନୃସିଂହଙ୍କର ରୂପ ଉକ୍ତ ଅଧ୍ୟାୟରେ ଖୁବ୍ ସୁନ୍ଦର ଭାବରେ ବର୍ଣ୍ଣିତ ହୋଇଛି ।

ସେହି ପ୍ରଭୁ ନୃସିଂହଙ୍କର ରୂପକୁ ସମସ୍ତେ ଦର୍ଶନ କରିବା ପରେ ରାଜା ଇନ୍ଦ୍ରଦ୍ୟୁମ୍ନ ତାଙ୍କୁ ଦର୍ଶନ କରୁଛନ୍ତି । ତା'ପରେ ସେହି ଆଦିମ ମୂର୍ତ୍ତି ଇନ୍ଦ୍ରନୀଳମଣି ନିର୍ମିତ ନୀଳମାଧବଙ୍କ ରୂପକୁ ଦେଖ଼ିବା ପାଇଁ ଉତ୍କଣ୍ଠା ପ୍ରକାଶ କରି ରାଜା ଦେବର୍ଷି ନାରଦଙ୍କୁ ନିବେଦନ କରୁଛନ୍ତି ।

ରାଜାଙ୍କର ଏଭଳି ଆକୁଳ ନିବେଦନକୁ ହୃଦୟଙ୍ଗମ କରି ଦେବର୍ଷି ନାରଦ ରାଜାଙ୍କ ଶ୍ରୀକ୍ଷେତ୍ରର ସେହି ସ୍ଥାନକୁ ନେଇଗଲେ, ଯେଉଁଠାରେ ଆଦିମ ବିଗ୍ରହ ନୀଳମାଧବ ବାଲୁକାଛନ୍ନ ହୋଇଯାଇଥିଲେ । ସେ ସ୍ଥାନର ମହତ୍ତ୍ୱ ବୁଝ଼ାଇ ତାପରେ ଦେବର୍ଷି ନାରଦ ରାଜାଙ୍କୁ ଦୁଇଯୋଜନ ବିସ୍ତୃତ ଶ୍ରୀକ୍ଷେତ୍ରର ଏକ କଳ୍ପଦ୍ରୁମକୁ ଦେଖାଇ କହୁଛନ୍ତି ଯେ ହେ ରାଜନ୍ ! ଏହି ବୃକ୍ଷ ହିଁ ସ୍ୱୟଂ ନାରାୟଣ । ଏଭଳି ବୃକ୍ଷ ସମଗ୍ର ପୃଥ୍ୱୀରେ ଦୁର୍ଲଭ । ଏହାର ପଶ୍ଚିମ ଦିଗରେ ବିଦ୍ୟମାନ ପ୍ରଭୁ ନୃସିଂହ ଏବଂ ଏହାର ଉତ୍ତରରେ ପ୍ରଭୁଙ୍କର ଚତୁର୍ଦ୍ଧାମୂର୍ତ୍ତି ବିରାଜମାନ କରିବେ ଯାହାଙ୍କର ଦର୍ଶନରେ

ସାକ୍ଷାତ୍ ମୁକ୍ତିଲାଭ ହୋଇଥାଏ। ହେ ଇନ୍ଦ୍ରଦ୍ୟୁମ୍ନ! ଚତୁର୍ଦ୍ଧାମୂର୍ତ୍ତିଙ୍କର ଏହି ଆବିର୍ଭାବ କେବଳ ଆପଣଙ୍କର ଉଦ୍ୟମରେ ହିଁ ସମ୍ଭବ ଏବଂ ତାହା ସେହି ଇଚ୍ଛାମୟଙ୍କର ଇଚ୍ଛାରେ ହିଁ ସମ୍ପନ୍ନ ହେବ। ଦୁଷ୍ଟମାନଙ୍କର ବିନାଶ ଓ ସଜ୍ଜନମାନଙ୍କର ପରିତ୍ରାଣ ପାଇଁ ସେହି ମହାପ୍ରଭୁ ଧରାଧାମରେ ଅବତୀର୍ଣ୍ଣ ହେବେ।

ଦେବର୍ଷି ନାରଦଙ୍କଠାରୁ ପ୍ରଭୁଙ୍କର ମହିମା ଶ୍ରବଣ କରି ଭକ୍ତପ୍ରବର ରାଜା ଇନ୍ଦ୍ରଦ୍ୟୁମ୍ନ ପ୍ରଭୁଙ୍କୁ ପ୍ରାର୍ଥନା କରୁଛନ୍ତି। ହେ ପ୍ରଭୁ! ତୁମ୍ଭର କରୁଣାରେ ସଂସାରର ଦୁଃଖନାଶନ ହୋଇଥାଏ। ତୁମ୍ଭରି କୃପାରେ ମୁକ୍ତି ହିଁ ମିଳିଥାଏ। ଆଜି ମୁଁ ତୁମ୍ଭ ପାଦପଦ୍ମରେ ଶରଣାପନ୍ନ। ତୁମ୍ଭେ ରକ୍ଷାକର।

ରାଜା ଏହିଭଳି ଭାବରେ ପ୍ରାର୍ଥନା କରି ଆକୁଳ ନିବେଦନ କରନ୍ତେ ତାଙ୍କର ନୟନ ଯୁଗଳରୁ ଲୋତକ ଧାରଧାର ହୋଇ ବୋହିଯାଉଥାଏ। ଏହି ସମୟରେ ଆକାଶବାଣୀ ଶୁଭିଲା — ହେ ରାଜନ୍! ବିଷଣ୍ଣ ହୁଅ ନାହିଁ। ନିଶ୍ଚିତ ଭାବରେ ତୁମ୍ଭେ ଚତୁର୍ଦ୍ଧାମୂର୍ତ୍ତିଙ୍କର ଦର୍ଶନ ପାଇବ। ନାରଦଙ୍କଠାରୁ ପୂର୍ବରୁ ରାଜା ଇନ୍ଦ୍ରଦ୍ୟୁମ୍ନ ଯାହା ଶୁଣିଥିଲେ — ତାହା ହିଁ ଆକାଶବାଣୀ ମାଧ୍ୟମରେ ପୁଣି ଥରେ ଶୁଣିବାକୁ ପାଇଲେ। ତେଣୁ ଇନ୍ଦ୍ରଦ୍ୟୁମ୍ନ ଆଶ୍ୱସ୍ତ ହେଲେ।

ଏହା ହେଉଛି ପଞ୍ଚଦଶ ଅଧ୍ୟାୟର ସଂକ୍ଷିପ୍ତସାର।

◆ ◆ ◆

ଷୋଡ଼ଶ ଅଧ୍ୟାୟ

(ଦେବର୍ଷି ନାରଦଙ୍କ ଦ୍ୱାରା ନୃସିଂହମୂର୍ତ୍ତି ପ୍ରତିଷ୍ଠା)

ରାଜା ଇନ୍ଦ୍ରଦ୍ୟୁମ୍ନଙ୍କର ଯଜ୍ଞ ଅନୁଷ୍ଠାନରେ ପ୍ରବଳ ଆଗ୍ରହ ଦେଖି ନାରଦ କହୁଛନ୍ତି — ହେ ରାଜନ୍! ଆପଣ ବହୁତ ଭାଗ୍ୟବାନ୍। ଆପଣଙ୍କ ପାଇଁ ଦେବତାମାନେ ସହାୟତାର ହାତ ବଢ଼ାଇ ଦେଇଛନ୍ତି। ସ୍ୱୟଂ ବ୍ରହ୍ମା ଆପଣଙ୍କର ସହାୟ। ମୁଁ ବର୍ତ୍ତମାନ ଆପଣଙ୍କୁ ନୀଳକଣ୍ଠଙ୍କ ନିକଟକୁ ନେଇ ଯିବି। ସେଠାରେ ନୃସିଂହ ଦେବତାଙ୍କ ପ୍ରତିଷ୍ଠା କରିବି। ତୁମେ ତାଙ୍କ ନିକଟରେ ଯଜ୍ଞ ସମ୍ପାଦନ କର। ଫଳରେ ତୁମର ଅଭିଳାଷ ନିଶ୍ଚିତ ପୂରଣ ହେବ। ଆପଣ ମଧ୍ୟ ଏହା ମଧ୍ୟରେ ପ୍ରାସାଦ ନିର୍ମାଣ କାର୍ଯ୍ୟ ସମ୍ପାଦନ କରନ୍ତୁ ଏବଂ ଏଥିପାଇଁ ସ୍ୱୟଂ ବିଶ୍ୱକର୍ମା ଆପଣଙ୍କ ସହାୟ ହେବେ।

ପୁନଶ୍ଚ ନାରଦ କହୁଛନ୍ତି — ହେ ଇନ୍ଦ୍ରଦ୍ୟୁମ୍ନ! ଆପଣ ସେହି ସ୍ଥାନକୁ ଶୀଘ୍ର ଗମନ କରନ୍ତୁ। ମୁଁ ସେଠାରେ ପାଞ୍ଚଦିନ ଧରି ରହିବି ଏବଂ ନୃସିଂହଙ୍କୁ ପୂଜା କରିବି। ଏହା ଶୁଣି ଇନ୍ଦ୍ରଦ୍ୟୁମ୍ନ ସେଠାକୁ ଯାନ୍ତେ, ବିଶ୍ୱକର୍ମାଙ୍କୁ – ଯଥା ସ୍ଥାନରେ ଦେଖିଲେ ଏବଂ ବିଶ୍ୱକର୍ମା ମଧ୍ୟ ମନ୍ଦିର ନିର୍ମାଣ କରିବେ ବୋଲି ଇନ୍ଦ୍ରଦ୍ୟୁମ୍ନଙ୍କୁ ପ୍ରତିଶ୍ରୁତି ଦେଲେ।

ଦେବଶିଳ୍ପୀ ବିଶ୍ୱକର୍ମାଙ୍କୁ ଦେଖିବା ପରେ ରାଜା ଇନ୍ଦ୍ରଦ୍ୟୁମ୍ନ ଅତ୍ୟନ୍ତ ଆନନ୍ଦିତ ହୋଇ ତାଙ୍କୁ ସମ୍ୱର୍ଦ୍ଧନା ଜ୍ଞାପନ କଲେ। ନାରଦ ନୃସିଂହ ମୂର୍ତ୍ତି ଧରି ସେଠାକୁ ଆସିବା କଥା ମଧ୍ୟ ସେ ସୂଚନା ଦେଲେ। ରାଜା ଦେବଶିଳ୍ପୀ ବିଶ୍ୱକର୍ମାଙ୍କୁ ପୂଜା କଲେ ଏବଂ ପ୍ରାସାଦ ନିର୍ମାଣ କାର୍ଯ୍ୟରେ ଲଗାଇଲେ।

ଦେବଶିଳ୍ପୀ ବିଶ୍ୱକର୍ମାଙ୍କର ମହିମା ଅପାର। ରାଜା ଅନେକ ଧନ ବ୍ୟୟକଲେ। ଏବଂ ବହୁତ ଦିନରେ ନିର୍ମିତ ହେବାକୁ ଥିବା ପ୍ରାସାଦକୁ ମାତ୍ର ଚାରିଦିନରେ ନିର୍ମାଣ କରାଇଲେ। ତା'ପରେ ପ୍ରଭାତ କାଳରେ ନିତ୍ୟକର୍ମ ସାରିବା ପରେ ରାଜା

ନାରଦଙ୍କର ଆଗମନକୁ ଅପେକ୍ଷା କଲେ। ଇତ୍ୟବସରରେ ନାରଦ ବାଦ୍ୟନାଦର ତାଲେ ତାଲେ ନୃସିଂହ ଦେବଙ୍କ ମୂର୍ତ୍ତିକୁ ଆଣି ସେଠାରେ ଉପସ୍ଥିତ ହେଲେ। ସେଠାରେ ଉପସ୍ଥିତ ସମସ୍ତ ବ୍ୟକ୍ତି ନରସିଂହଙ୍କର ଅପୂର୍ବ ଦିବ୍ୟମୂର୍ତ୍ତିକୁ ଦେଖି ଅତ୍ୟନ୍ତ ଆନନ୍ଦିତ ହେଲେ। ରାଜା ଇନ୍ଦ୍ରଦ୍ୟୁମ୍ନ ଭକ୍ତିରେ ସେ ମୂର୍ତ୍ତିକୁ ପ୍ରଦକ୍ଷିଣ କଲେ। ଏହାପରେ ନାରଦ ସେହି ମୂର୍ତ୍ତିକୁ ନବନିର୍ମିତ ପ୍ରାସାଦରେ ରନ୍‌ବେଦୀରେ ସ୍ଥାପନ କଲେ। ନୃସିଂହ ମୂର୍ତ୍ତିକୁ ଦର୍ଶନ କରି ରାଜା ଇନ୍ଦ୍ରଦ୍ୟୁମ୍ନ ପ୍ରଭୁଙ୍କର ସେହି ଆଦିମ ବିଗ୍ରହକୁ ଅତ୍ୟନ୍ତ ଭକ୍ତିରେ ପ୍ରାର୍ଥନା କଲେ – ହେ ପ୍ରଭୁ! ଆପଣ ଏ ଜଗତର ସମସ୍ତ ଦୁଃଖନାଶର କାରଣ। ଆପଣ ଚତୁର୍ବର୍ଗର ଫଳଦାତା। ଆପଣ ହିଁ ମୋ ପାଇଁ ସର୍ବସ୍ୱ। ହେ ପ୍ରଭୁ! ଆପଣଙ୍କ କରୁଣାରୁ ମୋର ସହସ୍ର ଅଶ୍ୱମେଧ ଯଜ୍ଞ କାର୍ଯ୍ୟ ନିର୍ବିଘ୍ନରେ ପରିସମାପ୍ତ ହେଉ। ଆପଣଙ୍କର ଶ୍ରୀପାଦପଦ୍ନରେ ମୁଁ ବାରମ୍ବାର ପ୍ରଣାମ ନିବେଦନ କରୁଛି। ଏହିଭଳି ଭାବରେ ଇନ୍ଦ୍ରଦ୍ୟୁମ୍ନଙ୍କ ଦ୍ୱାରା କରାଯାଇଥିବା ନୃସିଂହଙ୍କର ସ୍ତୁତି ଖୁବ୍ ଚମତ୍କାର ଭାବରେ ବର୍ଣ୍ଣନା କରାଯାଇଛି।

ଏହି ନୃସିଂହ ହେଉଛନ୍ତି ପ୍ରଭୁଙ୍କର ଆଦ୍ୟ ଅବତାର। ବୈଶାଖ ମାସ ଶୁକ୍ଳପକ୍ଷ ଚତୁର୍ଦ୍ଦଶୀ ଦିନ ତାଙ୍କର ଆବିର୍ଭାବ ଘଟେ। ସେହିଦିନ ଯେଉଁମାନେ ପ୍ରଭୁଙ୍କୁ ଆରାଧନା କରନ୍ତି – ସେମାନଙ୍କର ଅନେକ କଲ୍ୟାଣ ସାଧିତ ହୋଇଥାଏ। ସେମାନେ ମୁକ୍ତିଲାଭ କରନ୍ତି।

ଏହିଭଳି ଭାବରେ ପ୍ରଭୁ ନୃସିଂହଙ୍କର ମୂର୍ତ୍ତିପ୍ରତିଷ୍ଠା ଓ ତାଙ୍କର ଅପାର ମହିମା ବିଷୟରେ ଉକ୍ତ ଅଧ୍ୟାୟରେ ବର୍ଣ୍ଣନା କରାଯାଇଛି।

♦♦♦

ସପ୍ତଦଶ ଅଧ୍ୟାୟ

(ସହସ୍ର ଅଶ୍ୱମେଧ ଯଜ୍ଞ ଅନୁଷ୍ଠାନ ଓ ଭଗବାନଙ୍କର ଦର୍ଶନ)

ଶ୍ରୀକ୍ଷେତ୍ରରେ ନୃସିଂହ ମୂର୍ତ୍ତି ପ୍ରତିଷ୍ଠା ହେବା ପରେ ରାଜା ଇନ୍ଦ୍ରଦ୍ୟୁମ୍ନ କ'ଣ କଲେ ? ଏହି ପ୍ରଶ୍ନ ମୁନିମାନେ ପଚାରନ୍ତେ – ମହର୍ଷି ଜୈମିନି କହୁଛନ୍ତି – ହେ ମୁନିଗଣ ! ଏହାପରେ ରାଜା ଇନ୍ଦ୍ରଦ୍ୟୁମ୍ନ ସହସ୍ର ଅଶ୍ୱମେଧ ଯଜ୍ଞ ଅନୁଷ୍ଠାନ କରିବା ପାଇଁ ଯଜ୍ଞସ୍ଥଳୀର ଆୟୋଜନ କଲେ । ଯଜ୍ଞସ୍ଥଳୀଟି ଖୁବ୍ ସୁନ୍ଦର ଭାବରେ ନିର୍ମିତ ହୋଇଥିଲା । ଏଥିରେ ରତ୍ନଖଚିତ ବିଭିନ୍ନ ସ୍ତମ୍ଭ ଉପରେ ମନୋହର ଚନ୍ଦ୍ରାତପ ଏକ ସୁନ୍ଦର ବାତାୟନମାନ ଶୋଭା ପାଉଥିଲା । ଅଗୁରୁ ଚନ୍ଦନର ସୁରଭିରେ ସମଗ୍ର ଯଜ୍ଞସ୍ଥଳୀ ସୁବାସିତ ହୋଇଯାଇଥିଲା ଏବଂ ବିଭିନ୍ନ ରଙ୍ଗର ପ୍ରସୂନଦ୍ୱାରା ସମଗ୍ର ଯଜ୍ଞସ୍ଥଳୀ ସୁସଜ୍ଜିତ ହୋଇଥିଲା ।

ଏହି ଯଜ୍ଞସ୍ଥଳୀକୁ ଦେବତା, ବ୍ରାହ୍ମଣ, ରଷି, ସିଦ୍ଧ ଓ ବ୍ରହ୍ମର୍ଷିମାନଙ୍କୁ ନିମନ୍ତ୍ରଣ କରାଯାଇଥିଲା । ରାଜାଙ୍କୁ ସିଂହାସନ, ରଷିମାନଙ୍କୁ ବୃଷାସନ, ସିଦ୍ଧ ବ୍ରହ୍ମର୍ଷିମାନଙ୍କୁ କୁଶାସନ, ଦେବତାମାନଙ୍କୁ ସ୍ୱର୍ଣ୍ଣାସନ ଏବଂ ଦେବଦେବ ଇନ୍ଦ୍ରଙ୍କୁ ରତ୍ନସିଂହାସନରେ ଉପବେଶନ କରାଯାଇଥିଲା । ଏହାପରେ ରାଜା ଇନ୍ଦ୍ରଦ୍ୟୁମ୍ନ ସମସ୍ତ ଅତିଥିଙ୍କୁ ମାଲ୍ୟାର୍ପଣ କରି ଔପଚାରିକ ସ୍ୱାଗତ ଜଣାଇଲେ ଏବଂ ସମସ୍ତଙ୍କୁ ଭକ୍ତି ସହକାରେ ପୂଜା କରିଲେ । ଅତ୍ୟନ୍ତ ବିନୀତ ଭାବରେ ରାଜା ସମସ୍ତଙ୍କୁ ମାଲ୍ୟ, ଗନ୍ଧ, ବସନ ଇତ୍ୟାଦି ପ୍ରଦାନ କରି ପୂଜା କରିବା ପରେ ଇନ୍ଦ୍ରଙ୍କ ନିକଟକୁ ଗଲେ ଏବଂ ଶଚୀପତିଙ୍କର ମହିମାକୁ ଉଚ୍ଚସ୍ୱରରେ ଗାନ କଲେ ଏବଂ କହିଲେ — ହେ ଇନ୍ଦ୍ର ! ଆପଣ ଜାଣନ୍ତି, ଏଠାରେ ପୂର୍ବରୁ ମାଧବ ପୂଜା ପାଉଥିଲେ । ସେ ବର୍ତ୍ତମାନ ଅନ୍ତର୍ଧାନ ହୋଇଯାଇଛନ୍ତି । ମୁଁ ସମସ୍ତ ଅଶ୍ୱମେଧ ଯଜ୍ଞ ଅନୁଷ୍ଠାନ କରି ତାଙ୍କର ପୁନଷ୍ଚ ଆବିର୍ଭାବ ନିମନ୍ତେ ଯତ୍ନ କରୁଛି । ଆପଣଙ୍କର ଅନୁଗ୍ରହ ଆବଶ୍ୟକ ।

ଏହାପରେ ରାଜା ସହସ୍ର ଅଶ୍ୱମେଧ ଯଜ୍ଞର ଆୟୋଜନ କଲେ। ରାଜା ସସ୍ତ୍ରୀକ ବିନୀତ ଭାବରେ ଯଜ୍ଞସ୍ଥଳରେ ଦଣ୍ଡାୟମାନ ହୋଇ ଯଜ୍ଞ ଅନୁଷ୍ଠାନମାନ କରୁଛନ୍ତି। ଯଥା – ବ୍ରାହ୍ମଣଙ୍କର ସ୍ୱସ୍ତିବାଚନ, ରୁତ୍ୱିକ୍ ବରଣ ଇତ୍ୟାଦି। ଯଜ୍ଞର ଆରମ୍ଭରୁ ଅଶ୍ୱକୁ ଅଭିମନ୍ତ୍ରିତ କରି ମୋଚନ କଲେ।

ଏପଟେ ରାଜା ମୃଗଚର୍ମ ଆସନରେ ସାକ୍ଷାତ୍ ପାର୍ବତୀଙ୍କ ସହ ଶିବଙ୍କ ଭଳି ସସ୍ତ୍ରୀକ ଉପବେଶନ କରି ଅନ୍ୟାନ୍ୟ ସମସ୍ତ ବିଷୟ ତଦାରଖ କରୁଛନ୍ତି ଯଥା – ନିମନ୍ତ୍ରିତ ଅତିଥିଙ୍କ ଭୋଜନ, ବିଭିନ୍ନ ବ୍ୟକ୍ତିଙ୍କ ଭୋଜନ ପାଇଁ ବିଭିନ୍ନ ପ୍ରକାରର ପାତ୍ର ସଂଗ୍ରହ ଯଥା – ବ୍ରାହ୍ମଣଙ୍କ ପାଇଁ ନୂତନ ସ୍ୱର୍ଣ୍ଣପାତ୍ର। ବୈଶ୍ୟ ଓ କ୍ଷତ୍ରିୟଙ୍କ ପାଇଁ ନୂତନ ରୌପ୍ୟପାତ୍ର ଓ ଶୂଦ୍ରଙ୍କ ପାଇଁ ନୂତନ କାଂସ୍ୟ ପାତ୍ର ଇତ୍ୟାଦି।

"ଅତିଥି ଦେବୋ ଭବ" – ସଂସ୍କୃତିରେ ଦୀକ୍ଷିତ ରାଜା ଇନ୍ଦ୍ରଦ୍ୟୁମ୍ନ ସମସ୍ତ ଅତିଥିଙ୍କୁ ଯଜ୍ଞମଣ୍ଡପରେ ଅର୍ଚ୍ଚନା କରୁଛନ୍ତି। ବିଭିନ୍ନ ବ୍ୟକ୍ତିଙ୍କ ପାଇଁ ବିଭିନ୍ନ ପାଚକଙ୍କର ମଧ୍ୟ ବ୍ୟବସ୍ଥା କରାଗଲା।

ରାଜାଙ୍କର ଆତିଥ୍ୟରେ ସମସ୍ତେ ସନ୍ତୁଷ୍ଟ ହେଲେ। ଇନ୍ଦ୍ର ଓ ଇନ୍ଦ୍ରଦ୍ୟୁମ୍ନ ଉଭୟ ଏକାଭଳି ଦେଖା ହେଲେ। ଯଜ୍ଞସ୍ଥଳରେ ଏହିଭଳି ସମସ୍ତଙ୍କ ପାଇଁ ଉଚ୍ଚକୋଟୀର ଆତିଥ୍ୟ ପ୍ରଦର୍ଶନ କରାଗଲା। ଏଭଳି ଆତିଥ୍ୟରେ ସନ୍ତୁଷ୍ଟ ହୋଇ କେହି ସ୍ୱର୍ଗବାସୀ, ମର୍ତ୍ୟବାସୀ ବା ପାତାଳବାସୀ ଆଉ ନିଜ ନିଜ ସ୍ଥାନକୁ ଫେରିବାକୁ ଚାହିଁଲେ ନାହିଁ। ସମସ୍ତଙ୍କ ପାଇଁ ଯଜ୍ଞସ୍ଥଳରେ ପୁରୁଷୋଉମ କ୍ଷେତ୍ରରେ ରହିବାପାଇଁ ଉପଯୁକ୍ତ ବ୍ୟବସ୍ଥା ମଧ୍ୟ କରାଯାଇଥିଲା। ରହିବା, ଖାଇବା, ଉପବେଶନକରିବା, ବିଶ୍ରାମ ନେବା ଇତ୍ୟାଦି ପାଇଁ ଯଜ୍ଞସ୍ଥଳରେ ସର୍ବବିଧ ଅତିଥିଙ୍କ ପାଇଁ ପର୍ଯ୍ୟାପ୍ତ ପରିମାଣର ବ୍ୟବସ୍ଥା ମଧ୍ୟ କରାଯାଇଥିଲା।

ଏହି ସହସ୍ର ଅଶ୍ୱମେଧ ଯଜ୍ଞ ଏଭଳି ସମ୍ପାଦିତ ହେବାକୁ ଲାଗିଲା ଯେ କ୍ରମଶଃ ବସୁଧରା ସମ୍ପଦଶୂନ୍ୟା ହେବାକୁ ଲାଗିଲା। କିନ୍ତୁ ସଙ୍ଗେ ସଙ୍ଗେ ପୃଥିବୀ ମଧ୍ୟ ରାଜାଙ୍କ ପ୍ରଭାବରେ ସ୍ୱର୍ଣ୍ଣବୃଷ୍ଟିରେ ପରିପୂର୍ଣ୍ଣ ହେଲା। ଲୋକ ମୁଖରେ ଅଶ୍ୱମେଧ ଯଜ୍ଞର ସଫଳତା ପ୍ରଚାର ହେବାକୁ ଲାଗିଲା। ବହୁ ସତର୍କତା ସହିତ ଅନୁଷ୍ଠିତ ଏହି ଯଜ୍ଞରେ କୌଣସି ତ୍ରୁଟି ନ ଥିଲା। ସମସ୍ତ ଯୋଗୀ, ମୁନି, ରୁଷି ଏହି ଯଜ୍ଞର ସଫଳ ସମ୍ପାଦନ ପାଇଁ ନିଯୋଜିତ ହେଲେ। ଉପଯୁକ୍ତ ଉପାୟରେ ଆହୁତି ପ୍ରଦାନ କରାଗଲା

ଏବଂ ଦେବତାମାନେ ସନ୍ତୁଷ୍ଟ ହେଲେ। ବିଭିନ୍ନ ସ୍ଥାନରୁ ଆସିଥିବା ଅତିଥିମାନେ ଆଉ ନିଜ ନିଜ ସ୍ଥାନକୁ ଫେରିଯିବା ପାଇଁ ଇଚ୍ଛାକଲେ ନାହିଁ।

ଏହିଭଳି ଭାବରେ ଏକୋନସହସ୍ରତମ ଯଜ୍ଞ ସମ୍ପାଦନ ହେଲା ପରେ ସହସ୍ରତମ ଯଜ୍ଞର ଶେଷ ରାତ୍ରିରେ ରାଜା ଇନ୍ଦ୍ରଦ୍ୟୁମ୍ନ ଏକ ଅଭୁତ ସ୍ୱପ୍ନ ଦେଖିଲେ। ଶ୍ୱେତଦ୍ୱୀପର କ୍ଷୀର ସାଗରରେ ଭାସୁଥିବା ଏକ ଶଙ୍ଖ, ଚକ୍ର ଓ ପଦ୍ମ ଚିହ୍ନିତ ମହାକଚ୍ଛଦ୍ରୁମରେ ବିରାଜମାନ ରନ୍ସିଂହାସନରେ ଭଗବାନ୍ ବିଷ୍ଣୁ ବିରାଜମାନ। ପ୍ରଭୁଙ୍କର ଅନନ୍ତ ଐଶ୍ୱର୍ଯ୍ୟ, ଅନନ୍ତ ସୌନ୍ଦର୍ଯ୍ୟ, ଅନନ୍ତ ବୀର୍ଯ୍ୟ ଓ ଅନନ୍ତ ଶୌର୍ଯ୍ୟକୁ ରାଜା ଇନ୍ଦ୍ରଦ୍ୟୁମ୍ନ ସ୍ୱପ୍ନରେ ଅନୁଭବ କରିପାରିଲେ। ମହାପ୍ରଭୁଙ୍କର ଦକ୍ଷିଣପାର୍ଶ୍ୱରେ ସହସ୍ରଫଣାଯୁକ୍ତ ଅନନ୍ତ ବାସୁଦେବ ବିରାଜମାନ କରିଥିବାର ଦେଖିଲେ ଏବଂ ତାଙ୍କର ଦକ୍ଷିଣରେ ବରାଭୟ ଦାୟିନୀ ସୌଭାଗ୍ୟ ପ୍ରଦାୟିନୀ ଜଗଜ୍ଜନନୀ ମହାଲକ୍ଷ୍ମୀଙ୍କୁ ଦର୍ଶନ କଲେ। ବାମରେ ଚକ୍ରରାଜ ସୁଦର୍ଶନ। ପୁନର୍ଶ୍ଚ ବ୍ରହ୍ମା ସମ୍ମୁଖରେ ରହି କୃତାଞ୍ଜଳିପୁଟରେ ସେହି ଚତୁର୍ଦ୍ଧାମୂର୍ତ୍ତିଙ୍କୁ ସ୍ତୁତି କରୁଥିବାର ସେ ସ୍ୱପ୍ନରେ ଦେଖିଲେ।

ପ୍ରଭୁଙ୍କର ଏଭଳି ଅପୂର୍ବ ରୂପଦେଖି ରାଜା ତନ୍ମୟ ଓ ତଲ୍ଲୀନ ହୋଇଗଲେ ଏବଂ ସ୍ୱୟଂ ଭକ୍ତିରେ ଗଦ୍‌ଗଦ ହୋଇ ସ୍ତୁତି କରିବାକୁ ଆରମ୍ଭ କଲେ। ହେ ପ୍ରଭୁ ! ଆପଣ ସମଗ୍ର ଜଗତର ଆଧାର ! ହେ ସଚରାଚର ବ୍ରହ୍ମାଣ୍ଡର ରକ୍ଷାକର୍ତ୍ତା ! ଆପଣଙ୍କର ଶ୍ରୀଚରଣରେ ମୋର ବିନମ୍ର ପ୍ରଣାମ। ହେ ପ୍ରଭୁ! ମୁଁ ସଂସାର ସାଗରରେ ନିମଗ୍ନ। ମୋତେ ଆପଣ ପରିତ୍ରାଣ କରନ୍ତୁ। ଏଭଳି ସ୍ୱପ୍ନ ଦେଖି ରାଜା ନିଜକୁ କୃତାର୍ଥ ମଣିଲେ। ଏହାପରେ ପ୍ରଭାତ କାଳରେ ରାଜା ଏହି ସ୍ୱପ୍ନ ବିଷୟ ନାରଦଙ୍କ ନିକଟରେ କହିଲେ ଏବଂ ନାରଦ ଅତ୍ୟନ୍ତ ସନ୍ତୁଷ୍ଟ ହେଲେ। ବ୍ରହ୍ମାଙ୍କ ବଚନ ଅନୁସାରେ ଏହି ଯଜ୍ଞସ୍ଥଳରେ ପ୍ରଭୁ ଚତୁର୍ଦ୍ଧାମୂର୍ତ୍ତିଙ୍କର ଆବିର୍ଭାବ ହେବା କଥା ସେ ଇନ୍ଦ୍ରଦ୍ୟୁମ୍ନଙ୍କୁ ମନେପକାଇଦେଲେ ଏବଂ ଯଜ୍ଞ ଅନୁଷ୍ଠାନ ସଫଳ ହେବାକୁ ଯାଉଛି ବୋଲି ରାଜାଙ୍କୁ କହିଲେ।

ଏହା ହିଁ ଉକ୍ତ ଅଧ୍ୟାୟର ନିର୍ଯ୍ୟାସ।

❖❖❖

ଅଷ୍ଟାଦଶ ଅଧ୍ୟାୟ

(ବୃଦ୍ଧ ବଢ଼େଇଙ୍କର ଆବିର୍ଭାବ – ଚତୁର୍ଦ୍ଧାମୂର୍ତ୍ତି ନିର୍ମାଣ ଉଦ୍ଦେଶ୍ୟରେ)

ସମସ୍ତଙ୍କ ସହଯୋଗରେ ସହସ୍ର ଅଶ୍ୱମେଧ ଯଜ୍ଞ ରାଜା ଇନ୍ଦ୍ରଦ୍ୟୁମ୍ନ ସମ୍ପାଦନ କଲେ । ଏହାପରେ ଅଭବୃଥ ସ୍ନାନ ନିମନ୍ତେ ସମୟ ଉପଗତ ହେବାରୁ ସାଗରତଟରେ ଅବସ୍ଥିତ ବିଲ୍ୱେଶ୍ୱରଙ୍କ ନିକଟରେ ଯେଉଁମାନେ ଅଭବୃଥସ୍ନାନ ପାଇଁ ନିଯୁକ୍ତ ଥିଲେ, ସେମାନେ ଅତ୍ୟନ୍ତ ସମ୍ଭ୍ରମରେ କୃତାଞ୍ଜଲିପୁଟରେ ରାଜାଙ୍କୁ ମହୋଦଧିରେ ଭାସି ଆସୁଥିବା ଏକ ଅଭୁତ ବୃକ୍ଷର ସୂଚନା ଦେଲେ । ଶଙ୍ଖ, ଚକ୍ର, ଗଦା ଓ ପଦ୍ମ ଚିହ୍ନିତ ଏହି ବୃକ୍ଷ ସୂର୍ଯ୍ୟଙ୍କ ସଦୃଶ ତେଜୋୟାନ । ଜଣାପଡ଼ୁଥିଲା – ସତେ ଯେପରି ଜଣେ ଦେବତା ଏହି ବୃକ୍ଷ ରୂପରେ ଭାସିଆସିଛନ୍ତି ।

ରାଜା ଇନ୍ଦ୍ରଦ୍ୟୁମ୍ନ ଏହି ଅସାଧାରଣ ବୃକ୍ଷ ବିଷୟରେ ସେବକଙ୍କ ଠାରୁ ଶୁଣିବା ପରେ ଏ ପ୍ରସଙ୍ଗ ନାରଦଙ୍କୁ ପଚାରିଲେ । ନାରଦ କହୁଛନ୍ତି– ହେ ରାଜନ୍ ! ଆପଣ ଯେଉଁ ଶ୍ୱେତଦ୍ୱୀପବାସୀ ବିଷ୍ଣୁଙ୍କୁ ସ୍ୱପ୍ନରେ ଦେଖିଥିଲେ ସେ ଏକ ମହାଦ୍ରୁମ ରୂପରେ ଆବିର୍ଭୂତ ହୋଇ ଆପଣଙ୍କ ନିକଟକୁ ଆସିଛନ୍ତି । ଆପଣଙ୍କର ସହସ୍ର ଅଶ୍ୱମେଧ ଯଜ୍ଞ ସଫଳ ହୋଇଛି । ତେଣୁ ଅଭବୃଥ ସ୍ନାନପରେ ମହାନ୍ ଉତ୍ସବ ମାଧ୍ୟମରେ ଆପଣ ଏହି ବୃକ୍ଷକୁ କୂଳକୁ ଆଣନ୍ତୁ ।

ଏହିଭଳି ନାରଦ ଓ ଇନ୍ଦ୍ରଦ୍ୟୁମ୍ନ ସେହି ଭାସମାନ ବୃକ୍ଷ ବିଷୟରେ କଥୋପକଥନ କଲାପରେ ସମୁଦ୍ର କୂଳକୁ ଯାଇ ଭଗବତ୍ ସ୍ୱରୂପ ସେହି ବୃକ୍ଷକୁ ସେ ଦର୍ଶନ କରୁଛନ୍ତି ଏବଂ ନିଜ ନିଜକୁ କୃତାର୍ଥ ମନେକରୁଛନ୍ତି । ତା'ପରେ ଘଣ୍ଟ, ଘଣ୍ଟା, କାହାଳୀ ଆଦି ବାଜା ବାଦନର ତାଲେ ତାଲେ ଭକ୍ତମାନଙ୍କ ଗହଣରେ ସେହି ବିଷ୍ଣୁ ସ୍ୱରୂପ ବୃକ୍ଷକୁ ମହାବେଦୀ ନିକଟକୁ ଆଣୁଛନ୍ତି ।

ବିଷ୍ଣୁ ସ୍ୱରୂପ ସେହି ଭାସମାନ ମହାଦ୍ରୁମକୁ ମହୋଦଧିରୁ ସଂଗ୍ରହ କରି ନୃସିଂହ କ୍ଷେତ୍ର ମହାବେଦୀକୁ ରାଜାଙ୍କର ଅନୁଗତମାନେ ଘେନିଗଲେ । ସେଠାରେ

ଦିବ୍ୟତରୁକୁ ସ୍ଥାପନା କଲେ ଏବଂ ରାଜା ତାଙ୍କୁ ପୂଜା କଲେ। ତା'ପରେ ନାରଦଙ୍କୁ ରାଜା ପଚାରୁଛନ୍ତି – ହେ ଦେବର୍ଷି ! କିଭଳି ଏହି ତରୁରୁ ବିଷ୍ଣୁଙ୍କ ପ୍ରତିମା ନିର୍ମିତ ହେବ ?

କିଏ ତିଆରି କରିବେ ? ଏହିଭଳି ପ୍ରଶ୍ନବେଳେ ଆକାଶବାଣୀ ହେଲା ଯେ ସେ ସ୍ୱୟଂ ମହାବେଦୀରେ ଗୁପ୍ତଭାବରେ ଅବସ୍ଥାନ କରୁଛନ୍ତି ଏବଂ ସ୍ୱୟଂ ଆବିର୍ଭୂତ ହେବେ। ପୁନଶ୍ଚ ଆକାଶବାଣୀ ମାଧ୍ୟମରେ ଶୁଣାଗଲା ଯେ ଏହି ଶସ୍ତ୍ରପାଣି ବୃଦ୍ଧ ଏଠାରେ ଉପସ୍ଥିତ ରହିବେ। ହେ ରାଜନ୍ ! ତାଙ୍କୁ ତୁମ୍ଭେ ପନ୍ଦର ଦିନ ପାଇଁ ପ୍ରାସାଦ ମଧ୍ୟରେ ପ୍ରବେଶ କରାଇ ଦ୍ୱାର ବନ୍ଦ କରିଦିଅ। ବାହାରେ ସମସ୍ତପ୍ରକାର ବାଦ୍ୟ ନାଦର ବ୍ୟବସ୍ଥା କରାଅ। କାରଣ ମୂର୍ତ୍ତି ନିର୍ମାଣ ଶବ୍ଦ ଯେ ଶୁଣିବ, ଏହା ତା'ପାଇଁ ଶୁଭକର ନୁହେଁ। ପୁନଶ୍ଚ ମୂର୍ତ୍ତି ନିର୍ମାଣ ପ୍ରକ୍ରିୟା ଚାଲୁଥିବା ବେଳେ କେହି ମଧ୍ୟ ତାଙ୍କୁ ଦେଖିବା ଅନୁଚିତ। ତା'ଦ୍ୱାରା ରାଜାଙ୍କର ଓ ରାଷ୍ଟ୍ରର ଅମଙ୍ଗଳ ହୋଇଥାଏ। ତେଣୁ ଅତ୍ୟନ୍ତ ଯତ୍ନର ସହିତ ଏହି ନିର୍ମାଣ କାର୍ଯ୍ୟ ସମ୍ପାଦନ କର।

ନାରଦ ଏବଂ ରାଜା ଏହିଭଳି ଆକାଶବାଣୀ ଶୁଣିବା ପରେ ସେଠାରେ ବୃଦ୍ଧ ବର୍ଦ୍ଧକୀ ଉପସ୍ଥିତ ହୋଇ କହିଲେ – ହେ ରାଜନ୍ ! ଆପଣ ସ୍ୱପ୍ନରେ ପ୍ରଭୁଙ୍କର ଯେଉଁ ମୂର୍ତ୍ତିକୁ ଦେଖୁଛନ୍ତି, ମୁଁ ସେହି ମୂର୍ତ୍ତିକୁ ନିର୍ମାଣ କରିଦେବି। ଏହି ଦିବ୍ୟଦାରୁରୁ ହିଁ ତାହା ନିର୍ମିତ ହେବ। ଏକଥା କହି ସେ ସ୍ୱୟଂ ନାରାୟଣ ରୂପରେ ନିଜକୁ ଦେଖାଦେଇ ସଙ୍ଗେ ସଙ୍ଗେ ମହାବେଦୀରେ ଅନ୍ତର୍ହିତ ହୋଇଗଲେ।

ଏହା ହିଁ ଉକ୍ତ ଅଧ୍ୟାୟର ନିର୍ଯ୍ୟାସ।

❖❖❖

ଏକୋନବିଂଶ ଅଧ୍ୟାୟ

(ଚତୁର୍ଦ୍ଧା ମୂର୍ତ୍ତିଙ୍କର ନିର୍ମାଣ ଓ ଆବିର୍ଭାବ)

ଆକାଶବାଣୀର ନିର୍ଦ୍ଦେଶ ଅନୁସାରେ ରାଜା ମୂର୍ତ୍ତି ନିର୍ମାଣର ସମସ୍ତ ବ୍ୟବସ୍ଥା କରିଦେଲେ। ମୂର୍ତ୍ତି ନିର୍ମାଣ କାର୍ଯ୍ୟ ଆରମ୍ଭ ହୁଅନ୍ତେ, ସମସ୍ତ ଶ୍ରୀକ୍ଷେତ୍ର ଅପୂର୍ବ ସୁଗନ୍ଧରେ ସୁରଭିତ ହୋଇ ଉଠିଲା, ଯେଉଁ ଦେବତାମାନେ ଯଜ୍ଞକାର୍ଯ୍ୟ ନିମନ୍ତେ ସେଠାକୁ ଆସିଥିଲେ, ସେମାନେ ପ୍ରତ୍ୟହ ଯେଭଳି ମାଧବଙ୍କୁ ଦର୍ଶନ କରୁଥିଲେ, ସେହିଭଳି ସେହି ଦିବ୍ୟଦାରୁକୁ ଦର୍ଶନ କଲେ ଏବଂ ପୂଜା କଲେ। ଠିକ୍ ପନ୍ଦର ଦିନ ଅତିକ୍ରାନ୍ତ ହୋଇଯାନ୍ତେ, ମହାବେଦୀରେ ସେହି ପ୍ରଭୁ ନାରାୟଣ ଚତୁର୍ଦ୍ଧାମୂର୍ତ୍ତି ଭାବରେ ଯଥା – ଶ୍ରୀଜଗନ୍ନାଥ, ବଳଭଦ୍ର, ସୁଭଦ୍ରା ଓ ସୁଦର୍ଶନ – ଆବିର୍ଭୂତ ହେଲେ। ଏହି ଅଧ୍ୟାୟରେ ଏହି ଚତୁର୍ଦ୍ଧାମୂର୍ତ୍ତିଙ୍କର ନିର୍ଦ୍ଦିଷ୍ଟ ଲକ୍ଷଣଗୁଡ଼ିକ ବିଷୟରେ ଆଲୋଚନା କରାଯାଇଛି। ପ୍ରଭୁ ଜଗନ୍ନାଥ – ଶଙ୍ଖ, ଚକ୍ର, ଗଦା ଓ ପଦ୍ମ – ଏହି ଲକ୍ଷଣରେ ଲକ୍ଷିତ। ବଳଭଦ୍ର, ଗଦା, ଚକ୍ର, ବଜ୍ର ଓ ମୂଷକ – ଚିହ୍ନରେ ଚିହ୍ନିତ। ମା ସୁଭଦ୍ରା ହେଉଛନ୍ତି ଚୈତନ୍ୟରୂପିଣୀ ମହାଲକ୍ଷ୍ମୀ ଏବଂ ରୋହିଣୀଗର୍ଭସମ୍ଭୂତା। ଚକ୍ରରାଜ ସୁଦର୍ଶନ ପ୍ରଭୁଙ୍କର ହସ୍ତରେ ସଦା ବିରାଜମାନ। ଏହି ଚାରିମୂର୍ତ୍ତି ଦିବ୍ୟଦାରୁରୁ ଆବିର୍ଭୂତ ହୋଇ ବିଶ୍ବର କଲ୍ୟାଣ ସାଧନ କରୁଛନ୍ତି।

ଏହି ସମୟରେ ପୁନଶ୍ଚ ଆକାଶବାଣୀ ହେଲା – ହେ ରାଜନ୍! ଏହି ଚତୁର୍ଦ୍ଧାମୂର୍ତ୍ତିଙ୍କୁ ଖୋଲାରେ ନ ରଖି ବସ୍ତ୍ରରେ ଆଚ୍ଛାଦନ କର ଏବଂ ଖୁବ୍ ଶୀଘ୍ର ଚିତ୍ରକରଙ୍କୁ ଡାକି ଏ ମୂର୍ତ୍ତିକୁ ଚିତ୍ରିତ କର। ଜଗନ୍ନାଥଙ୍କୁ ନୀଳାଭ୍ରଶ୍ୟାମଳ, ବଳଭଦ୍ରଙ୍କୁ ଶଙ୍ଖେନ୍ଦୁଧବଳ, ସୁଦର୍ଶନଙ୍କୁ ରକ୍ତବର୍ଣ୍ଣ, ଏବଂ ସୁଭଦ୍ରାଙ୍କୁ କୁଙ୍କୁମଅରୁଣ ବର୍ଣ୍ଣରେ ଚିତ୍ରିତ କରି ବିଭିନ୍ନ ଅଳଙ୍କାରରେ ଅଳଙ୍କୃତ କର ଏବଂ ତା'ପରେ ତାଙ୍କର ଦର୍ଶନ କର ଓ କରାଅ।

ପୁଣି ଆକାଶବାଣୀ ଶୁଭାଗଲା – ହେ ରାଜନ୍‍! ଏ ଚତୁର୍ଦ୍ଧାମୂର୍ତ୍ତିକୁ ଭଲ ଭାବରେ ଲେପନ କରାଅ ଏବଂ ବସ୍ତ୍ରରେ ଆବୃତ କରାଅ। ଏହିଭଳି ଆଚ୍ଛାଦିତ ରୂପ ଯେଉଁମାନେ ଦର୍ଶନ କରନ୍ତି ସେମାନେ ଭାଗ୍ୟବାନ୍‍। ଚତୁର୍ଦ୍ଧାମୂର୍ତ୍ତି ସେମାନଙ୍କୁ ଧର୍ମ, ଅର୍ଥ, କାମ ଓ ମୋକ୍ଷ–ଏହି ଚତୁର୍ବର୍ଗ ଫଳପ୍ରଦାନ କରିଥାନ୍ତି। ଏହି ଲେପନ ଓ ଆଚ୍ଛାଦନ କାର୍ଯ୍ୟରେ ତୁମ୍ଭେ ପ୍ରଭୁଙ୍କର ଆଦିସେବକ ବିଶ୍ୱାବସୁଙ୍କର ବଂଶୋଭବ ମାନଙ୍କୁ ନିଯୋଜିତ କର। ଏହା ଥିଲା ରାଜାଙ୍କ ପ୍ରତି ଅଶରୀରୀ ବାଣୀ।

ଏହିଭଳି ଅଶରୀରୀ ଆକାଶବାଣୀ ଶୁଣିବାପରେ ରାଜା ମନ୍ଦିରର ଦ୍ୱାର ଉନ୍ମୋଚନ କରି ମହାବେଦୀ ନିକଟକୁ ଯା'ନ୍ତେ – ସେହି ଚତୁର୍ଦ୍ଧାମୂର୍ତ୍ତିଙ୍କର ଦର୍ଶନ କଲେ। କି ଅପୂର୍ବ ଶୋଭା! – ସ୍ୱପ୍ନରେ ଯେଭଳି ରୂପ ଦେଖିଥିଲେ, ବ୍ରହ୍ମା ଯେଭଳି ବର୍ଣ୍ଣନା କରିଥିଲେ ଏବଂ ଆକାଶବାଣୀ ମାଧମରେ ଯାହା ଶୁଣାଯାଇଥିଲା – ତାହାହିଁ ରାଜା ଇନ୍ଦ୍ରଦ୍ୟୁମ୍ନ ଦେଖିଲେ। ଏ ସମସ୍ତ ମୂର୍ତ୍ତି ଥିଲେ ସ୍ୱୟମ୍ଭୁ ଏବଂ ଯଥାନିର୍ଦ୍ଦିଷ୍ଟ ରଙ୍ଗରେ ଚିତ୍ରିତ ହୋଇ ସାରିଥିବାର ମଧ ରାଜା ଦେଖିଲେ।

ଏହିଭଳି ମନୋହର ଚତୁର୍ଦ୍ଧାମୂର୍ତ୍ତିଙ୍କୁ ଦେଖି ରାଜା ଆନନ୍ଦରେ ଅଶ୍ରୁପାତ କରିବାକୁ ଲାଗିଲେ। ତା'ପରେ ନାରଦ ରାଜାଙ୍କୁ କହୁଛନ୍ତି – ହେ ରାଜନ୍‍! ତୁମର ଜନ୍ମ ଓ ଜୀବନ ସଫଳ। ତୁମ୍ଭେ ଅତ୍ୟନ୍ତ ଭାଗ୍ୟବାନ୍‍। ଫଳରେ ପ୍ରଭୁଙ୍କର ଦର୍ଶନ ଲାଭ କଲ। ବର୍ଉମାନ ତୁମ୍ଭେ ଏହି ଚତୁର୍ଦ୍ଧାମୂର୍ତ୍ତିଙ୍କୁ ଭକ୍ତିରେ ପ୍ରାର୍ଥନା କର। ଫଳରେ ତୁମର ସମସ୍ତ ମନ କାମନା ପୂର୍ଣ୍ଣ ହେବ।

ଏହା ହିଁ ଉକ୍ତ ଅଧାୟର ସଂକ୍ଷିପ୍ତ ବିଷୟବସ୍ତୁ।

♦♦♦

ବିଂଶ ଅଧ୍ୟାୟ

(ଚତୁର୍ଦ୍ଧାମୂର୍ତ୍ତିଙ୍କୁ ଇନ୍ଦ୍ରଦ୍ୟୁମ୍ନଙ୍କର ସ୍ତୁତି, ପୂଜନ ଏବଂ ଇନ୍ଦ୍ରଦ୍ୟୁମ୍ନ
ପୁଷ୍କରିଣୀର ଉପ୍ପତି)

ମହର୍ଷି ନାରଦଙ୍କ ଦ୍ୱାରା ପ୍ରବୋଧିତ ହୋଇ ରାଜା ଇନ୍ଦ୍ରଦ୍ୟୁମ୍ନ ଚତୁର୍ଦ୍ଧାମୂର୍ତ୍ତିଙ୍କୁ ସ୍ତୁତିକରିବାକୁ ଆରମ୍ଭ କଲେ। ହେ ପ୍ରଭୁ! ମୁଁ ପୂର୍ବଜନ୍ମରେ ତୁମର ଉପାସନା କରିନାହିଁ। ଯାହାଫଳରେ ଏ ଜନ୍ମରେ ଏ ଯନ୍ତ୍ରଣା ଭୋଗ କରୁଛି। ତୁମ୍ଭେ ହିଁ ମୋର ଏକମାତ୍ର ଆଶ୍ରୟ। ଏ ସଂସାର ସାଗରରେ ପଡ଼ି ନିତ୍ୟ ଦୁଃଖ ପାଉଥିବାରୁ ଏହି ଅଧମକୁ ଆପଣ ରକ୍ଷାକରନ୍ତୁ, କାରଣ ମୋର ଜୀବନରେ କେବଳ ଦୁଃଖ ହିଁ ଦୁଃଖ। ମୋ ଭଳି ଦୁଃଖୀ ଏହି ସଂସାରରେ ଆଉ କେହି ନାହାନ୍ତି।

ହେ ପ୍ରଭୋ! ଆପଣଙ୍କର ମୁଁ ଠିକ୍ ଭାବରେ ଉପାସନା କରି ନ ଥିବାରୁ ମୁଁ ଆଜି ବହୁତ କଷ୍ଟ ପାଉଛି। କେତେ ଯୋନିରେ ବିଚରଣ କରି ଆଜି ମୁଁ ଏଠାରେ ପହଞ୍ଚିଛି। ବିଭିନ୍ନ ରୂପରେ ମୁଁ ଏ ସଂସାର ଚକ୍ରରେ କେବଳ ଘୂରିବୁଲିଛି। କଷ୍ଟ ମଧ୍ୟ ପାଉଛି। ଏ ସମସ୍ତ ସମ୍ପତ୍ତି, ସସାଗରା ଧରା — ଏ ସବୁ ମୋ ପାଇଁ ଭାର ସଦୃଶ। ହେ ପ୍ରଭୋ! ମୋତେ ବାରେ କୃପା କରନ୍ତୁ ଏବଂ ଏ ଭାର ଲାଘବ କରନ୍ତୁ।

ହେ ପ୍ରଭୋ! କେବଳ ଗୋଟିଏ ଘଟୀଯନ୍ତ୍ର ଭଳି ମୁଁ ଏହି ଦୁଃଖପୂର୍ଣ୍ଣ ସଂସାରରେ ଏପଟ ସେପଟ ଘୂରି ବୁଲୁଛି। ବିଷୟ ବାସନାରେ ବୁଡ଼ି ରହି ଆପଣଙ୍କ ଠାରୁ ଦୂରରେ ରହିଛି। ଦୟାକରି ମୋତେ କୃପା କରନ୍ତୁ। ମୋ ଭଳି ଜଣେ ନିରାଶ୍ରୟ ବ୍ୟକ୍ତିଙ୍କୁ ଆପଣ ରକ୍ଷା କରନ୍ତୁ।

ଏହିଭଳି ଭାବରେ ରାଜା ଶ୍ରୀଜଗନ୍ନାଥ, ବଳଭଦ୍ର, ସୁଭଦ୍ରା ଏବଂ ସୁଦର୍ଶନ— ଏହି ଚାରି ମୂର୍ତ୍ତିଙ୍କ ଉଦ୍ଦେଶ୍ୟରେ ପ୍ରାର୍ଥନା କରିବାକୁ ଲାଗିଲେ।

ରାଜା ଇନ୍ଦ୍ରଦ୍ୟୁମ୍ନଙ୍କ ସ୍ତୁତିରେ ଦେବର୍ଷି ନାରଦ ମଧ୍ୟ ପ୍ରଭୁ ଜଗନ୍ନାଥଙ୍କୁ ପ୍ରଣିପାତ ଜଣାଉଛନ୍ତି।

ଦେବର୍ଷି ନାରଦ ସ୍ତୁତି କରିବା ପରେ, ସେଠାରେ ଅନ୍ୟ ଯେଉଁମାନେ ଉପସ୍ଥିତ ଥିଲେ ସେମାନେ ଅତ୍ୟନ୍ତ ଭକ୍ତିରେ ଚତୁର୍ଦ୍ଧାମୂର୍ତ୍ତିଙ୍କୁ ସ୍ତବ କଲେ। ତା'ପରେ ଇନ୍ଦ୍ରଦ୍ୟୁମ୍ନ ପ୍ରଭୁ ଜଗନ୍ନାଥଙ୍କୁ ପୁରୁଷସୂକ୍ତ, ବଳଭଦ୍ରଙ୍କୁ ଦ୍ୱାଦଶାକ୍ଷର ମନ୍ତ୍ର, ଦେବୀ ସୁଭଦ୍ରାଙ୍କୁ ଦେବୀସୂକ୍ତ ଏବଂ ଚକ୍ରରାଜ ସୁଦର୍ଶନଙ୍କୁ ସୌଦର୍ଶନୀ ମନ୍ତ୍ରରେ ପୂଜା କଲେ।

ଏହା ପରେ ପ୍ରଭୁଙ୍କ ସନ୍ତୋଷ ପାଇଁ ରାଜା ବ୍ରାହ୍ମଣମାନଙ୍କୁ କୋଟି କୋଟି ଗୋ ଦାନ କଲେ। ଏହି ଗୋ ଦାନ ଫଳରେ ଗୋଖୁରାର ଖନନରେ ଏକ ବିରାଟ ଗର୍ତ୍ତ ସୃଷ୍ଟି ହେଲା, ଯାହାକି ପୃଥିବୀ ପ୍ରସିଦ୍ଧ ତୀର୍ଥ ଇନ୍ଦ୍ରଦ୍ୟୁମ୍ନ ନାମରେ ପ୍ରସିଦ୍ଧ।

ଏହା ପରେ ରାଜା ଇନ୍ଦ୍ରଦ୍ୟୁମ୍ନ ଚତୁର୍ଦ୍ଧାମୂର୍ତ୍ତିଙ୍କ ପାଇଁ ପ୍ରାସାଦ ନିର୍ମାଣ କାର୍ଯ୍ୟ ଆରମ୍ଭ କଲେ। ବିଭିନ୍ନ ଆଡୁ ଶିଳ୍ପୀମାନଙ୍କୁ ଆମନ୍ତ୍ରଣ କରି ନିଜ ଅର୍ଜିତ ସମ୍ପତ୍ତି ବ୍ୟୟକରି ଏହି ମନ୍ଦିର ନିର୍ମାଣ କରିବା ପାଇଁ ସେ ସମସ୍ତଙ୍କୁ ନିର୍ଦ୍ଦେଶ ଦେଲେ। ମହାଲକ୍ଷ୍ମୀଙ୍କ ପ୍ରାସାଦରୁ ରାଜା ଯାହା କିଛି ସମ୍ପତ୍ତି ଅର୍ଜନ କରିଛନ୍ତି ତାକୁ ଏହି ମନ୍ଦିର ନିର୍ମାଣ କାର୍ଯ୍ୟରେ ବିନିଯୋଗ କରିବା ପାଇଁ ସେ ନିଷ୍ପତ୍ତି ଗ୍ରହଣ କଲେ।

ଏହା ହିଁ ଉକ୍ତ ଅଧ୍ୟାୟର ସାରମର୍ମ।

❖❖❖

ଅଥ ଏକବିଂଶ ଅଧ୍ୟାୟ

(ମନ୍ଦିର ନିର୍ମାଣ)

ରାଜା ଇନ୍ଦ୍ରଦ୍ୟୁମ୍ନ ଜଗତଗୁରୁ ପ୍ରଭୁ ଜଗନ୍ନାଥଙ୍କୁ ସ୍ମରଣ କରି ନିଜର ମନୋଭାବକୁ ବ୍ୟକ୍ତ କରୁଥିବା ସମୟରେ ଜଣେ ଋଗ୍‌ବେଦ ବିଦ୍ୟା ବିଶାରଦ ବିଦ୍ୱାନ୍ ସେଠାରେ ପହଞ୍ଚିଲେ ଏବଂ ରାଜାଙ୍କୁ ଆହ୍ଲାଦ ମନରେ କହିଲେ – ହେ ରାଜନ୍! ତୁମ୍ଭେ ବହୁତ ଭାଗ୍ୟଶାଳୀ। ସମୁଦ୍ରରେ ଭାସମାନ ଦାରୁ ହେଉଛତି ଅପୌରୁଷେୟ। ସେ ସାକ୍ଷାତ୍ ଚତୁର୍ଦ୍ଧାମୂର୍ତ୍ତି ଏବଂ ଏ ବିଷୟ ବେଦସମ୍ମତ। କାରଣ ବିଷ୍ଣୁଙ୍କର କୌଣସି କାର୍ଯ୍ୟ ବେଦବହିର୍ଭୂତ ହୁଏ ନାହିଁ। ଏହି ଚତୁର୍ଦ୍ଧାମୂର୍ତ୍ତି ସାମାନ୍ୟ ନୁହନ୍ତି। ତାଙ୍କୁ ଯେଉଁମାନେ ଦର୍ଶନ କରନ୍ତି, ଜାତି, ଧର୍ମ ଓ ବର୍ଣ୍ଣ ନିର୍ବିଶେଷରେ ସେମାନେ ସମସ୍ତେ ମୁକ୍ତିଲାଭ କରିଥାନ୍ତି। କେବଳ ଭକ୍ତମାନଙ୍କୁ ମୁକ୍ତିପ୍ରଦାନ କରିବାପାଇଁ ଚତୁର୍ଦ୍ଧାମୂର୍ତ୍ତିଙ୍କର ଆବିର୍ଭାବ ଘଟିଛି। ଏହି ଦୃଷ୍ଟିରୁ ଯଦି କେହି ଭକ୍ତିହୀନ ବ୍ୟକ୍ତି ମଧ ଏହାକୁ ଦର୍ଶନ କରନ୍ତି, ତେବେ ସେ ମଧ ମୁକ୍ତିଲାଭ କରିଥାନ୍ତି। ସେ କୃପାମୟ। ତାଙ୍କର ଏହି କ୍ଷେତ୍ର ହେଉଛି ପୁରୁଷୋତ୍ତମ କ୍ଷେତ୍ର ଅତ୍ୟନ୍ତ ପବିତ୍ର। ତେଣୁ ହେ ରାଜନ୍! ଆପଣ ଆପଣଙ୍କର ବଳ ଓ ପୌରୁଷର ସହିତ ଏହି କ୍ଷେତ୍ରରେ ବାସ କରନ୍ତୁ। ଆପଣ ହିଁ ସର୍ବଶ୍ରେଷ୍ଠ ବିଷ୍ଣୁଭକ୍ତ।

ଏ ସମସ୍ତ କଥା ସେହି ବେଦବିଦ୍ୱାନ୍ ରାଜା ଇନ୍ଦ୍ରଦ୍ୟୁମ୍ନଙ୍କୁ କହିବା ସମୟରେ ଦେବର୍ଷି ନାରଦ ସେଠାରେ ଉପସ୍ଥିତ ଥିଲେ। ଏକଥା ଶୁଣି ଦେବର୍ଷି ନାରଦ ଇନ୍ଦ୍ରଦ୍ୟୁମ୍ନଙ୍କୁ କହିଲେ – ହେ ରାଜନ୍! ବେଦଜ୍ଞ ବ୍ରାହ୍ମଣ ଯାହା କହିଲେ ତାହା ସତ୍ୟ। ଏ ସବୁ ବେଦ ସମ୍ମତ। ତୁମ୍ଭେ ପ୍ରଭୁଙ୍କୁ ଆରାଧନା କରି ଏଠାରେ ବସତି ସ୍ଥାପନ କର ଏବଂ ବୈକୁଣ୍ଠପଥର ଯାତ୍ରୀ ହୁଅ। ଜଗତର କଲ୍ୟାଣ ସାଧନ କର। ଏ କଥା ସବୁ ମୁଁ ପିତାମହ ବ୍ରହ୍ମାଙ୍କୁ ଜଣାଇବି।

ନାରଦଙ୍କର ବଚନ ଶୁଣି ରାଜା ଇନ୍ଦ୍ରଦ୍ୟୁମ୍ନ କହୁଛନ୍ତି – ହେ ଦେବର୍ଷ! ମୁଁ ଆପଣଙ୍କ ସହିତ ପିତାମହ ବ୍ରହ୍ମାଙ୍କ ନିକଟକୁ ଯିବାକୁ ଚାହୁଁଛି। ବର୍ତ୍ତମାନ ଆପଣଙ୍କ ଆଜ୍ଞା ଅନୁସାରେ ଏହି ଦାରୁମୂର୍ତ୍ତିଙ୍କ ପାଇଁ ମୁଁ ମନ୍ଦିର ନିର୍ମାଣ କାର୍ଯ୍ୟ ସମ୍ପାଦନକରୁଛି।

ଏହାପରେ ରାଜା ଅନେକ ଶିଳ୍ପୀଙ୍କୁ ନିମନ୍ତ୍ରଣ କରି, ଅଜସ୍ର ଧନ ବ୍ୟୟକରି ମନ୍ଦିର ନିର୍ମାଣ କରାଇଲେ ଏବଂ ମନ୍ଦିର କ୍ରମଶଃ ପୂର୍ଣ୍ଣାଙ୍ଗ ହେବାରେ ଲାଗିଲା। ଯେତେବେଳେ ଏହିଭଳି ଭାବରେ ପ୍ରାସାଦ ନିର୍ମାଣ କାର୍ଯ୍ୟ ପ୍ରାୟ ସମାପ୍ତ ହେବାକୁ ଯାଉଥାଏ, ସେତେବେଳେ ଅନେକଙ୍କର ଉପସ୍ଥିତିରେ ଏକ ଆନନ୍ଦମୟ ମହାରବ ଉତ୍ଥିତ ହେଲା। ମହାଲକ୍ଷ୍ମୀ ପ୍ରସନ୍ନ ହେଲେ। ପ୍ରାସାଦଟି ବିଭିନ୍ନ ରଙ୍ଗ ଅଳଙ୍କାରରେ ବିମଣ୍ଡିତ ହୋଇଗଲା। ନିର୍ମାଣ କାର୍ଯ୍ୟ ଶେଷରେ ରାଜା ଗର୍ଭଗୃହ ପ୍ରତିଷ୍ଠା କଲେ। ଏ ପ୍ରାସାଦ ଥିଲା ସମଗ୍ର ତିନିଭୁବନର ଅପୂର୍ବ ସୃଷ୍ଟି।

ରାଜା ଇନ୍ଦ୍ରଦ୍ୟୁମ୍ନଙ୍କ ଦ୍ୱାରା ନିର୍ମିତ ଉକ୍ତ ପ୍ରାସାଦକୁ ଦେଖି ସ୍ୱର୍ଗରେ ଦେବତାମାନେ ରାଜାଙ୍କର ଗୁଣଗାନ କରିବାକୁ ଲାଗିଲେ। ରାଜାଙ୍କର କର୍ତ୍ତବ୍ୟନିଷ୍ଠା ଓ ବିଷ୍ଣୁଭକ୍ତି ସମସ୍ତଙ୍କୁ ଆଶ୍ଚର୍ଯ୍ୟାନ୍ୱିତ କରିଦେଲା। ସେମାନେ ବିଷ୍ଣୁଭକ୍ତ ଓ ଭଗବାନ୍ ବିଷ୍ଣୁଙ୍କ ମଧ୍ୟରେ କୌଣସି ପାର୍ଥକ୍ୟ ଦେଖିଲେ ନାହିଁ।

ଏହାପରେ ରାଜା ଇନ୍ଦ୍ରଦ୍ୟୁମ୍ନ ମନ୍ଦିର କାର୍ଯ୍ୟ ସୁରୁଖୁରୁରେ ସମ୍ପନ୍ନ ହୋଇଥିବାରୁ ଦେବର୍ଷି ନାରଦଙ୍କୁ ହୃଦୟର କୃତଜ୍ଞତା ଅର୍ପଣ କଲେ। ନାରଦ ମଧ୍ୟ ଇନ୍ଦ୍ରଦ୍ୟୁମ୍ନଙ୍କୁ ସମସ୍ତ ଶୁଭକାମନା ଜଣାଇ ଏବଂ ରାଜାଙ୍କ ସହିତ ନିଜର ଅଭିନ୍ନତା ପ୍ରତିପାଦନ କରି – ଶ୍ରୀକ୍ଷେତ୍ରରେ ରହି ପ୍ରଭୁ ଜଗନ୍ନାଥଙ୍କୁ ବିବିଧ ଉପଚାରରେ ପୂଜା କରିବା ପାଇଁ ଉପଦେଶ ଦେଲେ। ହେ ଇନ୍ଦ୍ରଦ୍ୟୁମ୍ନ! ତୁମ୍ଭେ ଯେବେ ବ୍ରହ୍ମାଙ୍କୁ ଦର୍ଶନ କରିବାକୁ ଯିବ, ସେତେବେଳେ ସେ ଦୁହିଁଙ୍କୁ ବିବିଧ ଉପଚାରରେ ପୂଜାକରିବା ପାଇଁ ଉପଦେଶ ଦେବେ। ତୁମ୍ଭ ବ୍ୟତୀତ ଆଉ କେହି ବ୍ରହ୍ମଲୋକକୁ ଯିବା ପାଇଁ ସମର୍ଥ ନୁହେଁ। ତୁମ୍ଭ ନିମନ୍ତ୍ରଣରେ ସ୍ୱୟଂ ବ୍ରହ୍ମା ଏଠାକୁ ଆସି ମନ୍ଦିର ପ୍ରତିଷ୍ଠା କରିବେ। ମୁଁ ମଧ୍ୟ ସେହି ସମୟରେ ସପ୍ତର୍ଷିଙ୍କ ସହିତ ସେହି ମଙ୍ଗଳମୟ ପ୍ରତିଷ୍ଠା କାର୍ଯ୍ୟରେ ଉପସ୍ଥିତ ରହିବି।

ଏହି ଭଳି ରାଜାଙ୍କୁ ଉପଦେଶ ଦେଇ ଦେବର୍ଷି ନାରଦ ଆକାଶଯାତ୍ରା ଆରମ୍ଭ କଲେ।

◆◆◆

ଦ୍ୱାବିଂଶ ଅଧ୍ୟାୟ

(ଇନ୍ଦ୍ରଦ୍ୟୁମ୍ନଙ୍କର ବ୍ରହ୍ମଲୋକ ଗମନ)

ବ୍ରହ୍ମଲୋକକୁ ଯିବା ବିଷୟରେ ଏବଂ ମନ୍ଦିର ପ୍ରତିଷ୍ଠା ପାଇଁ ବ୍ରହ୍ମାଙ୍କୁ ସେଠାରୁ ନିମନ୍ତ୍ରଣ କରିବା ପ୍ରସଙ୍ଗରେ ରାଜା ଓ ମହର୍ଷି ନାରଦଙ୍କ ମଧ୍ୟରେ କଥୋପକଥନ ହେବା ପରେ ରାଜା ପୁଣି କହୁଛନ୍ତି – ହେ ଦେବର୍ଷି! ମୋର ମନଠାରୁ ମଧ୍ୟ ବେଗବାନ୍ ପୁଷ୍ପସ୍ୟନ୍ଦନ ଅଛି। ଏହି ରଥରେ ଆରୋହଣ କରି ଆମେ ଉଭୟ ବ୍ରହ୍ମଲୋକକୁ ଗମନ କରିବା। ହେଲେ ତା' ପୂର୍ବରୁ ମୁଁ ପୁଣିଥରେ ମନ୍ଦିର ନିର୍ମାଣ କାର୍ଯ୍ୟକୁ ତଦାରଖ କରିନିଏ। ଇତିମଧ୍ୟରେ ଚତୁର୍ଦ୍ଧାମୂର୍ତ୍ତିଙ୍କୁ ଦର୍ଶନ କରି ପ୍ରଦକ୍ଷିଣ ମଧ୍ୟ କରିନିଏ। ଏ ସବୁ କାର୍ଯ୍ୟକରି ରାଜା କୃତାଞ୍ଜଲିପୁଟରେ ଦେବର୍ଷିଙ୍କୁ ନିଜ ସଙ୍ଗରେ ବ୍ରହ୍ମଲୋକକୁ ଯିବା ପାଇଁ ପ୍ରାର୍ଥନା କରନ୍ତେ, ଉଭୟ ଇନ୍ଦ୍ରଦ୍ୟୁମ୍ନଙ୍କର ଦିବ୍ୟଯାନରେ ଉପବେଶନ କରି ବ୍ରହ୍ମଲୋକକୁ ଯାତ୍ରା କଲେ। ବାଟରେ ନଭୋମଣ୍ଡଳରେ ସୂର୍ଯ୍ୟଙ୍କୁ ପ୍ରଦକ୍ଷିଣ କଲେ ଏବଂ ଧ୍ରୁବମଣ୍ଡଳ ଅତିକ୍ରମ କଲେ। ତା'ପରେ ଜନଲୋକରେ ପହଞ୍ଚି ସେଠାକାର ଅଧିବାସୀମାନଙ୍କ ଦ୍ୱାରା ସମର୍ଦ୍ଧିତ ହେଲେ। ତା'ପରେ ବିଷ୍ଣୁଲୋକ। ବିଷ୍ଣୁଭକ୍ତ ରାଜା ଇନ୍ଦ୍ରଦ୍ୟୁମ୍ନ ବିଷ୍ଣୁଲୋକରେ ଖୁବ୍ ଆନନ୍ଦରେ ବିଚରଣ କଲେ। ସେତେବେଳେ ସେ ନିଜକୁ ଆଉ ମର୍ତ୍ତ୍ୟର ଅଧିବାସୀ ବୋଲି ଭାବିଲେ ନାହିଁ। କେବଳ ମନ୍ଦିର ନିର୍ମାଣ ବିଷୟରେ ଚିନ୍ତିତ ଥିଲେ। ହେଲେ ଯେତେ ଉପରକୁ ଯାଉଥାନ୍ତି, ସେତେ ଦିବ୍ୟତର ଓ ଦେବତାଙ୍କ ସାନ୍ନିଧ୍ୟ ଲାଭ କରୁଥାନ୍ତି।

ବ୍ରହ୍ମଲୋକକୁ ଦେବର୍ଷି ନାରଦଙ୍କ ସହିତ ଯାଉଥିବା ରାଜା ଇନ୍ଦ୍ରଦ୍ୟୁମ୍ନ ମନ୍ଦିର ବିଷୟରେ ଚିନ୍ତା କରୁଛନ୍ତି ଯଥା – ମର୍ତ୍ତ୍ୟରେ ମୋର ଅନୁପସ୍ଥିତି ଦ୍ୱାରା ମନ୍ଦିରର କଣ କ୍ଷତି ହୋଇଯିବନି ତ? ମୋର ଅନୁପସ୍ଥିତିରେ କେହି ଶତ୍ରୁଗଣ ଏ ମନ୍ଦିରକୁ ଧ୍ୱଂସ କରିଦେବେନି ତ? ଏହିଭଳି ଅନେକ ଆଶା ଓ ଆଶଙ୍କାରେ ଉଦ୍‍ବିଗ୍ନ ରାଜା ଇନ୍ଦ୍ରଦ୍ୟୁମ୍ନଙ୍କୁ ଦେଖି ନାରଦ କହିଲେ – ହେ ରାଜନ୍! ଚିନ୍ତାର କୌଣସି ପ୍ରୟୋଜନ

ନାହିଁ । ତୁମେ ଯେଉଁଠାକୁ ଆସିଛ ସେଠାରେ ଚିନ୍ତିତ ହେବାର ନାହିଁ । ଏଠାରେ କେବଳ ଆନନ୍ଦ ଓ ଆନନ୍ଦ । ତୁଚ୍ଛ ସଂସାର ବିଷୟରେ ଏଠାରେ ମନେପଡ଼େ ନାହିଁ ।

ଏକଥା ଶୁଣି ରାଜା ଇନ୍ଦ୍ରଦ୍ୟୁମ୍ନ କହୁଛନ୍ତି – ହେ ଦେବର୍ଷି ! ମୁଁ ମୋର ରାଜ୍ୟ ବା ସ୍ଵଜନ ବିଷୟରେ ଚିନ୍ତାକରୁ ନାହିଁ । ମୁଁ କେବଳ ପ୍ରାସାଦ ନିର୍ମାଣ ବିଷୟରେ ଉଦ୍‌ବିଗ୍ନ । ମୁଁ ଏଠାକୁ ଆସିଗଲା ପରେ ମନ୍ଦିର ନିର୍ମାଣରେ ନିଯୋଜିତ ବ୍ୟକ୍ତି ଶିଥିଳ ହୋଇ ପଡ଼ିବେ କି ? ଏହା ହିଁ ମୋର ମନକୁ ବ୍ୟଥିତ କରିଦେଇଛି ।

ଏକଥା ଶୁଣି ନାରଦ କହୁଛନ୍ତି – ହେ ରାଜନ୍ ।

ହେ ରାଜନ୍ ! ତୁମେ ଜଗତର କଲ୍ୟାଣକାରୀ । ଜୀବନରେ ତୁମ୍ଭେ କାହାର କିଛି ଅପକାର କରିନାହଁ । ତେଣୁ ତୁମ୍ଭର ମନ୍ଦିର ନିର୍ମାଣ କାର୍ଯ୍ୟ ନିର୍ଦିଷ୍ଟ ନିର୍ବିଘ୍ନରେ ପରିସମାପ୍ତ ହେବ । ପିତାମହ ତୁମ୍ଭର ସହାୟ । ଜଗନ୍ନାଥଙ୍କ କରୁଣା ତୁମ ଉପରେ ଅଛି । ଦେଖ, ବର୍ତ୍ତମାନ ଆମ୍ଭେ ଇନ୍ଦ୍ରଙ୍କର ନିବାସ ସ୍ଥାନ ଇନ୍ଦ୍ରପୁରୀକୁ ଆସିଗଲେଣି । ଏହାପରେ ବ୍ରହ୍ମଲୋକ । ଏହିପରି କଥୋପକଥନ ସମୟରେ ରାଜା ଓ ନାରଦ ଉଭୟ ବ୍ରହ୍ମଲୋକରେ ପହଞ୍ଚି ଗଲେ ।

ବ୍ରହ୍ମଲୋକରେ ପହଞ୍ଚିବା ସମୟରେ ସେମାନେ ବ୍ରହ୍ମାଙ୍କର ମୁଖନିଃସୃତ ବେଦବାଣୀ ଶୁଣିଲେ । ଦୂରରୁ ନାରଦ ରାଜାଙ୍କୁ ବ୍ରହ୍ମଲୋକର ବିଶେଷତ୍ଵ ବୁଝାଉଛନ୍ତି । ଏହା ସତ୍ୟଲୋକ । ଏହି ଲୋକ ଉପରେ କେବଳ ବୈକୁଣ୍ଠ । ଯେଉଁଠାରେ ପ୍ରଭୁ ଜନାର୍ଦ୍ଦନ ରହି ଲୋକଙ୍କୁ ମୁକ୍ତି ପ୍ରଦାନ କରିଥାନ୍ତି । ସେ ହେଉଛନ୍ତି ସୃଷ୍ଟି, ସ୍ଥିତି ଓ ପ୍ରଳୟର କର୍ତ୍ତା । ତାଙ୍କ ଉପରେ ଆଉ କେହି ନାହାନ୍ତି । ଏହିଭଳି କଥୋପକଥନ ସମୟରେ ସେମାନେ ବ୍ରହ୍ମଲୋକରେ ପହଞ୍ଚିଗଲେ । ସେଠାରେ ପହଞ୍ଚି ଦେଖିଲେ ଯେ ଅନେକ ପିତୃଗଣ ଓ ଦେବଗଣ ବ୍ରହ୍ମାଙ୍କ ଦର୍ଶନ ଅପେକ୍ଷାରେ ସେଠାରେ ଅଛନ୍ତି । କିନ୍ତୁ ନାରଦ ଓ ଇନ୍ଦ୍ରଦ୍ୟୁମ୍ନଙ୍କ ପ୍ରବେଶ ମାତ୍ରେ ଦ୍ଵାରପାଳ ଉଭୟଙ୍କୁ ମୁଖ୍ୟ ପ୍ରବେଶ ଦ୍ଵାରୁ ଭିତରକୁ ନେଇଗଲେ । ସେତେବେଳେ ବ୍ରହ୍ମାଙ୍କର ସଭା ଚାଲିଥାଏ । ଦ୍ଵାରପାଳ କହିଲେ – ହେ ଦେବର୍ଷି ! ଆପଣଙ୍କ ବିନା ଏ ସଭା ଶୋଭା ପାଏନା । ତେଣୁ ଆପଣ ଭିତରକୁ ଆସନ୍ତୁ । ଏହାପରେ ଦ୍ଵାରପାଳ ନାରଦଙ୍କୁ ମୁଖ୍ୟଦ୍ଵାରେ ବ୍ରହ୍ମାଙ୍କ ମନ୍ଦିରକୁ ପ୍ରବେଶ କରାଇଲେ ।

ଏହା ହିଁ ଉକ୍ତ ଅଧ୍ୟାୟର ସଂକ୍ଷିପ୍ତ କଥାବସ୍ତୁ ।

◆◆◆

ତ୍ରୟୋବିଂଶ ଅଧ୍ୟାୟ

(ମହାପ୍ରଭୁଙ୍କର ଦାରୁମୟ ମୂର୍ତ୍ତିଭାବରେ ଆବିର୍ଭାବର ପ୍ରକୃତ କାରଣ)

ଯେତେବେଳେ ଦ୍ୱାରପାଳ କେବଳ ନାରଦଙ୍କୁ ବ୍ରହ୍ମାଙ୍କର ସଭା ଅଭିମୁଖରେ ପାଛୋଟି ନେବାକୁ ଉଦ୍ୟତ ହେଲେ, ସେତେବେଳେ ନାରଦ ଦ୍ୱାରପାଳଙ୍କୁ କହିଲେ — ହେ ଦ୍ୱାରପାଳ! ମୋ ସହିତ ପୃଥିବୀର ଅତ୍ୟନ୍ତ ଯଶସ୍ୱୀ ଏବଂ ବିଷ୍ଣୁଭକ୍ତ ରାଜା ଇନ୍ଦ୍ରଦ୍ୟୁମ୍ନ ଉପସ୍ଥିତ ଅଛନ୍ତି। ତାଙ୍କୁ ମଧ୍ୟ ମୋ ସାଙ୍ଗରେ ଯିବାକୁ ଦିଅ।

ଏହା ଶୁଣି ମଣିକେଦାର ନାମକ ସେ ଦ୍ୱାରପାଳ କହୁଛନ୍ତି — ହେ ଦେବର୍ଷି! ମୁଁ ରାଜା ଇନ୍ଦ୍ରଦ୍ୟୁମ୍ନଙ୍କୁ ଜାଣେ। ସେ ଜଣେ ଅତ୍ୟନ୍ତ ସୁପ୍ରତିଷ୍ଠିତ ରାଜା। ତେଣୁ ମୁଁ ତାଙ୍କୁ ଦେବତାମାନଙ୍କର ଅପେକ୍ଷା କରିଥିବା ସ୍ଥାନରେ ହିଁ ବସାଇଛି। ପ୍ରଥମେ ଆପଣ ବ୍ରହ୍ମାଙ୍କ ପାଖକୁ ଯାଆନ୍ତୁ। ସେ ସଙ୍ଗୀତ ଶ୍ରବଣରେ ନିମଗ୍ନ ହୋଇଛନ୍ତି। ଆପଣ ତାଙ୍କୁ ସବୁ ବିଷୟ କୁହନ୍ତୁ ଏବଂ ତାଙ୍କର ଅନୁମତି ଆଣିବାପରେ ମୁଁ ଇନ୍ଦ୍ରଦ୍ୟୁମ୍ନଙ୍କୁ ବ୍ରହ୍ମାଙ୍କ ସଭାକୁ ଛାଡ଼ିଦେବି। ମୁଁ ଦ୍ୱାରପାଳଭାବରେ ମୋର ଦାୟିତ୍ୱ ସମ୍ପାଦନ କରୁଥିବାରୁ ମୋତେ ଆପଣ କ୍ଷମା କରନ୍ତୁ ଏବଂ ମୋ ଉପରେ ରାଗନ୍ତୁ ନାହିଁ।

ଦ୍ୱାରପାଳଙ୍କର ଏହିଭଳି କଥାଶୁଣି ନାରଦ ଅଭ୍ୟନ୍ତରରେ ପ୍ରବେଶ କରି ବ୍ରହ୍ମାଙ୍କ ଅନୁମତି ଆଣିଲେ ଏବଂ ଇନ୍ଦ୍ରଦ୍ୟୁମ୍ନଙ୍କୁ ବ୍ରହ୍ମାଙ୍କ ନିକଟକୁ ନେଇଗଲେ। ଏହା ଦେଖି ଇନ୍ଦ୍ରାଦି ଦେବଗଣ ବିସ୍ମିତ ହୋଇଯାଇଥାନ୍ତି। ନାରଦଙ୍କର ପରାମର୍ଶକ୍ରମେ ଇନ୍ଦ୍ରଦ୍ୟୁମ୍ନ ଅଳ୍ପଦୂରରେ ଠିଆ ହୋଇ ବ୍ରହ୍ମାଙ୍କୁ ପ୍ରଣାମ କଲେ। ସଙ୍ଗୀତରେ ମଗ୍ନ ବ୍ରହ୍ମା କିଛି କ୍ଷଣ ପରେ ଇନ୍ଦ୍ରଦ୍ୟୁମ୍ନଙ୍କୁ ସଭା ମଧ୍ୟକୁ ଆହ୍ୱାନ କଲେ। ଯଦ୍ୟପି ସେ ଇନ୍ଦ୍ରଦ୍ୟୁମ୍ନଙ୍କର ଆଗମନ ପ୍ରୟୋଜନ ଜାଣିଥିଲେ, ତଥାପି ତାଙ୍କର ଆଗମନ ଉଦ୍ଦେଶ୍ୟ ବ୍ରହ୍ମା ପଚାରିଲେ।

ବ୍ରହ୍ମାଙ୍କର ଏଭଳି ଅମୃତବଚନ ଶୁଣି ରାଜା କହୁଛନ୍ତି — ହେ ପିତାମହ! ଆପଣ ଅନ୍ତର୍ଯ୍ୟାମୀ। ସବୁ ଜାଣିଛନ୍ତି। ଆପଣଙ୍କ କୃପାରେ ମୁଁ ମର୍ତ୍ତ୍ୟର ସହସ୍ର

ଅଶ୍ୱମେଧ ଯଜ୍ଞ କରିବା ପରେ ପ୍ରଭୁ ଚତୁର୍ଦ୍ଧାମୂର୍ତ୍ତିଙ୍କର ଆବିର୍ଭାବ ହୋଇଛି । ତାଙ୍କର ଦର୍ଶନରେ ମୁଁ କୃତାର୍ଥ ହୋଇଛି । ତାଙ୍କ ପାଇଁ ଯେଉଁ ଭବ୍ୟ ମନ୍ଦିର ନିର୍ମ୍ମାଣ କରିଛି ସେଥିରେ ଚତୁର୍ଦ୍ଧାମୂର୍ତ୍ତିଙ୍କୁ ସ୍ଥାପନା ସହିତ ମନ୍ଦିର ପ୍ରତିଷ୍ଠା କରିବା ନିମନ୍ତେ ଆପଣଙ୍କୁ ନିମନ୍ତ୍ରଣ କରିବାପାଇଁ ମୁଁ ଦେବର୍ଷି ନାରଦଙ୍କ ସହିତ ଏଠାକୁ ଆସିଛି । ଆପଣ ପ୍ରସନ୍ନ ହୁଅନ୍ତୁ । ଯେଉଁ ଜଗନ୍ନାଥଙ୍କର ଆବିର୍ଭାବ ଘଟିଛି, ସେ ହିଁ ସାକ୍ଷାତ୍ ଆପଣ । ଆପଣ ସ୍ଥାପ୍ୟ ଓ ସ୍ଥାପୟିତା । ଆପଣ ବେଦ୍ୟ ଓ ବେଦୟିତା ।

ଏହିଭଳି ରାଜା ଇନ୍ଦ୍ରଦ୍ୟୁମ୍ନ କହୁଥିବା ସମୟରେ ମହର୍ଷି ଦୁର୍ବ୍ବାସାଙ୍କର ହଠାତ୍ ଆଗମନ । ସେ କହିଲେ – ଦ୍ୱାରଦେଶରେ ବହୁତ ଦିନରୁ ଅପେକ୍ଷା କରିଛନ୍ତି ପିତୃଗଣ ଓ ଦେବଗଣ । ସେମାନଙ୍କୁ ଭିତରକୁ ଆସିବା ପାଇଁ ଶୀଘ୍ର ଅନୁମତି ପ୍ରଦାନ କରନ୍ତୁ । ପିତାମହ କହୁଛନ୍ତି – ହେ ମହର୍ଷି ! ଆପଣ ସେମାନଙ୍କୁ ଇନ୍ଦ୍ରଦ୍ୟୁମ୍ନଙ୍କ ସହ ତୁଳନା କରନ୍ତୁ ନାହିଁ । ରାଜା ମୋର ବଂଶର ପଞ୍ଚମ ସନ୍ତାନ । ସେ ବିଷ୍ଣୁଭକ୍ତ । ତଥାପି ତୁମର ଆଜ୍ଞାରେ ସେମାନେ ଏଠାକୁ ଆସନ୍ତୁ ଏବଂ ମୋର ଦର୍ଶନ କରନ୍ତୁ । ତାପରେ ଦୁର୍ବ୍ବାସାଙ୍କର ଆହ୍ୱାନରେ ଦେବତାମାନେ ସେଠାକୁ ଆସିଲେ ।

ବ୍ରହ୍ମାଙ୍କ ସଭାରେ ଦେବତାମାନେ ପ୍ରବେଶକରି ପ୍ରଥମେ ବ୍ରହ୍ମାଙ୍କୁ ପ୍ରଣାମ ନିବେଦନ କଲେ । ପିତାମହ ବ୍ରହ୍ମା ସଭିଙ୍କୁ କଟାକ୍ଷପାତରେ କରୁଣା କଲେ । ତା'ପରେ ଅତି ଆଦରରେ ରାଜା ଇନ୍ଦ୍ରଦ୍ୟୁମ୍ନଙ୍କୁ କହୁଛନ୍ତି – ହେ ରାଜନ୍! ତୁମ୍ଭେ ମନ୍ଦିର ନିର୍ମ୍ମାଣ କରିଛ ସତ୍ୟ । ହେଲେ ଇତି ମଧ୍ୟରେ ବହୁ ଯୁଗ ବିତିଗଲାଣି । ତୁମ୍ଭର ବଂଶ ବର୍ତ୍ତମାନ ଛିନ୍ନ ହୋଇଯାଇଛି । ହେଲେ ତୁମ୍ଭର ପ୍ରାସାଦ ଓ ଦାରୁମୂର୍ତ୍ତି – ଏ ଦୁଇଟି ମର୍ତ୍ତ୍ୟରେ ଅକ୍ଷୁଣ୍ଣ ରୂପରେ ବିଦ୍ୟମାନ । ତେଣୁ ତୁମ୍ଭେ ପ୍ରଥମେ ମର୍ତ୍ତ୍ୟକୁ ଫେରିଯାଅ । ତାପରେ ମୁଁ ମୂର୍ତ୍ତି ଓ ମନ୍ଦିର ପ୍ରତିଷ୍ଠା ଉଦ୍ଦେଶ୍ୟରେ ମର୍ତ୍ତ୍ୟରେ ପହଞ୍ଚିବି । ଏହା ରାଜାଙ୍କୁ କହି ପିତାମହ – ଦେବତାମାନଙ୍କର ଆଗମନ ବିଷୟରେ ଜିଜ୍ଞାସା କଲେ । ଏହାପରେ ଦେବତାମାନେ ଉତ୍ତରରେ କହୁଛନ୍ତି – ହେ ପିତାମହ ! ଆମ୍ଭର ମନରେ କେତେକ ପ୍ରଶ୍ନ ରହିଛି । ଯେଉଁ ନୀଳମାଧବଙ୍କୁ ଆମ୍ଭେ ପୂଜା କରୁଥିଲୁ, ସେ କାହିଁକି ଅନ୍ତର୍ହିତ ହେଲେ ? ପୁଣି ଇନ୍ଦ୍ରଦ୍ୟୁମ୍ନଙ୍କର ସହସ୍ର ଅଶ୍ୱମେଧ ଯଜ୍ଞର ପରେ ସେ କାହିଁକି ଦାରୁମୂର୍ତ୍ତି ଭାବରେ ଆବିର୍ଭୂତ ହେଲେ । ଏ କଥା ଆମ୍ଭକୁ ଆପଣ ବିଶଦଭାବରେ ବୁଝାଇ କହନ୍ତୁ ।

ଦେବତାମାନଙ୍କର ଏହି ପ୍ରଶ୍ନଶୁଣି ପିତାମହ ବ୍ରହ୍ମା ଉତ୍ତର ଦେଉଛନ୍ତି – ହେ ଦେବଗଣ ! ଏ ତତ୍ତ୍ୱ ଅତ୍ୟନ୍ତ ଗୋପନୀୟ । ତଥାପି କହୁଛି ଶୁଣ । ପୁରୁଷୋତ୍ତମ କ୍ଷେତ୍ରରେ ଜଗତର କଲ୍ୟାଣ ସାଧନ ନିମନ୍ତେ ପ୍ରଭୁ ଜଗନ୍ନାଥ ଦାରୁମୂର୍ତ୍ତି ଭାବରେ ଆର୍ବିଭୂତ ହୋଇଛନ୍ତି । ସେହି ଜଗନ୍ନାଥ ଜନାର୍ଦ୍ଦନ ମୋର ଆମ୍ମା । ଆମ ଉଭୟଙ୍କ ମଧ୍ୟରେ କିଛି ଭେଦ ନାହିଁ । ସେ ଯୋଗନିଦ୍ରାକୁ ଧ୍ୟାନକରି ଶ୍ୱେତଦ୍ୱୀପର ଅନନ୍ତଶଯ୍ୟାରେ ଶୟନ କରିଛନ୍ତି । ସେହି ବିଭୁ ପୁରୁଷୋତ୍ତମଙ୍କର ଏକ ଲୋମ ହେଉଛି କଳ୍ପଦୁମ ଏବଂ ତାହାହିଁ ଦାରୁରୂପରେ ସିନ୍ଧୁଜଲରେ ଆବିର୍ଭୂତ ହେଲେ । ତା’ ପରେ କଣ ହେଲା ଆପଣମାନେ ଶୁଣନ୍ତୁ ।

ସମସ୍ତଙ୍କୁ ମୋକ୍ଷ ଦେବାପାଇଁ ସେ ପ୍ରଭୁ ଦାରୁରୂପରେ ପ୍ରକଟିତ ହୋଇଛନ୍ତି । ଏହାପରେ ଦେବତାମାନେ ଅତ୍ୟନ୍ତ ଆନନ୍ଦିତ ହୋଇ ମର୍ଦ୍ଦ୍ୟରେ ଅନୁଷ୍ଠିତ ହେବାକୁ ଥିବା ପ୍ରତିଷ୍ଠା ମହୋତ୍ସବକୁ ଯିବାପାଇଁ ସ୍ଥିର କଲେ । ଏହାପରେ ବ୍ରହ୍ମାଙ୍କର ସମ୍ମତି ଲାଭ କରି ରାଜା ଇନ୍ଦ୍ରଦ୍ୟୁମ୍ନ, ବ୍ରହ୍ମାଙ୍କର ପ୍ରତିନିଧି, ପଦ୍ମନିଧ ଓ ଦେବତାଙ୍କ ସହିତ ମର୍ଦ୍ଦ୍ୟକୁ ଆଗମନ କଲେ ।

ଏହିଭଳି ଭାବରେ ଦାରୁମୂର୍ତ୍ତିର ଆବିର୍ଭାବର ରହସ୍ୟ ଓ ବ୍ରହ୍ମାଙ୍କର ମନ୍ଦିର ପ୍ରତିଷ୍ଠା ପାଇଁ ସମ୍ମତି – ଏହିକଥା ଉକ୍ତ ଅଧ୍ୟାୟରେ ଖୁବ୍ ସୁନ୍ଦର ଭାବରେ ବର୍ଣ୍ଣନା କରାଯାଇଛି ।

◆◆◆

ଚତୁର୍ବିଂଶ ଅଧ୍ୟାୟ

(ଇନ୍ଦ୍ରଦ୍ୟୁମ୍ନଙ୍କର ମର୍ତ୍ତ୍ୟମଣ୍ଡଳ ପ୍ରତ୍ୟାଗମନ ଓ ଭଗବତ୍ ସ୍ତୁତି)

ପିତାମହ ବ୍ରହ୍ମାଙ୍କର ଆଜ୍ଞା ଲାଭ କରି ରାଜା ଇନ୍ଦ୍ରଦ୍ୟୁମ୍ନ ଦେବଗଣ ଏବଂ କୋଷାଗାର ରକ୍ଷକ ପଦ୍ମନିଧିଙ୍କ ସହିତ ମର୍ତ୍ତ୍ୟମଣ୍ଡଳକୁ ଫେରିଆସିଲେ। ଅତ୍ୟନ୍ତ ଭାବ ବିହ୍ୱଳରେ ଭକ୍ତିଭରା ଚିତ୍ତରେ ପ୍ରଭୁଜଗନ୍ନାଥଙ୍କୁ ସେ ଦର୍ଶନ କଲେ ଏବଂ ତାଙ୍କୁ ନିଜର ପ୍ରଣତି ନିବେଦନ କଲେ। ତାପରେ ଦେବତାମାନେ ସେହି ପରମ ପୁରୁଷ ସହସ୍ର ଶୀର୍ଷ, ସହସ୍ରାକ୍ଷ ପୁରୁଷଙ୍କର ସ୍ତୁତିଗାନ କରିବାକୁ ଲାଗିଲେ। ମହାପ୍ରଭୁ ଶ୍ରୀଜଗନ୍ନାଥଙ୍କ ଉଦ୍ଦେଶ୍ୟରେ ସ୍କନ୍ଦପୁରାଣରେ ଉଲ୍ଲିଖିତ ଉକ୍ତ ଭଗବତ୍ ସ୍ତୁତି ଅତ୍ୟନ୍ତ ସୁପ୍ରସିଦ୍ଧ ଓ ଉଚ୍ଚକୋଟୀର। ଏହି ସ୍ତୁତିରେ ମହାପ୍ରଭୁଙ୍କର ମହିମା, ବିଶ୍ୱବ୍ୟାପକତା ଓ ଅପରିସୀମ କରୁଣାକୁ ସ୍ମରଣକରି ଦେବତାମାନେ ବେଦର ସେହି ପରମ ପୁରୁଷଙ୍କୁ ପ୍ରାର୍ଥନା କରୁଛନ୍ତି।

ହେ ପ୍ରଭୁ! ଆପଣ ଏ ବିଶ୍ୱର କର୍ତ୍ତା ଓ କାରୟିତା। ଆପଣ ପିତା ଓ ମାତା। ଆପଣ ନିତ୍ୟ ନୂତନ, ସତ୍ୟ ଓ ସନାତନ। ଆପଣ ସିଦ୍ଧିଦାତା ଓ ସମସ୍ତଙ୍କର ଆଶ୍ରୟଦାତା। ଆପଣଙ୍କର ପାଦପଦ୍ମରେ ଆମେ ଶରଣାପନ୍ନ।

ହେ ପ୍ରଭୁ! କମଲାକାନ୍ତ! ଆପଣଙ୍କ ବ୍ୟତୀତ ଆଉ କିଏ ଆମ୍ଭର ରକ୍ଷଣରେ ସମର୍ଥ? ତୁମେ ହିଁ ଏକମାତ୍ର ଅନାଥର ନାଥ। ଆପଣ କରୁଣା ସାଗର, କୃପାର ପାରାବାର। ଆମ୍ଭେ ତୁମ୍ଭଙ୍କୁ ବାରମ୍ବାର ପ୍ରଣିପାତ କରୁଛୁ।

ଏହି ଭଳି ଭାବରେ ପ୍ରଭୁଙ୍କୁ ବାରମ୍ବାର ସ୍ତୁତିକରି ଦେବଗଣ ରାଜାଙ୍କ ସହିତ ନୃସିଂହକ୍ଷେତ୍ରକୁ ଯାଇ ଇନ୍ଦ୍ରଦ୍ୟୁମ୍ନଙ୍କ ଦ୍ୱାରା ନିର୍ମିତ ନଭଶ୍ଚୁମ୍ବୀ ନୂତନ ପ୍ରାସାଦକୁ ଦେଖୁଛନ୍ତି।

ଦେବଗଣ ପ୍ରଭୁଙ୍କର ଭବ୍ୟପ୍ରାସାଦକୁ ଦେଖି ଅତ୍ୟନ୍ତ ଆନନ୍ଦିତ ହେଲେ ଏବଂ ପ୍ରାସାଦର ସାମ୍ପ୍ରତିକ ପୂର୍ଣ୍ଣ ସ୍ୱରୂପକୁ ଦେଖି ରାଜା ଇନ୍ଦ୍ରଦ୍ୟୁମ୍ନ ବିମୁଗ୍ଧ ହୋଇ

କହୁଛନ୍ତି – ଏହି ପ୍ରାସାଦର ନିର୍ମାଣର ଯୁଗ ଯୁଗ ବିତି ଯାଇଥିଲେ ବି ଏହା ଆଜି ଅକ୍ଷୁଣ୍ଣ ଅଛି । ଏହା ପ୍ରଭୁଙ୍କର ମୋ ପ୍ରତି ଅହେତୁକ କୃପା । ଏହି କୃପାକୁ ସ୍ମରଣ କରି ଉକ୍ତ ମନ୍ଦିର ନିର୍ମାଣ ଓ ପ୍ରତିଷ୍ଠା ବିଷୟରେ ରାଜା ଇନ୍ଦ୍ରଦ୍ୟୁମ୍ନ ସମୀପସ୍ଥ ବ୍ୟକ୍ତିଙ୍କୁ କହୁଛନ୍ତି – ଏହି ମନ୍ଦିର ପ୍ରତିଷ୍ଠା ପାଇଁ ବ୍ରହ୍ମଲୋକରୁ ସ୍ୱୟଂ ବ୍ରହ୍ମା ଆସିବେ । ହେ ଦେବଗଣ ! ମନ୍ଦିର ଓ ମୂର୍ତ୍ତିପ୍ରତିଷ୍ଠା ପାଇଁ କ'ଣ କ'ଣ ବସ୍ତୁମାନ ଆବଶ୍ୟକ, ତାହା ଆପଣମାନେ ମୋତେ ପରାମର୍ଶ ଦିଅନ୍ତୁ । ଏହି ସମୟରେ ବ୍ରହ୍ମାଙ୍କ ଦ୍ୱାରା ପ୍ରେଷିତ କୋଷାଗାର ରକ୍ଷକ ପଦ୍ମନିଧି କହୁଛନ୍ତି – ହେ ରାଜନ୍ ! ମନ୍ଦିର ପ୍ରତିଷ୍ଠା ନିମନ୍ତେ ସମସ୍ତ ଆବଶ୍ୟକୀୟ ଉପାଦାନ ସଂଗ୍ରହ ପାଇଁ ପିତାମହ ମୋତେ ଏଠାକୁ ପଠାଇଛନ୍ତି । ତୁମେ ଏଥିରେ ବ୍ୟସ୍ତ ହୁଅନାହିଁ । ଏହି ସମୟରେ ନାରଦ ମଧ୍ୟ ମର୍ତ୍ତ୍ୟମଣ୍ଡଲରେ ପହଞ୍ଚ ମନ୍ଦିର ପ୍ରତିଷ୍ଠା ପାଇଁ ଆବଶ୍ୟକୀୟ ଉପକରଣମାନ ସଂଗ୍ରହ କରିବା କାର୍ଯ୍ୟକୁ ତ୍ୱରାନ୍ୱିତ କରିଦେଲେ ।

ଏହା ହିଁ ଉକ୍ତ ଅଧ୍ୟାୟର ସଂକ୍ଷିପ୍ତ ସାର ।

◆◆◆

ପଞ୍ଚବିଂଶ ଅଧ୍ୟାୟ

(ରଥତ୍ରୟ ପ୍ରତିଷ୍ଠା ବର୍ଣ୍ଣନା)

ମନ୍ଦିର ପ୍ରତିଷ୍ଠା ନିମନ୍ତେ ରାଜା ଇନ୍ଦ୍ରଦ୍ୟୁମ୍ନ ଦେବର୍ଷି ନାରଦଙ୍କୁ ଅନୁରୋଧ କରିବା ପରେ ମହର୍ଷି ନାରଦ ଯଥାଶୀଘ୍ର ଏକ ପତ୍ରରେ ସମସ୍ତ ଉପାଦାନର ନାମ ଉଲ୍ଲେଖ କରି ଇନ୍ଦ୍ରଦ୍ୟୁମ୍ନଙ୍କୁ ଅର୍ପଣ କରୁଛନ୍ତି । ଇନ୍ଦ୍ରଦ୍ୟୁମ୍ନ ମଧ୍ୟ ସେହି ପତ୍ରରେ ଲିଖିତ ସମସ୍ତ ବସ୍ତୁକୁ ଅତି ସାବଧାନତା ସହକାରେ ସଂଗ୍ରହ କରିବାପାଇଁ କୋଷାଗାରରକ୍ଷକ ପଦ୍ମନିଧିଙ୍କୁ ଅନୁରୋଧ କରୁଛନ୍ତି ଏବଂ ପ୍ରତିଷ୍ଠା କାର୍ଯ୍ୟପାଇଁ ଅନ୍ୟାନ୍ୟ ଆନୁଷଙ୍ଗିକ କାର୍ଯ୍ୟ ସମ୍ପାଦନ ନିମନ୍ତେ ପାରିଷଦବର୍ଗଙ୍କୁ ଆଦେଶ ଦେଉଛନ୍ତି ।

ରାଜାଙ୍କର ଏଭଳି କଥା ଶୁଣି ଦେବର୍ଷି ନାରଦ ପ୍ରଭୁ ଜଗନ୍ନାଥ, ବଳଭଦ୍ର ଓ ସୁଭଦ୍ରାଙ୍କ ପାଇଁ ଯଥାକ୍ରମେ ତିନିଗୋଟି ରଥ ଯଥା – ନନ୍ଦିଘୋଷ, ତାଳଧ୍ୱଜ ଓ ପଦ୍ମଧ୍ୱଜ ନାମରେ ନିର୍ମାଣ କରି ମନ୍ଦିର ପ୍ରତିଷ୍ଠା ପୂର୍ବରୁ ରଥ ପ୍ରତିଷ୍ଠା କରିବା ପାଇଁ ରାଜା ଇନ୍ଦ୍ରଦ୍ୟୁମ୍ନଙ୍କୁ ନିର୍ଦ୍ଦେଶ ଦେଉଛନ୍ତି ।

ଏହାପରେ ଦେବଶିଳ୍ପୀ ବିଶ୍ୱକର୍ମା ସେଠାରେ ଉପସ୍ଥିତ ହୋଇ ଗୋଟିଏ ଦିନରେ ତିନିଗୋଟି ରଥ ନିର୍ମାଣ କଲେ ଏବଂ ବିଭିନ୍ନ ଅଳଙ୍କାରରେ ରଥକୁ ଅଲଙ୍କୃତ କଲେ ।

ଏକଥା ଶୁଣି ମୁନିମାନେ ମହର୍ଷି ଜୈମିନିଙ୍କୁ ପଚାରୁଛନ୍ତି – ହେ ମୁନି ! କେଉଁ ପ୍ରକାରରେ ଏହି ରଥପ୍ରତିଷ୍ଠା କାର୍ଯ୍ୟ ସମ୍ପାଦନ କରାଗଲା ? ତାର ବିଶଦବିବରଣୀ ଦୟାକରି ପ୍ରଦାନ କରନ୍ତୁ ।

ଏହି ପ୍ରଶ୍ନର ଉତ୍ତରରେ ମହର୍ଷି ଜୈମିନି ରଥତ୍ରୟ ପ୍ରତିଷ୍ଠାର ବିଭିନ୍ନ ପଦ୍ଧତି ଓ ସୋପାନ ବିଷୟରେ ଉକ୍ତ ଅଧ୍ୟାୟରେ ବୁଝାଇ କହିଛନ୍ତି । ତିନି ରଥରେ ତିନି ଧ୍ୱଜ ପ୍ରତିଷ୍ଠା କରାଗଲା । ପ୍ରତି ଧ୍ୱଜ ସ୍ଥାପନା ସମୟରେ କେଉଁ କେଉଁ ମନ୍ତ୍ରପାଠ

କରାଯିବ – ସେ ବିଷୟରେ ମଧ୍ୟ ସୂଚନା ପ୍ରଦାନ କରିଲେ ମହର୍ଷି ଜୈମିନି। ଏହିଭଳି ରଥତ୍ରୟକୁ ପ୍ରତିଷ୍ଠା କରିବା ପରେ କିଭଳି ବେଦମନ୍ତ୍ରର ଗାନ ଏବଂ ବିଭିନ୍ନ ମାଙ୍ଗଳିକ ବାଦ୍ୟର ବାଦନର ତାଲେ ତାଲେ ରଥରେ ଚତୁର୍ଦ୍ଧାମୂର୍ତ୍ତିଙ୍କୁ ଆରୋହଣ କରାଇ ବିଭିନ୍ନ ବାଧା ବିଘ୍ନ ବିନାଶ ପାଇଁ ଦିଗ୍‌ପାଳ ଓ ଭୂତଗଣଙ୍କୁ ବଳିଦାନ କରି ସନ୍ତୁଷ୍ଟ କରାଇବା ନିମନ୍ତେ ମହର୍ଷି ଜୈମିନି ଶିଷ୍ୟମାନଙ୍କୁ କହୁଛନ୍ତି।

ରଥଚାଳନା ସମୟରେ ଯେଭଳି କୌଣସି ବିଘ୍ନ ନ ଘଟେ, ସେଥିପାଇଁ ସମସ୍ତଙ୍କୁ ସନ୍ତୁଷ୍ଟ କରିବା ଉଚିତ। ତା' ପରେ ବୈଷ୍ଣବଗାୟତ୍ରୀ ପାଠକରି ରଥଟଣା କାର୍ଯ୍ୟ ଆରମ୍ଭ କରାଯିବା ଦରକାର। ଏ ସମୟରେ ଅନେକ ବାଧାବିଘ୍ନ ମଧ୍ୟ ଉପୁଜିପାରେ ଏବଂ ଏହାର କୁପ୍ରଭାବ ପ୍ରଜା ଓ ରାଜାଙ୍କ ଉପରେ ମଧ୍ୟ ପଡ଼ିଥାଏ। ରଥର ଈଶାନଭଞ୍ଜନରେ ବ୍ରାହ୍ମଣକୁଳର କ୍ଷତି, ଅକ୍ଷଭଙ୍ଗରେ କ୍ଷତ୍ରିୟକୁଳକୁ ହାନି, ତୁଳାଭଙ୍ଗରେ ବୈଶ୍ୟକୁଳବିନାଶ, ଶମ୍ଭୀର କ୍ଷୟରେ ଶୂଦ୍ରଙ୍କର ଭୟ, ଧୁରାଭଙ୍ଗରେ ବୃଷ୍ଟିକ୍ଷୟ, ପୀଢ଼ଭଙ୍ଗରେ ପ୍ରଜାଭୟ, ଚକ୍ରଭଙ୍ଗରେ ସୁରକ୍ଷା ଭୟ, ଧ୍ୱଜଭଙ୍ଗରେ ରାଜ୍ୟଚ୍ୟୁତ, ମୂର୍ତ୍ତିଙ୍କର କ୍ଷତିରେ ରାଜାଙ୍କର ମୃତ୍ୟୁ ଏବଂ ସମ୍ପୂର୍ଣ୍ଣ ରଥଭଙ୍ଗରେ ସମଗ୍ର ରାଷ୍ଟ୍ରର କ୍ଷତି ଘଟିଥାଏ।

ଯଦି ଏଭଳି ଅଶୁଭ ଶକୁନ ଦେଖାଯାଏ, ତେବେ ହେ ରାଜନ୍‌! ଆପଣ ପୁନଶ୍ଚ ହବନ ଆଦି କାର୍ଯ୍ୟ ସମ୍ପାଦନ କରିବେ। ପୁନଶ୍ଚ ନବଗ୍ରହଙ୍କୁ ସନ୍ତୁଷ୍ଟ କରିବେ। ସମସ୍ତଙ୍କର ଶୁଭ ମନାସିବେ ଏବଂ ରଥଟଣା କାର୍ଯ୍ୟ ଆରମ୍ଭ କରିବେ।

ଏହିଭଳି ମନ୍ଦିର ପ୍ରତିଷ୍ଠାପାଇଁ ଆବଶ୍ୟକୀୟ ଦ୍ରବ୍ୟସଂଗ୍ରହ, ରଥନିର୍ମ୍ମାଣ, ରଥପ୍ରତିଷ୍ଠା, ରଥଟଣା ସମୟରେ ବିଭିନ୍ନ ବାଧାବିଘ୍ନର ଆଶଙ୍କା ଏବଂ ସେଗୁଡ଼ିକର ନିରାକରଣ ଇତ୍ୟାଦି ବିଷୟରେ ଖୁବ୍‌ ସୁନ୍ଦର ଭାବରେ ମହର୍ଷି ବ୍ୟାସ ଉକ୍ତ ଅଧ୍ୟାୟରେ ବର୍ଣ୍ଣନା କରିଛନ୍ତି।

◆◆◆

ଷଡ୍‌ବିଂଶ ଅଧ୍ୟାୟ

(ପିତାମହ ବ୍ରହ୍ମାଙ୍କର ଅବତରଣର ପ୍ରାକ୍‌ସୂଚନା ଏବଂ ଇନ୍ଦ୍ରଦ୍ୟୁମ୍ନ ଓ
ରାଜା ଗାଲମାଧବ ମିଳନ)

ରାଜା ଇନ୍ଦ୍ରଦ୍ୟୁମ୍ନ ସମସ୍ତ ଦେବତାମାନଙ୍କୁ ପ୍ରାସାଦ ନିକଟକୁ ଆଣିଲେ ଏବଂ ମନ୍ଦିର ପ୍ରତିଷ୍ଠା ପାଇଁ ସମସ୍ତ ଆବଶ୍ୟକୀୟ ଉପାଦାନର ଆୟୋଜନ କରାଇଲେ ଏବଂ ବିବିଧ ନୃତ୍ୟଗୀତର ମଧ୍ୟ ଆୟୋଜନ କରିଲେ । ଏ ପ୍ରସଙ୍ଗରେ ସେତେବେଳେ ପୃଥିବୀରେ ଶାସନ କରୁଥିବା ରାଜା ଗାଲଙ୍କ ବିଷୟରେ ବର୍ଣ୍ଣନା କରାଯାଇଛି । ସେ ନୀଳଗିରିରେ ଏକ ମନ୍ଦିର ନିର୍ମାଣ କରି ସେଠାରେ ମାଧବଙ୍କ ମୂର୍ତ୍ତି ନିର୍ମାଣ କରି ପୂଜା କରୁଥିଲେ ।

ଇନ୍ଦ୍ରଦ୍ୟୁମ୍ନଙ୍କର ଆଗମନ ବାର୍ତ୍ତା ଏବଂ ତାଙ୍କର ମନ୍ଦିର ପ୍ରତିଷ୍ଠା କଥା ଶୁଣି କ୍ରୋଧାନ୍ବିତ ହୋଇ ନିଜ ସେନାନୀଙ୍କ ସହିତ ରାଜା ଇନ୍ଦ୍ରଦ୍ୟୁମ୍ନଙ୍କ ନିକଟରେ ପହଞ୍ଚିଲେ । ପରେ ଇନ୍ଦ୍ରଦ୍ୟୁମ୍ନଙ୍କର ଅପାର ଭକ୍ତି ଓ ପ୍ରତିଷ୍ଠା ପାଇଁ ଆୟୋଜିତ ବିପୁଳ ଦ୍ରବ୍ୟମାନ ଦେଖି ସେ ବିସ୍ମିତ ହୋଇପଡ଼ିଲେ । ଏହାପରେ ରାଜା ଗାଲ ଭାବିଲେ ଯେ ରାଜା ଇନ୍ଦ୍ରଦ୍ୟୁମ୍ନ ମନ୍ଦିର ପ୍ରତିଷ୍ଠା ହେବା ପରେ ସେ ବ୍ରହ୍ମଲୋକକୁ ଫେରିଯିବେ ଏବଂ ମନ୍ଦିରର ପୂଜା ଦାୟିତ୍ୱ ତାଙ୍କୁ ହିଁ ପ୍ରଦାନ କରିବେ । ଏକଥା ଚିନ୍ତାକରି ସେ ଇନ୍ଦ୍ରଦ୍ୟୁମ୍ନଙ୍କ ପାଖକୁ ଯାଇ ପ୍ରଣିପାତ କରି ତାଙ୍କ ଉପରେ ପ୍ରସନ୍ନ ହେବା ପାଇଁ ପ୍ରାର୍ଥନା କରୁଛନ୍ତି ।

ଗାଲଙ୍କଠାରୁ ଏଭଳି ନିବେଦନ ଶୁଣି ଏବଂ ତାଙ୍କର ବୈଷ୍ଣବଭକ୍ତି ଓ ନମ୍ରତାକୁ ଦେଖି ରାଜା ଇନ୍ଦ୍ରଦ୍ୟୁମ୍ନ ଅତ୍ୟନ୍ତ ଆନନ୍ଦିତ ହୋଇଗଲେ । ଗାଲଙ୍କ ଭକ୍ତିଭାବରେ ଅଭିଭୂତ ରାଜା ଇନ୍ଦ୍ରଦ୍ୟୁମ୍ନ ମନ୍ଦିର ପ୍ରତିଷ୍ଠା ହେବା ପରେ ତାର ଦାୟିତ୍ୱ ତାଙ୍କୁ ହସ୍ତାନ୍ତର କରି ପୁଣି କିଭଳି ବ୍ରହ୍ମଲୋକକୁ ଚାଲିଯିବାପାଇଁ ଚିନ୍ତାକରିଛନ୍ତି — ସେ ବିଷୟ ମଧ୍ୟ ଉକ୍ତ ଅଧ୍ୟାୟରେ ବର୍ଣ୍ଣନା କରାଯାଇଛି ।

ଇନ୍ଦ୍ରଦ୍ୟୁମ୍ନ କହୁଛନ୍ତି – ହେ ବିଷ୍ଣୁଭକ୍ତ ଗାଳ ! ମନ୍ଦିର ପ୍ରତିଷ୍ଠା ପରେ ପିତାମହ ବ୍ରହ୍ମା ଯେଉଁ ବିଭିନ୍ନ ଉତ୍ସବ ଅନୁଷ୍ଠାନ ବିଷୟରେ କହିବେ, ଆପଣ ସେହିପରି କରିବେ। ଏହା ଶୁଣି ଗାଳ ଆନନ୍ଦିତ ହେଲେ। ତାପରେ ସେ ରାଜା ଇନ୍ଦ୍ରଦ୍ୟୁମ୍ନଙ୍କ ନିକଟରେ ଜଣେ କିଙ୍କର ଭଳି କାମକରିବାକୁ ଲାଗିଲେ। ସମସ୍ତ ପ୍ରତିଷ୍ଠା ଦ୍ରବ୍ୟର ଆୟୋଜନ କରି ରାଜା ବ୍ରହ୍ମାଙ୍କ ଆଗମନକୁ ଅପେକ୍ଷା କଲେ। ତାପରେ ରାଜା ନିଜର ସିଂହାସନରେ ଉପବେଶନ କଲେ।

ଏହି ସମୟରେ ପିତାମହ ବ୍ରହ୍ମାଙ୍କର ଆକାଶରୁ ଅବତରଣର ପୂର୍ବାଭାସ ଜଣାପଡୁଥାଏ। ବିଭିନ୍ନ ବାଦ୍ୟ, ବେଦଗାନ ଏବଂ ଦେବତାଙ୍କର ଜୟ ଜୟ ଧ୍ବନିରେ କିଭଳି ପିତାମହଙ୍କ ଆଗମନପୂର୍ବରୁ ଗଗନପବନ ପ୍ରକମ୍ପିତ ହେଉଥାଏ – ତାହା ଉକ୍ତ ଅଧ୍ୟାୟରେ ଖୁବ ସୁନ୍ଦର ଭାବରେ ବର୍ଣ୍ଣନା କରାଯାଇଛି।

ପିତାମହଙ୍କର ଆଗମନରେ ରାଜା ଇନ୍ଦ୍ରଦ୍ୟୁମ୍ନ ଭାବବିହ୍ବଳ ହୋଇ ପଡୁଛନ୍ତି। ତାଙ୍କୁ ବାରମ୍ବାର ପ୍ରଣାମ କରି ଭୂଲୁଣ୍ଠିତ ହେଉଛନ୍ତି। ଏ ବିଷୟ ଉକ୍ତ ଅଧ୍ୟାୟରେ ଖୁବ୍ ସୁନ୍ଦର ଭାବରେ ବର୍ଣ୍ଣନା କରାଯାଇଛି।

❖❖❖

ସପ୍ତବିଂଶ ଅଧ୍ୟାୟ

(ପିତାମହ ବ୍ରହ୍ମାଙ୍କର ଶ୍ରୀକ୍ଷେତ୍ରରେ ଅବତରଣ ଏବଂ ବୈଶାଖମାସ ପୁଷ୍ୟାନକ୍ଷତ୍ରଯୁକ୍ତ ଶୁକ୍ଲ ଅଷ୍ଟମୀରେ ଚତୁର୍ଦ୍ଧାମୂର୍ତ୍ତିଙ୍କର ସ୍ଥାପନ ଏବଂ ମନ୍ଦିର ପ୍ରତିଷ୍ଠା)

ବ୍ରହ୍ମାଙ୍କର ବିମାନ ଭୂପୃଷ୍ଠରେ ଅବତରଣ କରିବା ପରେ, ସେ ବର୍ତ୍ତମାନ ବିମାନରୁ ଓହ୍ଲାଉଛନ୍ତି। ତାଙ୍କର ବିମାନ ଓ ପ୍ରାସାଦ ମଧ୍ୟରେ ଏକ ନିର୍ମିତ ପାବଚ୍ଛମାଳାକୁ ସଂଯୋଗ କରାଗଲା ଏବଂ ସେ ସେହି ବାଟଦେଇ ଭୂପୃଷ୍ଠରେ ଅବତୀର୍ଣ୍ଣ କରୁଛନ୍ତି।

ମନ୍ଦିର ପ୍ରତିଷ୍ଠା ପାଇଁ ହୋଇଥିବା ସୁବିଶାଳ ଆୟୋଜନକୁ ଦେଖି ପିତାମହ ବ୍ରହ୍ମା ବିସ୍ମୟାଭିଭୂତ ହୋଇଯା'ନ୍ତି। ଏହି ସମୟରେ ସମସ୍ତ ଦେବତା, ମୁନି, ଋଷି, ଗନ୍ଧର୍ବ, ବିଦ୍ୟାଧର – ଇତ୍ୟାଦି ଯେଉଁମାନେ ସେଠାରେ ଉପସ୍ଥିତ ଥିଲେ, ସେମାନେ ସମସ୍ତେ ଯୋଡ଼ହସ୍ତରେ ବ୍ରହ୍ମାଙ୍କୁ ପ୍ରଣାମ ନିବେଦନ କଲେ ଏବଂ ରାଜା ଇନ୍ଦ୍ରଦ୍ୟୁମ୍ନ ପିତାମହଙ୍କର ପଦଯୁଗଳରେ ପ୍ରଣିପାତ କରୁଥିବାର ଦେଖି ପିତାମହ ସମସ୍ତ ଉପସ୍ଥିତ ଦେବ ଓ ଋଷିଗଣଙ୍କୁ ମଧୁରଭାବରେ ଆଳାପ କଲେ ଏବଂ ରାଜା ଇନ୍ଦ୍ରଦ୍ୟୁମ୍ନଙ୍କ ବିଷ୍ଣୁଭକ୍ତି, ପୁରୁଷୋତ୍ତମଧାମ ପ୍ରତି ପ୍ରୀତି ଏବଂ ଚତୁର୍ଦ୍ଧାମୂର୍ତ୍ତିଙ୍କର ଆବିର୍ଭାବରେ ତାଙ୍କର ନିଷ୍ଠା ଓ ସମର୍ପଣଭାବକୁ ପ୍ରଦକ୍ଷିଣ କରି ଅତ୍ୟନ୍ତ ଭାବବିହ୍ୱଳ ହୋଇ ଭକ୍ତିରେ ସ୍ତୁତି କରିବାକୁ ଲାଗିଲେ। ପ୍ରଭୁଙ୍କ ଉଦ୍ଦେଶ୍ୟରେ ପିତାମହ ବ୍ରହ୍ମାଙ୍କର ଏହି ସ୍ତୁତି ଅତ୍ୟନ୍ତ ଚମତ୍କାର। ପ୍ରଭୁ ଜଗନ୍ନାଥଙ୍କୁ ସେ ଏଠାରେ ମୁକ୍ତିଦାତା, ରକ୍ଷାକର୍ତ୍ତା, ଜଗତ୍ କର୍ତ୍ତା, ଜଗତ୍ ନିୟନ୍ତା ଓ ଜଗତ୍ଭର୍ତ୍ତା ଭାବରେ ସ୍ତୁତି କରିଛନ୍ତି।

ଏହିଭଳି ଭାବରେ ପ୍ରଭୁ ଜଗନ୍ନାଥଙ୍କୁ ସ୍ତୁତି କରିବା ପରେ ପିତାମହ ବ୍ରହ୍ମା ଲାଙ୍ଗଳଧର କାମପାଳ ଶ୍ରୀଶ୍ରୀ ବଳଭଦ୍ରଙ୍କୁ ସ୍ତୁତି କରୁଛନ୍ତି। ବଳଭଦ୍ରଙ୍କର ସ୍ତୁତି

ପରେ ମା' ଜଗଜ୍ଜନନୀ ସୁଭଦ୍ରାଙ୍କୁ ସ୍ତୁତି କରୁଛନ୍ତି ଏବଂ ଏହାପରେ ଚକ୍ରରାଜ ସୁଦର୍ଶନଙ୍କୁ ସ୍ତୁତି ।

ଏହାପରେ ପିତାମହ ବ୍ରହ୍ମା ଇନ୍ଦ୍ରଦ୍ୟୁମ୍ନଙ୍କ ସହ ପ୍ରାସାଦ ପ୍ରତିଷ୍ଠା ଉଦେଶ୍ୟରେ ମନ୍ଦିର ନିକଟକୁ ଗଲେ । ସେଠାରେ ରାଜା ଇନ୍ଦ୍ରଦ୍ୟୁମ୍ନ ସମସ୍ତଙ୍କ ଉପସ୍ଥିତିରେ ପ୍ରତିଷ୍ଠା କାର୍ଯ୍ୟର ଅୟମାରମ୍ଭ କାର୍ଯ୍ୟ ସମ୍ପାଦନ କରୁଛନ୍ତି ।

ପ୍ରତିଷ୍ଠା କାର୍ଯ୍ୟପୂର୍ବରୁ ରାଜା ଇନ୍ଦ୍ରଦ୍ୟୁମ୍ନ ସମସ୍ତଙ୍କର ପୂଜା ଅର୍ଚ୍ଚନା କରି ପ୍ରତିଷ୍ଠା କାର୍ଯ୍ୟକୁ ଆବାହନ କରୁଛନ୍ତି ଏବଂ ପିତାମହ ବ୍ରହ୍ମା ଚତୁର୍ଦ୍ଧାମୂର୍ତ୍ତିଙ୍କର ପ୍ରତିଷ୍ଠା କାର୍ଯ୍ୟ ସମ୍ପାଦନ କରୁଛନ୍ତି । ବିଭିନ୍ନ ବାଦ୍ୟନାଦ ଓ ବେଦଗାନରେ ବାୟୁମଣ୍ଡଳ ମୁଖରିତ ହୋଇପଡ଼ୁଥାଏ । ଏହି ପ୍ରତିଷ୍ଠା କାର୍ଯ୍ୟ ସମୟରେ ଅତ୍ୟନ୍ତ ଶୁଭ ସଂକେତ ସ୍ୱରୂପ ସ୍ୱୟଂ କଳ୍ପଦ୍ରୁମ କୁସୁମବୃଷ୍ଟି କରିବାକୁ ଆରମ୍ଭ କଲେ । ଏହି ସମୟରେ ବ୍ରହ୍ମା ମଧ୍ୟ ଭାବ ବିହ୍ୱଳ ହୋଇଯାଇ ଶ୍ରୀଜଗନ୍ନାଥଙ୍କର ଜୟଜୟକାର କରି ତାଙ୍କ ବନ୍ଦନା କଲେ । ଏହାପରେ ବିଭିନ୍ନ ଦେବଗଣ ପ୍ରଭୁଙ୍କ ସେବାରେ ଲାଗିପଡ଼ିଲେ । ଏହିଭଳି ଏକ ଅଭୂତପୂର୍ବ ଆଧ୍ୟାତ୍ମିକପରିବେଶରେ ପିତାମହ ବ୍ରହ୍ମା ବେଦୋଚ୍ଚାରଣପୂର୍ବକ ବିଗ୍ରହ ସ୍ଥାପନ କରୁଛନ୍ତି ।

ପିତାମହ ବ୍ରହ୍ମା ବୈଦିକପଦ୍ଧତିରେ ଚତୁର୍ଦ୍ଧାମୂର୍ତ୍ତିଙ୍କର ପ୍ରତିଷ୍ଠାକରି ପ୍ରାସାଦରେ ଶ୍ରୀଜୀଉମାନଙ୍କୁ ଅବସ୍ଥାପନ କଲେ । ଏହାଥିଲା ବୈଶାଖ ମାସ ପୁଷ୍ୟାନକ୍ଷତ୍ରଯୁକ୍ତ ଶୁକ୍ଲ ଅଷ୍ଟମୀ ଏବଂ ଗୁରୁବାର । ଚତୁର୍ଦ୍ଧାମୂର୍ତ୍ତି ଓ ପ୍ରାସାଦ ପ୍ରତିଷ୍ଠା କାର୍ଯ୍ୟ ସୁରୁଖୁରୁରେ ସମ୍ପାଦିତ ହେବାପରେ ପିତାମହ ବ୍ରହ୍ମା ମହାପ୍ରଭୁଙ୍କୁ ପ୍ରାର୍ଥନା କରିବାକୁ ଲାଗିଲେ । ପ୍ରାର୍ଥନା ପରେ ମନ୍ଦିର ପ୍ରତିଷ୍ଠା କାର୍ଯ୍ୟ ସମାହିତ ହେଲା ।

ଏହା ହିଁ ଉକ୍ତ ଅଧ୍ୟାୟର ସଂକ୍ଷିପ୍ତ ସାର ।

◆◆◆

ଅଷ୍ଟାବିଂଶ ଅଧ୍ୟାୟ

(ମହାପ୍ରଭୁ ଶ୍ରୀଜଗନ୍ନାଥଙ୍କର ଉଗ୍ରବୀର ନରସିଂହରୂପ ଧାରଣ)

ମହାପ୍ରଭୁଙ୍କର ବିଗ୍ରହ ଓ ମନ୍ଦିର ପ୍ରତିଷ୍ଠା ହେବାପରେ ବ୍ରହ୍ମାଙ୍କର ମନ୍ଦିର ମହିମାରେ ପ୍ରଭୁ ଜଗନ୍ନାଥ ଉଗ୍ରବୀର ନରସିଂହ ରୂପରେ ସମସ୍ତଙ୍କୁ ଦର୍ଶନ ଦେଲେ । ପ୍ରଭୁଙ୍କର ଏଭଳି ଉଗ୍ରନରସିଂହ ରୂପକୁ ଦେଖି ସମସ୍ତେ ଭୀତତ୍ରସ୍ତ ହୋଇଗଲେ ଏବଂ ଦେବର୍ଷି ନାରଦ ଅତ୍ୟନ୍ତ ଆଶ୍ଚର୍ଯ୍ୟଚକିତ ହୋଇ ପିତାମହ ବ୍ରହ୍ମାଙ୍କୁ ପଚାରୁଛନ୍ତି – ହେ ପିତା ! ପ୍ରଭୁ କାହିଁକି ଏଭଳି ରୂପରେ ପ୍ରକାଶିତ ହୋଇଛନ୍ତି ?

ପୁତ୍ର ନାରଦଙ୍କର ପ୍ରଶ୍ନକୁ ଶୁଣି ପିତାମହ ବ୍ରହ୍ମା ପ୍ରଭୁ ଜଗନ୍ନାଥଙ୍କର ନରସିଂହରୂପର ବିଶେଷତ୍ୱ ଓ ମହିମା ବିଷୟରେ ଖୁବ୍ ବିସ୍ତୃତ ଭାବରେ ଉକ୍ତ ଅଧ୍ୟାୟରେ ବର୍ଣ୍ଣନା କରିଛନ୍ତି ।

ବାସ୍ତବରେ ନରସିଂହ ହେଉଛନ୍ତି ପ୍ରଭୁ ଶ୍ରୀଜଗନ୍ନାଥଙ୍କର ଆଦିମ ବିଗ୍ରହ । ସେ ଅନନ୍ତ ତେଜ ଓ ଅନନ୍ତ ବୀର୍ଯ୍ୟର ଆଧାର । ସେ ହିଁ ସାକ୍ଷାତ୍ ମୁକ୍ତିଦାତା । ତାଙ୍କୁ ବାରମ୍ବାର ବ୍ରହ୍ମା ପ୍ରଣାମ କରିବାକୁ ଲାଗିଲେ ।

ଏହିପରି ଭାବରେ ବ୍ରହ୍ମା ନୃସିଂହଙ୍କୁ ସ୍ତୁତିକରିବା ପରେ ବେଦୋକ୍ତ ନୃସିଂହ ମନ୍ତ୍ରରେ ଇନ୍ଦ୍ରଦ୍ୟୁମ୍ନଙ୍କୁ ଦୀକ୍ଷା ଦେଇଛନ୍ତି ଏବଂ ସେହି ମନ୍ତ୍ର ମହିମା ବିଷୟରେ ଉକ୍ତ ଅଧ୍ୟାୟରେ ରାଜା ଇନ୍ଦ୍ରଦ୍ୟୁମ୍ନଙ୍କୁ ବୁଝାଇଛନ୍ତି ।

ନୃସିଂହଙ୍କର ଏହି ବେଦୋକ୍ତ ମହାମନ୍ତ୍ରକୁ ଜପ କଲେ ଦୁଷ୍ଟଗ୍ରହମାନେ ଶାନ୍ତ ହେବା ସଙ୍ଗେ ସଙ୍ଗେ ରାକ୍ଷସ, ଭୂତ, ପିଶାଚ, ବେତାଳ ପ୍ରଭୃତି ଦୂରେଇଯାନ୍ତି । ମନ୍ତ୍ର ମହିମା ଶୁଣି ଏବଂ ଏହି ନୃସିଂହ ମନ୍ତ୍ରରେ ଦୀକ୍ଷିତ ହୋଇ ରାଜା ଇନ୍ଦ୍ରଦ୍ୟୁମ୍ନ ଯେତେବେଳେ ପ୍ରଭୁଙ୍କୁ ଦର୍ଶନ କଲେ, ସେତେବେଳେ ଆଉ ତାଙ୍କର ସେହି ଉଗ୍ରରୂପ ଦେଖିବାକୁ ପାଇଲେ ନାହିଁ । ସେ ରୂପ ଥିଲା ଅତ୍ୟନ୍ତ ଶାନ୍ତ, ବ୍ୟକ୍ତ ଓ

କମନୀୟ। ମହାପ୍ରଭୁ ନୃସିଂହଙ୍କର ଏହି କମନୀୟ ରୂପକୁ ଉକ୍ତ ଅଧ୍ୟାୟରେ ଖୁବ୍ ସୁନ୍ଦର ଭାବରେ ବର୍ଣ୍ଣନା କରାଯାଇଛି।

ରାଜା ଇନ୍ଦ୍ରଦ୍ୟୁମ୍ନ ପ୍ରଭୁଙ୍କର ଚତୁର୍ଦ୍ଧାମୂର୍ତ୍ତିଙ୍କୁ ମାତ୍ର ଗୋଟିଏ ନୃସିଂହମୂର୍ତ୍ତି ରୂପରେ ଦର୍ଶନ କରି ଅତ୍ୟନ୍ତ ବିସ୍ମିତ ହୋଇ ତାହାର କାରଣ ବିଷୟରେ ବ୍ରହ୍ମାଙ୍କୁ ପଚାରୁଛନ୍ତି ଏବଂ ପିତାମହ ବ୍ରହ୍ମା ତାହାର ଉତ୍ତର ଦେଇ ଦାରୁମୂର୍ତ୍ତିର ମହିମା ବର୍ଣ୍ଣନା କରୁଛନ୍ତି।

ଦାରୁମୂର୍ତ୍ତିର ମହିମା ବର୍ଣ୍ଣନା କରି ପିତାମହ ବ୍ରହ୍ମା ରାଜା ଇନ୍ଦ୍ରଦ୍ୟୁମ୍ନଙ୍କୁ କହୁଛନ୍ତି – ହେ ରାଜନ୍! ତୁମ୍ଭେ ସେହି ପରଂବ୍ରହ୍ମ ସ୍ୱରୂପ ପ୍ରଭୁ ଜଗନ୍ନାଥଙ୍କୁ ଭକ୍ତିରେ ପୂଜା କର ଏବଂ ପ୍ରାର୍ଥନା କର। ସେ ପ୍ରସନ୍ନ ହେବେ, ତୁମ୍ଭର ଅଭୀଷ୍ଟ ପୂରଣକରିବେ ଏବଂ ମୁକ୍ତିଦାନ କରିବେ।

ଏହା ହିଁ ହେଉଛି ଉକ୍ତ ଅଧ୍ୟାୟର ସାର।

❖❖❖

ଅଥ ଏକୋନତ୍ରିଂଶ ଅଧ୍ୟାୟ

(ପ୍ରତିମାଙ୍କର ବରଦାନ ଏବଂ ସେବା ନିର୍ଦ୍ଦେଶ)

ପିତାମହ ବ୍ରହ୍ମା ରାଜା ଇନ୍ଦ୍ରଦ୍ୟୁମ୍ନଙ୍କୁ ନୃସିଂହ ମୂର୍ତ୍ତି ଓ ଦାରୁବିଗ୍ରହଙ୍କର ମହିମା ବିଷୟରେ କହି ବର୍ତ୍ତମାନ ସେ ନୃସିଂହ ମୂର୍ତ୍ତିକୁ ସଂଗୋପିତ କରି ଚତୁର୍ଦ୍ଧାମୂର୍ତ୍ତିଙ୍କୁ ପ୍ରକାଶ କରୁଛନ୍ତି ଏବଂ ବେଦୋକ୍ତ ବିଭିନ୍ନ ମନ୍ତ୍ର ଓ ସୂକ୍ତରେ ଏହି ଚତୁର୍ଦ୍ଧାମୂର୍ତ୍ତିଙ୍କୁ ପୂଜା କରୁଛନ୍ତି । ଏହାପରେ ପିତାମହ ବ୍ରହ୍ମା ଭକ୍ତ ଇନ୍ଦ୍ରଦ୍ୟୁମ୍ନ କିଭଳି ଭକ୍ତିରେ ଓ ଉଗ୍ରରୂପରେ ଦାରୁବିଗ୍ରହଙ୍କ ପୂଜା କରିବେ – ଏ ବିଷୟରେ ଦାରୁମୂର୍ତ୍ତି ପ୍ରଭୁ ଜଗନ୍ନାଥଙ୍କୁ ପଚାରୁଛନ୍ତି – ହେ ପ୍ରଭୋ ! ଜଗନ୍ନାଥ ! ଆପଣଙ୍କ ଶ୍ରୀମୁଖରୁ ରାଜା କିଛି ଶୁଣିବା ପାଇଁ ଚାହୁଁଛନ୍ତି ।

ଏହିଭଳି ଭାବରେ ପିତାମହ ବ୍ରହ୍ମା ନିବେଦନ କରନ୍ତେ, ପ୍ରଭୁ ଜଗନ୍ନାଥ ଦାରୁମୟ ବିଗ୍ରହ ହେଲେ ମଧ୍ୟ ଅତ୍ୟନ୍ତ ଗଭୀର ଭାବରେ ରାଜା ଇନ୍ଦ୍ରଦ୍ୟୁମ୍ନଙ୍କୁ କହୁଛନ୍ତି – ହେ ରାଜନ୍ ! ଆପଣ କୋଟି କୋଟି ଅର୍ଥ ବ୍ୟୟକରି ଏହି ମନ୍ଦିର ନିର୍ମାଣ କରିଛନ୍ତି । ମୁଁ ତୁମ୍ଭକୁ ଏହି ବର ଦେଉଛି ଯେ – ଯୁଗଯୁଗ ପାଇଁ ଆପଣଙ୍କର ଅଚଂଳା ଭକ୍ତି ମୋ ନିକଟରେ ଥାଉ । ତୁମ୍ଭର ପ୍ରୀତି ନିମନ୍ତେ ଏ ମନ୍ଦିର ଯଦି କଦାଚିତ୍ ଭାଙ୍ଗିଗଲେ ମଧ୍ୟ ମୁଁ ଏହି ସ୍ଥାନରେ ରହିବି ଏବଂ ଏହି ପ୍ରାସାଦ ଛାଡ଼ିବି ନାହିଁ । ମୁଁ ଏଠାରେ ଯୁଗ ଯୁଗ ଧରି ରହିଥିବି । ଜ୍ୟେଷ୍ଠମାସ ପୂର୍ଣ୍ଣିମା ଦିନ ମୋର ଆବିର୍ଭାବ ଦିବସ । ଏହି ଦିନ ଯଥାବିଧି ମୋର ସ୍ନାନ କରାଇବ । ଫଳରେ କୋଟି କୋଟି ଜନ୍ମ ପାପ ବିନାଶ ହେବ । ଏହି ସ୍ଥାନ ପାଇଁ ବହୁତ ପୂର୍ବରୁ ମୁଁ ସ୍ୱୟଂ ମନ୍ଦିର ଭିତରେ ଏକ କୂପ ନିର୍ମାଣ କରିଛି । ଏହା ହେଉଛି ସର୍ବତୀର୍ଥମୟ କୂପ । ଏହି କୂପର ସଂସ୍କାର ବିଧି, ସୁବର୍ଣ୍ଣ କୁମ୍ଭରେ ଜଳ ଉତ୍ତୋଳନ ଓ ଜଳସଂସ୍କାର ବିଷୟ ବର୍ଣ୍ଣିତ ହେବା ସଙ୍ଗେ ସଙ୍ଗେ ବ୍ରହ୍ମାଙ୍କ ସହିତ ଚତୁର୍ଦ୍ଧାମୂର୍ତ୍ତିଙ୍କୁ ସ୍ନାନ କରାଇ ତୁମେ ସାୟୁଜ୍ୟ ମୁକ୍ତି ଲାଭ କରିବ ।

ଏ ଭଳି ଭାବରେ ଆମର ସ୍ନାନ କରାଇବାପରେ ୧୫ ଦିନ ପର୍ଯ୍ୟନ୍ତ ଆମ୍ଭଙ୍କୁ କେହି ଦର୍ଶନ କରିବେ ନାହିଁ। ତା'ପରେ ଆଷାଢ଼ ମାସ ଶୁକ୍ଲ ଦ୍ୱିତୀୟା ତିଥି ପୁଷ୍ୟା ନକ୍ଷତ୍ରରେ ଆମ୍ଭର ରଥଯାତ୍ରା ବା ଗୁଣ୍ଡିଚା ଯାତ୍ରା ମହାଆଡ଼ମ୍ଭରରେ କରାଇବ। ଏଥିପାଇଁ ଆମ୍ଭଙ୍କୁ ରଥରେ ଆରୋହଣ କରାଇ ଆମ୍ଭଙ୍କୁ ଗୁଣ୍ଡିଚା ମନ୍ଦିରର ଆଡ଼ପ ମଣ୍ଡପ ବା ମହାବେଦୀକୁ ନେଇଯିବ। ଏ ଯାତ୍ରା ଅତ୍ୟନ୍ତ କଲ୍ୟାଣକାରିଣୀ। ଯେଉଁ କ୍ଷେତ୍ରରେ ମହାବେଦୀ ଅବସ୍ଥିତ, ତାହା ନୃସିଂହ କ୍ଷେତ୍ର ଏବଂ ସେହି ନୃସିଂହ କ୍ଷେତ୍ର ବିଷୟରେ ମଧ ଉକ୍ତ ଅଧ୍ୟାୟରେ ବର୍ଣ୍ଣନା କରାଯାଇଛି।

ଏହି ନୃସିଂହ କ୍ଷେତ୍ରର ବିଶେଷତ୍ୱ ବର୍ଣ୍ଣନା ପ୍ରସଙ୍ଗରେ ମହର୍ଷି ଜୈମିନି ଇନ୍ଦ୍ରଦ୍ୟୁମ୍ନ ସରୋବରର ମାହାତ୍ମ୍ୟ ଏବଂ ବିଷ୍ଣୁଙ୍କର ଦକ୍ଷିଣାଭିମୁଖୀ ଯାତ୍ରାର ମହିମା ବିଷୟରେ ବର୍ଣ୍ଣନା କରିଛନ୍ତି।

ମହାପ୍ରଭୁଙ୍କର ସ୍ନାନଯାତ୍ରା ଓ ରଥଯାତ୍ରା ସମ୍ପାଦନ କରିବାପରେ ପ୍ରଭୁଙ୍କର ଅନ୍ୟାନ୍ୟ ଯାତ୍ରା ଯଥା – ଶୟନ, ଉତ୍ଥାନ, ପାର୍ଶ୍ୱପରିବର୍ତ୍ତନ, ପୁଷ୍ୟାଭିଷେକ, ଦୋଳୋତ୍ସବ, ଦମନକ ଚତୁର୍ଦ୍ଦଶୀ ଓ ଚନ୍ଦନଯାତ୍ରା ପ୍ରଭୃତି ଉତ୍ସବମାନ ମଧ ଅନୁଷ୍ଠାନ କରିବା ପାଇଁ ପରାମର୍ଶ ଦିଆଯାଇଛି।

ଏହିଭଳି ଭାବରେ ପ୍ରଭୁଙ୍କର ପରଂବ୍ରହ୍ମସ୍ୱରୂପ ଦାରୁମୟ ବିଗ୍ରହଙ୍କର ପୂଜା ବିଷୟରେ ଇନ୍ଦ୍ରଦ୍ୟୁମ୍ନଙ୍କୁ ବିଭିନ୍ନ ଉତ୍ସବ ସମ୍ପାଦନ ନିମନ୍ତେ ବରପ୍ରଦାନ କରି ମହାପ୍ରଭୁଙ୍କର ପ୍ରତିମା ବ୍ରହ୍ମାଙ୍କୁ କହୁଛନ୍ତି – ହେ ବ୍ରହ୍ମନ୍! ଆପଣଙ୍କର ଇଚ୍ଛା ଅନୁସାରେ ହିଁ ମୁଁ ସମସ୍ତ କାର୍ଯ୍ୟ ସମ୍ପାଦନ କରିଲି। ଆପଣ ଓ ମୋ ଭିତରେ କୌଣସି ଭେଦ ନାହିଁ। ମୋର ଦର୍ଶନ ଏହି ସ୍ଥାନରେ ଯିଏ କରିବ, ସେ ନିଶ୍ଚିତ ଭବବନ୍ଧନରୁ ମୁକ୍ତ ହୋଇ ସାୟୁଜ୍ୟ ମୁକ୍ତି ଲାଭ କରିବ।

ଏହା ପରେ ଶ୍ରୀବିଗ୍ରହ ସେଠାରେ ଉପସ୍ଥିତ ଦେବଗଣଙ୍କୁ ନିଜନିଜ ସ୍ଥାନକୁ ଫେରିଯିବା ପାଇଁ କହିଲେ ଏବଂ ପ୍ରଭୁଙ୍କର ନିର୍ଦ୍ଦେଶରେ ରାଜା ଇନ୍ଦ୍ରଦ୍ୟୁମ୍ନ ବ୍ରହ୍ମାଙ୍କର ଅନୁଗମନକରି ପୁନଶ୍ଚ ଶ୍ରୀକ୍ଷେତ୍ର ଫେରିଲେ ଏବଂ ପ୍ରଭୁଙ୍କର ବିବିଧ ଉତ୍ସବମାନ ଅନୁଷ୍ଠାନ କରିବା ପାଇଁ କହିଲେ। ଏହାପରେ ରାଜା ଦେବର୍ଷିଙ୍କ ପରାମର୍ଶ ଅନୁସାରେ ଉକ୍ତ ଉତ୍ସବଗୁଡ଼ିକୁ ଯଥାବିଧି ଅନୁଷ୍ଠାନ କଲେ।

ଏହାହିଁ ଉକ୍ତ ଅଧ୍ୟାୟର ସଂକ୍ଷିପ୍ତସାର।

❖❖❖

ତ୍ରିଂଶ ଅଧ୍ୟାୟ

(ପଞ୍ଚତୀର୍ଥ ମାହାମ୍ୟ ବର୍ଣ୍ଣନା)

ଲୀଳାମୟ ପ୍ରଭୁ ଜଗନ୍ନାଥଙ୍କର ବାର ମାସରେ ତେର ଯାତ୍ରା ବିଶ୍ୱପ୍ରସିଦ୍ଧ। ଏ ଯାତ୍ରାମାନ ଶାସ୍ତ୍ରୀୟ ବିଧ୍ୟ ବିଧାନ ଅନୁସାରେ ସମ୍ପାଦିତ ହେଲେ ଜଗତର କଲ୍ୟାଣ ସାଧିତ ହୋଇଥାଏ। ଦାରୁବିଗ୍ରହ ପ୍ରଭୁଜଗନ୍ନାଥଙ୍କର ଏହିଭଳି ଦ୍ୱାଦଶଯାତ୍ରା ବିଶ୍ୱବିଦିତ। ତନ୍ମଧ୍ୟରେ ସ୍ନାନଯାତ୍ରା ପ୍ରଥମ। ଉକ୍ତ ଅଧ୍ୟାୟରେ ଏହି ସ୍ନାନଯାତ୍ରାର ବିଭିନ୍ନ ବିଧ୍ୟ ବିଧାନ ତଥା ଅନ୍ୟାନ୍ୟ ଯାତ୍ରା ପ୍ରସଙ୍ଗରେ ବର୍ଣ୍ଣନା କରାଯାଇଛି।

ସ୍ନାନଯାତ୍ରା ପୂର୍ବରୁ ପ୍ରଥମେ ପ୍ରଭୁଙ୍କ ଉକ୍ତ ଜ୍ୟେଷ୍ଠଶୁକ୍ଲ ଦଶମୀଦିନ ପଞ୍ଚତୀର୍ଥରେ ସ୍ନାନ ଆଚରଣକରି ପବିତ୍ର ହେବା ଉଦ୍ଦେଶ୍ୟରେ ପ୍ରଥମେ ମାର୍କଣ୍ଡେୟରେ ସ୍ନାନ କରି ଭଗବାନ୍ ଶିବଙ୍କୁ ପ୍ରାର୍ଥନା କରିବେ। ହେ ପ୍ରଭୁ! ମାର୍କଣ୍ଡେୟ ! ମୁଁ ଭବସାଗରରେ ପଡ଼ି ସର୍ବଦା ହନ୍ତସନ୍ତ ହେଉଛି। ମୋତେ ଆପଣ ରକ୍ଷା କରନ୍ତୁ। ଏହିପରି ମାର୍କଣ୍ଡେୟରେ ସ୍ନାନ ଶେଷ କରି ଜଳ ବାହାରକୁ ଆସି ବସ୍ତ୍ରପ୍ରକ୍ଷାଳନ କରି ଶ୍ରୀଶଙ୍କର ମନ୍ଦିରରେ ପ୍ରବେଶ କରିବେ। ପ୍ରଥମେ ତାଙ୍କର ବୃଷଭଙ୍କୁ ପୂଜା ଅର୍ପଣ କରିବେ ଏବଂ ପରେ ଶଙ୍କରଙ୍କୁ ପୂଜା କରିବେ। ଉଭୟଙ୍କୁ ପୂଜା କଲେ ଅଶେଷ ପୁଣ୍ୟଫଳ ମିଳିଥାଏ ବୋଲି ଉକ୍ତ ଅଧ୍ୟାୟରେ ବର୍ଣ୍ଣନା କରାଯାଇଛି।

ଏହିପରି ଭଗବାନ୍ ଶଙ୍କର ଓ ତାଙ୍କର ବାହନ ବୃଷଭଙ୍କୁ ପୂଜାକରିବା ପରେ ମାର୍କଣ୍ଡେୟର ଦକ୍ଷିଣରେ ବିରାଜମାନ କଣ୍ଟବଟ ନିକଟକୁ ଯିବ। ତାହା ହେଉଛି ପ୍ରଭୁ ବିଷ୍ଣୁଙ୍କର ବିଗ୍ରହ। ନାରାୟଣଙ୍କର ଶରୀର ବୋଲି ଭାବି ସେହି କଣ୍ଟବଟକୁ ପ୍ରଦକ୍ଷିଣ କରିବା ସହ ପୂଜା କରିବ। ଏଭଳି କଲେ ଏବଂ ଏହାର ଛାୟା ସ୍ପର୍ଶକଲେ ମନୁଷ୍ୟ ସମସ୍ତ ପାପରୁ ମୁକ୍ତ ହୋଇଥାଏ।

ଏହି କଦ୍ଦବଟର ଛାୟା। ସଂସ୍ପର୍ଶରେ ଆସିବାପରେ ତାହାର ମୂଳରେ ବିରାଜମାନ ନାରାୟଣଙ୍କର ବାହନ ଗରୁଡ଼ଙ୍କୁ ଦର୍ଶନ କରିବ ଏବଂ ତାଙ୍କୁ ଯୋଡ଼ ହସ୍ତରେ ପ୍ରଣାମ କରିବ। ଗରୁଡ଼ଙ୍କୁ ପୂଜା କଲେ ସମସ୍ତ ପାପର ବିନାଶ ଘଟିଥାଏ। ତା'ପରେ ମହାପ୍ରଭୁଙ୍କ ଦର୍ଶନ ଓ ପ୍ରଦକ୍ଷିଣ କରି ପୂଜା କରିବ ଏବଂ ଏହି ବିଷୟବାସନା ପୂର୍ଣ୍ଣ ସଂସାରରୁ ଉଦ୍ଧାର ପାଇବା ପାଇଁ ତାଙ୍କୁ ପ୍ରାର୍ଥନା କରିବ।

ଏହି ପ୍ରାର୍ଥନା କ୍ରମରେ ପ୍ରଥମେ ଅନାଥର ନାଥ ପ୍ରଭୁଶ୍ରୀଜଗନ୍ନାଥ, ତା'ପରେ ଲାଙ୍ଗଳଧ୍ୱଜ ଶ୍ରୀବଳଭଦ୍ର, ତାପରେ ବିଶ୍ୱବ୍ରହ୍ମାଣ୍ଡର ମୂଳକାରଣ ଯୋଗମାୟା ସୁଭଦ୍ରାଙ୍କୁ ପ୍ରାର୍ଥନା କରିବ। ଜଗଜ୍ଜନନୀ ମା ସୁଭଦ୍ରାଙ୍କୁ ଭକ୍ତିରେ ପ୍ରାର୍ଥନା କରିବା ପରେ ସମୁଦ୍ର ସ୍ନାନ କରିବା ପାଇଁ ଯିବ। ପ୍ରଥମେ ମହୋଦଧିଙ୍କୁ ପ୍ରଣାମ କରି ପରେ ସୁସ୍ଥିର ଚିତ୍ତରେ ଉଗ୍ରସେନଙ୍କୁ ପ୍ରାର୍ଥନା କରି ତାଙ୍କଠାରୁ ଆଜ୍ଞାନେଇ ପ୍ରଭୁନାରାୟଣଙ୍କୁ ଚିନ୍ତନକରି ସାଗର ଅଭିମୁଖରେ ଯିବ ଏବଂ ସମୁଦ୍ରରେ ସ୍ନାନକରିବା ପାଇଁ ତାଙ୍କର ଅନୁମତି ଭିକ୍ଷାକରିବ। ଏହାପରେ ଅନ୍ୟତମ ତୀର୍ଥ ସ୍ୱର୍ଗଦ୍ୱାର ନିକଟକୁ ଯାଇ ସେଠାରେ ଉଭୟ ତୀର୍ଥରାଜ ଓ ଉଗ୍ରସେନଙ୍କୁ ପ୍ରାର୍ଥନା କରିବ। ଏହାପରେ ସେହି ମହୋଦଧି ନିକଟରେ ଶାସ୍ତ୍ରସମ୍ମତ ମଣ୍ଡଳ ଆଙ୍କି ତାହାକୁ ମନ୍ତ୍ରପାଠ ପୂର୍ବକ ଅଭିମନ୍ତ୍ରିତ କରି ଅଙ୍ଗନ୍ୟାସ, କରନ୍ୟାସ ଆଦି କାର୍ଯ୍ୟ ସମ୍ପାଦନ କରି ସମସ୍ତ ଦେବଙ୍କୁ ଆବାହନ କରିବ ଏବଂ ନିଜକୁ ରକ୍ଷାକରିବା ପାଇଁ ସମସ୍ତଙ୍କୁ ପ୍ରାର୍ଥନା କରିବ। ଏହିଠାରେ ମଧ କୋଟିସୂର୍ଯ୍ୟ ସମପ୍ରଭ ପ୍ରଭୁ ସୁଦର୍ଶନଙ୍କୁ ପ୍ରାର୍ଥନା କରିବ ଏବଂ କହିବ–ହେ ସୁଦର୍ଶନ! ମୋତେ ପ୍ରଭୁ ଜଗନ୍ନାଥଙ୍କ ଦର୍ଶନ କରାଇ ଦିଅନ୍ତୁ।

ଏହିଭଳି ଭାବରେ ପ୍ରଭୁ ଶ୍ରୀଜଗନ୍ନାଥ ଏବଂ ଚକ୍ରରାଜ ସୁଦର୍ଶନଙ୍କୁ ପୂଜାକରି ପୁନଶ୍ଚ ତୀର୍ଥରାଜ ମହୋଦଧିଙ୍କୁ ନିଜର ଭକ୍ତି ନିବେଦନ କରି ଜାନୁଦ୍ୱୟକୁ ଭୂପୃଷ୍ଠରେ ପକାଇ ଅତି ବିନମ୍ରଭାବରେ ସମୁଦ୍ରକୁ ପ୍ରାର୍ଥନା କରିବ – ହେ ତୀର୍ଥରାଜ! ଆପଣ ହିଁ ଜଳରୂପୀ ଜନାର୍ଦ୍ଦନ। ବିଶ୍ୱର ଆଦିମ ସୃଷ୍ଟି। ତୁମ୍ଭର ଦେହ ସୁଧାସମ। ତୁମ୍ଭ ଜଳରେ ପ୍ରବେଶ କରିବାକୁ ଅନୁମତି ଦିଅ।

ଏହାପରେ ତୀର୍ଥରାଜଙ୍କ ଜଳରେ ପ୍ରବେଶ କରି ତାଙ୍କୁ ଆବାହନ କରି ଅଘମର୍ଷଣ ସୂକ୍ତ ଗାନ କରିବ। ଏହାପରେ ସନ୍ଧିଧାନ, ଆଚମନ, ଶରୀରମାର୍ଜନ

ଇତ୍ୟାଦି ସମ୍ପାଦନ କରି ସେହି ସାଗର ଜଳରେ ତିନବାର ସ୍ନାନକରି ଜଳରୁ ଉଠି ଆଚମନ କରିବ ।

ସମୁଦ୍ରତୀରରେ ମୌନ ଆଚରଣ ପୂର୍ବକ ଧବଳ ବସନ ପରିଧାନ କରି ଉଭରୀୟ ଧାରଣପୂର୍ବକ ଶିରରେ ଶଙ୍ଖାକୃତି ତିଳକ ପରିଧାନ କରିବ । ପୁଣି ଉତ୍ତରମୁଖ ହୋଇ ପୂର୍ବଭଳି ବିଭିନ୍ନ ଉପଚାର ପ୍ରଦାନ ପୂର୍ବକ ପ୍ରଭୁ ନାରାୟଣଙ୍କୁ ପୂଜନ କରିବ ଏବଂ ୧୦୮ଥର ପ୍ରଭୁଙ୍କର ମୂଳମନ୍ତ୍ର ଓଁ କ୍ଲୀଂ କୃଷ୍ଣାୟ ଗୋବିନ୍ଦାୟ ଗୋପୀଜନବଲ୍ଲଭାୟ ସ୍ୱାହା– ଇତି ମନ୍ତ୍ର ଜପ କରିବ । ଏହାପରେ ସମୁଦ୍ରଙ୍କ ଉଦ୍ଦେଶ୍ୟରେ ପ୍ରାର୍ଥନା କରିବ – ହେ ଜଗତ୍ପିତା ! ହେ ସର୍ବତୀର୍ଥମୟ ମହୋଦଧ୍ୟ ! ଆପଣଙ୍କ ଜଳରେ ସ୍ନାନ କରୁଛି । ମୋ ପ୍ରତି ଆଶୀର୍ବାଦ ପ୍ରଦାନ କର । ମୋତେ ଏ ସଂସାର ବନ୍ଧନରୁ ରକ୍ଷା କର । ଏହାପରେ ସିନ୍ଧୁସ୍ନାନ କରିବ ।

ସିନ୍ଧୁସ୍ନାନ ଫଳରେ ଅନେକ ପୁଣ୍ୟ ଅର୍ଜିତ ହୋଇଥାଏ ଏବଂ ଜନ୍ମ ଜନ୍ମାନ୍ତରର ପାପ କ୍ଷୟ ହୋଇଥାଏ । ଏହି ସିନ୍ଧୁରେ ସ୍ନାନ କରିବା ପାଇଁ ଦେବତାମାନେ ମର୍ତ୍ୟକୁ ମଧ୍ୟ ଓହ୍ଲାଇ ଆସିଥା'ନ୍ତି । ଏ ସମୁଦ୍ର ହିଁ ସ୍ୱୟଂ ନାରାୟଣ । କୋଟି କୋଟି କପିଳାଗାଭୀ ଦାନରେ ଯେଉଁ ଫଳମିଳିଥାଏ ତାଠାରୁ ଅଧିକ ଫଳ ସମୁଦ୍ର ସ୍ନାନରେ ହିଁ ଉପଲବ୍ଧ ହୋଇଥାଏ । ଜୀବନକୁ ସମ୍ପୂର୍ଣ୍ଣ ସଫଳ କରିବା ଉଦ୍ଦେଶ୍ୟରେ ସମୁଦ୍ର ସ୍ନାନକରି ଦେବତା ଓ ପିତୃଗଣଙ୍କ ଉଦ୍ଦେଶ୍ୟରେ ତର୍ପଣ କରିବ ।

ଏହିଭଳି ଭାବରେ ସିନ୍ଧୁରେ ସ୍ନାନ କରି ମନୁଷ୍ୟ ସର୍ବତୋଭାବରେ ଶୁଦ୍ଧ ଓ ପବିତ୍ର ହୋଇ ତୀର୍ଥ ପୂଜନ ପୂର୍ବକ ପ୍ରଭୁ ଜଗନ୍ନାଥ, ବଳଭଦ୍ର ଓ ସୁଭଦ୍ରାଙ୍କ ଚରଣରେ ପ୍ରଣାମ କରି ତାଙ୍କର ରୂପ ଚିନ୍ତା କରିବ ଏବଂ ତାଙ୍କର ଆଶୀର୍ବାଦ ଭିକ୍ଷା କରିବ । ପଞ୍ଚତୀର୍ଥର ମାହାତ୍ମ୍ୟ ସହିତ ତୀର୍ଥରାଜ ଜଳ ନିଧିରେ ସ୍ନାନ କରିବାର ସୁଫଳ ବିଷୟ ଉକ୍ତ ଅଧ୍ୟାୟରେ ଖୁବ୍ ସୁନ୍ଦର ଭାବରେ ବର୍ଣ୍ଣିତ ହୋଇଛି ।

◆◆◆

ଏକତ୍ରିଂଶ ଅଧ୍ୟାୟ

ତୀର୍ଥରାଜ ମହୋଦଧିରେ ସ୍ନାନ କରିବା ପରେ ଇନ୍ଦ୍ରଦ୍ୟୁମ୍ନ ସରୋବରରେ ସ୍ନାନ କରିବ। ଏହି ପୁଷ୍କରିଣୀ ଶ୍ରୀମନ୍ଦିରର ନିର୍ମ୍ମାତା ରାଜା ଇନ୍ଦ୍ରଦ୍ୟୁମ୍ନଙ୍କର ନାମରେ ନାମିତ ହୋଇଛି, କାରଣ ରାଜାଙ୍କ ଦ୍ୱାରା ଅନୁଷ୍ଠିତ ସହସ୍ର ଅଶ୍ୱମେଧ ଯଜ୍ଞ ସମୟରେ ସହସ୍ରାଧିକ ବ୍ରାହ୍ମଣଙ୍କୁ ଯେଉଁ ଗୋଦାନ କରାଯାଇଥିଲା, ସେହି ଗାଈମାନଙ୍କର ଖୁରାରେ ଯେଉଁ ଗର୍ତ୍ତ ସୃଷ୍ଟି ହୋଇଥିଲା ତାହାହିଁ ଆଜିର ଇନ୍ଦ୍ରଦ୍ୟୁମ୍ନ ପୁଷ୍କରିଣୀ।

ମହାପ୍ରଭୁଙ୍କୁ ସ୍ମରଣ କରି ଏହି ପୁଷ୍କରିଣୀର ଜଳକୁ ପରଂବ୍ରହ୍ମ ଭାବରେ ଜ୍ଞାନକରି ଅଘମର୍ଷଣ ସୂକ୍ତ ପାଠପୂର୍ବକ ଏଠାରେ ସ୍ନାନ କରିବ। ଏହି ଜଳରେ ସ୍ନାନ କଲେ ମନୁଷ୍ୟର ସମସ୍ତ ପାପ ଖଣ୍ଡନ ହୋଇଥାଏ। ଏହାପରେ ନୃସିଂହ ଦର୍ଶନ କରିବ। ଭଗବାନ୍ ନୃସିଂହ ହେଉଛନ୍ତି ସେହି ବିଶ୍ୱନିୟନ୍ତାଙ୍କର ଆଦିମ ପରିପ୍ରକାଶ।

ଏହିଭଳି ଭାବରେ ଜ୍ୟେଷ୍ଠମାସ ଶୁକ୍ଳପକ୍ଷର ଦଶମୀଠାରୁ ଆରମ୍ଭ କରି ପାଞ୍ଚଦିନରେ ପଞ୍ଚତୀର୍ଥରେ ସ୍ନାନକରି ଚତୁର୍ଦ୍ଦଶୀ ଦିନ ମନ୍ଦିର ମଧରେ ପ୍ରବେଶ କରି ରନ୍ସିଂହାସନସ୍ଥିତ ଚତୁର୍ଦ୍ଧାମୂର୍ତ୍ତିଙ୍କର ଦର୍ଶନ କରିବ। ଏହିଦିନ ମହାପ୍ରଭୁଙ୍କର ସ୍ନାନ ଉଦ୍ଦେଶ୍ୟରେ ମନ୍ଦିର ଅଭ୍ୟନ୍ତରରେ ଏକ ଅତି ସୁନ୍ଦର କାଷ୍ଠ ଓ ତୃଣରେ ନିର୍ମ୍ମିତ ଏକ ମଣ୍ଡପର ନିର୍ମ୍ମାଣ କରାଯାଇଥାଏ। ଶ୍ରୀମନ୍ଦିର ଅଭ୍ୟନ୍ତରରେ ଥିବା ସର୍ବତୀର୍ଥମୟ କୂପର ଜଳରେ ଏହି ସ୍ନାନକାର୍ଯ୍ୟ ସମ୍ପାଦିତ ହୋଇଥାଏ। ସ୍ନାନଯାତ୍ରା ଅର୍ଥାତ୍ ପୂର୍ଣ୍ଣିମାର ପୂର୍ବଦିନ ରାତିରେ ଜଳ ଅଧିବାସ କରାଯାଇଥାଏ। ଜଳ ଅଧିବାସ ପରେ ପୂର୍ଣ୍ଣିମା ଦିନ ସୁସଜ୍ଜିତ ସ୍ନାନମଣ୍ଡପରେ ପ୍ରଥମେ ବଳଭଦ୍ର, ପରେ ସୁଭଦ୍ରା ଏବଂ ତା'ପରେ ପ୍ରଭୁ ଜଗନ୍ନାଥଙ୍କର ସ୍ନାନ କାର୍ଯ୍ୟ ସମ୍ପନ୍ନ ହୋଇଥାଏ। ଏହି ସ୍ନାନ କାର୍ଯ୍ୟ ପୂର୍ବରୁ ଚତୁର୍ଦ୍ଧାମୂର୍ତ୍ତିଙ୍କୁ ରନ୍ସିଂହାସନରୁ ସ୍ନାନମଣ୍ଡପକୁ ଅତି ସାବଧାନତାର ସହିତ

ଅଶୋୟାଇଥାଏ । ଯଦି ଦୈବାତ୍ ପହଣ୍ଟି ସମୟରେ ପ୍ରଭୁଙ୍କର ଶ୍ରୀଅଙ୍ଗରେ କିଛି ହାନି ହୁଏ, ତେବେ ରାଷ୍ଟ୍ରର ବହୁ ଅମଙ୍ଗଳ ହୋଇଥାଏ । ପ୍ରଭୁଙ୍କର ଏହି ଦାରୁବିଗ୍ରହ ହେଉଛନ୍ତି ସ୍ୱୟଂ ପରଂବ୍ରହ୍ମସ୍ୱରୂପ, କାରଣ ସେ ସ୍ୱୟମ୍ଭୁ । ଏ ହେଉଛନ୍ତି ବିଶ୍ୱାସ ଓ ଭାବର ଦେବତା । ସୁସଜ୍ଜିତ ମଣ୍ଡପରେ ପହଣ୍ଟି ମାଧ୍ୟମରେ ଘଣ୍ଟଘଣ୍ଟା ମର୍ଦ୍ଦଳ ବାଦ୍ୟର ତାଲେ ତାଲେ ମହାପ୍ରଭୁଙ୍କୁ ଅବସ୍ଥାପନ କରି ୧୦୮ କୁମ୍ଭ ଜଳରେ ଚତୁର୍ଦ୍ଧାମୂର୍ତ୍ତିଙ୍କୁ ସ୍ନାନ କରାଇବ । ଏହି ସ୍ନାନ ସମୟରେ ସମୁଦ୍ର ଜ୍ୟେଷ୍ଠାଦି ମନ୍ତ୍ରରେ ପ୍ରଭୁଙ୍କ ସ୍ନାନ ଅଭିଷେକ କରାଯାଇଥାଏ । ଏହି ବୈଦିକ ମନ୍ତ୍ରଟି ହେଲା —

ସମୁଦ୍ର ଜ୍ୟେଷ୍ଠା ସଲିଲସ୍ୟ ମଧ୍ୟାତ୍

ପୁନାନାୟତ୍ୟନିବିଶମାନାଃ

ଇନ୍ଦ୍ରୋ ଯା ବଜ୍ରୀ ବୃଷଭୋ ରରାଦ

ତା ଆପୋ ଦେବୀରିହ ମାମବନ୍ତୁ ।। (ଋକ୍‍ବେଦ – ଆପସୂକ୍ତ)

ଏହି ଦିନ ପ୍ରଭୁଙ୍କର ଆବିର୍ଭାବ ଦିବସ । ତେଣୁ ଏହି ସ୍ନାନଯାତ୍ରାକୁ ଆର୍ବିଭାବ ଦିବସରେ ଯେଉଁମାନେ ଦର୍ଶନ କରନ୍ତି, ସେମାନେ ସମସ୍ତେ ଧନ୍ୟ । ତାଙ୍କର ସମସ୍ତ ଜନ୍ମଜନ୍ମାନ୍ତରର ପାପ ଖଣ୍ଡିତ ହୋଇଥାଏ । ଏହି ଯାତ୍ରା ଦର୍ଶନରେ ମନୁଷ୍ୟ ସାଂସାରିକ ସୁଖ ଶାନ୍ତି ପାଇବା ସଙ୍ଗେ ସଙ୍ଗେ ତା'ର ତ୍ରିତାପ ମଧ ନଷ୍ଟ ହୋଇଥାଏ । ଏହି ସ୍ନାନଜଳକୁ ପାଦୋଦକ ଜଳଭାବରେ ଗ୍ରହଣ କଲେ, ଅପୁତ୍ରିକା ନାରୀର ପୁତ୍ରଲାଭ ହୋଇଥାଏ, ଗର୍ଭବତୀ ନାରୀ ଦୀର୍ଘ୍ଘାୟୁ ଲାଭ କରେ ମନୁଷ୍ୟ ଯାବତୀୟ ଚର୍ମରୋଗରୁ ମୁକ୍ତି ପାଇଥାଏ, ଏବଂ ଯାହାର ଯାହା ଅଭିଲାଷ ତାହା ତତ୍‍କ୍ଷଣାତ୍ ପୂରଣ ହୋଇଥାଏ । ଏହି ସ୍ନାନଜଳ ହୁଏ ସମସ୍ତ ଦୁଃଖହାରୀ ମହୌଷଧ ।

ଏହିପରି ଭାବରେ ମହାପ୍ରଭୁଙ୍କର ସ୍ନାନଯାତ୍ରା ଅନୁଷ୍ଠିତ ହୋଇଥାଏ ଏବଂ ଏହା ହିଁ ଉକ୍ତ ଅଧ୍ୟାୟର ସଂକ୍ଷିପ୍ତସାର ।

◆◆◆

ଦ୍ଵାତ୍ରିଂଶ ଅଧ୍ୟାୟ

(ଜ୍ୟେଷ୍ଠ ପଞ୍ଚକବ୍ରତ ଆଚରଣ)

ଉକ୍ତ ଅଧ୍ୟାୟରେ ଜ୍ୟେଷ୍ଠମାସରେ ଅନୁଷ୍ଠିତ ଅତ୍ୟନ୍ତ ପୁଣ୍ୟଦାୟକ ଜ୍ୟେଷ୍ଠପଞ୍ଚକ ବ୍ରତ ଆଚରଣ ବିଷୟରେ ଆଲୋକପାତ କରାଯାଇଛି । ଜ୍ୟେଷ୍ଠମାସର ପୂର୍ଣ୍ଣିମା ଦିନ ସ୍ନାନପୂର୍ଣ୍ଣିମା ପର୍ବ ମନ୍ଦିରରେ ପାଳନ କରାଯାଇଥାଏ । ଭକ୍ତମାନେ ଉକ୍ତ ଦିନ ଅତ୍ୟନ୍ତ ଭକ୍ତି ଓ ଶ୍ରଦ୍ଧାର ସହିତ ଏହି ସ୍ନାନ ମହୋସ୍ତବକୁ ଦର୍ଶନ କରିଥାନ୍ତି ଏବଂ ପୁଣ୍ୟ ଅର୍ଜନ କରିଥାନ୍ତି । ହେଲେ ଏହା ପୂର୍ବରୁ ଜ୍ୟେଷ୍ଠଶୁକ୍ଲ ଦଶମୀଠାରୁ ଆରମ୍ଭକରି ଜ୍ୟେଷ୍ଠଶୁକ୍ଲ ଚତୁର୍ଦ୍ଦଶୀ ପର୍ଯ୍ୟନ୍ତ ଭକ୍ତମାନେ ପାଞ୍ଚଦିନ ଧରି ଯେଉଁ ବ୍ରତ ଆଚରଣ କରିଥାନ୍ତି, ତାହା ଜ୍ୟେଷ୍ଠପଞ୍ଚକ ବ୍ରତ ନାମରେ ପ୍ରସିଦ୍ଧ । ଏହି ବ୍ରତପାଳନ କଲେ କିଭଳି ମନୁଷ୍ୟ ଅନନ୍ତ ପୁଣ୍ୟର ଅଧିକାରୀ ହୋଇଥାଏ, ତାହା ଉକ୍ତ ଅଧ୍ୟାୟରେ ବର୍ଣ୍ଣିତ ହୋଇଛି ।

ସମସ୍ତ ମାସ ମଧ୍ୟରେ ଜ୍ୟେଷ୍ଠମାସ ହେଉଛି ଶ୍ରେଷ୍ଠମାସ । ଏହି ମାସର ଶୁକ୍ଲଦଶମୀ ଦିନ ସ୍ନାନକରି ଏହି ପଞ୍ଚକବ୍ରତ ଧାରଣ କରିବ । ଉକ୍ତ ଦିନ ସ୍ନାନ କରିବା ପରେ ପଞ୍ଚକବ୍ରତ ପାଇଁ ସଂକଳ୍ପ କରିବ । କେବଳ ହବିଷ୍ୟଭୋଜନ କରିବ । ଏହାପରେ ବ୍ରାହ୍ମଣଙ୍କୁ ବରଣ କରିବ । ଯେହେତୁ ପାଞ୍ଚଦିନ ଧରି ଏହି ବ୍ରତ ଆଚରଣ କରାଯାଏ, ତେଣୁ ଉକ୍ତଦିନ ପଞ୍ଚଭୂତ ଶୋଧନ ମଧ୍ୟ କରିବ । ବ୍ରାହ୍ମଣଙ୍କୁ ଉପଯୁକ୍ତ ଭୋଜନ, ଦାନ ଏବଂ ଦକ୍ଷିଣା ମଧ୍ୟ ପ୍ରଦାନ କରିବ । ଏହାପରେ ପୁନଶ୍ଚ ପଞ୍ଚତୀର୍ଥରେ (ଇନ୍ଦ୍ରଦ୍ୟୁମ୍ନ, ମାର୍କଣ୍ଡେୟ, ମହୋଦଧି, ଶ୍ୱେତଗଙ୍ଗା ଏବଂ ରୋହିଣୀ) ସ୍ନାନ କରି ଅଷ୍ଟଦଳ ପଦ୍ମ ଉପରେ ପୂର୍ଣ୍ଣକୁମ୍ଭ ସ୍ଥାପନ କରିବ । ତା' ମଧ୍ୟରେ ମହାପ୍ରଭୁଙ୍କର ସୁବର୍ଣ୍ଣ ପ୍ରତିମା ସ୍ଥାପନ କରି ତାଙ୍କର ବାମପାର୍ଶ୍ୱରେ ମହାଲକ୍ଷ୍ମୀଙ୍କର ପ୍ରତିମାକୁ ମଧ୍ୟ ସ୍ଥାପନ କରିବ । ଏହାପରେ ଉଭୟଙ୍କୁ

ନୀଲୋୟ୍ପଲମାଲା ଅର୍ପଣକରି ପୂଜା କରିବ ଏବଂ ଜଗତର କଲ୍ୟାଣ ପାଇଁ ଉଭୟଙ୍କୁ ପ୍ରାର୍ଥନା କରିବ । ଏହାପରେ ଏକାଦଶୀ ତିଥିରେ ପୁନଶ୍ଚ ସୁବର୍ଣ୍ଣଧାତୁରେ ନିର୍ମିତ ଶଙ୍ଖ, ଚକ୍ର, ଗଦା ଓ ପଦ୍ମ – ଏହି ଚାରି ଆୟୁଧଙ୍କୁ ପ୍ରଭୁଙ୍କୁ ସମର୍ପଣ କରି ପୂଜା କରିବ ଏବଂ ନୈବେଦ୍ୟ ମଧ ସମର୍ପଣ କରିବ । ଏକାଦଶୀ ଦିନ ଏହି ପୂଜା କଲେ ଏକାଦଶ ଇନ୍ଦ୍ରିୟକୃତ ସମସ୍ତ ପାପ ଖଣ୍ଡିତ ହୋଇଥାଏ ।

ଏହାପରେ ଦ୍ୱାଦଶୀ ତିଥିରେ ପ୍ରଭୁଙ୍କୁ ଯଜ୍ଞବରାହ ରୂପରେ ଆରାଧନା କରିବ ଏବଂ ପୂର୍ବପରି ପୂଜା ଏବଂ ନୈବେଦ୍ୟ ସମର୍ପଣ କରିବ । ଏହାପରେ ତ୍ରୟୋଦଶୀ ଦିନ ମଧ ଅନୁରୂପ ପୂଜା, ଉପବାସ ଇତ୍ୟାଦି ଆଚରଣ କରି ସେହି ସୁବର୍ଣ୍ଣ ପ୍ରତିମାକୁ ଭକ୍ତିର ସହିତ ପୂଜା କରିବ । ଚତୁର୍ଦ୍ଦଶୀଦିନ ପ୍ରଭୁଙ୍କୁ ନୃସିଂହ ରୂପରେ ଆରାଧନା କରିବ । ମହାପ୍ରଭୁ ନୃସିଂହଙ୍କର ଏକ ସ୍ୱର୍ଣ୍ଣ ପ୍ରତିମା ନିର୍ମାଣ କରି ତାଙ୍କର ବକ୍ଷଃସ୍ଥଲରେ ଲକ୍ଷ୍ମୀଙ୍କୁ ସ୍ଥାପନ କରିବ । ଏହିଭଳି ଭାବରେ ପାଞ୍ଚଦିନରେ ଲକ୍ଷ୍ମୀନାରାୟଣ, ବିଷ୍ଣୁ, ଯଜ୍ଞବରାହ ପ୍ରଦ୍ୟୁମ୍ନ ଓ ନୃସିଂହଙ୍କୁ ପୂଜାକରି ପଞ୍ଚଦେବତାଙ୍କର ଆରାଧନା କରିବ, ପଞ୍ଚପ୍ରଦୀପ, ପଞ୍ଚବସ୍ତ୍ର, ପଞ୍ଚଛତ୍ର ଏବଂ ପଞ୍ଚ ଯଜ୍ଞସୂତ୍ର ପ୍ରଭୁଙ୍କୁ ଅର୍ପଣ କରିବ । ରାତ୍ରକାଲରେ ବିଭିନ୍ନ ପୁରାଣାଦି ଶାସ୍ତ୍ର ପଠନ କରି ପ୍ରଭୁଙ୍କୁ ସନ୍ତୁଷ୍ଟ କରିବ । ତା'ପରେ ସିନ୍ଧୁସ୍ନାନକରି ଚତୁର୍ଦ୍ଧାମୂର୍ତ୍ତିଙ୍କର ଦର୍ଶନ କରିବ ଏବଂ ତାଙ୍କ ନିକଟରେ ଚତୁର୍ଦ୍ଦଶୀ ହୋମ ଅନୁଷ୍ଠାନ କରିବ । ଏହାପରେ ଆଚାର୍ଯ୍ୟଙ୍କୁ ସୁବର୍ଣ୍ଣ ପ୍ରତିମା ଅର୍ପଣ କରି ବ୍ରାହ୍ମଣମାନଙ୍କୁ ଆମନ୍ତ୍ରଣ କରି ତାଙ୍କୁ ଶ୍ରଦ୍ଧାରେ ସୁସ୍ୱାଦୁଭୋଜନ ଅର୍ପଣ କରିବ । ଏହିଭଳି ଭାବରେ ଯେଉଁ ବ୍ୟକ୍ତି ଜ୍ୟେଷ୍ଠ ପଞ୍ଚକ ବ୍ରତ ପାଲନ କରି ସ୍ନାନପୂର୍ଣ୍ଣିମା ଦିନ ପ୍ରଭୁଙ୍କର ଦର୍ଶନ କରିଥାଏ, ସେ ହିଁ ଭାଗ୍ୟବାନ୍ । ଏହି ପଞ୍ଚକବ୍ରତକୁ ବ୍ରତରାଜ ବୋଲି କୁହାଯାଏ । ଏହାକୁ ଆଚରଣ କଲେ ସମସ୍ତ ଫଲ ମିଳିଥାଏ ଏବଂ ସମସ୍ତ ମନ ବାଞ୍ଛା ମଧ ପୂର୍ଣ୍ଣ ହୋଇଥାଏ ।

ଏହା ହିଁ ଉକ୍ତ ଅଧ୍ୟାୟର ସଂକ୍ଷିପ୍ତସାର ।

◆◆◆

ତ୍ରୟସ୍ତ୍ରିଂଶ ଅଧ୍ୟାୟ

(ରଥଯାତ୍ରା ମହୋସ୍ବ ବିଧ୍ୟ ବର୍ଣ୍ଣନା)

ଉକ୍ତ ଅଧ୍ୟାୟରେ ରଥଯାତ୍ରା ମହୋସ୍ବ ବିଧ୍ୟ ବିଷୟରେ ବର୍ଣ୍ଣନା କରାଯାଇଛି । ଏହି ଉସ୍ବକୁ ମହାବେଦୀ ମହୋସ୍ବ ବୋଲି କୁହାଯାଇଥାଏ । ସ୍ନାନଯାତ୍ରା ପରେ ଆଷାଢ ମାସ ଶୁକ୍ଲ ପକ୍ଷ ଦ୍ବିତୀୟା ଦିନ ଏହି ଉସ୍ବ ଅନୁଷ୍ଠିତ ହୋଇଥାଏ । ଏହି ଉସ୍ବ ନିମନ୍ତେ ଆବଶ୍ୟକୀୟ ତିନିଗୋଟି ରଥପାଇଁ ଆବଶ୍ୟକ ପରିମାଣର କାଷ୍ଠ ସଂଗ୍ରହ ପ୍ରଥମେ କରାଯିବ । ଏଥିପାଇଁ ଏହି କାର୍ଯ୍ୟର ଶୁଭାରମ୍ଭ କରାଯାଇଥାଏ – ବୈଶାଖମାସ ଶୁକ୍ଲ ପକ୍ଷ ତୃତୀୟା (ଅକ୍ଷୟ ତୃତୀୟା) ଦିନ । ଏହି ଦିନ ରଥକାଷ୍ଠ ଅନୁକୂଳ କରାଯାଇଥାଏ ।

ବନଯାଗ ଅନୁଷ୍ଠାନ ପରେ ରଥ ପାଇଁ ନିର୍ଦ୍ଦିଷ୍ଟ ବୃକ୍ଷର କାଷ୍ଠକୁ ସଂଗ୍ରହ କରିବା ପୂର୍ବରୁ ବୃକ୍ଷଗୁଡ଼ିକୁ ଯଥାବିଧ୍ୟ ପୂଜା ଅର୍ଚ୍ଚନା କରାଯାଇଥାଏ । ଏହାପରେ ଗଣପତି ହୋମକାର୍ଯ୍ୟ ସମ୍ପାଦନ କରି ରଥକାଷ୍ଠ ସଂଗ୍ରହ କାର୍ଯ୍ୟର ଶୁଭାରମ୍ଭ କରିବେ । ସର୍ବାଗ୍ରେ ବିଘ୍ନବିନାଶନ ଗଣନାୟକଙ୍କ ପୂଜା ସମ୍ପାଦନ କରିବା ପରେ ରଥ ନିର୍ମାଣ କାର୍ଯ୍ୟ ଆରମ୍ଭ ହେବ ଏବଂ ମହାପ୍ରଭୁ ଜଗନ୍ନାଥ, ଶ୍ରୀବଳଭଦ୍ର ଓ ମା ସୁଭଦ୍ରାଙ୍କ ପାଇଁ ଯଥାକ୍ରମେ ତିନିଗୋଟି ରଥ ଯଥା – ନନ୍ଦିଘୋଷ, ତାଳଧ୍ବଜ ଓ ଦର୍ପଦଳନ ନାମକ ରଥନିର୍ମାଣ କରାଯିବ ।

ଉକ୍ତ ଅଧ୍ୟାୟରେ ଏହି ରଥଗୁଡ଼ିକର ଚକ ସଂଖ୍ୟା, ପାର୍ଶ୍ବଦେବତା, ଧ୍ବଜ, ଅର, ବାହନ, ସାରଥି ପ୍ରଭୃତି ବିଷୟରେ ବିସ୍ତୃତ ଭାବରେ ବର୍ଣ୍ଣନା କରାଯାଇଛି । ଷୋଡ଼ଶ ଚକଯୁକ୍ତ ହେଉଛି ପ୍ରଭୁ ଜଗନ୍ନାଥଙ୍କର ରଥ, ଚତୁର୍ଦ୍ଦଶ ଚକ୍ରଯୁକ୍ତ ହେଉଛି ପ୍ରଭୁ ବଳଭଦ୍ରଙ୍କ ରଥ ଏବଂ ଦ୍ବାଦଶଚକ୍ରଯୁକ୍ତ ହେଉଛି ମା ସୁଭଦ୍ରାଙ୍କର ରଥ । ରଥ ନିର୍ମାଣ ପରେ ଶ୍ରୋତ୍ରିୟ ବ୍ରାହ୍ମଣଙ୍କ ଦାରା ଏହି ରଥତ୍ରୟର ପ୍ରତିଷ୍ଠା କାର୍ଯ୍ୟ

କରାଇବେ । ଏହା ଶାସ୍ତ୍ରୀୟ ବିଧି ବିଧାନ ଅନୁସାରେ ବୈଦିକମନ୍ତ୍ର ଉଚ୍ଚାରଣପୂର୍ବକ କରାଯିବା ବାଞ୍ଛନୀୟ ।

ଏହି ଭଳି ଭାବରେ ରଥ ପ୍ରତିଷ୍ଠା ପରେ ରଥ ଉପରେ ଯେଭଳି କୌଣସି ଅଶୁଭ ଚିହ୍ନର ମନୁଷ୍ୟ, ପକ୍ଷୀ ବା ମାର୍ଜାର ବା ନକୁଳ ନ ବସେ, ସେଥିପାଇଁ ସାବଧାନତା ଅବଲମ୍ବନ କରିବା ଏକାନ୍ତ ବାଞ୍ଛନୀୟ । ଏହାପରେ ରଥପାର୍ଶ୍ୱରେ ଥିବା ଏକ ମଣ୍ଡପରେ ଅଙ୍କୁରାରୋପଣ କରିବ । ଯେଉଁ ବାଟରେ ତିନି ରଥ ଗମନ କରିବେ, ସେହି ମାର୍ଗର ଉଭୟପାର୍ଶ୍ୱକୁ ତରୁ, ଗୁଲ୍ମ, ଫୁଲ ଓ ଫଳରେ ସୁସଜ୍ଜିତ କରିବ । ପୁନଶ୍ଚ ଚାମର ଆଦିରେ ମଧ ମାର୍ଗକୁ ଅତି ସୁନ୍ଦରଭାବରେ ସଜାଇବ, ସତେ ଯେପରି ରଥମାର୍ଗଟି ଏକ ଅରଣ୍ୟ ପରି ପ୍ରତିଭାସିତ ହେବ । ଏହାପରେ ଗନ୍ଧ, ଧୂପ ପ୍ରଭୃତି ଦ୍ୱାରା ସମ୍ପୂର୍ଣ୍ଣ ରଥଦାଣ୍ଡକୁ ସୁରଭିତ କରିବ । ବିଭିନ୍ନ ରତୁର ପୁଷ୍ପମାନ ଯେଭଳି ଉପରୁ ବୃଷ୍ଟିହେବ (ରଥଚାଲିବା ସମୟରେ) ସେହିଭଳି ମଧ ବ୍ୟବସ୍ଥା କରିବ । ମୃଦଙ୍ଗ, ଢୋଲ, ପଣବ, ଭେରୀ ପ୍ରଭୃତି ବାଦ୍ୟର ଧ୍ୱନିରେ ରଥଦାଣ୍ଡକୁ ପ୍ରକମ୍ପିତ କରାଇବ । ଏହିଭଳି ଭାବରେ ସମସ୍ତ ନିୟମପାଳନ ପୂର୍ବକ ନୃପତି ରଥୋସ୍ବ ଅନୁଷ୍ଠାନ କରିବେ ।

ଏହିଦିନ ଅରୁଣୋଦୟ କାଳରେ ରାଜା ବ୍ରାହ୍ମଣ, ବିଷ୍ଣୁଭକ୍ତ, ଯତି ଓ ତପସ୍ୱୀଙ୍କ ସହିତ ମିଶି ଯୋଡ଼ ହସ୍ତରେ ରଥଯାତ୍ରାର ନିର୍ବିଘ୍ନ ପରିସମାପ୍ତି ନିମନ୍ତେ ପ୍ରାର୍ଥନା କରିବେ । ପ୍ରଭୁଙ୍କର ଯାତ୍ରା ସମୟରେ ବ୍ରାହ୍ମଣମାନେ ଶାକୁନ ସୂକ୍ତ ପାଠ କରୁଥିବେ । ମାଗଧଗଣ ଆନନ୍ଦରେ ପ୍ରଭୁଙ୍କର କୀର୍ତ୍ତିଗାନ କରୁଥିବେ, ପ୍ରଭୁଙ୍କର ଉଭୟ ପାର୍ଶ୍ୱରେ ଅନେକ ଭକ୍ତ ଦଣ୍ଡାୟମାନ ହୋଇ ବିଭିନ୍ନ ବାଦ୍ୟର ସୁମଧୁର ଧ୍ୱନି ସମ୍ପାଦନ କରୁଥିବେ । ବିଭିନ୍ନ ବାଦ୍ୟ ଯଥା — ଚର୍ଚ୍ଚରୀ, ଝର୍ଝରୀ, ବଲ୍ଲକୀ, ବେଣୁ ତଥା ଅନ୍ୟାନ୍ୟ ବାଦ୍ୟର ତାଳେ ତାଳେ ବ୍ରାହ୍ମଣ, କ୍ଷତ୍ରିୟ, ବୈଶ୍ୟ, ଶୂଦ୍ର ପ୍ରମୁଖ ଏକତ୍ରିତ ହୋଇ ମହାପ୍ରଭୁଙ୍କୁ ପହଣ୍ଡି ମାଧମରେ ରଥ ଉପରକୁ ନେବେ । ପ୍ରଥମେ ବଳଭଦ୍ର, ପରେ ସୁଭଦ୍ରା ଏବଂ ପରେ ଜଗନ୍ନାଥଙ୍କୁ ନେଇ ନିଜନିଜ ରଥରେ ଅବସ୍ଥାନ କରାଇବେ । ଏ ସମୟରେ ଉଚ୍ଚ, ନୀଚ ଇତ୍ୟାଦି ଭାବନା ରହିବ ନାହିଁ । ସମସ୍ତେ ସମାନ । ରଥରେ ଅବସ୍ଥାପିତ ହେବାପରେ ବିଭିନ୍ନ ଉପଚାରରେ ପ୍ରଭୁଙ୍କର ପୂଜା କରାଇବ ।

    ଏହି ରଥଯାତ୍ରାଠାରୁ ଆଉ ଉତ୍କୃଷ୍ଟତର ଯାତ୍ରା ଏ ସଂସାରରେ ନାହିଁ । ଏହି
ଯାତ୍ରାକୁ ଦେଖିବା ପାଇଁ ସ୍ୱର୍ଗରୁ ଦେବତାମାନେ ଅବରୋହଣ କରି ପୁରୁଷୋତ୍ତମଧାମକୁ
ଆସିଥାନ୍ତି । ଏହି ରଥଯାତ୍ରାକୁ ଯେଉଁମାନେ ଦର୍ଶନ କରନ୍ତି, ସେମାନେ ସମସ୍ତେ
ଧନ୍ୟ, ସେମାନଙ୍କର ସମସ୍ତ ଜନ୍ମ ଜନ୍ମାନ୍ତରର କଲୁଷ ନାଶ ହୋଇଥାଏ । ଯେଉଁମାନେ
ରଥର ରେଣୁର ସଂସ୍ପର୍ଶରେ ଆସନ୍ତି, ସେମାନେ ମଧ ଧନ୍ୟ ହୋଇଥାନ୍ତି ।
ଗଙ୍ଗାଜଲରେ ସ୍ନାନକଲେ ଯେଉଁ ଫଲ ମିଳିଥାଏ, ରଥତ୍ରୟର ଦର୍ଶନରେ କେବଳ
ସେହି ଫଲ ମିଳିଥାଏ । ଯଦି ପ୍ରବଲ ବୃଷ୍ଟିରେ ରଥଦାଣ୍ଡ ପଙ୍କଯୁକ୍ତ ହୋଇଯାଏ,
ତେବେ ସେଠାରେ ଭକ୍ତମାନେ ଚିନ୍ତା ନକରି ସେହି ପଙ୍କିଲପଥରେ ସେମାନେ
ସାଷ୍ଟାଙ୍ଗ ପ୍ରଣିପାତ କରିବା ଉଚିତ । ଫଲରେ ଅନେକ ପୁଣ୍ୟ ଅର୍ଜନ କରିଥାନ୍ତି ।
ଏହି ସମୟରେ ସମସ୍ତ ଭକ୍ତ ମହାପ୍ରଭୁଙ୍କର ଜୟ ଜୟ ନାଦ କରିଥାନ୍ତି ଏବଂ
ସର୍ବତ୍ର ଏକ ଆନନ୍ଦ ଓ ଉସ୍ତାହର ବାତାବରଣ ସୃଷ୍ଟି ହୋଇଯାଇଥାଏ । ରଥର
ଉଭୟ ପାର୍ଶ୍ୱରେ ରହି ଯେଉଁମାନେ ଚାମର ସେବା କରନ୍ତି, ପୁଷ୍ପବୃଷ୍ଟି କରିଥାନ୍ତି,
ବିଷ୍ଣୁଙ୍କର ପୂଜନ ସହ ସୁନାମ ପାଠ କରନ୍ତି ସେମାନେ ସମସ୍ତେ ଧନ୍ୟ ଏବଂ
ପୁଣ୍ୟଶାଳୀ । ଗୁଣ୍ଡିଚାମଣ୍ଡପ ପର୍ଯ୍ୟନ୍ତ ପ୍ରଭୁଙ୍କର ରଥତ୍ରୟକୁ ଅନୁଗମନ କରି ଯେଉଁ
ଭକ୍ତମାନେ ଯା'ନ୍ତି, ସେମାନେ ଅଧିକ ଧନ୍ୟ । ଏହି ସମୟରେ ସୃଷ୍ଟିକର୍ତ୍ତା ସ୍ୱୟଂ
ପରମେଶ୍ୱର ବ୍ରହ୍ମା ବ୍ରହ୍ମଲୋକରୁ ଅବତରଣ କରି ବେଦପାଠ କରିଥାନ୍ତି । ଯଦ୍ୟପି
ବ୍ରହ୍ମା ଓ ବିଷ୍ଣୁ ମଧ୍ୟରେ କିଛି ଭେଦ ନାହିଁ, ତଥାପି ବିଷ୍ଣୁରୂପୀ ଜଗନ୍ନାଥଙ୍କୁ ବ୍ରହ୍ମା
ବୈଦିକ ମନ୍ତ୍ର ଉଚ୍ଚାରଣପୂର୍ବକ ପ୍ରଣାମ କରଥାନ୍ତି । ଏହିଭଲି ମହାବେଦୀ
ମହୋସ୍ତବର ଯେଉଁ ଗୌରବ ସମଗ୍ର ବିଶ୍ୱରେ ରହିଛି, ତା'ର କୌଣସି ତୁଳନା
ନାହିଁ । ଏହି ସମୟରେ ପ୍ରଭୁଙ୍କ ଉଦ୍ଦେଶ୍ୟରେ ଯେଉଁମାନେ ଦାନ କରନ୍ତି ଅଥବା
ବ୍ରାହ୍ମଣଙ୍କୁ ଭୋଜନ ପ୍ରଦାନ କରନ୍ତି, ସେମାନଙ୍କର ଅକ୍ଷୟ ପୁଣ୍ୟ ହେବା ସଙ୍ଗେ
ସଙ୍ଗେ ତାଙ୍କର ସମସ୍ତ ସଂକଳ୍ପ ପରିପୂର୍ଣ୍ଣ ହୋଇଥାଏ, ରଥଯାତ୍ରାର ସମୟରେ
ଯଦି ପ୍ରଚଣ୍ଡ ଖରାରେ ପ୍ରଭୁଙ୍କର ମୁଖମଣ୍ଡଲ ମ୍ଲାନ ହୋଇଯାଏ ତେବେ କର୍ପୂର
ଜଲ ଏବଂ ପଞ୍ଚାମୃତରେ ଦର୍ପଣରେ ସ୍ନାନ କରିବ ଏବଂ ବିଭିନ୍ନ ପୁଷ୍ପରେ ପୁଣି
ସୁସଜ୍ଜିତ କରିବ । ଫଲରେ ପ୍ରଭୁଙ୍କର କ୍ଲାନ୍ତି ଦୂର ହୋଇଥାଏ ।

    ପ୍ରଭୁଙ୍କର ପହଣ୍ଟି ସମୟରେ ମଧ ବିବିଧ ବାଦ୍ୟର ଧ୍ୱନିରେ ପ୍ରଭୁଙ୍କୁ ଆନନ୍ଦ
ପ୍ରଦାନ କରିବ । ଭକ୍ତବୃନ୍ଦ ଏହି ସମୟରେ ପ୍ରଭୁଙ୍କର ସ୍ତୁତିଗାନ କରି ତାଙ୍କର

ଅନୁଗମନ କରିଥାନ୍ତି । ଏ ବେଳେ ମଧ୍ୟ ଆକାଶରୁ ପୁଷ୍ପବର୍ଷଣର ବ୍ୟବସ୍ଥା କରିବ । ରଥଯାତ୍ରା ସମୟରେ ଯଦି ସୂର୍ଯ୍ୟାସ୍ତ ହୋଇଯାଏ, ତେବେ ଚାରିଦିଗକୁ ସହସ୍ର ଦୀପର ଆଲୋକରେ ଆଲୋକିତ କରିବ ଏବଂ ସେହି ସମୟରେ ପ୍ରଭୁଙ୍କର ରଥରେ ଆରୋହଣ ବା ଅବତରଣ ଦୃଶ୍ୟକୁ ଯେଉଁମାନେ ଦେଖନ୍ତି ସେମାନେ ଅତ୍ୟନ୍ତ ଭାଗ୍ୟଶାଳୀ । ଏହି ଯାତ୍ରା ସମାପ୍ତି ପରେ ଗୁଣ୍ଡିଚା ଆଡ଼ପମଣ୍ଡପରେ ମହାପ୍ରଭୁଙ୍କୁ ସଂସ୍ଥାପନ କରିବ ଏବଂ ସେ ମଣ୍ଡପକୁ ମଧ୍ୟ ପୂର୍ବରୁ ଖୁବ୍ ସୁନ୍ଦର ଭାବରେ ସୁସଜ୍ଜିତ କରିବ । ମହାନ୍ ଆଡ଼ମ୍ବରରେ ଦେବତ୍ରୟ ଆଡ଼ପମଣ୍ଡପରେ ବିରାଜମାନ କରିବେ ଏବଂ ସେଠାରେ ତାଙ୍କର ଯଥାବିଧି ପୂଜା ଅର୍ଚ୍ଚନା କରିବ ।

ଏହାହିଁ ହେଉଛି ପବିତ୍ର ଦାରୁଦେବତାଙ୍କର ରଥଯାତ୍ରା ସମ୍ପର୍କୀୟ ଏକ ସଂକ୍ଷିପ୍ତ ବିବରଣ, ଯାହା ଉକ୍ତ ଅଧ୍ୟାୟରେ ବିସ୍ତୃତ ଭାବରେ ବର୍ଣ୍ଣନା କରାଯାଇଛି ।

❖❖❖

ଚତୁସ୍ତ୍ରିଂଶ ଅଧ୍ୟାୟ

(ରଥଯାତ୍ରା ସମୟରେ ଗୁଣ୍ଡିଚା ମନ୍ଦିରର ଆଢ଼ପ ମଣ୍ଡପରେ ଦର୍ଶନ ଓ
ବ୍ରତ ଆଚରଣ ବିଧ୍ୟ)

ମହାପ୍ରଭୁଙ୍କର ଏହି ବିଶ୍ୱପ୍ରସିଦ୍ଧ ରଥଯାତ୍ରା ବା ମହାବେଦୀ ମହୋସ୍ବକୁ ନବଦିନ ବ୍ୟାପୀ ଯାତ୍ରା କୁହାଯାଏ । କାରଣ ମହାପ୍ରଭୁ ନଅଦିନ ପାଇଁ ଏହି ଯାତ୍ରା କରିଥାନ୍ତି । ଯିବା ଆସିବାରେ ଦୁଇ ଦିନ ଏବଂ ଅବସ୍ଥାନରେ ସାତଦିନ ଏହିଭଳି ନଅଦିନ ଧରି ଏହି ଯାତ୍ରା ଅନୁଷ୍ଠିତ ହୋଇଥାଏ । ରାଜା ଇନ୍ଦ୍ରଦ୍ୟୁମ୍ନ ଏବଂ ରାଣୀ ଗୁଣ୍ଡିଚାଙ୍କୁ ଏହି ଯାତ୍ରା ସୁଚାରୁ ରୂପରେ ଅନୁଷ୍ଠାନ କରିବା ପାଇଁ ସ୍ୱୟଂ ଭଗବାନ୍ ପୂର୍ବରୁ ପ୍ରତିଷ୍ଠା ସମୟରେ ଅନୁରୋଧ କରିଛନ୍ତି । ସେହି ରାଜା ଇନ୍ଦ୍ରଦ୍ୟୁମ୍ନଙ୍କ ନାମରେ ଗୁଣ୍ଡିଚା ମନ୍ଦିର ନିକଟରେ ଯେଉଁ ପବିତ୍ର ପୁଷ୍କରିଣୀ ରହିଛି, ତା'ର ନାମ ଇନ୍ଦ୍ରଦ୍ୟୁମ୍ନ ପୁଷ୍କରିଣୀ । ଆଢ଼ପ ମଣ୍ଡପରେ ମହାପ୍ରଭୁଙ୍କୁ ଦର୍ଶନ କରିବା ପୂର୍ବରୁ ପ୍ରତ୍ୟେକ ଭକ୍ତ ଏହି ପୁଷ୍କରିଣୀରେ ସ୍ନାନକରି ମହାପ୍ରଭୁଙ୍କର ଆଦ୍ୟଅବତାର ନରସିଂହଙ୍କର ଦର୍ଶନ କରି ମହାପ୍ରଭୁଙ୍କ ଦର୍ଶନ କରିବା ଉଚିତ । ଯେଉଁମାନେ ବିଧ୍ୟବିଧାନ ଅନୁସାରେ ଆଢ଼ପ ମଣ୍ଡପରେ ପ୍ରଭୁଙ୍କ ଦର୍ଶନ କରନ୍ତି ସେମାନେ ଅତ୍ୟନ୍ତ ପୁଣ୍ୟଶାଳୀ । ଏହି ସମୟରେ ଶୁକ୍ଲ ପଞ୍ଚମୀ ବା ମାଘପଞ୍ଚମୀ ତିଥିରେ ଯେଉଁ ପୁତ୍ର ତା'ର ପୂର୍ବପୁରୁଷଙ୍କ ଉଦ୍ଦେଶ୍ୟରେ ଶ୍ରାଦ୍ଧ ଦେଇଥାନ୍ତି ସେ ଅନେକ ପୁଣ୍ୟଫଳ ତଥା ପୂର୍ବଜଙ୍କର ଆଶୀର୍ବାଦ ଲାଭ କରିଥାଏ । ଶ୍ରାଦ୍ଧଦାନ ସମୟରେ ବିପ୍ରମାନଙ୍କର ଦକ୍ଷିଣା ଏବଂ ଉପଯୁକ୍ତ ଭୋଜନ ପ୍ରଦାନ ବ୍ୟବସ୍ଥା ମଧ୍ୟ କରିବ ।

ମହାପ୍ରଭୁ ଏଠାରେ ଅବସ୍ଥାନ କରୁଥିବା ସମୟରେ ଏହି ସାତଦିନ ଅତ୍ୟନ୍ତ ମଙ୍ଗଳମୟ । ଏହି ସମୟରେ ଅନେକ ମାଙ୍ଗଳିକ କାର୍ଯ୍ୟ ସମ୍ପାଦନ କରାଯାଇଥାଏ । ପବିତ୍ର ତୃତୀୟା ତିଥିରେ ପବିତ୍ର ଇନ୍ଦ୍ରଦ୍ୟୁମ୍ନ ପୁଷ୍କରିଣୀରେ ସ୍ନାନ କରି ଯେଉଁମାନେ ଏହି ସାତଦିନ ପର୍ଯ୍ୟନ୍ତ ବ୍ରତ ଆଚରଣ କରନ୍ତି, ସେମାନେ ସମସ୍ତେ ଧନ୍ୟ । ବ୍ରତର ମୁଖ୍ୟ ଅଙ୍ଗହେଉଛି — ସ୍ନାନ, ସଂକଳ୍ପ, ମୌନ, ଉପବାସ, ଦୀପଦାନ, ବିପ୍ରଙ୍କୁ ଭୋଜନଦାନ, ଦକ୍ଷିଣା ଦାନ ଏବଂ ହରିନାମ ସ୍ମରଣ ।

ଏହା ହିଁ ଉକ୍ତ ଅଧ୍ୟାୟର ସଂକ୍ଷିପ୍ତ ସାର ।

◆◆◆

ପଞ୍ଚତ୍ରିଂଶ ଅଧ୍ୟାୟ

(ରଥଯାତ୍ରା ସମୟରେ ରଥତ୍ରୟ ସଂରକ୍ଷଣ ପ୍ରସଙ୍ଗରେ ଶାସ୍ତ୍ରୀୟ ବିଧିବିଧାନ)

ମହାପ୍ରଭୁ ଗୁଣ୍ଡିଚା ମନ୍ଦିରର ଆଢ଼ପ ମଣ୍ଡପରେ ଅବସ୍ଥାନ ସମୟରେ ରଥତ୍ରୟ ନଅଦିନ ଧରି ଗୁଣ୍ଡିଚାମନ୍ଦିର ସମକ୍ଷରେ ଅବସ୍ଥାନ କରନ୍ତି । ଏହି ସମୟରେ ରଥତ୍ରୟକୁ ଯେଭଳି ସାମାନ୍ୟ ହାନି ନ ହୁଏ, ବା ରଥତ୍ରୟରେ କୌଣସି ଭୂତ, ପ୍ରେତ, ଅମଙ୍ଗଳସୂଚକ ପଶୁ, ପକ୍ଷୀ ପ୍ରବେଶ ନ କରନ୍ତି, ସେଥିପ୍ରତି ଧ୍ୟାନ ଦେବା ବାଞ୍ଛନୀୟ । ପ୍ରତିଦିନ ରଥତ୍ରୟକୁ ପୂଜା କରାଯିବ ଏବଂ ରଥତ୍ରୟକୁ ଭୂତ ପ୍ରେତଙ୍କ କବଳରୁ ରକ୍ଷାକରିବା ପାଇଁ ସେମାନଙ୍କ ଉଦ୍ଦେଶ୍ୟରେ ପ୍ରତ୍ୟହ ଅର୍ଘ୍ୟ ଓ ବଳିପ୍ରଦାନର ବ୍ୟବସ୍ଥା କରିବ । ତା' ପରେ ଅଷ୍ଟମ ଦିନରେ ପୁନଶ୍ଚ ରଥକୁ ଦକ୍ଷିଣାଭିମୁଖ କରାଇ ବିଭିନ୍ନ ନୂତନ ବସ୍ତ୍ର, ପୁଷ୍ପ, ଫଳ ଇତ୍ୟାଦିରେ ରଥତ୍ରୟକୁ ସୁସଜ୍ଜିତ କରିବ । ଏହାପରେ ନବମ ଦିନରେ ମହାବେଦୀରୁ ପୁନଶ୍ଚ ରନ୍ବେଦୀକୁ ମହାପ୍ରଭୁମାନେ ରଥତ୍ରୟରେ ଯାତ୍ରା କରିବେ ।

ଏହି ଯାତ୍ରାର ତିନିଗୋଟି ମୁଖ୍ୟଅଙ୍ଗ ରହିଛି । ୧-ପୂର୍ବଯାତ୍ରା ବା ଗୁଣ୍ଡିଚାଯାତ୍ରା ୨) ଗୁଣ୍ଡିଚା ମନ୍ଦିର ବାସ ଏବଂ ୩) ବାହୁଡ଼ାଯାତ୍ରା । ଏହି ପୂର୍ଣ୍ଣାଙ୍ଗ ଯାତ୍ରାକୁ ଯେଉଁମାନେ ଦେଖନ୍ତି ସେମାନେ ଆନନ୍ଦ ଓ ଉତ୍ସାହରେ ନର୍ତ୍ତନ କରିଥାନ୍ତି । ଶ୍ରୀଜୀଉ ଏବଂ ରଥତ୍ରୟଙ୍କ ଉଦ୍ଦେଶ୍ୟରେ ଯେଉଁମାନେ ପୁଷ୍ପାଞ୍ଜଳି ପ୍ରଦାନ କରନ୍ତି, ପ୍ରତ୍ୟାବର୍ତ୍ତନ ସମୟରେ ଯେଉଁମାନେ ମହାପ୍ରଭୁଙ୍କୁ ରଥରେ ଦର୍ଶନ କରନ୍ତି, ସେମାନେ ଅତ୍ୟନ୍ତ ଧନ୍ୟ । ସେମାନଙ୍କର ବାସ ବୈକୁଣ୍ଠରେ ହିଁ ସୁରକ୍ଷିତ ହୋଇଥାଏ ।

ଏହି ମହାବେଦୀ ଯାତ୍ରା ଅତ୍ୟନ୍ତ ପବିତ୍ର । ଯେଉଁମାନେ ପ୍ରତିଦିନ ପ୍ରାତଃକାଳରେ ଏହି ଯାତ୍ରା ବିଷୟରେ ଶ୍ରବଣ କରନ୍ତି, ସେମାନେ ନିଷ୍ପାପ, ସେମାନେ ସଂସାରର କୌଣସି ଦୁଃଖ ବା କଷ୍ଟରେ ପଡ଼ି ନ ଥା'ନ୍ତି ।

ଏହା ହିଁ ଉକ୍ତ ଅଧ୍ୟାୟର ସଂକ୍ଷିପ୍ତ ସାର ।

◆◆◆

ଷଟ୍‌ତ୍ରିଂଶ ଅଧ୍ୟାୟ

(ଆଷାଢ଼ମାସ ଶୁକ୍ଳ ପକ୍ଷ ଏକାଦଶୀ ତିଥି ଅବସରରେ
ମହାପ୍ରଭୁଙ୍କର ଶୟନବିଧୁ ଯାତ୍ରା)

ଜଗତର କଲ୍ୟାଣ ପାଇଁ ମହାପ୍ରଭୁ ସବୁବେଳେ ଜାଗ୍ରତ ରହିଥାନ୍ତି । ହେଲେ ଆଷାଢ଼ ମାସ ଶୁକ୍ଳ ଏକାଦଶୀଠାରୁ ଆରମ୍ଭ କରି କାର୍ତ୍ତିକ ଶୁକ୍ଳ ଏକାଦଶୀ (ଦେବୋତ୍ଥାନ ଏକାଦଶୀ) ପର୍ଯ୍ୟନ୍ତ ଚାରିମାସ ଧରି ମହାପ୍ରଭୁ ଶୟନକକ୍ଷରୁ ଜଗତର କଲ୍ୟାଣ ସାଧନ କରିଥାନ୍ତି । ଏହି ଚାରିମାସକୁ ଚାତୁର୍ମାସ୍ୟ କୁହାଯାଏ ଏବଂ ଏହି ସମୟ ପ୍ରତ୍ୟେକ ଭକ୍ତ ଓ ସାଧକଙ୍କ ପାଇଁ ଅତ୍ୟନ୍ତ ମଙ୍ଗଳମୟ । ଶ୍ରୀମନ୍ଦିର ମଧ୍ୟରେ ରଥଯାତ୍ରା ପରେ ପରେ ଆଷାଢ଼ ଶୁକ୍ଳ ଏକାଦଶୀ ଦିନ ମହାପ୍ରଭୁଙ୍କର ଶୟନଯାତ୍ରା ଅନୁଷ୍ଠିତ ହୋଇଥାଏ । ଏହି ଶୟନଯାତ୍ରାର ବିଧୁବିଧାନ ସଂକ୍ରାନ୍ତରେ ଉକ୍ତ ଅଧ୍ୟାୟରେ ବର୍ଣ୍ଣନା କରାଯାଇଛି ।

ଏହି ଦିନ ପ୍ରଭୁଙ୍କର ସମକ୍ଷରେ ଏକ ଭବ୍ୟ ମଣ୍ଡପ ମଧ୍ୟରେ ଶୟନାଗାରରେ ଗୋଟିଏ ସୁନ୍ଦର ପଲଙ୍କ ରଖ୍ଵ । ଏଥିରେ ସୁନ୍ଦର ଉପାଧାନ (ତକିଆ) ଏବଂ ଚନ୍ଦ୍ରାତପ ସ୍ଥାପନ କରିବ । ତିନି ବିଗ୍ରହଙ୍କର ତିନି ପ୍ରତିମା ସୁବର୍ଣ୍ଣ, ରୌପ୍ୟ ବା ପିଉଲରେ ନିର୍ମାଣ କରିବ, ଯାହାକି ମୂଳ ବିଗ୍ରହଠାରୁ ଅଭିନ୍ନ ହେବା ଦରକାର । ଉକ୍ତ ଦିନ ନିଶୀଥକାଳରେ ପ୍ରଭୁଙ୍କର ପ୍ରତିମା ବିଗ୍ରହକୁ ଭକ୍ତ ଶୟନାଗାରକୁ ନେଇ ପ୍ରାର୍ଥନା କରିବ । ପ୍ରତିମାଙ୍କୁ ସ୍ନାନକରାଇ ତାଙ୍କୁ ମାଲ୍ୟ ଚନ୍ଦନ ଅଳଙ୍କାର ଇତ୍ୟାଦିରେ ସୁସଜ୍ଜିତ କରିବ ଏବଂ ତା'ପରେ ପଲଙ୍କରେ ଉତ୍ସବ ମୂର୍ତ୍ତିଙ୍କୁ ଶୟନ କରାଇବ । ଏହି ସମୟରେ ପ୍ରଭୁଙ୍କର ସେବକ ଓ ଭକ୍ତ ପ୍ରଭୁଙ୍କୁ ସମ୍ମାନ ଜଣାଇ ଖଟ ଉପରେ ଶୟନ କରିବେ ନାହିଁ ତଥା ବିଭିନ୍ନ ନିଷିଦ୍ଧ ପନିପରିବା ଯଥା — ମାଂସ, ମଧୁ, ପରାନ୍ନ, ପୋଟଳ, ମୂଳା, ବାଇଗଣ ତଥା ଧଳା ଶୋରିଷ, ବିରି ଓ କୋଳଥପ୍ରଭୃତି

ଭକ୍ଷଣ କରିବ ନାହିଁ । ଏ ସମୟରେ ଭକ୍ତମାନେ ସଂଯତ ଆହାର ଅଥବା ରାତ୍ରିରେ ହବିଷ, ଚତୁର୍ମାସ ଧରି ପ୍ରଭୁଙ୍କର ଜପ କରିବା ସଙ୍ଗେ ସଙ୍ଗେ ଦିବାନିଦ୍ରା ଓ ମିଥ୍ୟାବଚନ ବର୍ଜନ କରିବା ଏକାନ୍ତ ବାଞ୍ଛନୀୟ । ପ୍ରତ୍ୟେକ ଭକ୍ତ ପ୍ରଭୁଙ୍କର ଶୟନ ସମୟରେ ଚାରିମାସ ଧରି ବ୍ରତ ଆଚରଣ କରିବା ଦରକାର । ଯଦି ଚାରି ମାସଧରି ଜଣେ ବ୍ରତ ଆଚରଣ କରିପାରିବେ ନାହିଁ, ତାହା ହେଲେ କାର୍ତ୍ତିକମାସର ଶେଷ ପାଞ୍ଚଦିନ ନିଷ୍ଠାର ସହିତ ବ୍ରତ ଆଚରଣ କରିବା ଏକାନ୍ତ ଜରୁରୀ ଏହି ବ୍ରତକୁ ପଞ୍ଚୁକ ବ୍ରତ କୁହାଯାଏ ଏବଂ ଏହି ବ୍ରତପାଳନରେ ମହାନ୍ ପୁଣ୍ୟ ମିଳିଥାଏ ।

ମହାପ୍ରଭୁଙ୍କର ଶୟନବିଧି ଏବଂ ଏହି ସମୟରେ ଅନୁଷ୍ଠିତ ବ୍ରତର ବିଧି, ମହିମା ଓ ଫଳଶ୍ରୁତି ବିଷୟରେ ଉକ୍ତ ଅଧ୍ୟାୟରେ ବିସ୍ତୃତ ଭାବରେ ବର୍ଣ୍ଣନା କରାଯାଇଛି ।

◆◆◆

ସପ୍ତତ୍ରିଂଶ ଅଧ୍ୟାୟ

ଉକ୍ତ ଅଧ୍ୟାୟରେ ମହାପ୍ରଭୁଙ୍କର ଦକ୍ଷିଣାୟନ ଯାତ୍ରା ବିଷୟରେ ବର୍ଣ୍ଣନା କରାଯାଇଛି । ଏହିଯାତ୍ରା କର୍କଟ ସଂକ୍ରାନ୍ତିଠାରୁ ମକର ସଂକ୍ରାନ୍ତି ପର୍ଯ୍ୟନ୍ତ ଅନୁଷ୍ଠିତ ହୋଇଥାଏ । ମହାପ୍ରଭୁଙ୍କୁ ଏହି ମହୋସ୍ୱବକାଳରେ ପଞ୍ଚାମୃତରେ ସ୍ନାନ କରାଯାଇଥାଏ । ତା'ପରେ ପ୍ରଭୁଙ୍କୁ ଅଗୁରୁ, କର୍ପୂର, ଚନ୍ଦନ, ଶ୍ରୀଅଙ୍ଗେ ଲେପନ, ତାମ୍ବୁଲ, ଅକ୍ଷତ, ଦୁର୍ବାଦଳ ପ୍ରଦାନ କରାଯାଇଥାଏ । ଦକ୍ଷିଣାୟନର ଏହି ସଂକ୍ରାନ୍ତିରେ ଯେଉଁମାନେ ମହାପ୍ରଭୁଙ୍କର ଦର୍ଶନ କରିଥାନ୍ତି, ସେମାନେ ବହୁତ ଧନ୍ୟ ଏବଂ ଭାଗ୍ୟଶାଳୀ । ଏହି ସମୟରେ ପ୍ରଭୁଙ୍କ ଉଦ୍ଦେଶ୍ୟରେ ଆହୁତି ପ୍ରଦାନ କରିବ । ବ୍ରହ୍ମା, ବିଷ୍ଣୁ, ବାସ୍ତୁପତି, ଚଣ୍ଡୀ, ପ୍ରଚଣ୍ଡ, କ୍ଷେତ୍ରପାଳ, ଗରୁଡ଼, ଜଗଜ୍ଜନନୀ ପାର୍ବତୀ, ମହାଲକ୍ଷ୍ମୀ, ଅଗ୍ନି, ନାରଦ, ପଞ୍ଚବାୟୁ – ପ୍ରଭୃତି ଦେବଦେବୀଙ୍କ ଉଦ୍ଦେଶ୍ୟରେ ଆହୁତି ପ୍ରଦାନ କରାଯିବ । ଏହି ପୂଜାକାର୍ଯ୍ୟରେ ଯେଉଁମାନେ ନିୟୋଜିତ ହେବେ , ସେମାନେ ଅତ୍ୟନ୍ତ ଶାନ୍ତ, ସରଳ ଓ ନମ୍ର ସ୍ୱଭାବର ହେବା ବାଞ୍ଛନୀୟ । ଏହାପରେ ପ୍ରଭୁଙ୍କୁ ମହାଲକ୍ଷ୍ମୀଙ୍କ ଦ୍ୱାରା ପ୍ରସ୍ତୁତ ଅନ୍ନକୁ ନୈବେଦ୍ୟ ରୂପରେ ଅର୍ପଣ କରିବ । ଏହି ଅନ୍ନ ହେଉଛି ଅମୃତ ସଦୃଶ । ମହାଲକ୍ଷ୍ମୀଙ୍କ ଦ୍ୱାରା ପ୍ରସ୍ତୁତ ଏହି ନୈବେଦ୍ୟାନ୍ନ ହିଁ ମହାପ୍ରସାଦ । ଏହାକୁ ଯେଉଁମାନେ ଦର୍ଶନ କରନ୍ତି ଅଥବା ଆସ୍ୱାଦ କରନ୍ତି ସେମାନେ ଅତ୍ୟନ୍ତ ଭାଗ୍ୟବାନ୍ । ସେମାନଙ୍କର ସମସ୍ତ ପାପର କ୍ଷୟ ହୋଇଥାଏ ।

ଏ ପ୍ରସଙ୍ଗରେ ଉକ୍ତ ଅଧ୍ୟାୟରେ ତ୍ରେତାଯୁଗର ଭକ୍ତପ୍ରବର ଶ୍ୱେତମାଧବ ରାଜାଙ୍କ କଥା କୁହାଯାଇଛି । ଇନ୍ଦ୍ରଦ୍ୟୁମ୍ନଙ୍କ ନିର୍ଦ୍ଦେଶ ଅନୁସାରେ ସେ ପୁରୀ କ୍ଷେତ୍ରରେ ପ୍ରତ୍ୟହ ସ୍ୱୟଂ ଷଡ୍‌ବିଧ ଭୋଜନ ପ୍ରସ୍ତୁତ କରି ପ୍ରଭୁଙ୍କୁ ଅର୍ପଣ କରନ୍ତି । ଏହି

ସମୟରେ ମହାଲକ୍ଷ୍ମୀଙ୍କ ପ୍ରସ୍ତୁତ ଭୋଜନ ମଧ୍ୟ ତାଙ୍କୁ ଅର୍ପଣ କରାଯାଏ । ଏକଦା ରାଜା ଚିନ୍ତାକଲେ ଯେ ପ୍ରଭୁ କ'ଣ ବାସ୍ତବରେ ଏହି ବିବିଧ ଅନ୍ନ ବ୍ୟଞ୍ଜନ ଗ୍ରହଣ କରୁଛନ୍ତି । ଏହିପରି ଚିନ୍ତା କରି ଆଖ୍ ବୁଜି ଧ୍ୟାନସ୍ଥ ହୁଅନ୍ତେ, ସେ ଜ୍ଞାନଚକ୍ଷୁରେ ପ୍ରଭୁ ଅନ୍ନ ଭୋଜନ ସ୍ୱୀକାର କରିବା କଥା ଦେଖ୍ବାକୁ ପାଇଲେ ଏବଂ ଆଖ୍ ଖୋଲନ୍ତେ ପ୍ରଭୁଙ୍କର ନମନୀୟ ସ୍ୱରୂପ ଏବଂ ଅନ୍ନ ପ୍ରସାଦ ଭୋଜନ କରୁଥ୍ବାର ଦୃଶ୍ୟ ଦେଖ୍ ବିଭୋର ହୋଇପଡ଼ିଲେ । ସେହିଦିନଠାରୁ ଶ୍ୱେତ ନୃପତି ମହାଆନନ୍ଦ ଲାଭ କରି ପ୍ରଭୁଙ୍କର ନାମକୀର୍ଦ୍ଦନ କଲେ ଏବଂ ନୃସିଂହ ରୂପରେ ପ୍ରଭୁଙ୍କୁ ଦର୍ଶନ କରି ତାଙ୍କର ମନ୍ତ୍ର ମଧ୍ୟ ଜପ କଲେ । ବହୁତ ଦିନଧରି ମହାପ୍ରଭୁଙ୍କୁ ତପସ୍ୟା କରିବାପରେ ପ୍ରଭୁ ପ୍ରସନ୍ନ ହେଲେ ଏବଂ ପୁରୁଷୋତ୍ତମ କ୍ଷେତ୍ରରେ ତାଙ୍କର ସାୟୁଜ୍ୟ ମୁକ୍ତିଲାଭ ହେବା ବିଷୟ ବରଦାନ ଦେଲେ । ତାଙ୍କର ଶରୀର ଓ ମନ ମହାପ୍ରସାଦର ମହିମାରେ ନିର୍ମଳ ହୋଇଥ୍ବାରୁ ତାଙ୍କର ନାମ ଶ୍ୱେତମାଧବ ରଖାଗଲା । ସେହି ଦିନଠାରୁ ବର୍ତ୍ତମାନ ପର୍ଯ୍ୟନ୍ତ ଯେଉଁମାନେ ମହାପ୍ରସାଦ ଭୋଜନ କରନ୍ତି, ସେମାନଙ୍କର ମୁକ୍ତି ଅବଶ୍ୟ ହୋଇଥାଏ ।

ଏହା ହିଁ ଉକ୍ତ ଅଧ୍ୟାୟର ସଂକ୍ଷିପ୍ତ ସାର ।

◆◆◆

ଅଷ୍ଟତ୍ରିଂଶ ଅଧ୍ୟାୟ

(ମହାପ୍ରଭୁଙ୍କର ମହାପ୍ରସାଦ ଓ ନିର୍ମାଲ୍ୟର ମହିମା ବର୍ଣ୍ଣନା)

ଉକ୍ତ ଅଧ୍ୟାୟରେ ମହାପ୍ରସାଦ ଓ ନିର୍ମାଲ୍ୟର ମହିମା ଖୁବ୍ ବିସ୍ତୃତ ଭାବରେ ଗୋଟିଏ ଉପାଖ୍ୟାନ ସହିତ ବର୍ଣ୍ଣନା କରାଯାଇଛି । ସ୍ୱୟଂ ମହାଲକ୍ଷ୍ମୀଙ୍କ ଦ୍ୱାରା ମହାପ୍ରଭୁଙ୍କ ପାଇଁ ଉଦ୍ଦିଷ୍ଟ ସ୍ୱତନ୍ତ୍ର ରୋଷଘରରେ ଯେଉଁ ଅନ୍ନ ବା ପ୍ରସାଦ ପ୍ରସ୍ତୁତ କରାଯାଏ, ତାହା ହିଁ ମହାପ୍ରସାଦ । ଏହାକୁ ଭୋଜନ କଲେ ଅକାଳମୃତ୍ୟୁ ହରଣ ସର୍ବପାପ ବିନାଶନ ତଥା ମହାନନ୍ଦ ପ୍ରାପ୍ତି ହୋଇଥାଏ । ଏହାକୁ ଯେଉଁମାନେ ଅବମାନନା କରନ୍ତି ସେମାନଙ୍କର ମଧ୍ୟ ଅଶେଷ କ୍ଷତି ହୋଇଥାଏ । ଏ ପ୍ରସଙ୍ଗରେ ଏଠାରେ ଗୋଟିଏ ରୋଚକ ଉପାଖ୍ୟାନର ଅବତାରଣା କରାଯାଇଛି ।

ମଧ୍ୟପ୍ରଦେଶରେ ସମୁପ୍ୟନ୍ନ ଜନୈକ କୁଳୀନ ବ୍ରାହ୍ମଣ ପୁରୀ ଆସି ତାଙ୍କର ଅନୁଚରମାନଙ୍କ ସହିତ ମହାପ୍ରଭୁଙ୍କର ଦର୍ଶନ ପରେ ଯେତେବେଳେ ମହାପ୍ରସାଦ ଭୋଜନ କରିବାକୁ ଯାନ୍ତି, ସେତେବେଳେ ତାଙ୍କ ମନରେ କିଛି ସନ୍ଦେହ ହେଲା । ସେ ଚିନ୍ତାକଲେ ଯେ ଏ ଅନ୍ନ କୌଣସି ବ୍ରାହ୍ମଣଙ୍କ ଦ୍ୱାରା ସମ୍ଭବତଃ ପ୍ରସ୍ତୁତ ହେଉ ନାହିଁ । ତେଣୁ ମୁଁ ଜଣେ ନୈଷ୍ଠିକ ବ୍ରାହ୍ମଣ ହୋଇଥିବାରୁ ବ୍ରାହ୍ମଣେତର ଅନ୍ୟଦ୍ୱାରା ପ୍ରସ୍ତୁତ ପ୍ରସାଦକୁ ଭକ୍ଷଣ କରିବା ଅନୁଚିତ । ଏହିକଥା ଚିନ୍ତା କରି ସେହି ବ୍ରାହ୍ମଣ ଯେତେବେଳେ ମହାପ୍ରସାଦ ଗ୍ରହଣ କଲେ ନାହିଁ, ସେତେବେଳେ ତାଙ୍କର ଅନୁଚର ବର୍ଗ ମଧ୍ୟ ତାହା ଗ୍ରହଣ କଲେ ନାହିଁ । କିଛି ଦିନ ପରେ ସେହି ବ୍ରାହ୍ମଣ ସମେତ ଅନୁଚରମାନେ ପ୍ରଚଣ୍ଡ ଦୁରାରୋଗ୍ୟ ବ୍ୟାଧ୍ରିରେ ପୀଡ଼ିତ ହେଲେ । ସେହି ବ୍ୟାଧ୍ରର ଯନ୍ତ୍ରଣାରେ ଅନେକ ଦିନ ଧରି ଛଟପଟ ହେଲାପରେ ପ୍ରଭୁଙ୍କର ଶରଣାପନ୍ନ ହେଲେ ଏବଂ ପ୍ରାର୍ଥନା କଲେ ଯେ – ହେ ପ୍ରଭୁ! ଆମର କି ଅପରାଧ ହୋଇଛି – ଯାହାଫଳରେ ଆମେ ଏଭଳି ଦୁରାରୋଗ୍ୟ ଯନ୍ତ୍ରଣାରେ କାଳାତିପାତ କରୁଛୁ?

ଏହାପରେ ମହାପ୍ରଭୁ ତାଙ୍କୁ ସ୍ୱପ୍ନରେ କହିଲେ ଯେ ତୁମ୍ଭେମାନେ ମହାପ୍ରସାଦକୁ ଆନନ୍ଦରେ ଭୋଜନ କର, ଫଳରେ ତୁମ୍ଭର ଏହି ଦୁରାରୋଗ୍ୟ ବ୍ୟାଧୁ ନିଶ୍ଚିତ ଭଲ ହୋଇଯିବ । ସଙ୍ଗେ ସଙ୍ଗେ ସେହି ନୈଷ୍ଠିକ ବ୍ରାହ୍ମଣ ଏବଂ ତାଙ୍କର ଅନୁଚର ବୃନ୍ଦ ଯେତେବେଳେ ମହାପ୍ରସାଦ ଗ୍ରହଣ କଲେ, ସେମାନେ ସେହି ଦାରୁଣ ଯନ୍ତ୍ରଣାରୁ ସମ୍ପୂର୍ଣ୍ଣ ସୁସ୍ଥ ହୋଇଗଲେ । ମହାପ୍ରସାଦକୁ ଅବମାନନା କରିଥିବାରୁ ସେମାନେ ଅନୁତାପ ମଧ୍ୟ କଲେ ।

ସେହିପରି ପ୍ରଭୁଙ୍କର ଶ୍ରୀଅଙ୍ଗରୁ ଯେଉଁ ଦୟଣା ବା ତୁଳସୀ ଓଲାଗି କରାଯାଇଥାଏ, ତାହା ହିଁ ନିର୍ମାଲ୍ୟ ଏବଂ ଯେଉଁମାନେ ନିର୍ମାଲ୍ୟ ଗ୍ରହଣ କରନ୍ତି ସେମାନେ ଚିରକାଳ ଆରୋଗ୍ୟ ରହିବା ସଙ୍ଗେ ସଙ୍ଗେ ଶେଷରେ ମୁକ୍ତିଲାଭ କରିଥାନ୍ତି । ଶ୍ରୀଅଙ୍ଗରେ ଲାଗିଥିବା ଯେକୌଣସି ବସ୍ତୁକୁ ଯଦି ଓଲାଗି କରାଯାଏ, ତାହା ନିର୍ମାଲ୍ୟ ହୋଇଥାଏ । ଏହି ନିର୍ମାଲ୍ୟ ଯେଉଁମାନେ ଗ୍ରହଣ କରନ୍ତି, ସେମାନଙ୍କର କୁଷ୍ଠରୋଗ ଭଳି ମଧ୍ୟ ଦୁରାରୋଗ୍ୟ ରୋଗ ଉପଶମ ହୋଇଥାଏ । କିନ୍ତୁ ଶ୍ରୀଅଙ୍ଗରେ ଯେଉଁ ଲେପ ଦିଆଯାଇଥାଏ, ତାହା ଯଦି ଏକବର୍ଷ ମଧ୍ୟରେ ଖସିପଡ଼େ ଏବଂ ତାକୁ ଯଦି କେହି ଗ୍ରହଣ କରନ୍ତି, ତାହାହେଲେ ତାହା ତାଙ୍କ ପାଇଁ କ୍ଷତିକାରକ ହୋଇଥାଏ । କିନ୍ତୁ ଦୟଣା ବା ତୁଳସୀର ନିର୍ମାଲ୍ୟ ଗ୍ରହଣ କଲେ ଅକାଳମୃତ୍ୟୁ ନିବାରଣ ହେବା ସଙ୍ଗେ ସଙ୍ଗେ ସକଳ ରୋଗ ନିବାରଣ ମଧ୍ୟ ହୋଇଥାଏ । ଏବଂ ଶେଷରେ ମୁକ୍ତିଲାଭ ମଧ୍ୟ କରିଥାନ୍ତି ।

ଏହିପରି ଭାବରେ ଉକ୍ତ ଅଧ୍ୟାୟରେ ମହାପ୍ରଭୁ ଶ୍ରୀଜଗନ୍ନାଥଙ୍କର ମହାପ୍ରସାଦର ମହିମା ବର୍ଣ୍ଣନ ସହିତ ନିର୍ମାଲ୍ୟର ମଧ୍ୟ ମହତ୍ତ୍ୱ ବର୍ଣ୍ଣନା କରାଯାଇଛି ।

◆◆◆

ଏକୋନଚତ୍ୱାରିଂଶ ଅଧ୍ୟାୟ

(ମହାପ୍ରଭୁ ଜଗନ୍ନାଥଙ୍କର ପାର୍ଶ୍ୱପରିବର୍ତ୍ତନ ଓ ଦେବୋତ୍ଥାନ ଉତ୍ସବ)

ପୂର୍ବରୁ ପ୍ରଭୁଙ୍କର ଶୟନ ଏକାଦଶୀ ବା ଶୟନଉତ୍ସବ ବିଷୟରେ ବର୍ଣ୍ଣନା କରାଯାଇଛି । ଏହି ଉତ୍ସବ ଆଷାଢ଼ ମାସ ଶୁକ୍ଲପକ୍ଷ ଏକାଦଶୀ ତିଥିରେ ଅନୁଷ୍ଠିତ ହୋଇଥାଏ । ଏହାପରେ ଭାଦ୍ରବ ମାସ ଶୁକ୍ଲ ଏକାଦଶୀ ତିଥିରେ ପ୍ରଭୁଙ୍କର ପାର୍ଶ୍ୱପରିବର୍ତ୍ତନ କରାଯାଇଥାଏ । ଏହି ପାର୍ଶ୍ୱପରିବର୍ତ୍ତନର ବିଭିନ୍ନ ବିଧି ବିଧାନ ରହିଛି ଏବଂ ଏହି ବିଧି ବିଧାନର ଅନୁଷ୍ଠାନ ହିଁ ପାର୍ଶ୍ୱପରିବର୍ତ୍ତନ ଏକାଦଶୀ ନାମରେ ପ୍ରସିଦ୍ଧ । ପାର୍ଶ୍ୱପରିବର୍ତ୍ତନ ଉତ୍ସବ ଦିନ ଅଧିକୃତ ପୂଜକ ପ୍ରଭୁଙ୍କର ଶୟନକକ୍ଷକୁ ଯିବେ ଏବଂ ପ୍ରଥମେ ତାଙ୍କୁ ପ୍ରଣିପାତ କରି, ଚରଣ କମଳଯୁଗଳରେ ନତମସ୍ତକ ହୋଇ ଗୃହ୍ୟୋନିଷଦର ମନ୍ତ୍ର ଉଚ୍ଚାରଣ କରି ପ୍ରଭୁଙ୍କ ସ୍ତୁତି କରିବେ – ହେ ଦେବଦେବ ! ତୁମ୍ଭେ ହିଁ ଇଚ୍ଛାରେ ତୁମର ପାର୍ଶ୍ୱପରିବର୍ତ୍ତନ କର । ଏହି ସମୟରେ ଇନ୍ଦ୍ର ଉପରୁ ଜଳବର୍ଷଣ କରୁଥିବେ । ପ୍ରଭୁଙ୍କର ସର୍ବାଙ୍ଗକୁ ଚନ୍ଦନ ଲେପନ କରିବ । ନାନାବିଧ ଉପଚାରରେ ତାଙ୍କୁ ପୂଜା କରି ନୈବେଦ୍ୟ ଅର୍ପଣ କରିବ । ଏହାପରେ ଅତି ଭକ୍ତିର ସହିତ ପ୍ରଭୁଙ୍କର ପାର୍ଶ୍ୱପରିବର୍ତ୍ତନ କରିବ । ଏହି ନୀତି ମହାପ୍ରଭୁଙ୍କର ଏକ ଗୁରୁତ୍ୱପୂର୍ଣ୍ଣ ନୀତି ଏବଂ ଏହା ସମସ୍ତଙ୍କ ପାଇଁ ମଙ୍ଗଳଦାୟକ ।

ଏହାପରେ ଉକ୍ତ ଅଧ୍ୟାୟରେ ପ୍ରଭୁଙ୍କର ଉତ୍ଥାନ ବା ଜାଗରଣ ମହୋତ୍ସବ ବିଷୟରେ ମଧ୍ୟ ବର୍ଣ୍ଣନା କରାଯାଇଛି । ଏହି ଉତ୍ଥାନ ଯାତ୍ରାକୁ ଦେବୋତ୍ଥାନ ଏକାଦଶୀ ବା ଜାଗରଣ ଯାତ୍ରା ବୋଲି କୁହାଯାଏ । ଏହି ଉତ୍ସବ କାର୍ତ୍ତିକ ମାସ ଶୁକ୍ଲପକ୍ଷ ଏକାଦଶୀ ତିଥିରେ ଅନୁଷ୍ଠିତ ହୋଇଥାଏ । ଏହି ଦିନ ବିଭିନ୍ନ ଉପଚାରରେ ମହାପ୍ରଭୁଙ୍କୁ ପୂଜାର୍ଚ୍ଚନା କରିବା ପରେ ପ୍ରଭୁଙ୍କୁ ନିଦ୍ରାରୁ ଜାଗରଣ କରାଯାଇଥାଏ । ଏହି ଉତ୍ସବ ମଧ୍ୟ ସମଗ୍ର ମାନବ ଜାତିର କଲ୍ୟାଣ ପାଇଁ ଉଦ୍ଦିଷ୍ଟ । ଯେଉଁମାନେ ଏହି

ଯାତ୍ରାକୁ ଦେଖନ୍ତି, ସେମାନେ ମୋହନିଦ୍ରାକୁ ତ୍ୟାଗକରି ଚିରଜାଗ୍ରତ ରହନ୍ତି ଏବଂ ଅଧିକ କର୍ମଚଞ୍ଚଳ ହୋଇଥାନ୍ତି । ଏହି ମାସରେ ପ୍ରଭୁଙ୍କୁ ଦାମୋଦର ରୂପରେ ପୂଜା କରାଯାଇଥାଏ । ଦାମୋଦରଙ୍କର ଏକ ମୂର୍ତ୍ତିକୁ ସୁବର୍ଣ୍ଣରେ ନିର୍ମାଣ କରି ତାଙ୍କୁ ବିବିଧ ଉପଚାରରେ ପୂଜା ଅର୍ଚ୍ଚନା କରାଯାଇଥାଏ । ଏହି ସମୟରେ ଜଣେ ବ୍ରାହ୍ମଣଙ୍କୁ ବରଣ କରିବ ଏବଂ ବ୍ରତ ଶେଷରେ ତାଙ୍କୁ ଭୋଜନ ଏବଂ ଦକ୍ଷିଣାଦାନ କରି ସନ୍ତୁଷ୍ଟ କରିବ ।

ପ୍ରଭୁଙ୍କର ଶୟନ ଯାତ୍ରାଠାରୁ ଆରମ୍ଭ କରି ଉତ୍ଥାନ ଯାତ୍ରା ପର୍ଯ୍ୟନ୍ତ ସମୟ ହେଉଛି ଚାରିମାସ । ଏହି ସମୟରେ ଚାତୁର୍ମାସ୍ୟ ବ୍ରତ ଅବଲମ୍ବନ କରାଯାଇଥାଏ । ଏହା ନିଜ ପାଇଁ ତଥା ଅନ୍ୟମାନଙ୍କ ପାଇଁ ଅତ୍ୟନ୍ତ ଉପାଦେୟ । ଏହି ପବିତ୍ର ଚାତୁର୍ମାସ୍ୟ ବ୍ରତର ଉପାଦେୟତା ବିଷୟରେ ମଧ ଉକ୍ତ ଅଧ୍ୟାୟରେ ବର୍ଣ୍ଣନା କରାଯାଇଛି ।

❖❖❖

ଚତ୍ଵାରିଂଶ ଅଧ୍ୟାୟ

(ଶ୍ରୀଜଗନ୍ନାଥଙ୍କର ପ୍ରାବରଣଷଷ୍ଠୀ ମହୋସ୍ତବ)

ଏହି ଅଧ୍ୟାୟରେ ମହାପ୍ରଭୁ ପୁରୁଷୋଉମ ଜଗନ୍ନାଥଙ୍କର ପ୍ରାବରଣଷଷ୍ଠୀ ମହୋସ୍ତବ ବିଷୟରେ ବର୍ଣ୍ଣନା କରାଯାଇଛି । ଏହାକୁ ଶ୍ରୀଜଗନ୍ନାଥଙ୍କ ନୀତିକାନ୍ତି ପରମ୍ପରାରେ ଓଢ଼ଣ ଷଷ୍ଠୀ ମଧ୍ୟ କୁହାଯାଏ । ଏହି ଉସ୍ତବ ମାର୍ଗଶୀର୍ଷ ମାସ ଶୁକ୍ଲପକ୍ଷ ଷଷ୍ଠୀ ତିଥିର ଅନୁଷ୍ଠିତ ହୋଇଥାଏ । ଏହି ମାସରୁ ପ୍ରବଳ ଶୀତ ଆରମ୍ଭ ହୋଇଯାଇଥାଏ । ଯେହେତୁ ମହାପ୍ରଭୁ ମାନବଲୀଳା ସମ୍ପାଦନ କରିବାପାଇଁ ଧରାରେ ଅବତୀର୍ଣ୍ଣ ହୋଇଛନ୍ତି ଏବଂ ତାଙ୍କର ସମସ୍ତ ନୀତି ନିୟମ, ଜୀବନଚର୍ଯ୍ୟା ଇତ୍ୟାଦି ଜଣେ ଶୃଙ୍ଖଳିତ ଉଉମ ସୁସଂଯତ ପୁରୁଷର ଜୀବନଚର୍ଯ୍ୟା ସହିତ ସମାନ – ଏହି ଦୃଷ୍ଟିରୁ ଶୀତଦିନେ ଯେଭଳି ଜଣେ ସୁସ୍ଥ ବ୍ୟକ୍ତି ଶୈତ୍ୟର ପ୍ରକୋପରୁ ନିଜକୁ ରକ୍ଷା କରିବା ପାଇଁ ଚାଦର ବା କମ୍ୱଳରେ ଆବୃତ ହୋଇଥାଏ, ଠିକ୍ ସେହିଭଳି ମହାପ୍ରଭୁଙ୍କୁ ଶୈତ୍ୟର ପ୍ରକୋପରୁ ରକ୍ଷାକରିବା ପାଇଁ ତାଙ୍କର ଶରୀରରୁ ନୂତନ ବସ୍ତ୍ରର ଆବରଣରେ ପ୍ରକୃଷ୍ଟ ଭାବରେ ଆବୃତ କରାଯାଇଥାଏ । ତେଣୁ ଏହାକୁ ଆବରଣରେ ବା ପ୍ରାବରଣ ମହୋସ୍ତବ କୁହାଯାଏ ।

ଏହି ଉସ୍ତବର ଅଧିବାସ କାର୍ଯ୍ୟ ମାର୍ଗଶୀର ମାସ ଶୁକ୍ଲପକ୍ଷ ପଞ୍ଚମୀ ଦିନ କରାଯାଇଥାଏ । ଏହି ଦିନ ଅଷ୍ଟଦଳ ପଦ୍ମନିର୍ମ୍ମାଣ କରି ଯେଉଁ ନୂତନବସ୍ତ୍ର ଦ୍ଵାରା ମହାପ୍ରଭୁଙ୍କୁ ଆବରଣ କରାଯିବାର ବ୍ୟବସ୍ଥା କରାଯାଏ, ସେହି ନୂତନବସ୍ତ୍ରକୁ ଉକ୍ତ ଦିନ ଅଧିବାସ ପୂଜା କରାଯାଏ । ଏହି କାର୍ଯ୍ୟକ୍ରମରେ ଖଣ୍ଡ ବସ୍ତ୍ରର ଆବଶ୍ୟକତା ରହିଛି । ବସ୍ତ୍ରକୁ ଅଭିମନ୍ତ୍ରଣ କରାଯାଇ ଏହାକୁ ପ୍ରାର୍ଥନା କରାଯାଏ । ଯଥା– ହେ ବସ୍ତ୍ର ! ତୁମେ ହିଁ ଆବରକ । ଏହା ପରେ ଗନ୍ଧ, ପୁଷ୍ପ, ଚନ୍ଦନ–ଇତ୍ୟାଦି ଦ୍ଵାରା ବସ୍ତ୍ରକୁ ପୂଜା କରାଯାଏ । ଏହି ସମୟରେ ପାରମ୍ପରିକ ନୃତ୍ୟ, ଗୀତ ଓ ବାଦ୍ୟ ଓ

ନୃତ୍ୟର ତାଲେ ତାଲେ ଆବରଣ କରିବ । ଏହି ଆବରଣ ସମୟରେ ମହାପ୍ରଭୁଙ୍କର ମୁଖମଣ୍ଡଲ ଯେଭଳି ଆବୃତ ହେବନାହିଁ ସେଥିପାଇଁ ଆବଶ୍ୟକୀୟ ଦୃଷ୍ଟି ଦେବ ।

ପ୍ରଭୁଙ୍କର ଏ ଯାତ୍ରାକୁ ଯେଉଁମାନେ ଦର୍ଶନ କରନ୍ତି ତଥା ଏହି ସମୟରେ ମହାପ୍ରଭୁଙ୍କୁ ଯେଉଁମାନେ ଉପାସନା କରନ୍ତି, ସେମାନେ ଶୀତ ବା ଉଷ୍ଣତାର ପ୍ରକୋପରୁ ରକ୍ଷା ପାଇଥାନ୍ତି । ଜୀବନରେ ଶୀତୋଷ୍ଣ-ସୁଖଦୁଃଖର ଅବସ୍ଥାକୁ ଅତିକ୍ରମ କରି ଧୀର ଓ ସ୍ଥିର ରହିବା ଜଣେ ଉତ୍ତମ ମଣିଷର ଲକ୍ଷଣ, ତେଣୁ ଯେଉଁମାନେ ଏହି ପ୍ରାବରଣ ଷଷ୍ଠୀ ମହୋତ୍ସବ ସହିତ ସମ୍ପୃକ୍ତ ସେମାନେ ସମସ୍ତେ ଏହିଭଳି ଶୀତୋଷ୍ଣ ବା ସୁଖଦୁଃଖର ଭ୍ରମାବର୍ତ୍ତରେ ନ ପଡ଼ି ସ୍ଥିର ଓ ଶାନ୍ତ ରହିଥାନ୍ତି ।

ଏହା ହିଁ ଉକ୍ତ ଅଧ୍ୟାୟର ସଂକ୍ଷିପ୍ତସାର ।

◆◆◆

ଏକଚତ୍ବାରିଂଶ ଅଧ୍ୟାୟ

(ମହାପ୍ରଭୁଙ୍କର ପୁଷ୍ୟସ୍ନାନ ବିଧାନ ବର୍ଣ୍ଣନା)

ଉକ୍ତ ଅଧ୍ୟାୟରେ ମହାପ୍ରଭୁ ଶ୍ରୀଜଗନ୍ନାଥଙ୍କର ପୁଷ୍ୟସ୍ନାନ ବିଧାନ ସମ୍ପର୍କରେ ବର୍ଣ୍ଣନା କରାଯାଇଛି । ଏହି ପୁଷ୍ୟସ୍ନାନ ମହୋସ୍ବ ପୁଷ୍ୟାନକ୍ଷତ୍ର ଯୁକ୍ତ ପୌଷମାସ ପୂର୍ଣ୍ଣିମା ଦିନ ଅନୁଷ୍ଠିତ ହୋଇଥାଏ । ପୂର୍ବଦିନ ଅର୍ଥାତ୍ ଚତୁର୍ଦ୍ଦଶୀର ରାତ୍ରିରେ ଏହି ଉସ୍ବ ପାଇଁ ଅଧିବାସ କର୍ମ କରାଯାଇଥଏ । ଏହି ଦିନ ରାତ୍ରିରେ ଗବ୍ୟଘୃତପୂର୍ଣ୍ଣ ଏକୋଇଶ ସ୍ବର୍ଣ୍ଣକୁମ୍ଭକୁ ସୁସଜ୍ଜିତ କରାଯାଏ । ସେହି ଏକୋଇଶ ସ୍ବର୍ଣ୍ଣକୁମ୍ଭକୁ ପ୍ରଭୁଙ୍କ ସମକ୍ଷରେ ଏହି ସ୍ବର୍ଣ୍ଣଘଟମାନ ସ୍ଥାପନ କରିବ । ତା' ପରେ ଗୀତ, ନୃତ୍ୟ ଓ ବାଦ୍ୟର ତାଲେତାଲେ ସମ୍ପୂର୍ଣ୍ଣ ରାତ୍ରିକୁ ବିତାଇବା ପରେ ପୂର୍ଣ୍ଣିମା ଦିନ ପ୍ରଭାତକାଳରେ ବୈଷ୍ଟବାଗ୍ନିର ସଂସ୍କାର କରାଯିବ । ତା'ପରେ ବିଭିନ୍ନ ଉପଚାରରେ ମହାପ୍ରଭୁଙ୍କର ଆରାଧନା କରିବ ଏବଂ ପରେପରେ ପବମାନସୂକ୍ତ ପାଠକରି ମହାପ୍ରଭୁଙ୍କୁ ଦର୍ପଣ ମାଧ୍ୟମରେ ସ୍ନାନ କରାଇବ । ଏହାପରେ ଶ୍ରୀସୂକ୍ତ ଗାନ କରି ମୂର୍ତ୍ତିତ୍ରୟଙ୍କର ମଧ ସ୍ନାନ କରାଇବ ।

ଏହି ସ୍ନାନକାର୍ଯ୍ୟ ସମାପନ ହେବାପରେ ମହାପ୍ରଭୁଙ୍କୁ ନୂତନବସ୍ତ, ଆଭୂଷଣ ଏବଂ ମାଲାରେ ସୁସଜ୍ଜିତ କରିବ । ପ୍ରଭୁଙ୍କର ମହିମାକୁ ଭକ୍ତମାନଙ୍କ ନିକଟରେ ଉପସ୍ଥାପନ କରିବାପାଇଁ ତାଙ୍କ ସମକ୍ଷରେ ଆଠପ୍ରକାର ଆୟୁଧ ସ୍ଥାପନ କରିବ । ଏହାପରେ ମହାପ୍ରଭୁଙ୍କ ବିଭିନ୍ନ ଉପଚାରରେ ପୂଜାର୍ଚ୍ଚନା କରିବ । ଏହାପରେ ମହାପ୍ରଭୁଙ୍କୁ ତାମୂଲ ଅର୍ପଣ କରିବ । ଏହାପରେ ବହୁଭାବରେ ଆନନ୍ଦିତ ହୋଇଥିବା ପ୍ରଭୁଜଗନ୍ନାଥଙ୍କୁ ପ୍ରଣିପାତ କରିବ ଏବଂ ଅଧିବାସଦିନ ରାତ୍ରିରେ ବରଣ କରିଥିବା ବ୍ରାହ୍ମଣଙ୍କୁ ପୁଷ୍ୟସ୍ନାନଦିନ ଯଥେଷ୍ଟ ଭୋଜନ ପ୍ରଦାନ କରିବ ଏବଂ ତାଙ୍କୁ ଉପଯୁକ୍ତ ଦକ୍ଷିଣାଦାନ ମଧ କରିବ ।

ସ୍କନ୍ଦ ପୁରାଣ ‖ ୧୩୩

ଏହି ସ୍ନାନବିଧ୍ୟ ଦର୍ଶନର ଫଳଶ୍ରୁତି ମଧ୍ୟ ବିସ୍ତୃତ ଭାବରେ ଉକ୍ତ ଅଧ୍ୟାୟରେ ବର୍ଣ୍ଣିତ ହୋଇଛି । ଯଥା– ଏହି ସ୍ନାନବିଧ୍ୟ ଦର୍ଶନ କଲେ ସମସ୍ତ ମନକାମନା ଅବଶ୍ୟ ପୂର୍ଣ୍ଣ ହୋଇଥାଏ । ମହାପ୍ରଭୁଙ୍କ ଏହି ମୂଲ୍ୟବାନ୍ ସ୍ନାନ ଦର୍ଶନକରି ରାଜାମାନେ ତାଙ୍କର ହୃତରାଜ୍ୟକୁ ଫେରିପାଇଥାନ୍ତି ଏବଂ ସାର୍ବଭୌମ ସମ୍ରାଟର ମର୍ଯ୍ୟାଦା ଲାଭ କରନ୍ତି । ଅପୁତ୍ରିକା ଜନନୀ ପୁତ୍ର ସନ୍ତାନର ଅଧିକାରିଣୀ ହୋଇଥାନ୍ତି । ଏହି ପୁଷ୍ୟସ୍ନାନ ଦର୍ଶନରେ ସମସ୍ତ ଦାରିଦ୍ର୍ୟର ଦୂରୀକରଣ ହୋଇଥାଏ ଏବଂ ଲୋକମାନେ ଧନଧାନ୍ୟ ସମ୍ପତ୍ତିର ଅଧିକାରୀ ହୋଇଥାନ୍ତି । ଭକ୍ତମାନେ ମଧ୍ୟ ବ୍ରହ୍ମତେଜର ଅଧିକାରୀ ହୋଇଥାନ୍ତି ।

ଏହା ହିଁ ଉକ୍ତ ଅଧ୍ୟାୟର ସଂକ୍ଷିପ୍ତ ସାର ।

❖❖❖

ଦ୍ୱିଚତ୍ୱାରିଂଶ ଅଧ୍ୟାୟ

(ମକର ସଂକ୍ରାନ୍ତି ବିଧାନ ଏବଂ ବୈଷ୍ଣବାଗ୍ନି ସଂସ୍କାର)

ସ୍କନ୍ଦ ପୁରାଣ ବର୍ଣ୍ଣିତ ବାରଯାତ୍ରା ମଧ୍ୟରୁ ଉତ୍ତରାୟଣ ଯାତ୍ରା ଅନ୍ୟତମ। ମକର ସଂକ୍ରାନ୍ତିଠାରୁ ଅର୍ଥାତ୍ ଯେବେ ଭଗବାନ୍ ସୂର୍ଯ୍ୟଦେବ ମକରରାଶିକୁ ସଂକ୍ରମଣ କରନ୍ତି ସେତେବେଳେ ଉତ୍ତରାୟଣର ଅୟମାରମ୍ଭ ହୋଇଥାଏ। ଏହା ଛଅମାସ ଧରି ଚାଲିଥାଏ ଏବଂ ଅନ୍ୟ ଛଅମାସ ଦକ୍ଷିଣାୟନ ନାମରେ ପ୍ରସିଦ୍ଧ। ଉତ୍ତରାୟଣ ହେଉଛି ଅତ୍ୟନ୍ତ ପବିତ୍ର ସମୟ। ଉକ୍ତ ଅଧ୍ୟାୟର ବର୍ଣ୍ଣନା ଅନୁସାରେ ଏହି ଉତ୍ତରାୟଣ ସମୟରେ ମହୋଦଧିରେ ସ୍ନାନ କରି ଯେଉଁମାନେ ଶ୍ରୀମନ୍ଦିରରେ କଳ୍ପବଟ ମୂଳରେ ନିଜ ମନକାମନା ପ୍ରସଙ୍ଗରେ ସଂକଳ୍ପ କରି ପ୍ରଭୁଙ୍କୁ ଦର୍ଶନ କରନ୍ତି, ସେମାନଙ୍କର ଅନେକ ପୁଣ୍ୟପ୍ରାପ୍ତି ହୋଇଥାଏ ଏବଂ ତାଙ୍କର ମନୋବାଞ୍ଛା ମଧ୍ୟ ପୂର୍ଣ୍ଣ ହୋଇଥାଏ।

ଏହି ଉତ୍ତରାୟଣ ଉତ୍ସବର ଏକ ବିଧି ରହିଛି। ମକର ସଂକ୍ରାନ୍ତି ପୂର୍ବଦିନ ମଞ୍ଚର ପୂର୍ବପାର୍ଶ୍ୱରେ ଅଧିବାସ କାର୍ଯ୍ୟ ସମ୍ପାଦିତ ହୋଇଥାଏ। ଏହି ଦିନ କିଛି ଶାଳୀଧାନର ତଣ୍ଡୁଲ ଅଧିବାସ ସ୍ଥାନରେ ସ୍ଥାପନା କରାଯାଏ ଏବଂ ଏହି ତଣ୍ଡୁଲରେ ଚତୁର୍ଦ୍ଧାମୂର୍ତ୍ତିଙ୍କର ବିଗ୍ରହ ନିର୍ମାଣ କରି ମନ୍ଦିର ପ୍ରଦକ୍ଷିଣ କରାଇବ। ଏହାପୂର୍ବରୁ ଶ୍ରୀଅଙ୍ଗରୁ ଓଲାଗି ହୋଇଥିବା ପୁଷ୍ପମାଲ୍ୟ ଓ ଚନ୍ଦନକୁ ଉକ୍ତ ତଣ୍ଡୁଲ ପ୍ରତିମାରେ ଅର୍ପଣ କରାଯାଇଥାଏ। ଏହାପରେ ପ୍ରଦକ୍ଷିଣ କରାଯାଇଥାଏ। ଏହା ସହ ଅନ୍ୟାନ୍ୟ ଅନ୍ନବ୍ୟଞ୍ଜନ ମଧ୍ୟ ସମର୍ପିତ ହୋଇଥାଏ। ଏହି ଅନ୍ନବ୍ୟଞ୍ଜନ ପ୍ରସ୍ତୁତ କରିବା ପାଇଁ ପାକଶାଳାରେ ଯେଉଁ ଅଗ୍ନିର ଆବଶ୍ୟକତା ପଡ଼ିଥାଏ, ସେ ହେଉଛି ବୈଷ୍ଣବାଗ୍ନି।

ଉକ୍ତ ଅଧ୍ୟାୟରେ ବୈଷ୍ଣବାଗ୍ନି ସଂସ୍କାର ବିଷୟରେ ମଧ୍ୟ ବର୍ଣ୍ଣନା କରାଯାଇଛି। ବୈଷ୍ଣବ ଅଗ୍ନିର ଯଥେଷ୍ଟ ମାହାତ୍ମ୍ୟ ଶ୍ରୀମନ୍ଦିର ପରମ୍ପରାରେ ରହିଛି। ପ୍ରଭୁଙ୍କ ପାଇଁ

ଉଦ୍ଦିଷ୍ଟ ଅନ୍ନ ବ୍ୟଞ୍ଜନ ହିଁ କେବଳ ଏହି ଅଗ୍ନିର ସହାୟତାରେ ମହାଲକ୍ଷ୍ମୀଙ୍କ ତତ୍ତ୍ୱାବଧାନରେ ପ୍ରସ୍ତୁତ ହୋଇଥାଏ । ପ୍ରତିବର୍ଷ ଉତ୍ତରାୟଣ ଆରମ୍ଭରେ ଥରେ ଏହି ବୈଶ୍ୱବାଗ୍ନିର ସଂସ୍କାର ହୋଇଗଲେ, ସମ୍ପୂର୍ଣ୍ଣ ବର୍ଷରେ ଆଉ ବିଧିବଦ୍ଧ ଭାବରେ ବୈଶ୍ୱବାଗ୍ନି ସଂସ୍କାରର ଆବଶ୍ୟକତା ପଡ଼ି ନ ଥାଏ ।

ଏହି ଉତ୍ସବ ଅତ୍ୟନ୍ତ କଲ୍ୟାଣକର ।

ଏହା ହିଁ ଉକ୍ତ ଅଧ୍ୟାୟର ସଂକ୍ଷିପ୍ତ ସାର ।

◆◆◆

ତ୍ରିଚତ୍ୱାରିଂଶ ଅଧ୍ୟାୟ

(ସ୍କନ୍ଦପୁରାଣର ଉକ୍ତ ୪୩ତମ ଅଧ୍ୟାୟରେ ମହାପ୍ରଭୁଙ୍କର ଦୋଲୋସ୍ବ
ବିଷୟରେ ବର୍ଣ୍ଣନା କରାଯାଇଛି ।)

ଫାଲ୍‌ଗୁନ ମାସରେ ଋତୁରାଜ କୁସୁମାକରଙ୍କର ରାଜତ୍ୱ ସମୟରେ ମହାପ୍ରଭୁଙ୍କର ଏହି ଲୀଲାମୟ ମହୋସ୍ବ ପାଳିତ ହୋଇଥାଏ । ଉକ୍ତ ଅଧ୍ୟାୟରେ ଏହି ଉସ୍ବର ବିଧିବିଧାନ ବିଷୟରେ ବର୍ଣ୍ଣନା କରାଯାଇଛି ।

ଭକ୍ତମାନଙ୍କର ଆନନ୍ଦ ନିମନ୍ତେ ଏହି ଦୋଲୋସ୍ବ ବା ଦୋଲଯାତ୍ରା ଅନୁଷ୍ଠିତ ହୁଏ । ପ୍ରଭୁଙ୍କର ପ୍ରାସାଦ ସମ୍ମୁଖରେ ଅତ୍ୟନ୍ତ ଯନ୍ତରେ ଏକ ଦୋଲମଣ୍ଡପର ନିର୍ମାଣ କରାଯାଇଥାଏ । ଏଥିରେ ଚନ୍ଦ୍ରାତପ, ନାନାପୁଷ୍ପ, ମାଲ୍ୟ, ଚାମର, ଧ୍ୱଜ ଆଦି ଶୋଭାପାଇଥାଏ । ଏହାପରେ ମହାପ୍ରଭୁଙ୍କର ଉସ୍ବମୂର୍ତ୍ତି ଗୋବିନ୍ଦଙ୍କର ପ୍ରତିମା ନିର୍ମାଣ କରାଯାଇ ପ୍ରଥମେ ଗୋଟିଏ ସ୍ତମ୍ଭ ନିକଟରେ ରଖାଯାଏ । ଏହାପରେ ଅଗ୍ନିଉସ୍ବର ଆୟୋଜନ କରାଯାଏ । ଏହି ଅଗ୍ନିଉସ୍ବ ପାଇଁ ଆବଶ୍ୟକୀୟ ଅଗ୍ନିକୁ ସେଠାରେ ଉପଲବ୍ଧ ତୃଣ ବା ସମିଧକୁ ଘର୍ଷଣ କରି ଜାତ କରାଯାଇଥାଏ । ଏହାପରେ ଭୂମିସଂସ୍କାର ପୂର୍ବକ ଅଗ୍ନି ଅର୍ଚନ କରାଯାଏ ଏବଂ ଏହି ଅଗ୍ନି ଉସ୍ବ ଫାଲ୍‌ଗୁନ ମାସର ଚତୁର୍ଦ୍ଦଶୀ ରାତ୍ରି ପର୍ଯ୍ୟନ୍ତ ଚାଲିଥାଏ । ଏହାପରେ ସେହି ଗୋବିନ୍ଦ ପ୍ରତିମାକୁ ପୁରୁଷୋତ୍ତମ ଭାବନରେ ସ୍ଥାପନା କରାଯାଏ । ମୂଳବିଗ୍ରହରୁ ଓଲାଗି ବସ୍ତ୍ର ଓ ମାଲ୍ୟକୁ ଏହି ଗୋବିନ୍ଦଙ୍କ ପ୍ରତିମାରେ ଅର୍ପଣ କରାଯାଇଥାଏ । ଏହାପରେ ତାଙ୍କୁ ସାକ୍ଷାତ୍ ଜଗନ୍ନାଥ ଭାବରେ ପରିକଳ୍ପନା କରି ପୂଜା କରାଯାଏ । ତା'ପରେ ଏହି ପ୍ରଭୁଙ୍କର ପ୍ରତିମାକୁ ସେଠାରେ ନିର୍ମିତ ଏକ ରନ୍‌ଦୋଲରେ ଆରୋହଣ କରାଇ ଗୀତ, ନୃତ୍ୟ ଓ ବାଦ୍ୟ ପ୍ରଭୃତି ବାଦ ମାଧମରେ ତାଙ୍କର ଦୋଲ ମହୋସ୍ବକୁ ଅନୁଷ୍ଠାନ କରାଯାଏ । ଏହି ସମୟରେ

ଆକାଶରୁ ଦେବତାମାନେ ପୁଷ୍ପବୃଷ୍ଟି କରନ୍ତି । ବ୍ରହ୍ମାଦି ଦେବଗଣ ଏହି ଉସ୍ବକୁ ଦେଖିବାପାଇଁ ଏଠାରେ ରୁଣ୍ଡିଭୂତ ହୁଅନ୍ତି । ମହାପ୍ରଭୁଙ୍କର ଦୋଲୋସ୍ବକୁ ଦେଖନ୍ତି ।

ଏହାପରେ ଗୋବିନ୍ଦଙ୍କର ମହାସ୍ନାନ, ପଞ୍ଚାମୃତସ୍ନାନ ଇତ୍ୟାଦି କରାଯାଇଥାଏ । ଶ୍ରୀସୂକ୍ତ ପାଠ ପୂର୍ବକ ପ୍ରଥମେ ସ୍ବୟ ଚାରିପଟେ ଗୋବିନ୍ଦଙ୍କୁ ୨୧ ଥର ପରିଭ୍ରମଣ କରାଯାଇଥାଏ । ପୂର୍ବକାଳରେ ଏହି ଉସ୍ବ ରାଜା ଇନ୍ଦ୍ରଦ୍ୟୁମ୍ନ ପାଳନ କରିଥିଲେ ।

ଏହାପରେ ସେହି ସ୍ଥାନରେ ଏକ ବୃନ୍ଦାବନର ପରିକଳ୍ପନା କରାଯାଇଥାଏ । ତା' ମଧ୍ୟରେ ଏକ ସୁନ୍ଦର ମଣ୍ଡପ ନିର୍ମାଣ କରାଇ ସେଠାରେ ପ୍ରଭୁଙ୍କୁ ବିରାଜମାନ କରାଯାଇଥାଏ । ଏହା ତାଙ୍କର ବସନ୍ତ ଲୀଳା । ସେଠାରେ ତାଙ୍କୁ ଯଥାବିଧ ପୂଜା ଅର୍ଚ୍ଚନା କରାଯାଇଥାଏ ଏବଂ ସେହି ମଣ୍ଡପରେ ସ୍ଥାପନା କରି ପ୍ରଭୁଙ୍କୁ ପୁଣି ୭ ଥର ଝୁଲାଇବ । ଏହି ଭଳି ପ୍ରଭୁଙ୍କର ଦୋଲଯାତ୍ରା ଅନୁଷ୍ଠିତ ହୋଇଥାଏ ।

ପ୍ରକାଶଥାଉକି ମହାପ୍ରଭୁଙ୍କର ବାର ମାସରେ ଯେଉଁ ତେର ଯାତ୍ରା ଅନୁଷ୍ଠିତ ହୋଇଥାଏ ତନ୍ମଧରୁ ଏହି ଦୋଲ ଯାତ୍ରା ଅନ୍ୟତମ । ଏହି ଯାତ୍ରାକୁ ଦର୍ଶନକଲେ ଭକ୍ତମାନଙ୍କର ଅନେକ ପୁଣ୍ୟ ଅର୍ଜନ ହୋଇଥାଏ ଏବଂ ସେମାନେ ଆନନ୍ଦ ଲାଭ କରନ୍ତି ।

ଏହା ହିଁ ଉକ୍ତ ଅଧ୍ୟାୟର ସଂକ୍ଷିପ୍ତ ସାର ।

◆◆◆

ଚତୁଷ୍ଟ୍ୱାରିଂଶ ଅଧ୍ୟାୟ

(ସାମ୍ୱର ବ୍ରତ ପାଳନ ବିଧ୍ୱ)

ଏହି ଅଧ୍ୟାୟରେ ସାମ୍ୱର ବ୍ରତ ପାଳନ ବିଧ୍ୱ ବିଷୟରେ ବର୍ଣ୍ଣନା କରାଯାଇଛି । ଏହି ବ୍ରତ ଫାଲ୍ଗୁନ ମାସ ପୂର୍ଣ୍ଣିମା ଦିନ ଠାରୁ ଆରମ୍ଭ ହୋଇ ସମ୍ପୂର୍ଣ୍ଣ ଏକବର୍ଷ ବା ବାରମାସ ପର୍ଯ୍ୟନ୍ତ ଚାଲିଥାଏ । ପ୍ରଭୁଙ୍କର ଦ୍ୱାଦଶ ମୂର୍ତ୍ତି ନିର୍ମାଣ କରି ପ୍ରତିମାସରେ ଗୋଟିଏ ଗୋଟିଏ ମୂର୍ତ୍ତିର ପୂଜା କରାଯାଇଥାଏ । ସେହି ପୂଜନ ପ୍ରକ୍ରିୟାରେ ପ୍ରତିମାସରେ ଭିନ୍ନ ଭିନ୍ନ ପୁଷ୍ପ ଓ ଫଳରେ ପ୍ରଭୁଙ୍କର ଅର୍ଚ୍ଚନା କରାଯାଇଥାଏ । ବାର ମାସରେ ବାର ପ୍ରକାର ଫୁଲ ଏବଂ ବାର ପ୍ରକାର ଫଳରେ ଏବଂ ବାର ବା ଦ୍ୱାଦଶ ମୂର୍ତ୍ତିଙ୍କୁ ପୂଜା କରିଥାଏ । ବାର ପ୍ରକାର ଫୁଲ ଯଥା– ଅଶୋକ, ମଲ୍ଲିକା, ପାଟଳୀ, କଦମ୍ୱ, କରବୀର, ଜାଇ, ମାଲତୀ, ପଦ୍ମ, ନୀଳପଦ୍ମ, ବାସନ୍ତୀ, କୁନ୍ଦ ଓ ପୁନ୍ନାଗ । ବାରପ୍ରକାର ଫଳ ଯଥା – ଡାଲିମ୍ୱ, ନଡ଼ିଆ, ଶ୍ରୀଫଳ, ନାଗରଙ୍ଗ, ଗୁବାକ, କରମଙ୍ଗା ଓ ବିଭିନ୍ନ ଜାତିଫଳ । ପୁଷ୍ପ ଓ ଫଳ ଅର୍ପଣ କରି ଭିନ୍ନ ଭିନ୍ନ ମାସରେ ଭିନ୍ନ ଭିନ୍ନ ନୈବେଦ୍ୟ ମଧ୍ୟ ପ୍ରଭୁଙ୍କୁ ଅର୍ପଣ କରିବ । ଏହାପରେ ଜଗତର କଲ୍ୟାଣ ପାଇଁ ପ୍ରାର୍ଥନା କରିବ ।

ଉକ୍ତ ଅଧ୍ୟାୟରେ ପ୍ରଭୁଙ୍କ ଉଦ୍ଦେଶ୍ୟରେ କରାଯାଇଥିବା ପ୍ରାର୍ଥନା ଅତ୍ୟନ୍ତ ଉଚ୍ଚକୋଟୀର । ପ୍ରଭୁଙ୍କର ଅନନ୍ତ ମହିମା, ଅନନ୍ତ ଐଶ୍ୱର୍ଯ୍ୟ ଓ ଅନନ୍ତ କରୁଣାର ବର୍ଣ୍ଣନା ସଙ୍ଗେ ସଙ୍ଗେ ତାଙ୍କର କୃପା ପାଇଁ ଏବଂ ଜଗତର କଲ୍ୟାଣ ପାଇଁ ପ୍ରାର୍ଥନା କରାଯାଇଛି ।

ଏହିଭଳି ପ୍ରାର୍ଥନା କରିବାପରେ ପ୍ରଭୁ ପ୍ରସନ୍ନ ହୋଇ ତାଙ୍କର ଏହି ସ୍ୱର୍ଣ୍ଣନର୍ମିତ ଦ୍ୱାରକାମୂର୍ତ୍ତି ପୂର୍ଣ୍ଣକୁମ୍ୱ ସ୍ଥାପନ ପୂର୍ବକ ସେଠାରେ ସ୍ଥାପନା କରିବେ । ଦ୍ୱାଦଶ ମୂର୍ତ୍ତିକୁ ଶେଷରେ ପଞ୍ଚାମୃତରେ ମହାସ୍ନାନ ବିଧ୍ୱରେ ସ୍ନାନ କରିବେ । ଏହି ସମୟରେ ଦ୍ୱାଦଶ

ବା ବାରଜଣ ଶ୍ରୋତ୍ରୀୟ ବ୍ରାହ୍ମଣଙ୍କୁ ବରଣ କରିବ। ଜଣେ ମୁଖ୍ୟ ଆଚାର୍ଯ୍ୟଙ୍କୁ ମଧ୍ୟ ବରଣ କରାଯିବ। ଉଭୟଙ୍କୁ ନୂତନ ବସ୍ତ୍ର ଏବଂ ଦକ୍ଷିଣା ପ୍ରଦାନ ପୂର୍ବକ ଉକ୍ତ ସ୍ଥାନରେ ହୋମଯଜ୍ଞର ଆୟୋଜନ କରାଯିବ। ପ୍ରତ୍ୟେକ ଦେବତାକୁ ଏହି ହୋମରେ ଆହୁତି ଦେବ। ଏହାପରେ ଚଉରାଳିଶ ବ୍ରାହ୍ମଣଙ୍କୁ ନିମନ୍ତ୍ରଣ କରି ସେମାନଙ୍କୁ ସୁସ୍ୱାଦୁ ଭୋଜନରେ ଆପ୍ୟାୟିତ କରିବ ଏବଂ ସେମାନଙ୍କୁ ମଧ୍ୟ ଦକ୍ଷିଣା ପ୍ରଦାନ କରିବ।

ଏହାପରେ ଏହି ବରଣ କରାଯାଇଥିବା ୧୨ ଜଣ ବ୍ରାହ୍ମଣଙ୍କୁ ଏହି ୧୨ଗୋଟି ସୁବର୍ଣ୍ଣ ପ୍ରତିମା ଅର୍ପଣ କରିବ।

ଏହିଭଳି ଗୋଟିଏ ବର୍ଷଧରି ଅନୁଷ୍ଠାନ କରାଯାଉଥିବା ସାମ୍ୱସ୍ୱର ବ୍ରତକୁ ଯେଉଁମାନେ ପୁରୁଷୋତ୍ତମକ୍ଷେତ୍ରରେ ସମ୍ପାଦନ କରନ୍ତି ବା ଦର୍ଶନ କରନ୍ତି, ସେମାନେ ସମସ୍ତେ ଧନ୍ୟ।

ଏହା ହିଁ ଉକ୍ତ ଅଧ୍ୟାୟର ସଂକ୍ଷିପ୍ତ ସାର।

◆◆◆

ପଞ୍ଚଚତ୍ୱାରିଂଶ ଅଧ୍ୟାୟ

(ଶ୍ରୀଜଗନ୍ନାଥ ମହାପ୍ରଭୁଙ୍କ ଦମନକ ଯାତ୍ରା)

ମହାପ୍ରଭୁ ଶ୍ରୀଜଗନ୍ନାଥଙ୍କର ଦମନକ ଯାତ୍ରା ହେଉଛି ଏକ ବିଶିଷ୍ଟ ମହୋତ୍ସବ। ପ୍ରଭୁଙ୍କର ଦ୍ୱାଦଶଯାତ୍ରା ମଧ୍ୟରେ ଏହି ଯାତ୍ରାର ଉଲ୍ଲେଖ ରହିଛି। ଅନ୍ୟାନ୍ୟ ଯାତ୍ରା ବିଷୟରେ ଶୁଣିବା ପରେ ବର୍ତ୍ତମାନ ମୁନିଗଣ ମହର୍ଷି ଜୈମିନିଙ୍କଠାରୁ ଏହି ଯାତ୍ରା ବିଷୟରେ ଶୁଣିବା ପାଇଁ ଇଚ୍ଛାପ୍ରକାଶ କରନ୍ତେ, ମହର୍ଷି ଜୈମିନି ଉକ୍ତ ଅଧ୍ୟାୟରେ ଏହି ଯାତ୍ରା ବିଷୟରେ ବର୍ଣ୍ଣନା କରୁଛନ୍ତି।

ଏହିଯାତ୍ରା ଚୈତ୍ର ମାସ ଶୁକ୍ଳ ପକ୍ଷ ତ୍ରୟୋଦଶୀ ଦିନ ଅନୁଷ୍ଠିତ ହୋଇଥାଏ। ଏହାପୂର୍ବରୁ ଦମନକ ନାମକ ରାକ୍ଷସ ବଧ କଥା ବର୍ଣ୍ଣନା କରାଯାଇଛି। ଉକ୍ତଦିନ ଭଗବାନ୍ ସ୍ୱୟଂ ଦମନକ ନାମକ ରାକ୍ଷସକୁ ବଧ କରି ମୁକ୍ତି ଦେଇଥିବାରୁ ତା'ର ଶରୀର ଯେଉଁଠାରେ ପଡ଼ିଥିଲା, ସେଠାରେ ଗୋଟିଏ ଦମନିକା ବା ଦୟଣାର ଗୁଳ୍ମର ଆବିର୍ଭାବ ଘଟିଥିଲା। ଜୀବନର ଶେଷ ସମୟରେ ଦମନକ ପ୍ରଭୁଙ୍କର ଶରଣାପନ୍ନ ହୋଇ ମୋକ୍ଷ ଚାହିଁଥିବାରୁ ଏହି ଦମନିକା ବା ଦୟଣା ପ୍ରଭୁଙ୍କର ଅତ୍ୟନ୍ତ ପ୍ରିୟ। ତେଣୁ ଏହି ଦିନ ଗୋଟିଏ ଏହି ଦୟଣାର ତୃଣ ଆଣି ତାକୁ ଅତ୍ୟନ୍ତ ଭକ୍ତିରେ ରୋପଣ କରାଯାଇଥାଏ। ସେଠାରେ ବିଷ୍ଣୁପ୍ରତିମାଙ୍କ ସହିତ ଲକ୍ଷ୍ମୀ ଓ ସତ୍ୟଭାମାଙ୍କର ପ୍ରତିମାକୁ ଯଥାବିଧ୍ୱ ସ୍ଥାପନ କରାଯାଇଥାଏ। ସମସ୍ତ କାର୍ଯ୍ୟ ରଜନୀର ଅର୍ଦ୍ଧଭାଗରେ କରାଯାଇଥାଏ। କାରଣ ସେହିଦିନ ରାତ୍ରିର ଅର୍ଦ୍ଧଭାଗରେ ମହାପ୍ରଭୁ ଦମନକର ବିନାଶ କରିଥିଲେ ଏବଂ ସେ ଏକ ତୃଣଭାବରେ ଜନ୍ମଗ୍ରହଣ କରିଥିଲା। ଏହାପରେ ସେହି ଅର୍ଦ୍ଧରାତ୍ରିରେ ପ୍ରାର୍ଥନା କରିବ। ହେ ପ୍ରଭୋ! ଆପଣ ଦମନକ ବିନାଶ କରି ଯେଭଳି ପ୍ରୀତ ହୋଇ ତାକୁ ମୁକ୍ତି ପ୍ରଦାନ କରି, ଯେଭଳି ପ୍ରୀତ ହୋଇଥିଲେ, ଠିକ୍ ସେହିଭଳି ବର୍ତ୍ତମାନ ମଧ୍ୟ ଆମର ପ୍ରାର୍ଥନାରେ ସନ୍ତୁଷ୍ଟ ହୋଇ

ଜଗତର କଲ୍ୟାଣ ସାଧନ କରନ୍ତୁ! ଏହିଭଳି ପ୍ରାର୍ଥନା କରି ସେହି ଦୟଣା ତୃଣକୁ ପ୍ରଭୁଙ୍କୁ ଅର୍ପଣ କରିବ। ଏହାପରେ ନୃତ୍ୟ, ଗୀତ ଓ ବାଦ୍ୟ ପ୍ରଭୃତିର ଆୟୋଜନ କରିବ। ସମ୍ପୂର୍ଣ୍ଣ ରାତ୍ରିରେ ଏହି ଗୀତକୃତ୍ୟାଦି କାର୍ଯ୍ୟକ୍ରମ ଚାଲୁରହିବ। ଏହାପରେ ସୂର୍ଯ୍ୟୋଦୟ ପୂର୍ବରୁ ପ୍ରଭୁଙ୍କୁ ବିଭିନ୍ନ ଉପଚାରରେ ପୂଜାକରି ସେହି ଦୟଣା ତୃଣ ଅର୍ପଣ କରି ତାଙ୍କୁ ପ୍ରାର୍ଥନା କରିବ ଏବଂ ମାନବଜାତିର କଲ୍ୟାଣ ସାଧନ ପାଇଁ ପ୍ରାର୍ଥନା କରିବ। କହିବ ହେ ପ୍ରଭୋ! ଏହି ଦୟଣାର ତୃଣକୁ ତୁମେ ଶରୀରରେ ଧାରଣ କର।

ଓଲାଗି ହୋଇଥିବା ଏହି ଦୟଣାର ତୃଣକୁ ଯେଉଁମାନେ ନିଜ ମସ୍ତକ ଉପରେ ଧାରଣ କରନ୍ତି ସେମାନେ ସମସ୍ତେ ଧନ୍ୟ ଏବଂ ବିଭିନ୍ନ ପାପରୁ ମୁକ୍ତ ହୋଇଥାନ୍ତି।

ଏହା ହିଁ ଉକ୍ତ ଅଧ୍ୟାୟର ସଂକ୍ଷିପ୍ତ ସାର।

◆◆◆

ଷଟ୍‌ଚତ୍ବାରିଂଶ ଅଧ୍ୟାୟ

(ଶ୍ରୀଜଗନ୍ନାଥ ମହାପ୍ରଭୁଙ୍କ ଅକ୍ଷୟ ତୃତୀୟା ଯାତ୍ରା)

ସ୍କନ୍ଦ ପୁରାଣରେ ମହାପ୍ରଭୁ ଶ୍ରୀଜଗନ୍ନାଥଙ୍କର ଯେଉଁ ବିଶିଷ୍ଟ ଯାତ୍ରାମାନଙ୍କ ବିଷୟରେ ଉଲ୍ଲେଖ ରହିଛି, ସେମାନଙ୍କ ମଧ୍ୟରୁ ଅକ୍ଷୟତୃତୀୟା ଯାତ୍ରା ଅନ୍ୟତମ। ଉକ୍ତ ଅଧ୍ୟାୟରେ ଏହି ଅକ୍ଷୟତୃତୀୟା ଯାତ୍ରା ସମ୍ପର୍କରେ ବର୍ଣ୍ଣନା କରାଯାଇଛି।

ବୈଶାଖମାସ ଶୁକ୍ଳପକ୍ଷ ତୃତୀୟା ଦିନ ଏହି ଯାତ୍ରା ଅନୁଷ୍ଠିତ ହେଉଥିବାରୁ ଏହାକୁ ଅକ୍ଷୟତୃତୀୟା ଯାତ୍ରା କୁହାଯାଏ। ଏହି ଦିନର ପୂର୍ବରାତ୍ରିର ମଧ୍ୟଭାଗରୁ ଏହି ଉତ୍ସବର ଆରମ୍ଭ ହୋଇଥାଏ। ପ୍ରଥମେ ଏକ ଚତୁଷ୍କୋଣାକାର ମଣ୍ଡପର ନିର୍ମାଣ କରାଯାଏ ଏବଂ ଏହାକୁ ଭଲଭାବରେ ଲେପନ କରିବା ପରେ ଏଠାରେ ଏକ ସର୍ବତୋଭଦ୍ର ମଣ୍ଡଳ ଅଙ୍କାଯାଇଥାଏ। ଏହାକୁ ଏକ ବସ୍ତ୍ରରେ ଆଚ୍ଛାଦନକରି ତା'ପରେ ଏକ ସୁବର୍ଣ୍ଣପାତ୍ରକୁ ସ୍ଥାପନ କରାଯାଏ। ଏହାର ପଶ୍ଚିମ ଭାଗରେ ଜଣେ ବ୍ରାହ୍ମଣ ସୁନ୍ଦର ଆସନରେ ଉପବେଶନ କରି ଗୋଟିଏ ସୁବର୍ଣ୍ଣପାତ୍ରରେ କୋଡ଼ିଏଟି ପାନ, ଚନ୍ଦନ, ଛଅପଳ କୃଷ୍ଣ ଅଗୁରୁ, ତିନିପଳ କୁଙ୍କୁମ ଏବଂ ତା'ର ଅଧା କସ୍ତୁରୀ ସ୍ଥାପନ କରି କିଛି କର୍ପୂର ଏବଂ ପଞ୍ଚତୀର୍ଥଜଳ ମିଶାଇ ପାତ୍ରରେ ପୋଷଣ କରିବ। ଏହାପରେ ତାକୁ ଏକ କେତକୀ ପତ୍ରରେ ଢାଙ୍କିଦେବ।

ଏହିଭଳି ଅଧିବାସ କାର୍ଯ୍ୟ ପରେ ଅରୁଣୋଦୟ ପୂର୍ବରୁ ଅତି ସକାଳୁ ଏହି ପାତ୍ରସ୍ଥିତ ସମସ୍ତ ସୁବାସିତ ଚନ୍ଦନକୁ ଶଙ୍ଖଧ୍ୱନି, ଛତ୍ର ଓ ରମ୍ୟ ବ୍ୟଜନର ତାଳେ ତାଳେ ପ୍ରଭୁଙ୍କ ଶରୀରରେ ଲେପନ କରିଦେବ। ଏହି ସମୟରେ ଶର୍ବରୀସୂକ୍ତ ପାଠ କରାଯିବ।

ବୈଶାଖମାସ ଶୁକ୍ଳ ପକ୍ଷ ତୃତୀୟାଦିନ ଏହି ଚନ୍ଦନ ଲେପ କରିବା ସମୟରେ ଏବଂ ଏହାପରେ ବୈଷ୍ଣବ ଭକ୍ତମାନେ ଜୟଧ୍ୱନି, ଶଙ୍ଖଧ୍ୱନି କରିବେ ଏବଂ ବ୍ରାହ୍ମଣ

ବେଦଧ୍ୱନି କରୁଥିବେ । ଏହି ସମୟରେ ଅନ୍ୟାନ୍ୟ ବୀଣାଦିବାଦ୍ୟ ବାଦନ କରାଯିବ । ଫଳରେ ମହାପ୍ରଭୁ ସମସ୍ତଙ୍କ ଉପରେ ସନ୍ତୁଷ୍ଟ ହୋଇ ସମଗ୍ର ମାନବଜାତିର ସୁଖ ଶାନ୍ତି ପାଇଁ ଆଶୀର୍ବାଦ ପ୍ରଦାନ କରିବେ ।

ମହାପ୍ରଭୁଙ୍କୁ ଏହି ଚନ୍ଦନଲେପ ପ୍ରଦାନ ପରେ ସୂକ୍ଷ୍ମ ବସନ, ମାଲ୍ୟ, ଭୋଜ୍ୟ, ଭକ୍ଷ୍ୟ ଏବଂ ପେୟ ଇତ୍ୟାଦି ବିବିଧ ସୁସ୍ୱାଦୁ ଭୋଜନ ପ୍ରଦାନ କରିବେ । ଏହି ସମୟରେ ମହାପ୍ରଭୁଙ୍କୁ ଯେଉଁମାନେ ଭକ୍ତି ସହକାରେ ଦର୍ଶନ କରନ୍ତି ସେମାନେ ବିଷ୍ଣୁଙ୍କ ସାରୂପ୍ୟ ଲାଭ କରନ୍ତି ଏବଂ ପରିଶେଷରେ ବୈକୁଣ୍ଠରେ ବାସକରନ୍ତି ।

ପୂର୍ବକାଳରେ ଦକ୍ଷପ୍ରଜାପତି ଧରାଧାମକୁ ଆସି ଏହି ଦିନ ପ୍ରଭୁଙ୍କର ସର୍ବାଙ୍ଗରେ ଚନ୍ଦନ ଲେପନ କରି ସଂସାରର କଲ୍ୟାଣ ପାଇଁ ଯେଉଁ ସ୍ତୁତି କରିଥିଲେ ତାହା ଉକ୍ତ ଅଧ୍ୟାୟରେ ଖୁବ୍ ସୁନ୍ଦର ଭାବରେ ବର୍ଣ୍ଣନା କରାଯାଇଛି ।

ଫଳଶ୍ରୁତି ସ୍ୱରୂପ – ଯେଉଁମାନେ ଅକ୍ଷୟତୃତୀୟାର ଏହି ଉତ୍ସବକୁ ଦୋଳାରେ ଏବଂ ଭକ୍ତିପୂର୍ଣ୍ଣ ହୃଦୟରେ ଦର୍ଶନ କରନ୍ତି ସେମାନେ ଧନ୍ୟ ଏବଂ ସେମାନଙ୍କର ତାପ ତ୍ରୟର ବିନାଶ ଘଟିଥାଏ । ଦକ୍ଷପ୍ରଜାପତିଙ୍କର ପ୍ରାର୍ଥନାରେ ମହାପ୍ରଭୁ ନାରାୟଣ ସନ୍ତୁଷ୍ଟ ହୋଇ ଆବିର୍ଭୂତ ହେଲେ ଏବଂ ତାଙ୍କୁ କହିଲେ – ହେ ପ୍ରଜାପତି ! ତୁମର ପ୍ରାର୍ଥନାରେ ମୁଁ ଅତ୍ୟନ୍ତ ସନ୍ତୁଷ୍ଟ । ତୁମ୍ଭେ ମୋର ଅଙ୍ଗସ୍ୱରୂପ ବ୍ରହ୍ମାଙ୍କର ଗର୍ଭରୁ ଜାତ ହୋଇଛ । ମୋର ଚନ୍ଦନ ଉତ୍ସବ ତୁମେ ସୁଚାରୁରୂପେ ସମ୍ପାଦନ କରିଛ । ତେଣୁ ମୁଁ ତୁମ୍ଭକୁ ଏହି ବରଦାନ ଦେଉଛି ଯେ–ହେ ପ୍ରଜାପତି ! ତୁମ୍ଭେ ଯେଉଁଭଳି ଏହି ଉତ୍ସବ ସମ୍ପାଦନ କରିଛ, ସେହିଭଳି ଯେଉଁମାନେ ଏହାକୁ ସମ୍ପାଦନ କରିବେ ସେମାନଙ୍କର ତାପ ତ୍ରୟର ବିନାଶ ଘଟିବ । ତା'ର ବୈକୁଣ୍ଠ ଧାମପ୍ରାପ୍ତି ନିଶ୍ଚିତ ହେବ ।

ଏହାପରେ ଜୈମିନି କହୁଛନ୍ତି – ହେ ମୁନିଗଣ ! ଏହି ଭଳି ପ୍ରଭୁ ନାରାୟଣ ଦକ୍ଷପ୍ରଜାପତିଙ୍କୁ ବରଦାନ କରି ଅନ୍ତର୍ହିତ ହୋଇଗଲେ । ଏହାପରେ ଦକ୍ଷପ୍ରଜାପତି ଏକବର୍ଷକାଳ ନୀଳାଚଳରେ ରହିଲେ ଏବଂ କାଳକ୍ରମେ କୌଶିକ କୁଳରେ ଜନ୍ମଗ୍ରହଣ କରି ପ୍ରଭୁଙ୍କର ଅକ୍ଷୟ ତୃତୀୟା ଯାତ୍ରା ସମେତ ଅନ୍ୟାନ୍ୟ ଯାତ୍ରାର ମହତ୍ତ୍ୱ ବିଷୟରେ ପ୍ରବର୍ତ୍ତାଇଲେ । ପୁରୀରେ ଅବସ୍ଥାନ, ସିନ୍ଧୁସ୍ନାନ, କଳ୍ପବଟମୂଳେ ଦାରୁବ୍ରହ୍ମଙ୍କର ସାକ୍ଷାତ୍ ଦର୍ଶନ ଯେ କରନ୍ତି ସେମାନେ ଯୋଗୀ ଏବଂ ସାକ୍ଷାତ୍ ପରଂବ୍ରହ୍ମଙ୍କର ସାନ୍ନିଧ୍ୟରେ ଆସିଥାନ୍ତି ।

ଏହାହିଁ ଉକ୍ତ ଅଧ୍ୟାୟର ସଂକ୍ଷିପ୍ତସାର ।

◆◆◆

ସପ୍ତଚତ୍ୱାରିଂଶ ଅଧ୍ୟାୟ

(ଶ୍ରୀଜଗନ୍ନାଥଙ୍କର ଉପାସନାର ବିଧି ଓ ବିଶେଷତ୍ୱ)

ସ୍କନ୍ଦ ପୁରାଣର ପୁରୁଷୋତ୍ତମ ମାହାତ୍ମ୍ୟଖଣ୍ଡ ହେଉଛି ମହାପ୍ରଭୁ ଶ୍ରୀଜଗନ୍ନାଥଙ୍କର ବିବିଧଲୀଳା, ମହୋତ୍ସବ, ନୀତି, କାନ୍ତି ଓ ଯାତ୍ରା ବିଷୟରେ ମହର୍ଷି ଜୈମିନି ଓ ମୁନିମାନଙ୍କ ମଧ୍ୟରେ କଥୋପକଥନ। ବିଭିନ୍ନ ଯାତ୍ରାର ବିଧିବିଧାନ ଓ ମହତ୍ତ୍ୱ ବିଷୟରେ ଶୁଣିବା ପରେ ମୁନିମାନେ ପଚାରୁଛନ୍ତି – ହେ ମହର୍ଷି! ପ୍ରଭୁଙ୍କର ସମସ୍ତ ଯାତ୍ରା ବିଷୟରେ ଆମେ ଆପଣଙ୍କର ଶ୍ରୀମୁଖରୁ ଶ୍ରବଣ କଲୁ। ବର୍ତ୍ତମାନ କୁହନ୍ତୁ – ସଂସାରରେ ବସବାସ କରୁଥିବା ଏକ ସକାମ ବ୍ୟକ୍ତି କିଭଳି ତାଙ୍କୁ ଲାଭ କରିପାରିବ ? ଏହି ପ୍ରଶ୍ନର ଉତ୍ତରରେ ମହର୍ଷି ଜୈମିନି କହୁଛନ୍ତି – ହେ ମୁନିଗଣ! ସେ ପ୍ରଭୁ ହେଉଛନ୍ତି ଅନନ୍ତ। ଅବର୍ଣ୍ଣନୀୟ। ଅବାଙ୍ମନସ ଗୋଚର। ବିଶ୍ୱବାସୀଙ୍କୁ ସେ ଧର୍ମ, ଅର୍ଥ, କାମ ଓ ମୋକ୍ଷ – ଏହି ଚତୁବର୍ଗକୁ ପ୍ରଦାନ କରିବା ପାଇଁ ନୀଳାଚଳ କ୍ଷେତ୍ରରେ ଆବିର୍ଭୂତ ହୋଇଛନ୍ତି। ଧର୍ମ ଓ ମୋକ୍ଷର ମାର୍ଗ ଓ ମହତ୍ତ୍ୱ ଅତ୍ୟନ୍ତ ଗଭୀର ଅର୍ଥ । ଏବଂ କାମ – ଏହି ଦୁଇଟି ତତ୍ତ୍ୱ ସାଧାରଣ ଲୋକଙ୍କ ପାଇଁ ଅତ୍ୟନ୍ତ ଜରୁରୀ। ମହାପ୍ରଭୁ ହେଉଛନ୍ତି ଧର୍ମ, ଅର୍ଥ, କାମ ଓ ମୋକ୍ଷ –ଏହି ଚାରିଗୋଟି ପୁରୁଷାର୍ଥଯୁକ୍ତ ମହାବାହୁ। ତେଣୁ ଯେଉଁମାନେ ତାଙ୍କର ବିବିଧ ରୂପକୁ ଭକ୍ତିରେ ଅର୍ଚ୍ଚନା କରିଥାନ୍ତି ସେମାନେ ଏ ସଂସାରରେ ବିଭିନ୍ନ ଫଳଲାଭ କରି ଆନନ୍ଦରେ କାଳାତିପାତ କରିଥାନ୍ତି। ପ୍ରକାଶଥାଉକି – ମହାପ୍ରଭୁ ଜଗନ୍ନାଥ ଜଗଦ୍‌ବ୍ୟାପୀ। ସବୁଠାରେ ସେ ବିଦ୍ୟମାନ, ଯାହାକି ଗୀତାର ବିଶ୍ୱରୂପ ଦର୍ଶନ ଓ ବିଭୂତି ଯୋଗରେ ଖୁବ୍ ସୁନ୍ଦର ଭାବରେ ବର୍ଣ୍ଣନା କରାଯାଇଛି। ତାଙ୍କର ସେହି ବିଭିନ୍ନ ରୂପକୁ ଭକ୍ତିର ସହିତ ପୂଜା କରିବାପାଇଁ ଏଠାରେ ମହର୍ଷି ଜୈମିନି ତାଙ୍କର ଶିଷ୍ୟମାନଙ୍କୁ ପରାମର୍ଶ ଦେଇଛନ୍ତି।

ଯେଉଁମାନେ ମହାପ୍ରଭୁ ଜଗନ୍ନାଥଙ୍କୁ ଇନ୍ଦ୍ର ଭାବରେ ପୂଜାକରନ୍ତି ସେମାନେ ଐଶ୍ୱର୍ଯ୍ୟ ଲାଭକରନ୍ତି । ଯେଉଁମାନେ ବିଧାତା ଭାବରେ ଅର୍ଚ୍ଚନା କରନ୍ତି ସେମାନଙ୍କର ବଂଶବୃଦ୍ଧି ହୋଇଥାଏ, ଯେଉଁମାନେ ସନତ୍‌ କୁମାର ଭାବରେ ଅର୍ଚ୍ଚନା କରନ୍ତି, ସେମାନେ ଆୟୁଷ, ଯେଉଁମାନେ ସିନ୍ଧୁ ବା ମହୋଦଧି ଭାବରେ ପୂଜାକରନ୍ତି ସେମାନେ ଗଙ୍ଗାଦି ତୀର୍ଥର ସାନ୍ନିଧ୍ୟ, ଯେଉଁମାନେ ସୂର୍ଯ୍ୟଭାବରେ ଅର୍ଚ୍ଚନା କରନ୍ତି ସେମାନେ ତେଜ, ଯେଉଁମାନେ ତାଙ୍କୁ ଚନ୍ଦ୍ରଭାବରେ ପୂଜନ୍ତି – ସେମାନେ ସୌଭାଗ୍ୟ ଲାଭ କରନ୍ତି । ଆଉ ଯେଉଁମାନେ ତାଙ୍କୁ ଯକ୍ଷେଶ୍ୱର ଭାବରେ ପୂଜା କରନ୍ତି, ସେମାନେ ଅଶ୍ୱମେଧ ଯଜ୍ଞର ଫଳ ପାଇଥାନ୍ତି ଏବଂ ଯେଉଁମାନେ କୁବେର ଭାବରେ ପୂଜା କରନ୍ତି ସେମାନେ ସମୃଦ୍ଧି ଲାଭ କରନ୍ତି । ତେଣୁ ହେ ବିପ୍ର ଗଣ ! ତୁମ୍ଭେ ସମସ୍ତେ ଶ୍ରୀକ୍ଷେତ୍ରକୁ ଯାଅ । ସେଠାରେ ବାସ କର । ମହାପ୍ରଭୁ ଶ୍ରୀଜଗନ୍ନାଥଙ୍କୁ ବିଭିନ୍ନ ଭାବରେ ପୂଜା କର । ସେ କୃପାମୟ । ସେ କରୁଣା ବରୁଣାଳୟ । ତୁମ୍ଭଙ୍କୁ ନିଶ୍ଚିତ କୃପା କରିବେ ଏବଂ ତୁମ୍ଭେମାନେ ଚତୁର୍ବର୍ଗ ଲାଭ କରିବ ।

ଏହାହିଁ ଉକ୍ତ ଅଧ୍ୟାୟର ସଂକ୍ଷିପ୍ତସାର ।

◆◆◆

ଅଷ୍ଟଚତ୍ବାରିଂଶ ଅଧ୍ୟାୟ

(ଶ୍ବେତରାଜାଙ୍କୁ ଶ୍ରୀଜଗନ୍ନାଥଙ୍କର ସେବାପୂଜା ସମର୍ପଣ
(ରାଜା ଇନ୍ଦ୍ରଦ୍ୟୁମ୍ନଙ୍କ ଦ୍ବାରା) କୃପାମୟଙ୍କର କୃପାଭିକ୍ଷା।
ଇନ୍ଦ୍ରଦ୍ୟୁମ୍ନଙ୍କର ବ୍ରହ୍ମଲୋକ ଗମନ ଅଭିଳାଷ।)

ଶିଷ୍ୟମାନେ ଜୈମିନିଙ୍କୁ ପୁନର୍ବ ପଚାରୁଛନ୍ତି – ହେ ମହର୍ଷି! ଆପଣଙ୍କର
କୃପାରୁ ମହାପ୍ରଭୁଙ୍କର ଯାତ୍ରା ଓ ମହୋସ୍ବ ଇତ୍ୟାଦି ବିଷୟରେ ତଥା ରାଜା
ଇନ୍ଦ୍ରଦ୍ୟୁମ୍ନଙ୍କ ଦ୍ବାରା କରାଯାଇଥିବା ମନ୍ଦିର ନିର୍ମାଣ, ମୂର୍ତ୍ତି ନିର୍ମାଣ, ଯଜ୍ଞ ସମ୍ପାଦନ,
ମନ୍ଦିର ପ୍ରତିଷ୍ଠା, ପ୍ରଭୁଙ୍କ ଆବିର୍ଭାବ, ବିଭିନ୍ନ ଯାତ୍ରା ଓ ମହୋସ୍ବ ସମ୍ପାଦନ ଇତ୍ୟାଦି
ବିଷୟରେ ଶୁଣି ବହୁତ ପ୍ରସନ୍ନ ହେଲୁ। ବର୍ତ୍ତମାନ କୁହନ୍ତୁ – ଭଗବାନଙ୍କଠାରୁ ରାଜା
ଇନ୍ଦ୍ରଦ୍ୟୁମ୍ନ ପ୍ରଭୁଙ୍କର ଯାତ୍ରା ଓ ମହୋସ୍ବର ନୀତିକାନ୍ତି, ବିଧ୍ ବିଧାନ ପ୍ରସଙ୍ଗରେ
ଶୁଣିବା ପରେ ଏବଂ ସେହି ଉସ୍ବମାନ ଅନୁଷ୍ଠାନ କରିବାପରେ କଣ କଲେ?
ଏହା ଶୁଣି ଜୈମିନି କହୁଛନ୍ତି – ହେ ମୁନିବୃନ୍ଦ! ଏହାପରେ ରାଜା ଇନ୍ଦ୍ରଦ୍ୟୁମ୍ନ
ମହାପ୍ରଭୁଙ୍କର ଏ ସମସ୍ତ ନୀତିକାନ୍ତି ସମ୍ପାଦନ କରିବାପାଇଁ ଶ୍ବେତନୃପତିଙ୍କୁ ଅନୁରୋଧ
କଲେ। ସେ ମଧ ଏ ସବୁ କାର୍ଯ୍ୟ ସମ୍ପାଦନ କରିବା ପାଇଁ ରାଜି ହୋଇଗଲେ।
ଏହାପରେ ରାଜା ଇନ୍ଦ୍ରଦ୍ୟୁମ୍ନ ତାଙ୍କର ଅର୍ଜିତ ଅଶେଷ ପୁଣ୍ୟ ବଳରେ ବ୍ରହ୍ମଲୋକକୁ
ଗମନ କଲେ।

ଏହା ହିଁ ଉକ୍ତ ଅଧ୍ୟାୟର ସଂକ୍ଷିପ୍ତ ସାର।

❖❖❖

ଏକୋନପଞ୍ଚାଶତ୍ତମ ଅଧ୍ୟାୟ

(ନିବୃତ୍ତି ମାର୍ଗ ହିଁ ଶ୍ରେଷ୍ଠ ମାର୍ଗ। ଶ୍ରୀକ୍ଷେତ୍ରର ମହତ୍ତ୍ୱ।
ମୁକ୍ତିର ସହଜତମ ମାର୍ଗ ବର୍ଣ୍ଣନା।)

ପୁରୁଷୋତ୍ତମଙ୍କର ମହିମା ଓ ମହୋତ୍ସବ ପ୍ରଭୃତି ବିଷୟରେ ବିସ୍ତୃତ ଭାବରେ
ମହର୍ଷି ଜୈମିନିଙ୍କଠାରୁ ଶୁଣିବାପରେ ଶୌନକ ପ୍ରଭୃତି ମୁନିଗଣ ଅତ୍ୟନ୍ତ ଆନନ୍ଦିତ
ହୋଇଗଲେ ଏବଂ ଏ ପର୍ଯ୍ୟନ୍ତ ସେମାନେ ଏହି ମୁକ୍ତିର ଧାମ ମର୍ତ୍ତ୍ୟବୈକୁଣ୍ଠ
ଗୁପ୍ତବୃନ୍ଦାବନ ଶ୍ରୀକ୍ଷେତ୍ରକୁ ଯାତ୍ରା କରିନଥିବାରୁ ବା ଅନ୍ୟ କାହା ଠାରୁ ଶୁଣିନଥିବାରୁ
ଅତ୍ୟନ୍ତ ଅନୁତପ୍ତ ହେଲେ। ମହର୍ଷିଙ୍କର ପରାମର୍ଶକ୍ରମେ ସମସ୍ତେ ପୁରୁଷୋତ୍ତମଧାମକୁ
ଯାଇ ସେଠାରେ ପ୍ରଭୁଙ୍କର ଦର୍ଶନ କରି ଜୀବନର ଅନ୍ତିମ ସମୟ ଅତିବାହିତ
କରିବା ପାଇଁ ନିଷ୍ପତ୍ତି ଗ୍ରହଣ କଲେ। ଏହି ସମୟରେ ମୁନିମାନଙ୍କ ମଧ୍ୟରେ ଉପସ୍ଥିତ
ମହର୍ଷି ଜୈମିନିଙ୍କର ଜଣେ ଶିଷ୍ୟ ଉଦ୍ଦାଲକ ଦଣ୍ଡାୟମାନ ହୋଇ ବିନୀତ ଭାବରେ
ପ୍ରଶ୍ନ କଲେ — ହେ ଗୁରୁଦେବ! ମୋର ମନରେ ଗୋଟିଏ ଜିଜ୍ଞାସା ଜାଗ୍ରତ
ହେଉଛି। ମହର୍ଷି ବ୍ୟାସ ଚାରିବେଦର ପ୍ରବର୍ତ୍ତନ କଲେ। ବ୍ରହ୍ମସୂତ୍ର ରଚନା କଲେ।
ଅନେକ ଶାସ୍ତ୍ର ମଧ୍ୟ ପ୍ରଣୟନ କଲେ। କିନ୍ତୁ ସାଧାରଣ ମନୁଷ୍ୟ ପାଇଁ କିଂ କର୍ମ, କିମ୍
ଅକର୍ମ। ଏ ବିଷୟରେ ସନ୍ଦେହ ଜାରି ରଖିଲେ। ହେଲେ ଆପଣ ଏ ସମସ୍ତ ଶାସ୍ତ୍ରକୁ
ଦୃଷ୍ଟିରେ ରଖି ମୀମାଂସା ଶାସ୍ତ୍ରର ପ୍ରବର୍ତ୍ତନ କଲେ ଏବଂ "କର୍ମ" ତତ୍ତ୍ୱର ବ୍ୟାଖ୍ୟା
କଲେ। ଏହି ଶାସ୍ତ୍ରର ମୂଳ ହିଁ ବେଦ। ଆପଣ ଏହି ଶାସ୍ତ୍ର ମାଧ୍ୟମରେ ମନୁଷ୍ୟଜାତିର
କଲ୍ୟାଣ ସାଧନ କରିବା ପାଇଁ ଶୁଭକର୍ମ ପଥର ପ୍ରବର୍ତ୍ତନ କରିଛନ୍ତି। ବ୍ୟାସ ଯେଭଳି
ବେଦାନ୍ତର ପ୍ରଚାର କରିଛନ୍ତି ଆପଣ ମଧ୍ୟ ସେହିଭଳି କର୍ମତତ୍ତ୍ୱ ପ୍ରଚାର ମାଧ୍ୟମରେ
ବେଦାନ୍ତ ତତ୍ତ୍ୱର ପ୍ରଚାର କରିଛନ୍ତି। କିନ୍ତୁ ବର୍ତ୍ତମାନ ଆପଣ କହୁଛନ୍ତି ଯେ କୌଣସି
ବେଦାନ୍ତ ଜ୍ଞାନ ନ ଥାଇ ମଧ୍ୟ ଯଦି ଜଣେ କେବଳ ଏହି ନୀଳାଚଳଧାମରେ

ବାସରେ ଏବଂ ମହାପ୍ରଭୁ ପୁରୁଷୋତ୍ତମ ଜଗନ୍ନାଥଙ୍କର ଦର୍ଶନ କରେ ଏବଂ ଏହି ଧାମରେ ତା'ର ମୃତ୍ୟୁ ହୋଇଯାଏ ତେବେ ସେ ମୁକ୍ତିଲାଭ କରିଥାଏ। ତେବେ ବେଦାନ୍ତଜ୍ଞାନ ଦ୍ୱାରା ମୁକ୍ତି ନା ଶ୍ରୀକ୍ଷେତ୍ରବାସ ଓ ମରଣ ଦ୍ୱାରା ମୁକ୍ତି? ଏହି ପ୍ରଶ୍ନ ଶୁଣି ମହର୍ଷି ଜୈମିନି କହିଲେ – ବସ୍‌! ତୁମେ ବେଦାନ୍ତ ଜ୍ଞାନ, ପ୍ରଭୁ ପୁରୁଷୋତ୍ତମଙ୍କର ଦର୍ଶନ ଏବଂ ନୀଳାଚଳ ଧାମରେ ବାସ – ଏହି ବିଷୟଗୁଡ଼ିକ ଭିନ୍ନ ଭିନ୍ନ ବୋଲି ଚିନ୍ତାକରୁଥିବାରୁ ତୁମର ମନରେ ଏଭଳି ଭ୍ରମଜାତ ହେଉଛି। ବସ୍ତୁତଃ ବ୍ରହ୍ମଜ୍ଞାନ, କର୍ମ ସମ୍ପାଦନ, ପ୍ରଭୁଙ୍କ ତୀର୍ଥକ୍ଷେତ୍ରରେ ଅବସ୍ଥାନ ଏବଂ ତାଙ୍କର ଦର୍ଶନ – ଏ ସମସ୍ତ ତତ୍ତ୍ୱ ଏକ। ଏହି କ୍ଷେତ୍ର ହେଉଛି ପ୍ରଭୁଙ୍କର ଶରୀର ଭୂତ। ତେଣୁ ଏହି କ୍ଷେତ୍ରର ନାମ ପୁରୁଷୋତ୍ତମ ଏବଂ ଏହି କ୍ଷେତ୍ରର ଅଧିପତିଙ୍କର ନାମ ମଧ୍ୟ ହେଉଛି ପୁରୁଷୋତ୍ତମ। ଏଠାରେ ଯେଉଁ ଦାରୁରୂପୀ ଜଗନ୍ନାଥ ଅଛନ୍ତି – ସେ ହେଉଛନ୍ତି ସ୍ୱୟଂ ପରଂବ୍ରହ୍ମ। ଏଠାରେ ଥିବା ପଞ୍ଚତୀର୍ଥର ସେବା ହିଁ ପ୍ରକୃତ କର୍ମ। ଏଠାରେ ବସବାସ କରୁଥିବା ଭକ୍ତଙ୍କୁ ଜୀବନର ମୁମୂର୍ଷୁ ଅବସ୍ଥାରେ ମହାପ୍ରଭୁ ସ୍ୱୟମ୍ ଆସି ତା'ର କର୍ଣ୍ଣରେ ବ୍ରହ୍ମଜ୍ଞାନ ବା ବେଦାନ୍ତର ଜ୍ଞାନ ଦେଇଥାନ୍ତି। ଶେଷ ସମୟରେ ମହାପ୍ରଭୁଙ୍କ ଆଶୀର୍ବାଦରୁ ସେ ବ୍ରହ୍ମଜ୍ଞାନ ଲାଭ କରିଥାଏ। ଏହିଭଳି ଭାବରେ ଯିଏ ଏହି ଧାମରେ ମହାପ୍ରଭୁଙ୍କ ଆଶୀର୍ବାଦ ଲାଭ କରେ, ସେ ବାସ୍ତବରେ ବ୍ରହ୍ମଜ୍ଞାନୀ। ତାର ମୃତ୍ୟୁପରେ ସେ ମୋକ୍ଷ ଲାଭ କରିଥାଏ। ଆଉ ପୁନର୍ଜନ୍ମ ହୁଏ ନାହିଁ। ହେ ଉଦ୍ଦାଲକ! ଶାସ୍ତ୍ରରେ ମୁକ୍ତିର ବିବିଧ ମାର୍ଗ ବିଷୟରେ ବର୍ଣ୍ଣନା କରାଯାଇଛି। ହେଲେ ମୁକ୍ତିର ଅତ୍ୟନ୍ତ ସହଜମାର୍ଗ ହେଉଛି – ଏହି ନୀଳାଚଳଧାମରେ ଅବସ୍ଥାନ ଓ ପ୍ରଭୁଙ୍କର ଦର୍ଶନ କର ଏହି ପାଞ୍ଚଭୌତିକ ଶରୀରକୁ ତ୍ୟାଗ କରିବାପୂର୍ବକ ମହାପ୍ରଭୁଙ୍କର ଦର୍ଶନ କର। ଏବଂ ସେଠାରେ ଅବସ୍ଥିତ ପଞ୍ଚତୀର୍ଥର ସାକ୍ଷାତ୍ ସାନ୍ନିଧ୍ୟ ଲାଭ କରି ତାଙ୍କର ଗୁଣକୀର୍ତ୍ତନ କର। ଫଳରେ ମୁକ୍ତି ଅବଶ୍ୟ ଲାଭ କରିପାରିବ।

ଏହା ହିଁ ଉକ୍ତ ଅଧ୍ୟାୟର ସଂକ୍ଷିପ୍ତ ସାର।

◆◆◆

ପଞ୍ଚାଶତମ ଅଧ୍ୟାୟ

(ପୁରୁଷୋତ୍ତମକ୍ଷେତ୍ରବାସର ବିଶେଷତ୍ୱ।)

ସ୍କନ୍ଦ ପୁରାଣର ଉକ୍ତ ଅଧ୍ୟାୟଟି ପୁରୁଷୋତ୍ତମକ୍ଷେତ୍ର ଓ ତତ୍ତ୍ୱ ପ୍ରସଙ୍ଗରେ ଅତ୍ୟନ୍ତ ଗୁରୁତ୍ୱପୂର୍ଣ୍ଣ। ମହର୍ଷି ଜୈମିନି ଉଦ୍ଦାଲକଙ୍କର ପ୍ରଶ୍ନର ଉତ୍ତର ଦେବାପରେ ପୁଣି ମୋକ୍ଷର ମହତ୍ତ୍ୱ, ମୋକ୍ଷପ୍ରାପ୍ତିର ସୁଗମ ମାର୍ଗ ଏବଂ ପୁରୁଷୋତ୍ତମ କ୍ଷେତ୍ର ମଧ କାଶୀକ୍ଷେତ୍ରଠାରୁ ମହାନ୍ – ଏ ବିଷୟରେ ବିସ୍ତୃତ ଭାବରେ ତାତ୍ତ୍ୱିକ ବିଶ୍ଳେଷଣ କରୁଛନ୍ତି।

ହେ ମୁନିବୃନ୍ଦ ! ପ୍ରତ୍ୟେକ ବ୍ୟକ୍ତି ମୋକ୍ଷ କାମନା କରିଥାଏ। ପ୍ରତ୍ୟେକଙ୍କ ନିକଟରେ ଥିବା ଆତ୍ମା ହେଉଛି ଅବ୍ୟୟ, ଅକ୍ଷୟ ଓ ଅବିନାଶୀ। କିନ୍ତୁ ସଂସାରର ବିଷୟବାସନା, ବିଶେଷତଃ କାମ, କ୍ରୋଧ, ଲୋଭ, ମୋହ, ମଦ ଓ ମାସ୍ୟର୍ଯ୍ୟର ସଂସ୍ପର୍ଶରେ ଆସି ମଣିଷ ନିଜର ଆତ୍ମାକୁ ଭୁଲିଯାଏ ଏବଂ ସଂସାରର କଳଙ୍କରେ ବାନ୍ଧି ହୋଇଯାଏ। ସମସ୍ତେ ଏହି ସାଂସାରିକ ବନ୍ଧନରୁ ମୁକ୍ତି ପାଇବା ପାଇଁ ଲାଲାୟିତ ହୋଇଥାନ୍ତି। ବଞ୍ଚିଥିବା ସମୟରେ ମଣିଷ ଗୁଣତ୍ରୟର ପ୍ରଭାବ ତଥା ଅନ୍ୟାନ୍ୟ ସାଂଖ୍ୟତତ୍ତ୍ୱର ପ୍ରଭାବରେ ଅହଂକାରୀ ହୋଇଥାଏ। ସେତେବେଳେ ସେ ଜଣେ ବିକାରଗ୍ରସ୍ତ ପୁରୁଷଙ୍କ ଭଳି ସଚ୍ଚିଦାନନ୍ଦ ପରଂବ୍ରହ୍ମଙ୍କୁ ଭୁଲିଯାଏ ଏବଂ ସାଂସାରିକ ବନ୍ଧନରେ ପଡ଼ିଯାଏ। ମୁକ୍ତିଠାରୁ ମଧ କ୍ରମଶଃ ଦୂରେଇ ଯାଏ। ଫଳରେ ବିଭିନ୍ନପ୍ରକାରର ଦୁଃଖ ଯଥା– ଆଧ୍ୟାତ୍ମିକ, ଆଧ୍ୟଦୈବିକ ଓ ଆଧ୍ୟଭୌତିକ ଦୁଃଖରେ ସେ ସନ୍ତପ୍ତ ହୋଇଯାଏ। ସେ କ୍ରମଶଃ ମାୟା ଓ ଅଜ୍ଞାନରେ ଆବୃତ ହୋଇଯାଏ। ଏହିଭଳି ପରିସ୍ଥିତିରୁ ରକ୍ଷାପାଇବା ପାଇଁ କେବଳ କର୍ମ ନୁହେଁ, ଜ୍ଞାନର ମଧ ଆବଶ୍ୟକତା ରହିଥାଏ। ଯେତେବେଳେ ଜୀବନର ଅନ୍ତିମ ପର୍ଯ୍ୟାୟରେ ଏକ ମୁମୂର୍ଷୁ ମନୁଷ୍ୟ ଏହି ଧାମକୁ ଆସିଥାଏ ଏବଂ ଏଠାରେ ଅବସ୍ଥାନ କରେ, ସେତେବେଳେ ସ୍ୱୟଂ ପରଂବ୍ରହ୍ମ ଜଗନ୍ନାଥ ଏହି ମୁମୂର୍ଷୁର କର୍ଣ୍ଣରେ ବ୍ରହ୍ମଜ୍ଞାନ

ଦେଇଥାନ୍ତି । ଫଳରେ ଭାଗବତରେ ବର୍ଣ୍ଣିତ ନବଧା ଭକ୍ତିର ମାର୍ଗରେ ଉକ୍ତ ମୁମୂର୍ଷୁ ପରିଚାଳିତ ହୋଇଥାଏ । ଯେଭଳି ଅୟସ୍କାନ୍ତ ମଣି ଖଣ୍ଡିଏ ଲୁହାକୁ ନିଜ ନିକଟକୁ ଟାଣିନିଏ, ଠିକ୍ ସେହିଭଳି ଏହି କ୍ଷେତ୍ରରେ ବାସକରୁଥିବା ପ୍ରତ୍ୟେକ ବ୍ୟକ୍ତିଙ୍କୁ ସେହି ଅୟସ୍କାନ୍ତ ମଣି ବା ଚୁମ୍ବକ ସଦୃଶ ପ୍ରଭୁ ଦାରୁବ୍ରହ୍ମ ଆକର୍ଷଣ କରି ନେଇଥାନ୍ତି । ତା'ପରେ ଯେତେବେଳେ ତା'ର ପ୍ରାଣ ତ୍ୟାଗ ହୋଇଥାଏ, ସେତେବେଳେ ସେ ସ୍ୱର୍ଗଦ୍ୱାର ବାଟ ଦେଇ ସ୍ୱର୍ଗଧାମ ବା ବୈକୁଣ୍ଠଧାମର ଯାତ୍ରୀ ହୋଇଥାଏ । ପୃଥିବୀରେ ଆଉ ଏକ ପୁଣ୍ୟତୀର୍ଥ ଅଛି । ତାହା କାଶୀ । ସେଠାରେ ପୂର୍ବରୁ ଭଗବାନ୍ ଶିବ ମୁମୂର୍ଷୁର କର୍ଣ୍ଣରେ ବ୍ରହ୍ମଜ୍ଞାନ ଦେଇଥିଲେ । କିନ୍ତୁ ବର୍ତ୍ତମାନ ସେ କାଶୀଧାମ ତ୍ୟାଗ କରିଛନ୍ତି । ତେଣୁ କାଶୀରେ ମୁମୂର୍ଷୁର ମୁକ୍ତି ସେଭଳି ସୁଗମ ହୋଇରହିନାହିଁ । ଏଠାରେ ମାତା ଗଙ୍ଗାଙ୍କର ପ୍ରଭାବ ଓ ଆଶୀର୍ବାଦରେ ମୁକ୍ତି ହୋଇଥାଏ । କିନ୍ତୁ ପୁରୁଷୋତ୍ତମ ଧାମରେ ପ୍ରଭୁଜଗନ୍ନାଥ ସ୍ୱୟଂ ମୁମୂର୍ଷୁର କର୍ଣ୍ଣରେ ବ୍ରହ୍ମଜ୍ଞାନ ଦେଇଥାନ୍ତି । ଏଠାରେ ମହୋଦଧିଜଳର ପ୍ରଭାବ ରହିଛି । ସ୍ୱର୍ଗଦ୍ୱାର ଉପରେ ବିରାଜମାନ ଅନ୍ତରୀକ୍ଷର ମଧ୍ୟ ପ୍ରଭାବ ରହିଛି । ପୁରୁଷୋତ୍ତମଧାମର ଧୂଳି ବା ଶରଧାବାଲିର ମଧ୍ୟ ପ୍ରଭାବ ରହିଛି । ସବୁ ସଂସ୍ପର୍ଶରେ ଆସି ଏଠି ପ୍ରାଣତ୍ୟାଗ କରୁଥିବା ବ୍ୟକ୍ତିର ମୋକ୍ଷ ସୁନିଶ୍ଚିତ ।

ଏହାହିଁ ଉକ୍ତ ଅଧ୍ୟାୟର ସଂକ୍ଷିପ୍ତ କଥାବସ୍ତୁ ।

◆◆◆

ଏକପଞ୍ଚାଶତ୍ତମ ଅଧ୍ୟାୟ

(ଭକ୍ତବିପ୍ର ଉପାଖ୍ୟାନ)

ନିଜର ଶିଷ୍ୟ ଉଦ୍ଦାଲକଙ୍କର ଅଧିକ ସନ୍ଦେହମୋଚନ କରିବା ଉଦ୍ଦେଶ୍ୟରେ ମହର୍ଷି ଜୈମିନି ପୁନର୍ଷ କହୁଛନ୍ତି – ହେ ଉଦ୍ଦାଲକ ! ବିଶେଷ ଭାବରେ ପୁରୁଷୋତ୍ତମ ଧାମର ଅନ୍ୟାନ୍ୟ ଧାମ ବା ତୀର୍ଥ ତୁଳନାରେ ଯେଉଁ ବିଶେଷତ୍ଵ ରହିଛି – ତାହା ମୁଁ ଆପଣଙ୍କୁ କହୁଛି । ଶୁଣ ! ବାସ୍ତବରେ ଦେଖିଲେ ଭଗବାନ୍ ଶିବ କାଶୀରେ ବାସ କରିଥାନ୍ତି । କିନ୍ତୁ ସେ କେବଳ ସେଠାରେ ସତ୍ୟ, ତ୍ରେତୟା ଓ ଦ୍ୱାପରଯୁଗରେ ଅବସ୍ଥାନ କରନ୍ତି । କିନ୍ତୁ କଳିଯୁଗରେ ପ୍ରଭୁ କାଶୀରେ ନଥାନ୍ତି । କଳିଯୁଗରେ ମହାପ୍ରଭୁ ଜଗନ୍ନାଥ ରୂପରେ ପୁରୁଷୋତ୍ତମ ଧାମରେ ହିଁ ବାସ କରିଥାନ୍ତି । ତେଣୁ ଏହି କ୍ଷେତ୍ର କଳିଯୁଗରେ ସବୁଠାରୁ ପବିତ୍ରତମ । ଏଠାରେ ସ୍ୱୟଂଧର୍ମର ଜନକ ଓ ରକ୍ଷକ ମହାପ୍ରଭୁ ବିରାଜମାନ । ମୁକ୍ତିକାମୀ ଦେବତାମାନେ ମଧ୍ୟ ଏହି ପବିତ୍ର ଧାମକୁ ଆସନ୍ତି ଏବଂ ମୁକ୍ତି ଲାଭ କରନ୍ତି । ତେଣୁ ଏହି ଧାମରେ ଯେଉଁ ବ୍ୟକ୍ତି ପ୍ରାଣ ତ୍ୟାଗ କରିଥାନ୍ତି, ସେ ନିଶ୍ଚିତ ମୁକ୍ତି ଲାଭ କରିଥାଏ ।

କଣ୍ଟବଟ ଓ ସାଗରର ମଧ୍ୟବର୍ତ୍ତୀ ସ୍ଥାନ ହେଉଛି ଚତୁର୍ମୁଖ । ଏହା ମଧ୍ୟରେ ଯେଉଁମାନେ ପ୍ରାଣ ବିସର୍ଜନ କରନ୍ତି ସେମାନେ ଧନ୍ୟ । ଏଠାରେ ଭଗବାନ୍ଙ୍କ ସର୍ବପ୍ରଥମ ମତ୍ସ୍ୟ ଅବତାର ଶ୍ୱେତରାଜାଙ୍କ ପ୍ରାସାଦରେ ବିରାଜମାନ କରୁଛନ୍ତି । ମୁନିମାନେ ଏହି ତୀର୍ଥକୁ ମୁକ୍ତିର ଦ୍ୱାର ବୋଲି କହିଥାନ୍ତି ।

ହେ ବତ୍ସ ! ଉଦ୍ଦାଲକ ! ପ୍ରାଚୀନକାଳରେ ଏକଦା ମହର୍ଷି ଦୁର୍ବାସା ଚତୁର୍ଦ୍ଦଶବ୍ରହ୍ମାଣ୍ଡ ଭ୍ରମଣ କରି ମର୍ତ୍ତ୍ୟମଣ୍ଡଳରେ ପ୍ରବେଶ କଲେ । ସେତେବେଳେ ସେ ମଧ୍ୟ ଦେଶରୁ ଆସିଥିବା ଦୁଇଜଣ ବ୍ରାହ୍ମଣଙ୍କୁ ଦେଖିଲେ । ତାଙ୍କ ମଧ୍ୟରୁ ଜଣେ ତପୋନିଷ୍ଠ, ସଦାଚାରୀ ଏବଂ ଅନ୍ୟ ଜଣେ ଅତ୍ୟନ୍ତ ଧନବନ୍ତ ଓ ବୌଦ୍ଧ । ସେ କିନ୍ତୁ

ନାସ୍ତିକ । ସେ କ୍ରମଶଃ ଶାସ୍ତ୍ର ବିରୁଦ୍ଧରେ ପ୍ରବୃତ୍ତ ହୋଇ ଭୋଗରେ ଆସକ୍ତ ହୋଇପଡ଼ିଲେ । କିଛି କାଳ ଅତୀତ ହୁଅନ୍ତେ, ଜଣେ ଜ୍ୟୋତିର୍ବିଦ ସେମାନଙ୍କ ନିକଟରେ ପହଞ୍ଚିଲେ । ତାଙ୍କୁ ଦେଖି ବ୍ରାହ୍ମଣଦ୍ୱୟ ତାଙ୍କ ନିଜ ନିଜ ଆୟୁଷ ବିଷୟରେ ପ୍ରଶ୍ନ କଲେ । ତା'ପରେ ଜ୍ୟୋତିର୍ବିଦ କହିଲେ — ହେ ବ୍ରାହ୍ମଣ! ତୁମ ଦୁହିଁଙ୍କର ୩୫ ଦିନ ପରେ ମୃତ୍ୟୁ ବରଣ କରିବ । ପ୍ରଥମ ବ୍ରାହ୍ମଣଙ୍କର ନଦୀରେ ମୃତ୍ୟୁ ହବ, ଏଣୁ ଦିବ୍ୟଗତି ପ୍ରାପ୍ତ ହେବ । ଦ୍ୱିତୀୟ ଧନବନ୍ତ ବ୍ରାହ୍ମଣଙ୍କୁ କହିଲେ — ହେ ବ୍ରାହ୍ମଣ! ତୁମର ଅଷ୍ଟମରେ ବୃହସ୍ପତି ଅଛନ୍ତି । ତୁମେ ଅତ୍ୟନ୍ତ ଭାଗ୍ୟବାନ୍ । ଯେଉଁ ସ୍ଥାନରେ ମଣିଷ ପ୍ରବେଶ କଲାମାତ୍ରେ ତା'ର ମୁକ୍ତି ହୋଇଥାଏ, ତୁମ୍ଭର ସେହି ପବିତ୍ର ପୁରୁଷୋତ୍ତମଧାମରେ ମୃତ୍ୟୁ ହେବ । ସେଠାରେ ଦୟାମୟ ଭଗବାନ୍ ବିରାଜମାନ ।

ଏହା ପରେ ବ୍ରାହ୍ମଣଦ୍ୱୟ ନିଜ ନିଜ ଭବିଷ୍ୟତ ଓ ପୁରୁଷୋତ୍ତମ ଧାମର କଥା ଜାଣି ଅତ୍ୟନ୍ତ ଆନନ୍ଦିତ ହେଲେ ଏବଂ ଜ୍ୟୋତିର୍ବିଦଙ୍କୁ ସମ୍ମାନ ପ୍ରଦର୍ଶନ କଲେ । ଏହା ପରେ ବ୍ରାହ୍ମଣଦ୍ୱୟ ପୁରୁଷୋତ୍ତମକ୍ଷେତ୍ରକୁ ଯିବାପାଇଁ ସ୍ଥିରକଲେ ।

ଏହା ହିଁ ଉକ୍ତ ଅଧ୍ୟାୟର ସଂକ୍ଷିପ୍ତ ସାର ।

◆ ◆ ◆

ଦ୍ୱିପଞ୍ଚାଶତ୍ତମ ଅଧ୍ୟାୟ

(ଭକ୍ତବିପ୍ରଙ୍କର ପୁରୁଷୋତ୍ତମ କ୍ଷେତ୍ର ଆଗମନ ସମୟରେ
ମହର୍ଷି ଦୁର୍ବାସାଙ୍କର ମାୟାପ୍ରୟୋଗ)

ଜ୍ୟୋତିର୍ବିଦଙ୍କ ପରାମର୍ଶ ପରେପରେ ମହର୍ଷି ଦୁର୍ବାସା ବ୍ରାହ୍ମଣ ଦ୍ୱୟଙ୍କ ନିକଟକୁ ଗଲେ। ବ୍ରାହ୍ମଣ ଦୁର୍ବାସାଙ୍କୁ ଦେଖ୍ ତାଙ୍କୁ ଯଥୋଚିତ ସମ୍ମାନ ପ୍ରଦର୍ଶନ କଲେ। ହେ ମୁନିବର ! ଆପଣଙ୍କ ଆଗମନରେ ଆମ୍ଭେ ଧନ୍ୟ। ଆପଣ ଜଣେ ଶାସ୍ତ୍ରୀୟ ପଣ୍ଡିତ। ମୋତେ ଆପଣ ଉପଦେଶ ପ୍ରଦାନ କରନ୍ତୁ। ମୁଁ ଜଣେ ପାପୀ। ବିଭିନ୍ନ ଦୁର୍ବାସନାରେ ମୁଁ ଅନ୍ଧ ହୋଇଯାଇଛି। ମୁଁ ଷଡ଼ରିପୁ କବଲରେ ପଡ଼ି ବିଷୟାସକ୍ତ ହୋଇଯାଇଛି। ମୁଁ ଅହଂକାରୀ, ସ୍ୱେଚ୍ଛାଚାରୀ। ଜୀବନରେ କିଛି ପୁଣ୍ୟ କରିନାହିଁ। କିଭଳି ମୁକ୍ତି ପାଇବି ? ବ୍ରାହ୍ମଣଙ୍କର ଏହିଭଳି କରୁଣବିଳାପ ଶୁଣି ମହର୍ଷି ଦୁର୍ବାସା କହିଲେ –

ହେ ବ୍ରାହ୍ମଣ ! ତୁମେ ଠିକ୍ କହୁଛ। ଏ ଜନ୍ମରେ ତୁମେ ଅହଂକାରୀ ଏବଂ ସ୍ୱେଚ୍ଛାଚାରୀ ହୋଇଯାଇଛ। ହେଲେ ପୂର୍ବଜନ୍ମରେ ତୁମେ ଜଣେ ପୁଣ୍ୟପୁରୁଷ ଥିଲ। ଏକଦା ମାଘମାସରେ ପୁରୀ ଯାଇଥିଲ। ସେଠାରେ ଏକାଦଶୀ ତିଥିରେ ସିନ୍ଧୁରେ ସ୍ନାନକରି ଉପବାସ ରହି ପ୍ରଭୁ ଜଗନ୍ନାଥଙ୍କ ଦର୍ଶନ କରିଥିଲ ଏବଂ ବ୍ରାହ୍ମଣଙ୍କୁ ଭୋଜନ ଦେଇଥିଲ। ଏଣୁ ଯେଉଁ ପୁଣ୍ୟ ଅର୍ଜନ କରିଛ, ସେଥିରେ ତୁମର ମୁକ୍ତି ନିଶ୍ଚିତ। ତେଣୁ ତୁମେ କାଳବିଳମ୍ବ ନ କରି ଉକ୍ରଳରେ ଅବସ୍ଥିତ ସମୁଦ୍ର ତଟବର୍ତ୍ତୀ ପୁରୁଷୋତ୍ତମ କ୍ଷେତ୍ରକୁ ଶୀଘ୍ର ଯାଅ। ଆଉ ଯିବାପୂର୍ବରୁ ଘରର ସବୁ ମୋହକୁ ତ୍ୟାଗ କର।

ଏକଥା ଶୁଣି ସେ ବ୍ରାହ୍ମଣ ଘରର ସମସ୍ତ ବସ୍ତୁକୁ ଅନ୍ୟକୁ ଦାନକରି, ଘରର ମୋହ ତ୍ୟାଗ କରି ମୁନିବର ଦୁର୍ବାସାଙ୍କ ସହିତ ପୁରୁଷୋତ୍ତମ ଯାତ୍ରା କଲେ। ଯାତ୍ରା

କରୁଥିବା ସମୟରେ ହଠାତ୍ ଦୁର୍ବାସା ଅନ୍ତର୍ହିତ ହୋଇଗଲେ। ବିଚରା ବ୍ରାହ୍ମଣ ଏଭଳି ଘଟଣାରେ ଆଶ୍ଚର୍ଯ୍ୟ ଚକିତ ହୋଇ ନିଜକୁ ଅସହାୟ ମଣିଲେ ଏବଂ ସେହି ଅରଣ୍ୟ ବାଟରେ ଏଣେତେଣେ ବୁଲିବାକୁ ଲାଗିଲେ। ଏହି ସମୟରେ ଜଣେ ସୁନ୍ଦରୀ ଯୁବତୀ ଅସହାୟ ଅବସ୍ଥାରେ ଅରଣ୍ୟର ଅପୂର୍ବ ସୌନ୍ଦର୍ଯ୍ୟରେ ବିମୋହିତ ହୋଇ ବ୍ରାହ୍ମଣ ଜଣଙ୍କ ପ୍ରତି କାମାସକ୍ତ ହୋଇପଡ଼ିଲେ। ଏହାପରେ ବ୍ରାହ୍ମଣ ସେହି ସୁନ୍ଦରୀ ରମଣୀଙ୍କୁ ପଚାରିଲେ – ହେ ଦେବୀ! ତୁମ୍ଭେ କିଏ ? ଏକାକିନୀ କାହିଁକି ତୁମ୍ଭେ ଏହି ଅରଣ୍ୟରେ ଭ୍ରମଣ କରୁଛ ? ଉତ୍ତରରେ ରମଣୀ କହିଲେ ଯେ – ମୁଁ ପୂର୍ବରୁ ତୁମ ପରିଥିଲି। ଯେତେବେଳେ ଅହଂକାରିଣୀ ହୋଇଗଲି ସେତେବେଳେ ତୁମ୍ଭେ ହିଁ ମୋର ପତି ଥିଲ ଏବଂ ମୋତେ ନିର୍ବାସିତ କରିଦେଇଥିଲ। ସେହି ଦିନଠାରୁ ଆସି ମୁଁ ଏଠାରେ ପିତୃଗୃହରେ ବାସ କରୁଛି। ତେଣୁ ଆସ, ଆମେ ଆମଘରକୁ ଯିବା। ବ୍ରାହ୍ମଣ ମଧ୍ୟ ସେହି ରମଣୀଙ୍କ ସହିତ ଶ୍ୱଶୁରାଲୟକୁ ଯାଇ ସେଠାରେ ଆନନ୍ଦରେ କାଳାତିପାତ କରିବାକୁ ଲାଗିଲେ। ବସ୍ତୁତଃ ଏ ସମସ୍ତ କଥା ଦୁର୍ବାସାଙ୍କର ମାୟାର ଭିଆଣ ଥିଲା। ଇତିମଧ୍ୟରେ ଦୁର୍ବାସା ଯାତ୍ରା କରି କରି ପୁରୀରେ ପହଞ୍ଚିଗଲେ।

ଉକ୍ତ ଅଧ୍ୟାୟରେ ମହର୍ଷି ଦୁର୍ବାସାଙ୍କ ସହିତ ବ୍ରାହ୍ମଣଦ୍ୱୟଙ୍କର କଥୋପକଥନ, ଏବଂ ନିଜର ପୂର୍ବପରିତ୍ୟକ୍ତ ପତ୍ନୀଙ୍କ ସହିତ ବ୍ରାହ୍ମଣର ମିଳନ ବିଷୟରେ ବିସ୍ତୃତ ଭାବରେ ବର୍ଣ୍ଣନା କରାଯାଇଛି।

ଏହାହିଁ ଉକ୍ତ ଅଧ୍ୟାୟର କଥାବସ୍ତୁ।

◆◆◆

ତ୍ରିପଞ୍ଚାଶତମ ଅଧ୍ୟାୟ

(ବିପ୍ରଙ୍କର ପୁରୁଷୋତ୍ତମ ଧାମରେ ବ୍ରହ୍ମଜ୍ଞାନ ଲାଭ)

ପୂର୍ବ ଅଧ୍ୟାୟରେ କୁହାଯାଇଛି ଯେ ଦୁର୍ବାସାଙ୍କର ମାୟାର ପ୍ରଭାବରୁ ବ୍ରାହ୍ମଣର ପୂର୍ବକଥା ସବୁ ସ୍ମରଣ ହେଉଥାଏ। ସେ କିନ୍ତୁ ପୁରୁଷୋତ୍ତମ ଅଭିମୁଖରେ ଚାଲୁଥାନ୍ତି। ବ୍ରାହ୍ମଣ ମଧ୍ୟ ତାଙ୍କ ସଙ୍ଗରେ ଚାଲିଥାନ୍ତି। ଯେଉଁଦିନ ପୁରୀକ୍ଷେତ୍ରରେ ସେ ପହଞ୍ଚିବେ, ତା'ର ପୂର୍ବଦିନ ରାତ୍ରିରେ ବ୍ରାହ୍ମଣଙ୍କୁ ଖୁବ୍ ଜ୍ୱର ହେଲା। ସେଠାରେ ସେ ଚକ୍ରସୁଦର୍ଶନଙ୍କର ଦର୍ଶନ କରିପାରୁଥାନ୍ତି। ତା'ସଙ୍ଗେ ଯମଦୂତଗଣ ସେହି ବ୍ରାହ୍ମଣଙ୍କ ନିକଟକୁ ଆସି ତାଙ୍କୁ ଯମଙ୍କ ପାଖକୁ ନେଇଯିବାପାଇଁ ଇଚ୍ଛା ପ୍ରକଟ କଲେ, କାରଣ ସେହି ବ୍ରାହ୍ମଣଙ୍କର ଅନ୍ତିମ ସମୟ ଉପସ୍ଥିତ ହୋଇଯାଇଥିଲା। କିନ୍ତୁ ଏହି ସମୟରେ ଏହି ଯମଦୂତମାନଙ୍କୁ ସାମ୍ନା କରିବାପାଇଁ ବୈଷ୍ଣବ ଦୂତମାନେ ମଧ୍ୟ ଆସି ସେଠାରେ ପହଞ୍ଚିଗଲେ ଏବଂ ଯମଦୂତଙ୍କୁ ସେହି ବ୍ରାହ୍ମଣଙ୍କୁ ଯମଙ୍କ ନିକଟକୁ ନେବାପାଇଁ ବହୁତ ପ୍ରତିରୋଧ କଲେ। ଉଭୟଙ୍କ ମଧ୍ୟରେ ପ୍ରବଳ ଯୁକ୍ତିତର୍କ ଲାଗିଲା। ବ୍ରାହ୍ମଣଙ୍କୁ ଯମଦୂତମାନେ ଯମଙ୍କ ନିକଟକୁ ଏବଂ ବୈଷ୍ଣବ ଦୂତମାନେ ତାଙ୍କୁ ରକ୍ଷାକରିବା ପାଇଁ ଆପ୍ରାଣ ଉଦ୍ୟମ କଲେ ଏବଂ ବିଭିନ୍ନ ଯୁକ୍ତି ତର୍କରେ ଛନ୍ଦି ହୋଇଗଲେ। ପରିଶେଷରେ ଯମଦୂତମାନଙ୍କୁ ଭୀତତ୍ରସ୍ତ କରିବା ପାଇଁ ବୈଷ୍ଣବଦୂତମାନେ ଗଦାର ପ୍ରହାରର ଭୟ ଦେଖାଇଲେ।

ଏହି ସମୟରେ ବ୍ରାହ୍ମଣର ମୋହନାଶ ହେଲା ଏବଂ ସ୍ୱପ୍ନରେ ପତ୍ନୀଙ୍କୁ ଆଲିଙ୍ଗନ କରୁଥିବାର ମଧ୍ୟ ଦେଖିଲା। ଏହାପରେ ରାତ୍ରି ପାହିଯାଏ ପ୍ରଭାତରେ ବ୍ରାହ୍ମଣ ଶ୍ରୀକ୍ଷେତ୍ରର ଚତୁର୍ମଧ୍ୟରେ ପ୍ରବେଶକଲେ। ଏହି ଚତୁର୍ମଧ୍ୟ ହେଉଛି କଣ୍ଟକଦ୍ୱମ ଓ ସାଗରର ମଧ୍ୟବର୍ତ୍ତୀ ସ୍ଥାନ। ବ୍ରାହ୍ମଣ ଚାରିଆଡ଼କୁ ଦେଖନ୍ତେ — ମହର୍ଷି ଦୁର୍ବାସାଙ୍କୁ ମଧ୍ୟ ନିକଟରେ ଦେଖିଲେ। ମହର୍ଷି ଦୁର୍ବାସାଙ୍କୁ ଦେଖି ବ୍ରାହ୍ମଣ ତାଙ୍କୁ ସାଷ୍ଟାଙ୍ଗ ପ୍ରଣିପାତ କଲେ। କିନ୍ତୁ ଦୁଃଖର ବିଷୟ — ଏହାପରେ ବ୍ରାହ୍ମଣ ଆଉ ଭୂମିରୁ ଉଠିପାରିଲେ ନାହିଁ।

ଏହି ସମୟରେ ଯମଦୂତ ଏବଂ ବୈଷ୍ଣବ ଦୂତମାନେ ସେହି ବ୍ରାହ୍ମଣଙ୍କୁ ନିଜ ନିଜ ସ୍ଥାନକୁ ନେବାପାଇଁ ପ୍ରଚଣ୍ଡ ଯୁକ୍ତି ତର୍କରେ ନିମଗ୍ନ ହେଲେ। ଯମଦୂତମାନେ ତାଙ୍କୁ ଯମଙ୍କ ନିକଟକୁ ନେବାପାଇଁ ଚାହୁଁଥିବା ବେଲେ, ବୈଷ୍ଣବ ଦୂତମାନେ ତାଙ୍କୁ ସୁରକ୍ଷା ଦେବାପାଇଁ ତର୍କ କରୁଥାନ୍ତି। ଉଭୟଙ୍କର ଯୁକ୍ତି ତର୍କ ଓ କଲିତକରାଲରେ ଏକ ପ୍ରଚଣ୍ଡ ଶବ୍ଦ ସୃଷ୍ଟି ହେଲା ଏବଂ ସମଗ୍ର ଧରଣୀ ଏଥିରେ ପ୍ରକମ୍ପିତ ହେବାକୁ ଲାଗିଲା। ଏହି ପ୍ରଚଣ୍ଡ ଶବ୍ଦକୁ ଶ୍ରବଣ କରି ସ୍ୱୟଂ ଯମରାଜ ମହିଷପୃଷ୍ଠରେ ଆରୋହଣ କରି ସେଠାରେ ଉପସ୍ଥିତ ହେଲେ। ହାତରେ କୃଟ, ମୁଦ୍ଗର, ପାଶ ଇତ୍ୟାଦି ଧରିଥାନ୍ତି। ବିଷ୍ଣୁଦୂତଙ୍କ ଉପରେ ଯମ ଅତ୍ୟନ୍ତ ଉତ୍କ୍ଷିପ୍ତ ହୁଅନ୍ତେ, ସେମାନେ ଯମଙ୍କୁ ମଧ୍ୟ ଯଥାର୍ଥ ଉତ୍ତର ଦେଲେ ଯେ ହେ ଯମରାଜ ! ଏହି ବ୍ରାହ୍ମଣ ପୂର୍ବଜନ୍ମରେ ଜଣେ ବିଷ୍ଣୁଭକ୍ତ ଭାଗବତପୁରୁଷ ଥିଲେ। ବର୍ତ୍ତମାନ ସେ ନିର୍ଦୋଷ। ତାଙ୍କୁ ତୁମେ କଦାପି ତୁମ ଲୋକକୁ ନେଇପାରିବ ନାହିଁ। ସେ ପୁଣ୍ୟଶାଳୀ ବ୍ୟକ୍ତି। ଏହା ଶୁଣି ଯମରାଜ ପୁନଶ୍ଚ କ୍ରୋଧାନ୍ୱିତ ହୁଅନ୍ତେ, ବିଷ୍ଣୁଦୂତମାନେ କହିଲେ ହେ ଯମରାଜ ! ବର୍ତ୍ତମାନ ଏହି ବ୍ରାହ୍ମଣ ଯେଉଁ ସ୍ଥାନରେ ଅଛନ୍ତି ତାହା ପୁରୁଷୋତ୍ତମଧାମ। ପୁନଶ୍ଚ ବଟ ସାଗର ମଧ୍ୟବର୍ତ୍ତୀ ଚତୁର୍ମ୍ଧରେ ସେ ଅବସ୍ଥାନ କରୁଛନ୍ତି। ତେଣୁ ସେ ସ୍ଥାନରେ ତୁମର କିଛି ବି ଅଧିକାର ନାହିଁ। ତେଣୁ ତୁମ୍ଭେ ତୁମ୍ଭ ସ୍ଥାନକୁ ଫେରିଯାଅ ଏବଂ ତୁମ୍ଭର ଦୂତମାନେ ମଧ୍ୟ ଫେରିଯାନ୍ତୁ। ତଥାପି ଯମ ଫେରିବା ପାଇଁ ଅନିଚ୍ଛୁକ ହୋଇ ଯେତେବେଲେ ପୁନଶ୍ଚ ତର୍କ କରିବା ପାଇଁ ପ୍ରବୃତ୍ତ ହେଲେ, ସେତେବେଲେ ଭଗବାନ୍ ସ୍ୱୟଂ ସେଠାରେ ଆବିର୍ଭୂତ ହେଲେ ଏବଂ ପୁରୁଷୋତ୍ତମଧାମ, ଚତୁର୍ମ୍ଧ ଓ ବ୍ରାହ୍ମଣର ପୂର୍ବଜନ୍ମର ପୁଣ୍ୟ ଓ ମହିମା ବିଷୟରେ କହି ଯମଙ୍କୁ ଫେରିଯିବାକୁ ପ୍ରବର୍ତ୍ତାଇଲେ। ଏହା କହି ପ୍ରଭୁ ପାଞ୍ଚଜନ୍ୟ ଶଙ୍ଖ ନାଦ କଲେ ଏବଂ ଯମର ମନରେ ଭୟ ସୃଷ୍ଟି କରିଲେ। ଭୟରେ ଯମ ସେ ସ୍ଥାନ ଛାଡ଼ି ପଲାୟନ କଲେ। ଏହି ସମୟରେ ଆକାଶରୁ ପୁଷ୍ପବୃଷ୍ଟି ହେଲା। କିଛି ସମୟପରେ ନୀଲଜୀମୂତ କାନ୍ତିଧର ଗରୁଡ଼ ଉପରେ ବସି ସେଠାରେ ଅବରୋହଣ କରି ବ୍ରାହ୍ମଣକୁ ଆଶୀର୍ବାଦ ଦେଲେ ଏବଂ ତା'ର କର୍ଣ୍ଣରେ ବ୍ରହ୍ମଜ୍ଞାନ ପ୍ରଦାନ କଲେ। ଏଭଲି ପରିସ୍ଥିତିକୁ ଦେଖ ସମସ୍ତେ ଆଶ୍ଚର୍ୟଚକିତ ହୋଇଗଲେ। ମହର୍ଷି ଦୁର୍ବାସା ମଧ୍ୟ ଆଶ୍ଚର୍ୟାନ୍ୱିତ ହେଲେ। ଚାହୁଁ ଚାହୁଁ ସେହି ବ୍ରାହ୍ମଣ ପ୍ରଭୁଙ୍କର କୋଟିସୂର୍ୟ୍ୟଙ୍କର ତେଜଧାରଣ କରିଥିବା ଚକ୍ରରେ ମିଶିଗଲେ ଏବଂ ମହର୍ଷି ଦୁର୍ବାସା ମଧ୍ୟ ବ୍ରହ୍ମଲୋକକୁ ଚାଲିଗଲେ।

ଏହା ହିଁ ପୁରୁଷୋତ୍ତମଧାମର ଅଲୌକିକ ମହିମା ଉକ୍ତ ଅଧ୍ୟାୟରେ ବର୍ଣ୍ଣନା କରାଯାଇଛି।

◆◆◆

ଚତୁଃପଞ୍ଚାଶତ୍ତମ ଅଧ୍ୟାୟ

(ପୁରୁଷୋତ୍ତମ କ୍ଷେତ୍ର ମହିମା)

ଉକ୍ତ ଅଧ୍ୟାୟରେ ମହର୍ଷି ଜୈମିନି ପୁରୁଷୋତ୍ତମ କ୍ଷେତ୍ର ମାହାତ୍ମ୍ୟ ବର୍ଣ୍ଣନା କରିବା ସଙ୍ଗେ ମହାପ୍ରସାଦର ମହିମା ଏବଂ ପୁରୁଷୋତ୍ତମ କ୍ଷେତ୍ରରେ ସମ୍ପନ୍ନ ବିଭିନ୍ନ ସ୍ଥାନର ମହିମା ବିଷୟରେ ବର୍ଣ୍ଣନା କରାଯାଇଛି ।

ହେ ମୁନିବୃନ୍ଦ ! ଏହି ପୁରୁଷୋତ୍ତମ କ୍ଷେତ୍ର ହେଉଛି ଅତ୍ୟନ୍ତ ପବିତ୍ର କ୍ଷେତ୍ର । ଶ୍ରୁତି, ସ୍ମୃତି ସମ୍ପର୍କରେ ଜ୍ଞାନ ନ ଥିଲେ ମଧ୍ୟ କଳିଯୁଗରେ ଯେଉଁମାନେ କେବଳ ପୁରୁଷୋତ୍ତମଧାମକୁ ଆସି ପ୍ରଭୁଙ୍କର ଦର୍ଶନ କରନ୍ତି ସେମାନେ ମୋକ୍ଷ ଲାଭ କରନ୍ତି । ବ୍ରହ୍ମଲୋକକୁ ଗମନ କରନ୍ତି । ରାଜା ଇନ୍ଦ୍ରଦ୍ୟୁମ୍ନ ଏଠାରେ ଯଜ୍ଞ ସମ୍ପାଦନ କରି ବ୍ରହ୍ମଲୋକକୁ ଯାଇଥିଲେ । ମୁକ୍ତି ପାଇଁ ଯଦି ଜ୍ଞାନର ମଧ୍ୟ ଆବଶ୍ୟକତା ଥାଏ, ତେବେ ସ୍ୱୟଂ ମହାପ୍ରଭୁ ଏହି କ୍ଷେତ୍ରରେ ପ୍ରତ୍ୟେକ ମୁମୂର୍ଷୁ ବ୍ୟକ୍ତିର କାନରେ ବ୍ରହ୍ମଜ୍ଞାନ ଦାନ କରିଥାନ୍ତି । କାଶ୍ୟପ ପ୍ରଭୃତି ମୁନିଗଣ ଅନନ୍ତ କାଳରୁ ଏହି ଧାମକୁ ଆସି ଆଗୋଚର ଭାବରେ ଏଠାରେ ଶାନ୍ତିରେ ଅବସ୍ଥାନ କରୁଛନ୍ତି । ମହାପ୍ରଭୁ ସ୍ୱୟଂ ଏଠାରେ ସଶରୀରରେ ବିରାଜମାନ କରି ଦୁଷ୍ଟମାନଙ୍କର ବିନାଶ ଏବଂ ସନ୍ତମାନଙ୍କର ପରିତ୍ରାଣ କରିଥାନ୍ତି ।

ଯେତେବେଳେ ସମଗ୍ର ପୃଥିବୀ ପ୍ରଳୟକାଳରେ ଏକାର୍ଣ୍ଣବୀଭୂତ ହୋଇ ଯାଇଥିଲା, ସେତେବେଳେ ଏ କ୍ଷେତ୍ର ଜଳରେ ଭାସମାନ ରହି ସୁରକ୍ଷିତ ରହିଥିଲା । ମୁନି ମାର୍କଣ୍ଡେୟ ଏହି କ୍ଷେତ୍ରରେ ହିଁ ଜୀବଧାରଣ କରି ସେତେବେଳେ ଅବସ୍ଥାନ କରିଥିଲେ । ଏ କ୍ଷେତ୍ର ହେଉଛି ଭଗବାନଙ୍କର ସାକ୍ଷାତ୍ ଶରୀର ସ୍ୱରୂପ । ଏଠି ବିରାଜମାନ ଚତୁର୍ମୂର୍ତ୍ତିରେ ଯେଉଁମାନେ ବାସକରନ୍ତି ତାଙ୍କର ମୁକ୍ତି ଅବଶ୍ୟମ୍ଭାବୀ । ଏହା ଭାବର ତୀର୍ଥ, ବିଶ୍ୱାସର ସ୍ୱର୍ଗଭୂମି ।

ଏଠିକାର ମହାପ୍ରସାଦର ମହିମାର ପଟାନ୍ତର ନାହିଁ । ଏକଦା ଜଣେ ବ୍ରାହ୍ମଣ ଏହି ପବିତ୍ର ମହାପ୍ରସାଦର ଅବମାନନା କରିଥିବାରୁ ସେ ଦୁରାରୋଗ୍ୟ ବ୍ୟାଧିରେ ପୀଡ଼ିତ ହୋଇଥିଲେ ।

ଯେଉଁମାନେ ଏହି କ୍ଷେତ୍ରରେ ସିନ୍ଧୁସ୍ନାନ କରି କଳ୍ପବଟମୂଳରେ ବିରାଜମାନ ମହାପ୍ରଭୁଙ୍କୁ ଦର୍ଶନ କରନ୍ତି, ସେମାନେ ସମସ୍ତ ତୀର୍ଥଯାତ୍ରା ଓ ସ୍ନାନର ଫଳ ପାଇଥାନ୍ତି । ନର୍ମଦା, ଗୋଦାବରୀ, ତ୍ରିବେଣୀ ଇତ୍ୟାଦି ତୀର୍ଥରେ ସ୍ନାନ କଲେ ଯେଉଁ ଫଳ ମିଳେ, ମାଘ ମାସରେ ଏହି କ୍ଷେତ୍ରରେ ସ୍ନାନ କରି ପ୍ରଭୁଙ୍କୁ ଦର୍ଶନ କଲେ ତା'ଠାରୁ ବହୁଗୁଣରେ ଅଧିକ ଫଳ ମିଳିଥାଏ । ବିଶେଷକରି ମାଘମାସ ଶୁକ୍ଲପକ୍ଷ ଏକାଦଶୀ ତିଥିରେ ଯେଉଁମାନେ ସାଗର ସ୍ନାନକରି, ବାଲୁକାରେ ମଣ୍ଡଳ ଆଙ୍କି ସେଠାରେ ପୂଜାକରି, ବ୍ରାହ୍ମଣମାନଙ୍କୁ ଭୋଜନରେ ଆପ୍ୟାୟିତ କରିଥାନ୍ତି, ସେମାନେ ମହାପୁଣ୍ୟଶାଳୀ । ସେହି ମାଘ ପୂର୍ଣ୍ଣିମା ଦିନ ମଧ ବ୍ରତ ଆଚରଣ କଲେ ଏଠାରେ ଅଶେଷ ପୁଣ୍ୟ ଫଳ ମିଳିଥାଏ ।

ଏହା ହିଁ ଉକ୍ତ ଅଧ୍ୟାୟର ସଂକ୍ଷିପ୍ତ ସାର ।

❖❖❖

ଅଥ ପଞ୍ଚପଞ୍ଚାଶତ୍ତମ ଅଧ୍ୟାୟ

(ପୁରୁଷୋତ୍ତମ କ୍ଷେତ୍ର ମାହାତ୍ମ୍ୟ ବର୍ଣ୍ଣନ, ପାଷଣ୍ଡ କୁଳଜାତ ବିଷ୍ଣୁଭକ୍ତ ଉପାଖ୍ୟାନ)

ପୁରୁଷୋତ୍ତମଧାମର ମହିମା ପ୍ରସଙ୍ଗରେ ମହର୍ଷି ଜୈମିନି ପୁନଶ୍ଚ କହୁଛନ୍ତି ଯେ ହେ ମୁନିବୃନ୍ଦ ! ଯେଉଁମାନେ ଏହି ଧାମରେ ମାଘମାସ ପୂର୍ଣ୍ଣିମା ମଘାନକ୍ଷତ୍ର ଯୁକ୍ତ ବୃହସ୍ପତି ବାସରରେ ଅବସ୍ଥାନ କରି ପିତୃପୁରୁଷଙ୍କୁ ଶ୍ରାଦ୍ଧ ଅର୍ପଣ କରନ୍ତି ସେମାନେ ଧନ୍ୟ । ଏହା ଏକ ଦୁର୍ଲଭ ଯୋଗ୍ୟ । ଏହିଦିନ ସିନ୍ଧୁଜଳରେ ସ୍ନାନ, ତର୍ପଣ, ପିତୃପୁରୁଷଙ୍କ ଉଦ୍ଦେଶ୍ୟରେ ରନ୍ଧନ ଏବଂ ପୂଜନ ଆଦି କାର୍ଯ୍ୟ ସମ୍ପାଦନ କରିଥାନ୍ତି । ଏହି ଦିନ ପିତୃପୁରୁଷଙ୍କୁ ଶ୍ରାଦ୍ଧ ଅର୍ପଣ କରିବା ସଙ୍ଗେ ସଙ୍ଗେ ବ୍ରାହ୍ମଣମାନଙ୍କୁ ଉପଯୁକ୍ତ ଭୋଜନ ଏବଂ ଦକ୍ଷିଣା ମଧ୍ୟ ପ୍ରଦାନ କରାଯାଇଥାଏ । ଏହିଦିନ ତର୍ପଣ, ପୂଜନ ଆଦି ପବିତ୍ର କାର୍ଯ୍ୟ ସମ୍ପାଦନ କଲେ, ମଣିଷର ସମସ୍ତ ପାପ ଭସ୍ମୀଭୂତ ହୋଇଯାଇଥାଏ ।

ଏହି ପ୍ରସଙ୍ଗରେ ମହର୍ଷି ଜୈମିନି ଏକ ପ୍ରତ୍ୟକ୍ଷ ଉପାଖ୍ୟାନର ଅବତାରଣା କରିଛନ୍ତି । ପୂର୍ବଜନ୍ମରେ ଅତ୍ୟନ୍ତ ଧର୍ମପରାୟଣ ଥିବା ଜଣେ ବ୍ୟକ୍ତି ଏକଦା ପାଷଣ୍ଡ କୁଳରେ ଜନ୍ମ ଗ୍ରହଣ କରିଥିଲା । ତା'ର ପୂର୍ବପୁରୁଷମାନେ ସମସ୍ତେ ନର୍କରେ ପଡ଼ିଥାନ୍ତି । ଏକଦା ସେମାନେ ଆସି ସେ ପୁତ୍ରକୁ କହିଲେ, ହେ ବତ୍ସ ! ତୁମେ ଆମ ବଂଶର ଆଲୋକ । ତୁ ଥାଉ ଥାଉ ଆମେ ସବୁ ନର୍କରେ ପଡ଼ିଛୁ । ମୁକ୍ତି ପାଇବାର ଉପାୟ କଣ ? ତୁମେ ଯାଇ ଗୟାରେ ଶ୍ରାଦ୍ଧ ଦିଅ ଆମ୍ଭେ ମୁକ୍ତି ପାଇବୁ । ପୁତ୍ର ମଧ୍ୟ ଗୟାରେ ଶ୍ରାଦ୍ଧ ଦେଲେ । ତାଙ୍କର ପୂର୍ବପୁରୁଷ ନର୍କଲୋକରୁ କେବଳ ଯମଲୋକକୁ ଗଲେ । ସେମାନଙ୍କର ମୁକ୍ତି ହେଲା ନାହିଁ । କିନ୍ତୁ ତାଙ୍କ ସଙ୍ଗରେ ଯେଉଁମାନେ ନର୍କରେ ଥିଲେ, ସେମାନେ କ୍ରମଶଃ ବିମାନ ଆରୋହଣ କରି ସ୍ୱର୍ଗଲୋକକୁ ଚାଲିଯାଉଛନ୍ତି । ଏହି ସମୟରେ ପୁଣି ସେମାନେ ଆସି ତାଙ୍କର ବଂଶର ଦାୟାଦ ପୁତ୍ରକୁ କହିଲେ —

ହେ ପୁତ୍ର ! ତୁମେ ହିଁ ଆମକୁ ନର୍କରୁ ଉଦ୍ଧାର କରିପାରିବ । ଗୟାଶ୍ରାଦ୍ଧ ଫଳରେ ଆମେ ମୁକ୍ତି ପାଇଲୁ ନାହିଁ । ଆଉ କଣ ଉପାୟ ଅଛି, ଯାହାଫଳରେ ଆମ୍ଭେ ସମସ୍ତେ ତୁମର କରୁଣାରୁ ମୁକ୍ତି ପାଇ ପାରିବୁ । ଏହି ସମୟରେ ପୁତ୍ର ମଧ ଚିନ୍ତିତ ହୋଇ ପଡ଼ିଲେ । କିନ୍ତୁ ଏକ ଆକାଶବାଣୀ ଶୁଭାଗଲା ଯେ – ହେ ପୁତ୍ର ! ତୁମେ ଯଦି ପୁରୁଷୋତ୍ତମ କ୍ଷେତ୍ରକୁ ଯାଇ ସିନ୍ଧୁଜଳରେ ସ୍ନାନକରି ଶ୍ରାଦ୍ଧଦାନ କରିବ, ବ୍ରାହ୍ମଣମାନଙ୍କୁ ଉପଯୁକ୍ତ ଭୋଜନ ଏବଂ ଦକ୍ଷିଣାଦାନ କରିବ, ତାହାହେଲେ ତୁମର ପୂର୍ବପୁରୁଷ ଅବଶ୍ୟ ମୁକ୍ତି ପାଇବେ । ଏକଥା ଶୁଣି ସମସ୍ତେ ଆଶ୍ଚର୍ଯ୍ୟଚକିତ ହୋଇଗଲେ ।

◆◆◆

ଷଟ୍‌ପଞ୍ଚାଶତ୍ତମ ଅଧ୍ୟାୟ

(ମହାମାଘରେ ଶ୍ରୀକ୍ଷେତ୍ରରେ ପିତୃପୁରୁଷଙ୍କ ପାଇଁ ଶ୍ରାଦ୍ଧଦାନ)

ପୂର୍ବ ଅଧ୍ୟାୟରେ ପୁତ୍ର ଆକାଶବାଣୀ ଶୁଣିଲେ ଯେ – ହେ ବସ୍! ତୁମେ ଯଦି ପୁରୁଷୋତ୍ତମ ଧାମକୁ ଯାଇ ସେଠାରେ ସିନ୍ଧୁଜଳରେ ସ୍ନାନକରି ପ୍ରଭୁ ଶ୍ରୀଜଗନ୍ନାଥଙ୍କ ଦର୍ଶନ କରି ପିତୃପୁରୁଷଙ୍କ ଉଦ୍ଦେଶ୍ୟରେ ଶ୍ରାଦ୍ଧତର୍ପଣ କରିବ, ତାହା ହେଲେ ସେମାନେ ନିଶ୍ଚିତ ନର୍କରୁ ମୁକ୍ତିପାଇ ବ୍ରହ୍ମଲୋକ ଅଭିମୁଖରେ ଗମନ କରିବେ। ଏହା ଶୁଣି ସେହି ପୁତ୍ର ତୁରନ୍ତ ପୁରୁଷୋତ୍ତମ ଧାମ ଅଭିମୁଖରେ ଚାଲିଲେ। ସେଠାରେ ମହାମାଘ ମାସରେ ସିନ୍ଧୁଜଳରେ ସ୍ନାନକରି ତର୍ପଣ କରିବା ସମୟରେ ସେ ଦେଖିପାରିଲେ ଯେ ସତେଯେପରି ତାଙ୍କର ପୂର୍ବପୁରୁଷମାନେ ଧବଳବସ୍ତ୍ର ପରିଧାନ କରି ସେହି ମହୋଦଧି କୂଳରେ ଉତ୍ସୁକତାର ସହିତ ଉପବେଶନ କରିଛନ୍ତି। ପୁତ୍ରର ଶ୍ରାଦ୍ଧଦାନର ନିଷ୍ଠା ଦେଖି ସତେଯେପରି ସେମାନେ କହୁଛନ୍ତି – ଧନ୍ୟ ପୁତ୍ର, ଧନ୍ୟ। ତୁମେ ଯେଭଳି କାର୍ଯ୍ୟ କରିଛ ସେଥିରେ ସୂର୍ଯ୍ୟୋଦୟରେ ଅନ୍ଧକାର ଦୂରୀଭୂତ ହେଲାଭଳି ଆମ୍ଭର ଅଜ୍ଞାନ ମଧ୍ୟ ଦୂରୀଭୂତ ହୋଇଯାଏ। ଆମେ ବର୍ତ୍ତମାନ ମୁକ୍ତିପଥର ଯାତ୍ରୀ।

ପୁତ୍ର ମଧ୍ୟ ଏକଥା ଶୁଣିପାରି ନିଜକୁ ଧନ୍ୟ ମନେ କଲେ। ଏହିଭଳି ପରିବେଶରେ ପୁତ୍ର ସମୁଦ୍ରରେ ସ୍ନାନ କରି ପୁରୀକ୍ଷେତ୍ରରେ ପୂର୍ବପୁରୁଷଙ୍କ ଉଦ୍ଦେଶ୍ୟରେ ଶ୍ରାଦ୍ଧ ଅର୍ପଣ କଲେ। ଏହି ସମୟରେ ସେ ଦେଖୁଛନ୍ତି – ବିଭିନ୍ନ ରଙ୍ଗଖଚିତ ବିମାନମାନ ଆକାଶରୁ ଓହ୍ଲାଉଛନ୍ତି। ଅପ୍ସରାମାନଙ୍କର ପୁଷ୍ପବୃଷ୍ଟି ହେଉଛି। ବିମାନରୁ ଦେବଦୂତମାନେ ଅବତରଣ କରି ତାଙ୍କର ପୂର୍ବପୁରୁଷଙ୍କୁ କହୁଛନ୍ତି – ହେ ପୁଣ୍ୟଶାଳୀ ବ୍ୟକ୍ତି ବୃନ୍ଦ! ଆପଣମାନେ ଏହି ବିମାନରେ ଆରୋହଣ କରି ବ୍ରହ୍ମଲୋକକୁ ଚାଲନ୍ତୁ। ଆଜିଠାରୁ ଆପଣଙ୍କର ସ୍ଥାନ ଆଉ ନର୍କରେ ନାହିଁ। ଅଛି କେବଳ ସ୍ୱର୍ଗରେ। ଏହାପରେ ସମସ୍ତେ ବିମାନରେ ଆରୋହଣ କରି ବ୍ରହ୍ମଲୋକକୁ ଗଲେ ଏବଂ ତାଙ୍କର ବଂଶର ଦାୟାଦକୁ ଭୂରି ଭୂରି ପ୍ରଶଂସା କଲେ।

ତେଣୁ ହେ ମୁନିବୃନ୍ଦ ! ଏହି କ୍ଷେତ୍ର ହେଉଛି ଅତ୍ୟନ୍ତ ପବିତ୍ର। ସ୍ୱୟମ୍‌ ଇନ୍ଦ୍ରଦ୍ୟୁମ୍ନ ଏହି କ୍ଷେତ୍ରରେ ଯଜ୍ଞ ସମ୍ପାଦନ କରି ଏହାକୁ ଆଉରି ପବିତ୍ର କରିଦେଇଛନ୍ତି। ଏଠାରେ ପ୍ରଭୁ ଜଗନ୍ନାଥ ନିବାସ କରିଛନ୍ତି। ସେ ଅପାର କୃପାର ସାଗର। ଏଠାରେ ଯେଉଁମାନେ ବସବାସ କରନ୍ତି, ସେମାନେ ଧନ୍ୟ। ଯେଉଁମାନେ ଶ୍ରାଦ୍ଧ ଓ ତର୍ପଣ କରନ୍ତି, ସେମାନଙ୍କର ପୂର୍ବପୁରୁଷ ମୁକ୍ତି ଲାଭ କରନ୍ତି ଏବଂ ଯେଉଁମାନେ ବଟସାଗର ମଧ୍ୟବର୍ତ୍ତୀ ଚତୁର୍ମଧ୍ୟରେ ପ୍ରାଣତ୍ୟାଗ କରନ୍ତି, ସେମାନେ ଅବଶ୍ୟ ମୁକ୍ତି ଲାଭ କରନ୍ତି। ଏହିଭଳି ଏହି କ୍ଷେତ୍ରର ଅନନ୍ତ ମହିମା ରହିଛି।

ଏହା ହିଁ ଉକ୍ତ ଅଧ୍ୟାୟର ସଂକ୍ଷିପ୍ତ ସାର।

❖❖❖

ସପ୍ତପଞ୍ଚାଶତ୍ତମ ଅଧ୍ୟାୟ

(ମାଘମାସରେ ଅର୍ଦ୍ଧୋଦୟ ଯୋଗ)

ପବିତ୍ର ମାଘମାସରେ ଅନେକ ଦୁର୍ଲ୍ଭ ଯୋଗ ପଡ଼ିଥାଏ ଏବଂ ପୁରୁଷୋଉମ କ୍ଷେତ୍ରରେ ଏହି ଯୋଗରେ ଯେଉଁମାନେ ମହୋଦଧିରେ ସ୍ନାନ କରି ଭଗବାନଙ୍କ ଦର୍ଶନ କରନ୍ତି ଏବଂ ବଟସାଗର ମଧ୍ୟରେ ବସବାସ କରନ୍ତି ସେମାନେ ମୁକ୍ତିଲାଭ କରିଥାନ୍ତି । ଏହି ଧାମକୁ ଅନେକ ବ୍ୟକ୍ତି ଆସି ଭଗବାନ୍ ଜଗନ୍ନାଥଙ୍କର ଆଶୀର୍ବାଦରୁ ଆନନ୍ଦିତ ହୋଇ ପ୍ରଭୁଙ୍କର ସାନ୍ନିଧ୍ୟ ଲାଭ କରିଥାନ୍ତି ।

ଏକଦା କଣ୍ଡୁ ନାମକ ଜଣେ ମୁନି ସ୍ୱର୍ଗର ବେଶ୍ୟା ଦ୍ୱାରା ବିମୋହିତ ହୋଇ ନିଜର ଦ୍ୱିଜୋଚିତ କର୍ମକୁ ଛାଡ଼ି ସେହି ବେଶ୍ୟାରମଣୀ ସହିତ ରମଣକରି ନିଜର ମୁନିବୃତ୍ତି ଛାଡ଼ିଦେଲେ । ତା'ପରେ ଅନୁତପ୍ତ ହୋଇ ଶ୍ରୀକ୍ଷେତ୍ରକୁ ଆସି ପ୍ରଭୁଙ୍କର ଦର୍ଶନ କରି ପରମଗତି ଲାଭ କଲେ ।

ଏହି କ୍ରମରେ ପୁରୁଷୋଉମକ୍ଷେତ୍ର ଅଧିକ ମାହାତ୍ମ୍ୟ ଜାଣିବା ପାଇଁ ସ୍କନ୍ଦ ତାଙ୍କର ପିତା ମହାଦେବଙ୍କୁ ପୁନଶ୍ଚ ପଚାରନ୍ତେ, ମହାଦେବ ଏହି ଧାମର ଅନେକ ବିଶେଷତ୍ୱ କଥା ଉକ୍ତ ଅଧ୍ୟାୟରେ ଉପସ୍ଥାପନ କରିଛନ୍ତି । ବାସ୍ତବରେ ପୁରୁଷୋଉମକ୍ଷେତ୍ର ରହସ୍ୟ ହିଁ କେବଳ ଦେବଦେବ ମହାଦେବଙ୍କୁ ବିଦିତ । ତେଣୁ ସ୍କନ୍ଦଙ୍କର ଜିଜ୍ଞାସାରେ, ମହାଦେବ ଏ ପ୍ରସଙ୍ଗରେ ଯାହା ଯାହା କିହିଛନ୍ତି ତାହାହିଁ ସ୍କନ୍ଦ ପୁରାଣ ।

ମହାଦେବଙ୍କର ପୁତ୍ର ସ୍କନ୍ଦ କଥାଶୁଣି ପୁରୁଷୋଉମ କ୍ଷେତ୍ରରେ ମାଘମାସରେ ପଡ଼ୁଥିବା ଏକ ଦୁର୍ଲ୍ଭଯୋଗ ଅର୍ଦ୍ଧୋଦୟ ଯୋଗ ବିଷୟରେ କହିଛନ୍ତି । ହେ ବତ୍ସ ! ମାଘମାସ ଅମାବାସ୍ୟା ଶ୍ରବଣା ନକ୍ଷତ୍ର ରବିବାର ଦିନ ଏହି ଦୁର୍ଲ୍ଭ ଯୋଗ ପଡ଼ିଥାଏ । ଏହା ଏକ ଅତ୍ୟନ୍ତ ପୁଣ୍ୟତମ ଯୋଗ । ଅର୍ଦ୍ଧୋଦୟ

ଯୋଗର ତାତ୍ପର୍ଯ୍ୟ ହେଉଛି ଯେ – ଏହି ଯୋଗ ସମୟରେ ଯେଉଁମାନେ ପୁରୀକ୍ଷେତ୍ରରେ ମହୋଦଧି ଜଲରେ ସ୍ନାନ କରନ୍ତି, ସମସ୍ତଙ୍କୁ ଦାନ ଦିଅନ୍ତି ଏବଂ ଭଗବାନ୍‌ଙ୍କୁ ଦର୍ଶନ କରନ୍ତି, ସେମାନେ କଦାପି କଲିକଲୁଷ ଦ୍ୱାରା କବଲିତ ହୁଅନ୍ତି ନାହିଁ ।

ଏହି ପ୍ରସଙ୍ଗରେ ସ୍କନ୍ଦ ପୁନଶ୍ଚ ପଚାରୁଛନ୍ତି ଯେ ହେ ତାତ ! ସମସ୍ତେ ଗୋଦାନ, ଭୂମିଦାନ, ସୁବର୍ଣ୍ଣଦାନ ଆଦି ପ୍ରଦାନ କରିପାରିବେ ନାହିଁ । ଯେଉଁମାନେ ଅସମର୍ଥ ସେମାନେ କ’ଣ ଏ କ୍ଷେତ୍ରରେ ମୁକ୍ତି ପାଇବେ ନାହିଁ ? ମହାଦେବ କହିଲେ – ହେ ବସ୍ ! ଶୁଣ । ଯେଉଁମାନେ ଗୋଟିଏ କାଂସ୍ୟପାତ୍ରରେ ଶୁଦ୍ଧ ଭାବରେ ପ୍ରସ୍ତୁତ ହୋଇଥିବା ପାୟସକୁ ଭଗବାନଙ୍କୁ ଅର୍ପଣ କରି ବ୍ରାହ୍ମଣଙ୍କୁ ଅର୍ପଣ କରନ୍ତି, ସେମାନେ ମଧ ଧନ୍ୟ, ସେମାନେ ମଧ ଅସୀମ ପୁଣ୍ୟର ଅଧିକାରୀ ।

ଏହା ହିଁ ଉକ୍ତ ଅଧ୍ୟାୟର ସଂକ୍ଷିପ୍ତ ସାର ।

•••

ଅଷ୍ଟପଞ୍ଚାଶତ୍ତମ ଅଧ୍ୟାୟ

(ସ୍କନ୍ଦଙ୍କ ପ୍ରଶ୍ନ କାହିଁକି ପୁରୀକୁ ପୁରୁଷୋତ୍ତମ କ୍ଷେତ୍ର ଏବଂ
ଦଶାବତାର କ୍ଷେତ୍ର କୁହାଯାଏ ?)

ଉକ୍ତ ଅଧ୍ୟାୟରେ ସ୍କନ୍ଦ ବା କାର୍ତ୍ତିକେୟ ପୁନର୍ବ ଦୁଇଟି ପ୍ରଶ୍ନ ପଚାରୁଚନ୍ତି ।
ହେ ତାତ ! ଏହି ପୁରୀକ୍ଷେତ୍ରକୁ ପୁରୁଷୋତ୍ତମକ୍ଷେତ୍ର କାହିଁକି କୁହାଯାଏ ? ଦ୍ୱିତୀୟରେ
ଏହା କାହିଁକି ଦଶାବତାର କ୍ଷେତ୍ର ଭାବରେ ପ୍ରସିଦ୍ଧ ?

ମହାଦେବ କହୁଛନ୍ତି – ହେ ବସ୍ତ୍ସ ! ଏହି କ୍ଷେତ୍ରରେ ପରଂବ୍ରହ୍ମ ସ୍ୱରୂପ
ଦାରୁବ୍ରହ୍ମ ଜଗନ୍ନାଥ ସ୍ୱୟଂ ଏଠାରେ ବାସକରୁଛନ୍ତି । ସେ ହେଉଛନ୍ତି ସାକ୍ଷାତ୍
ପୁରୁଷୋତ୍ତମ । ତାଙ୍କର ମହିମା ଅନିର୍ବଚନୀୟ ଏବଂ ଅବାଙ୍ମନସଗୋଚର । କେବଳ
ସେତିକି ନୁହେଁ, କଳିଯୁଗରେ ପାପୀମାନଙ୍କର ପାପ କ୍ଷୟ କରିବା ନିମନ୍ତେ ଏହି
ଯେଉଁ ସ୍ଥାନରେ ରହିଛନ୍ତି, ସେ ସ୍ଥାନଟି ତାଙ୍କର ଶରୀର ସଦୃଶ । ତେଣୁ ଏହି
କ୍ଷେତ୍ର ଅଧିପତି ହେଉଛନ୍ତି ପୁରୁଷୋତ୍ତମ ଏବଂ ଏହି କ୍ଷେତ୍ର ନାମ ମଧ୍ୟ
ପୁରୁଷୋତ୍ତମ । ଅଭୁତ ଏ କ୍ଷେତ୍ର । ତେଣୁ ଏହା ପୁରୁଷୋତ୍ତମ କ୍ଷେତ୍ରରେ ସର୍ବବିଦିତ ।

ଦ୍ୱିତୀୟରେ ପ୍ରଭୁ ପରଂବ୍ରହ୍ମଙ୍କର ମସ୍ତ୍ୟ, କଚ୍ଛପ, ବରାହ ଆଦି ଅବତାର
ଏହି କ୍ଷେତ୍ରର ବିଭିନ୍ନ ସ୍ଥାନରେ ଅବସ୍ଥାନ କରୁଛନ୍ତି । ତେଣୁ ଏଠାରେ ଯେଉଁଭଳି
ଅବତାରୀ ପରଂବ୍ରହ୍ମ ପୁରୁଷୋତ୍ତମ ନିବାସ କରୁଛନ୍ତି, ସେଭଳି ତାଙ୍କର ବିଭିନ୍ନ
ଅବତାର ମଧ୍ୟ ଅବସ୍ଥାନ କରୁଛନ୍ତି । ତେଣୁ ଏହା ଦଶାବତାର କ୍ଷେତ୍ର ।

ହେ ବସ୍ତ୍ସ ! ଏହି କ୍ଷେତ୍ର ମହିମା ଅବର୍ଣ୍ଣନୀୟ । ନାରାୟଣ ହେଉଛନ୍ତି ସ୍ୱୟଂ
ପରଂବ୍ରହ୍ମ । ତାଙ୍କଠାରୁ ବ୍ରହ୍ମାଙ୍କର ଜନ୍ମ । ବ୍ରହ୍ମାଙ୍କଠାରୁ ମୋର ଆବିର୍ଭାବ ଏବଂ
ଆମ୍ଭଠାରୁ ଏ ସମଗ୍ର ଚରାଚର ବିଶ୍ୱର ଆବିର୍ଭାବ ଘଟିଛି । ତେଣୁ ମହାପ୍ରଭୁ ପରଂବ୍ରହ୍ମ
ଅବତାରୀ ପୁରୁଷ ପୁରୁଷୋତ୍ତମ ଜଗନ୍ନାଥ ଅତ୍ୟନ୍ତ କୃପାପରାୟଣ । ପାପୀଙ୍କୁ
ମୁକ୍ତିଦେବା ଉଦ୍ଦେଶ୍ୟରେ ସେ ଏଠାରେ ବାସ କରୁଛନ୍ତି ।

◆◆◆

ଉନଷଷ୍ଠିତମ ଅଧ୍ୟାୟ

(ପୁରୁଷୋତ୍ତମ ବ୍ରତର ବୈଶିଷ୍ଟ୍ୟ ପ୍ରତିପାଦନ)

ଉକ୍ତ ଅଧ୍ୟାୟରେ ପୁରୁଷୋତ୍ତମ ବ୍ରତର ଅନୁଷ୍ଠାନ ଓ ମହତ୍ତ୍ୱ ବିଷୟରେ ବର୍ଣ୍ଣନା କରାଯାଇଛି । ଶାସ୍ତ୍ର ନିୟମ ଅନୁସାରେ ଏହି ବ୍ରତକୁ ଆଚରଣ କରିବା ବଞ୍ଛନୀୟ ।

ଏହି ପୁରୁଷୋତ୍ତମ ବ୍ରତକୁ କାର୍ତ୍ତିକମାସରେ ପୁରୁଷୋତ୍ତମକ୍ଷେତ୍ରରେ ଅନୁଷ୍ଠାନ କରାଯାଇଥାଏ । ସେହିମାସରେ ସଂକଳ୍ପ କରି ପ୍ରତ୍ୟହ ଗବ୍ୟଦୁଗ୍ଧଯୁକ୍ତ ଶାଳୀତଣ୍ଡୁଲର ଅନ୍ନ ଭୋଜନ କରି ଏହି ବ୍ରତ ଆଚରଣ କରାଯାଇଥାଏ । ବ୍ରତଚାରୀ ପ୍ରଥମେ ସିନ୍ଧୁରେ ସ୍ନାନ କରି ସଂକଳ୍ପ କରିଥାନ୍ତି ଏବଂ ତା'ପରେ ପୁରୁଷସୂକ୍ତ ପାଠକରି ଷୋଡ଼ଶ ଉପଚାରରେ ପ୍ରଭୁଙ୍କୁ ଅର୍ଚ୍ଚନା କରିବେ । ଏହି ପୂଜାରେ ଆଦୌ କାର୍ପଣ୍ୟ ପ୍ରଦର୍ଶନ କରିବ ନାହିଁ । ପ୍ରଭୁ ହେଉଛନ୍ତି ପରମ କାରୁଣିକ । ଅତ୍ୟନ୍ତ ଦୟାଳୁ । ଏ ବ୍ରତରେ ଅଗ୍ନି ସ୍ଥାପନ କରିବ । ଶାଳୀତଣ୍ଡୁଲର ପାୟସ ପ୍ରସ୍ତୁତ କରି ତୁଳସୀ ପତ୍ର ମିଶାଇ — ତାହା ପ୍ରଭୁଙ୍କୁ ନୈବେଦ୍ୟ ଭାବରେ ସମର୍ପିତ କରିବ । ବ୍ରତାଚାରୀ ପୁରୁଷୋତ୍ତମକ୍ଷେତ୍ରରେ ପ୍ରତ୍ୟହ ତ୍ରିବାର ସ୍ନାନ କରି ଏହି ଗବ୍ୟ ଦୁଗ୍ଧ ମିଶ୍ରିତ ଏବଂ ତୁଳସୀପତ୍ର ଯୁକ୍ତ ଶାଳୀତଣ୍ଡୁଲର ପାୟସକୁ ପ୍ରଭୁଙ୍କୁ ଅର୍ପଣ କରିବ ।

ସେହି ପ୍ରଭୁ ଜଗନ୍ନାଥ ହେଉଛନ୍ତି ସାକ୍ଷାତ୍ ପରଂ ବ୍ରହ୍ମ । ସମସ୍ତ ଜଗତର ମଙ୍ଗଳସାଧନ ନିମନ୍ତେ ସେ ପୁରୁଷୋତ୍ତମକ୍ଷେତ୍ରରେ ଆବିର୍ଭୂତ ହୋଇଛନ୍ତି । ସେ ଜଗଦ୍‌ବ୍ୟାପୀ । ବିଶ୍ୱର ପ୍ରତିଟି ବସ୍ତୁ ତାଙ୍କର ସତ୍ତାରେ ମହୀୟାନ୍ । ତେଣୁ ତାଙ୍କୁ ଏହି ପୁରୁଷୋତ୍ତମ ବ୍ରତ ମାଧ୍ୟମରେ ସନ୍ତୁଷ୍ଟ କରି ଅଭୀଷ୍ଟ ଫଳଲାଭ କରିବା ପାଇଁ ଉକ୍ତ ଅଧ୍ୟାୟରେ ପରାମର୍ଶ ଦିଆଯାଇଛି ।

◆◆◆

ଅଥ ଷଷ୍ଠିତମ ଅଧ୍ୟାୟ

(ଉକ୍ତ ଅଧ୍ୟାୟରେ ପୂର୍ବ ଅଧ୍ୟାୟ ବର୍ଣ୍ଣିତ ପୁରୁଷୋତ୍ତମ ବ୍ରତ, ବିଭିନ୍ନ ପୁରାଣର
ମାହାତ୍ମ୍ୟ ଏବଂ ପୁରାଣ ଶ୍ରବଣର ବିବିଧ ଉପାଦେୟତା ବିଷୟରେ
ବର୍ଣ୍ଣନା କରାଯାଇଛି ।)

ପୁରୁଷୋତ୍ତମ ବ୍ରତ ମାହାତ୍ମ୍ୟ ପ୍ରସଙ୍ଗରେ ଦେବଦେବ ମହାଦେବ
କାର୍ତ୍ତିକେୟଙ୍କୁ କହୁଛନ୍ତି – ହେ ସ୍କନ୍ଦ! ପୁରୁଷୋତ୍ତମ ବ୍ରତକୁ ପରମ ପବିତ୍ର
କାର୍ତ୍ତିକମାସରେ ପୂର୍ଣ୍ଣିମା ତିଥିରେ ଅନୁଷ୍ଠାନ କରାଯାଇଥାଏ । ଏହି ଦିନ ପ୍ରଭୁ
ଜଗନ୍ନାଥଙ୍କର ପାଦରେ ପୂଜା ଓ ଅର୍ଚ୍ଚନା କରିବ ଏବଂ ଶ୍ରଦ୍ଧାରେ ସମୟଯାପନ
ହେବ । ଏହି ପୂଜା ପାଇଁ ଜଣେ ଶ୍ରେଷ୍ଠ ବ୍ରାହ୍ମଣଙ୍କୁ ବରଣ କରି ତାଙ୍କୁ ପ୍ରଥମେ
ଦକ୍ଷିଣା ପ୍ରଦାନ କରିବ ଏବଂ ତାଙ୍କୁ ସ୍ୱୟଂ ଜଗନ୍ନାଥ ବୋଲି ଭାବି ପୂଜା କରିବ ।
ବ୍ରାହ୍ମଣଙ୍କୁ ପ୍ରାର୍ଥନା କରିବା ପରେ ଏକ ହୋମକୁଣ୍ଡ ନିର୍ମାଣ କରି ସେଠାରେ
ବୈଷ୍ଣବାଗ୍ନି ସଂସ୍କାର କରିବ ଏବଂ ପୁରୁଷସୂକ୍ତ ଗାନକରି ଅଷ୍ଟାଦଶ ଅକ୍ଷର ମନ୍ତ୍ର
ଉଚ୍ଚାରଣ ପୂର୍ବକ ସେହି କୁଣ୍ଡରେ ପାଞ୍ଚହଜାର ଥର ଆହୁତି, ସମିଧ ଏବଂ ପାୟସ
ଅର୍ପଣ କରିବ । ତା' ପରେ ନିଜର ଓ ଜଗତର କଲ୍ୟାଣ ପାଇଁ ଅଗ୍ନିଦେବଙ୍କୁ
ପ୍ରାର୍ଥନା କରିବ । ଏହା ପରେ ଅଗ୍ନିଦେବଙ୍କୁ ପ୍ରଦକ୍ଷିଣ କରିବ ଏବଂ ପୁଷ୍ପାଞ୍ଜଲି
ପ୍ରଦାନ କରିବ । ଷୋଡ଼ଶ ଅକ୍ଷର ମନ୍ତ୍ରରେ ପୂର୍ଣ୍ଣାହୁତି ପ୍ରଦାନ କରିବ । ସଙ୍ଗୀତ
ଶାସ୍ତ୍ରର ମୂଳ ସାମବେଦର ମନ୍ତ୍ରପାଠ କରିବ, କାରଣ ପ୍ରଭୁ ଜଗନ୍ନାଥ ହେଉଛନ୍ତି
ସଙ୍ଗୀତ ସମ୍ରାଟ୍ । ଏହାପରେ ସେଠାରେ ରାତ୍ରିଯାପନ କରିବ ଏବଂ ସିନ୍ଧୁରେ
ସ୍ନାନ କରିବ । ଏହାପରେ ହେ ପୁତ୍ର! ସେହି ବ୍ରତୀ ମନ୍ଦିରର କନ୍ଦର୍ପ ମୂଳକୁ
ଆସି ଗରୁଡ଼ସ୍ତମ୍ଭ ନିକଟରୁ ମହାପ୍ରଭୁ ଜଗନ୍ନାଥଙ୍କୁ ଦର୍ଶନ କରି ତାଙ୍କୁ ବିଶ୍ୱର
ସ୍ରଷ୍ଟା, ପାଳନ କର୍ତ୍ତା ଓ ରକ୍ଷାକର୍ତ୍ତା ଭାବରେ ପ୍ରାର୍ଥନା କରିବ । ଏହା ପରେ

ବ୍ରାହ୍ମଣଙ୍କୁ ବିଭିନ୍ନ ପାତ୍ର ଯଥା – ସୁବର୍ଣ୍ଣ, ତାମ୍ର ଓ କାଂସ୍ୟ ପାତ୍ରରେ ଦଧି, ମଧୁ ଇତ୍ୟାଦି ଭରପୂର କରି ଦାନ ଦେବ ଏବଂ ଭୂରିଭୋଜନରେ ଆପ୍ୟାୟିତ କରିବ। ଅନ୍ୟାନ୍ୟ ଆଚାର୍ଯ୍ୟମାନଙ୍କୁ ମଧ ଯଥାବିଧି ଦକ୍ଷିଣା ପ୍ରଦାନ କରି ଏହି ବ୍ରତ ଅନୁଷ୍ଠାନ ସମ୍ପନ୍ନ କରିବ।

ଏହି କଥା ଶୁଣିବାପରେ ମୁନିମାନେ ପୁନଶ୍ଚ ମହର୍ଷି ଜୈମିନିଙ୍କୁ କହୁଛନ୍ତି, ହେ ଜୈମିନି! ଆପଣଙ୍କଠାରୁ ଆମ୍ଭେ ପୁରୁଷୋତ୍ତମ ଏବଂ ପୁରୁଷୋତ୍ତମକ୍ଷେତ୍ର ତତ୍ତ୍ୱକୁ ଭଲ ଭାବରେ ଶୁଣିଲୁ ଏବଂ ଆପଣଙ୍କ ନିକଟରେ ଆମ୍ଭେ ସେ ଦୃଷ୍ଟିରୁ କୃତଜ୍ଞ। ବର୍ତ୍ତମାନ ଆମେ ପୁରାଣ ଶ୍ରବଣର କ'ଣ ଉପାଦେୟତା ରହିଛି – ସେ ବିଷୟରେ ଶୁଣିବାକୁ ଚାହୁଁଛୁ। କେଉଁ ପ୍ରକାର ପୁରାଣ କିଭଳି ଭାବରେ ଫଳ ଦିଏ – ଏ ବିଷୟରେ ବିଶଦଭାବରେ ଆମ୍ଭଙ୍କୁ କୁହନ୍ତୁ। ଏହା ଶୁଣି ମହର୍ଷି ଜୈମିନି କହୁଛନ୍ତି – ହେ ମୁନିବୃନ୍ଦ! ତୁମ୍ଭେମାନେ ଖୁବ୍ ସୁନ୍ଦର ଜିଜ୍ଞାସା କରିଛ। ପୁରାଣ ଶ୍ରବଣ ହେଉଛି ଏକ ବ୍ରତ। ଏହାକୁ ଏକାଗ୍ର ଚିତ୍ତରେ ସମ୍ପନ୍ନ କରାଯାଇଥାଏ। ପ୍ରଥମେ ପୁରାଣ ଶ୍ରବଣବ୍ରତ ଅନୁଷ୍ଠାନ ପୂର୍ବରୁ ବ୍ରାହ୍ମଣଙ୍କୁ ବରଣ କରିବ ଏବଂ ତାଙ୍କୁ ପୂଜା ଅର୍ଚ୍ଚନା କରିବ। ତାଙ୍କୁ ପ୍ରାର୍ଥନା କରି କହିବ – ହେ ବ୍ରାହ୍ମଣ! ତୁମ୍ଭେ ବିଷ୍ଣୁ ସ୍ୱରୂପ। ମୋ ଉପରେ ତୁମ୍ଭେ ପ୍ରସନ୍ନ ହୁଅ। ପୁରାଣ ଶ୍ରବଣ ମୋର ସଫଳ ହେଉ। ଏହା ପରେ ଗୋଟିଏ ଆସନରେ ଉପବେଶନ କରି ଉତ୍କଣ୍ଠା ଓ ଏକାଗ୍ରତାର ସହିତ ପୁରାଣ ଶ୍ରବଣ କରିବ। ବ୍ରାହ୍ମଣ ହେଉଛନ୍ତି ସାକ୍ଷାତ୍ ବ୍ୟାସଙ୍କର ସମାନ। ତାଙ୍କ ନିକଟରେ ଏକ ଧବଳବସ୍ତ୍ର ପରିଧାନ କରି ଏକ କମ୍ ଉଚ୍ଚ ଆସନରେ ବସି ପ୍ରଥମେ ପ୍ରଭୁଙ୍କୁ ଚିନ୍ତା କରିବ। ଏହି ସମୟରେ କୌଣସି ବୈଷୟିକ ଚିନ୍ତା କରିବ ନାହିଁ କିମ୍ୱା। କାହା ସହିତ ବାର୍ତ୍ତାଲାପ ମଧ କରିବ ନାହିଁ। ଆନନ୍ଦରେ ପୁରାଣ ଶ୍ରବଣ କରିବ ଏବଂ ମଝିରେ ମଝିରେ ଜୟ ଜଗନ୍ନାଥ, ଜୟ କୃଷ୍ଣ, ଜୟ ଶ୍ରୀଧର – ଇତ୍ୟାଦି ଧ୍ୱନିରେ ସେ ସ୍ଥାନକୁ ପ୍ରତିଧ୍ୱନିତ କରିବ। ଏହା ପରେ ପୁରାଣ ଶ୍ରବଣ ପରେ ଉଦ୍ଘୋଷ କୀର୍ତ୍ତନ କରିବ ଏବଂ ପ୍ରଭୁଙ୍କର ପ୍ରାତିବିଧାନ କରିବା ନିମନ୍ତେ ବ୍ରାହ୍ମଣଙ୍କୁ ପର୍ଯ୍ୟାପ୍ତ ପରିମାଣରେ ଉପଯୁକ୍ତ ଦକ୍ଷିଣା ମଧ ଦେବେ। ଏହି ଦକ୍ଷିଣା ବିଭିନ୍ନ ପ୍ରକାରର ହେବା ବାଞ୍ଛନୀୟ। ଦକ୍ଷିଣାହୀନ କର୍ମରେ ମଙ୍ଗଳ ହୁଏ ନାହିଁ। ତେଣୁ ଦକ୍ଷିଣାଦାନରେ କଦାପି କାର୍ପଣ୍ୟ ପ୍ରଦର୍ଶନ କରିବ ନାହିଁ।

ସ୍କନ୍ଦ ପୁରାଣ || ୧୬୯

ଏହି ଭଳି ଭାବରେ ମୁନିବୃନ୍ଦ ମହର୍ଷି ଜୈମିନିଙ୍କଠାରୁ ପୁରୁଷୋତ୍ତମ କ୍ଷେତ୍ରର ମାହାତ୍ମ୍ୟ ଏବଂ ପୁରାଣ ଶ୍ରବଣର ଉପାଦେୟତା ବିଷୟରେ ଶୁଣିବା ପରେ ତାଙ୍କ ନିକଟରେ ଅତ୍ୟନ୍ତ କୃତଜ୍ଞ ହୋଇ କହିଲେ ଯେ – ହେ ଗୁରୁଦେବ ! ଆମ୍ଭେ ଆପଣଙ୍କ ଦୟାରୁ ପୁରୁଷୋତ୍ତମ କ୍ଷେତ୍ର, ପ୍ରଭୁ ଜଗନ୍ନାଥ ଏବଂ ପୁରାଣ ଶ୍ରବଣ ବିଷୟରେ ଖୁବ୍ ବିସ୍ତୃତ ଭାବରେ ଶୁଣିଲୁ। ଆଜି ଆମ୍ଭେ ସମସ୍ତେ ଧନ୍ୟ। ଆମ୍ଭେ ଧନରେ ଅତ୍ୟନ୍ତ ଦରିଦ୍ର ହୋଇପାରିଥାଉ, ହେଲେ ମନରେ ଦରିଦ୍ର ନୋହୁଁ। ତେଣୁ ଆଜି ଏହି ସମସ୍ତ କଥା ଆପଣଙ୍କଠାରୁ ଶୁଣିବାପରେ ଆପଣଙ୍କ ଶ୍ରୀଚରଣରେ କିଛି ଦକ୍ଷିଣା ଦେବାପାଇଁ ଚାହୁଁଛୁ। ଏହା କହି ମୁନିମାନେ ନିଜ ନିଜର ସାମର୍ଥ୍ୟ ଅନୁସାରେ ସମିଧ, କୁଶ, ପୁଷ୍ପ, ଫଳ ଓ ଅକ୍ଷତ ପ୍ରଭୃତି ପ୍ରଦାନ କଲେ ଏବଂ ପରମାନନ୍ଦରେ ଶ୍ରୀକ୍ଷେତ୍ର ବା ପୁରୁଷୋତ୍ତମଧାମକୁ ଗମନ କରି ସେଠାରେ ମହାପ୍ରଭୁଙ୍କର ସାନ୍ନିଧ୍ୟରେ ଜୀବନଯାପନ କଲେ।

◆ ◆ ◆

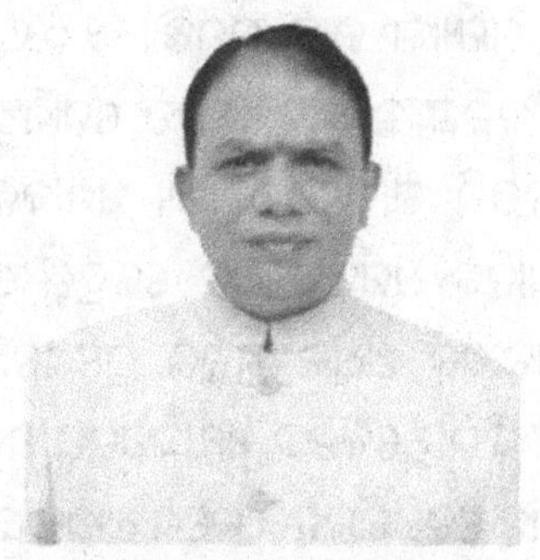

ଲେଖକ ପରିଚିତି

ଓଡ଼ିଶାରେ ତଥା ଓଡ଼ିଶା ବାହାରର ବିଭିନ୍ନ ବିଶ୍ୱବିଦ୍ୟାଳୟରୁ ପ୍ରଥମ ଶ୍ରେଣୀରେ ପ୍ରଥମ ସ୍ଥାନ ସହିତ ଅନେକ ସ୍ୱର୍ଣ୍ଣପଦକ ଲାଭକରି ଓ ପୁରାଣ-ଇତିହାସରେ ଆଚାର୍ଯ୍ୟ; ସଂସ୍କୃତରେ ଏମ୍.ଏ., ପି.ଏଚ୍.ଡ଼ି., ଆଇନ୍ ବିଦ୍ୟାରେ ଏଲ୍.ଏଲ୍.ବି. ଓ ଏଲ୍.ଏଲ୍.ଏମ୍. ଉପାଧି ହାସଲ କରି ୧୯୭୦ ମସିହାରେ ଡକ୍ଟର ହରେକୃଷ୍ଣ ଶତପଥୀ ଯୋଗଦାନ କରନ୍ତି ରେଭେନ୍ସା କଲେଜ (ବର୍ତ୍ତମାନ ବିଶ୍ୱବିଦ୍ୟାଳୟ)ରେ ଅଧ୍ୟାପକ ଭାବରେ । ଭାରତ ସରକାରଙ୍କର ତତ୍କାଳୀନ ଶିକ୍ଷାମନ୍ତ୍ରାଳୟ ଆନୁକୂଲ୍ୟରେ ଅନୁଷ୍ଠିତ ଜାତୀୟ ଶାସ୍ତ୍ରୀୟ ବିତର୍କ ପ୍ରତିଯୋଗୀତାରେ ଛାତ୍ରାବସ୍ଥାରେ ସର୍ବଭାରତୀୟ ସ୍ତରରେ ଅନେକବାର ଧର୍ମଶାସ୍ତ, ବ୍ୟାକରଣ, ସାହିତ୍ୟ, ବେଦାନ୍ତ, ଶ୍ଳୋକରଚନା, ଶ୍ଳୋକାନ୍ତ ପ୍ରଭୃତି ବିଷୟରେ ପ୍ରଥମ ସ୍ଥାନ ଅଧିକାର କରି ଅନେକ ସ୍ୱର୍ଣ୍ଣପଦକର ଅଧିକାରୀ ହୁଅନ୍ତି । ୧୯୮୧ ମସିହାରେ ଶ୍ରୀଜଗନ୍ନାଥ ଶ୍ରୀଜଗନ୍ନାଥ ସଂସ୍କୃତ ବିଶ୍ୱବିଦ୍ୟାଳୟରେ ପଦୋନ୍ନତି ପାଇ ରିଡ଼ର ଭାବରେ ଏବଂ ତା'ପରେ ୧୯୯୯ରେ ପ୍ରଫେସର, ପରେ ପରେ ସ୍ନାତକୋତ୍ତର ପରିଷଦର ଅନେକ ବାର ଅଧ୍ୟକ୍ଷ ଭାବରେ କାର୍ଯ୍ୟ କରନ୍ତି । ଡକ୍ଟର ଶତପଥୀ ମାତ୍ର ୪୪ ବର୍ଷ ବୟସରେ ୨୦୦୦ ମସିହାରେ ଉକ୍ତ ବିଶ୍ୱବିଦ୍ୟାଳୟର କାର୍ଯ୍ୟକାରୀ କୁଲପତି ଭାବରେ ତତ୍କାଳୀନ ରାଜ୍ୟପାଳ-କୁଲାଧିପତିଙ୍କ ଦ୍ୱାରା ନିଯୁକ୍ତ । ୨୦୦୬ରୁ ୨୦୧୬ ମସିହା ପର୍ଯ୍ୟନ୍ତ ଲଗାତାର ୧୦ ବର୍ଷ ଧରି ଭାରତ ସରକାରଙ୍କର ତିରୁପତିସ୍ଥିତ ରାଷ୍ଟ୍ରୀୟ ସଂସ୍କୃତ ବିଶ୍ୱବିଦ୍ୟାଳୟର

କୁଳପତି ଭାବରେ କାର୍ଯ୍ୟକରି ଆନ୍ଧ୍ର ସରକାରଙ୍କ ଟି.ଟି.ଡି. ତରଫରୁ 'ସର୍ବୋଉମ ଶୈକ୍ଷିକ ପ୍ରଶାସକ'ର ମର୍ଯ୍ୟାଦା ଲାଭ କରନ୍ତି। ୨୦୧୭ରୁ ୨୦୨୦ ପର୍ଯ୍ୟନ୍ତ ପୁନଶ୍ଚ ଭୁବନେଶ୍ୱରର କଳିଙ୍ଗ ଇନ୍‌ଷ୍ଟିଚ୍ୟୁଟ୍ ଅଫ୍ ସୋସିଆଲ ସାଇନ୍‌ସେସ୍ ବା କିସ୍ ବିଶ୍ୱବିଦ୍ୟାଳୟର କୁଳପତି ଭାବରେ କାର୍ଯ୍ୟ ସମ୍ପାଦନ କରି ବର୍ତ୍ତମାନ କିଟ୍ ବିଶ୍ୱବିଦ୍ୟାଳୟର ଆଧ୍ୟାତ୍ମିକ–ଧର୍ମବିଦ୍ୟାଧନ କେନ୍ଦ୍ରର ଚେୟାର୍‌ମ୍ୟାନ୍ ଭାବରେ କାର୍ଯ୍ୟରତ। ପ୍ରାୟ ପଚାଶରୁ ଅଧିକ ଗ୍ରନ୍ଥର ପ୍ରଣେତା, ଶତାଧିକ ଗବେଷଣା ପ୍ରବନ୍ଧର ନିର୍ମାତା ଏବଂ ବିଭିନ୍ନ ଦୈନିକ ସମ୍ୱାଦପତ୍ରର ପ୍ରବନ୍ଧ ରଚୟିତା ପ୍ରଫେସର ଶତପଥୀ ଓଡ଼ିଶାର ବିଭିନ୍ନ ଟେଲିଭିଜନର ଜଣେ ଧାରାବାହିକ ଆଧ୍ୟାମିକ ଭାଷ୍ୟକାର। ତାଙ୍କର କୃତିତ୍ୱ ଓ ବ୍ୟକ୍ତିତ୍ୱର ସମ୍ମାନରେ ସେ ଓଡ଼ିଶା ସାହିତ୍ୟ ଏକାଡେମୀ ପୁରସ୍କାର, କେନ୍ଦ୍ର ସାହିତ୍ୟ ଏକାଡେମୀ ପୁରସ୍କାର, ଅତ୍ୟନ୍ତ ମର୍ଯ୍ୟାଦାଜନକ ରାଷ୍ଟ୍ରପତି ସମ୍ମାନ, ରାମକୃଷ୍ଣ ଜୟଦୟାଲ ଶ୍ରୀବାଣୀ ଅଳଙ୍କରଣ ପୁରସ୍କାର, ମହାରାଷ୍ଟ୍ର ସରକାରଙ୍କର କବିକୁଳଗୁରୁ କାଳିଦାସ ସମ୍ମାନ, ଭାରତୀୟ ବିଦ୍ୟାଭବନ ତରଫରୁ କୌସ୍ତୁଭ ପୁରସ୍କାର, ନାଲ୍‌କୋ କାଳିଦାସ ପୁରସ୍କାର, ଅନେକ ବିଶ୍ୱବିଦ୍ୟାଳୟରୁ ସମ୍ମାନସୂଚକ ମହାମହୋପାଧ୍ୟାୟ ଉପାଧି, ଭାରତର ରାଷ୍ଟ୍ରପତିଙ୍କ ଠାରୁ 'ବ୍ରହ୍ମର୍ଷି' ଉପାଧି ତଥା ସରକାର ଓ ଅନେକ ସଂସ୍ଥା ତରଫରୁ ଶତାଧିକ ପୁରସ୍କାର ଓ ସମ୍ମାନରେ ଭୂଷିତ ପ୍ରଫେସର ଶତପଥୀ ଭାରତବର୍ଷର ଜଣେ ଜଣାଶୁଣା ଶିକ୍ଷାବିତ୍, ମାନବୀୟ ମୂଲ୍ୟବୋଧଭିତ୍ତିକ ଶିକ୍ଷାର ଅଧ୍ୱବକ୍ତା, ଓଡ଼ିଆ, ସଂସ୍କୃତ, ଇଂରାଜୀ, ହିନ୍ଦୀ, ତେଲୁଗୁ ଓ ବଙ୍ଗଭାଷାର ଜଣେ ବାଗ୍ମୀ ଏବଂ ପ୍ରାୟ ଶତାଧିକ ଗବେଷକଙ୍କର ଏମ୍.ଫିଲ୍. ଓ ପିଏଚ୍.ଡ଼ି. ପାଇଁ ମାର୍ଗଦର୍ଶକ ଭାବରେ ପରିଚିତ।

ତାଙ୍କର ଏହି ସ୍କନ୍ଦ ପୁରାଣ ଅନ୍ତର୍ଗତ ଉତ୍କଳଖଣ୍ଡର ପୁରୁଷୋତ୍ତମ ମାହାତ୍ମ୍ୟର ସଂକ୍ଷିପ୍ତ ସାର ଏକ କାଳଜୟୀ କୃତି।

ଡ. ତନ୍ମୟ ପଣ୍ଡା, ଡ. ସୁନନ୍ଦା ମିଶ୍ର ପଣ୍ଡା
ପ୍ରତିଷ୍ଠାତା, ବିଦ୍ୟା ପବ୍ଲିଶିଙ୍ଗ୍ ଇଙ୍କ,
ଟରୋଣ୍ଟୋ, କାନାଡ଼ା ॥ ଭୁବନେଶ୍ୱର, ଓଡ଼ିଶା

www.ingramcontent.com/pod-product-compliance
Lightning Source LLC
Chambersburg PA
CBHW011928050726

47591CB00009B/2388